Klaus Brinkbäumer · Stephan Lamby

Im Wahn

Die beiden Spitzenjournalisten Klaus Brinkbäumer und Stephan Lamby verfolgen die Entwicklung des politischen «Wahns» der USA von den 1980er-Jahren bis zur Amtszeit von Donald Trump. Auch den Sturm auf das Kapitol Anfang 2021 sowie die Vorwürfe des Wahlbetrugs durch den abgewählten Präsidenten und seine Republikaner bei Joe Bidens Machtübernahme nehmen sie unter die Lupe. Eine investigative Reportage über ein zerrissenes Land, das seinen Kompass und seine Wahrheiten verloren hat.

*Klaus Brinkbäumer* ist Programmdirektor des MDR in Leipzig. Er war Reporter und Chefredakteur des ‹Spiegel›, Autor der ‹Zeit› und gewann u. a. den Egon-Erwin-Kisch-Preis sowie den Henri-Nannen-Preis.

*Stephan Lamby* ist Fernsehautor, Produzent und freier Journalist. Er hat mit zahlreichen ARD-Dokumentationen das politische Deutschland abgebildet und wurde vielfach ausgezeichnet, u. a. als Journalist des Jahres.

Klaus Brinkbäumer Stephan Lamby

# IM WAHN

## Die amerikanische Katastrophe

dtv

Für Maria Laura, Lucas und Nicolás.
Für Samiha, Cora und Alexej.

**«Eine Lüge ist bereits dreimal um die Welt gelaufen,
bevor sich die Wahrheit die Schuhe anzieht.»**
Mark Twain

**«The truth is balance. However, the opposite of truth, which is unbalance,
may not be a lie.»**
Susan Sontag

**«Redet wahr und lacht des Teufels.»**
William Shakespeare

MIX
Papier aus verantwortungsvollen Quellen
FSC® C083411

2021 dtv Verlagsgesellschaft mbH & Co.KG, München


Umschlaggestaltung: dtv nach einer Vorlage von Rothfos & Gabler, Hamburg
Umschlagmotiv: plainpicture/Christoph Eberle
Satz: Fotosatz Amann, Memmingen
Druck und Bindung: CPI books GmbH, Leck
Printed in Germany · ISBN 978-3-423-35042-6

# INHALT

# PROLOG

Es waren gute Monate für die USA gewesen, geradezu leuchtende, mindestens optimistische: Endlich war der Impfstoff da, und reichlich davon. Und da sich die neue Regierung um präzise Logistik kümmerte, wurden nun über Wochen täglich drei Millionen Menschen geimpft. Die Hilfszahlungen kamen in allen Regionen des Landes an. Republikanische Wähler wussten zu schätzen, was der demokratische Präsident da tat. Es ging den USA im Frühjahr 2021 besser, beinahe schon wieder gut – bis das alles nicht mehr gut ging.

Die Republikanische Partei entschied sich. Sie hatte wochenlang überlegt, wie sie mit der Wahlniederlage vom Herbst 2020 umgehen sollte, auch mit dem Sturm auf das Kapitol vom 6. Januar 2021, vor allem mit der von Donald Trump erfundenen Erzählung vom Wahlbetrug, dieser explosiven Geschichte von einem illegitimen neuen Präsidenten Joe Biden also. Und nun legte sie sich fest: Wir bleiben eisern und treu an der Seite Trumps, wir tragen das alles mit.

Das bedeutete: nein, eben doch keine Rückkehr zu Vernunft und Strategie, auch nicht zu Faktentreue, schon gar nicht zu Gemeinsinn, stattdessen ging es weiter stramm voran mit Lügen und Wahrheitsverdrehungen, immer noch weiter auch mit der Erzählung, dass der Impfstoff gegen das Coronavirus vielleicht ja doch nicht wirke, dass Impfen liberales Gedöns sei, folglich überflüssig.

Im Mai 2021 wurde deshalb auf tückische, nämlich tödliche Weise klar, welche Wirkung Amerikas Wahn haben kann: Die Zahl der Impfungen ging wieder zurück. Wissenschaftler warnten: Die reichste Nation der Erde brächte zwar alle Voraussetzungen mit, würde es aber dennoch nicht schaffen, COVID-19 zu besiegen. Würde die sogenannte Herdenimmunität nicht erreichen. Würde sich selbst aufs Neue ausbremsen.

Es gibt inzwischen Forschungen darüber, wieso eigentlich in Amerika so viel Unsinn erzählt, geglaubt und weitergetragen wird: dass der Impfstoff mehr Menschen töte als das Virus; dass Donald Trump die Wahl von 2020 gewonnen habe. Brendan Nyhan, Politologe in Dartmouth, schreibt, dass in Zeiten sozialer Destabilisierung Gruppenidentität und der Glaube der eigenen Gruppe an Bedeutung gewinne. Nur die Gruppe biete noch Sicherheit, und auch Klarheit. Die Welt und das Leben sind als Konflikt wieder verstehbar: Hier sind wir, dort ist unser Gegner.

In einem solchen Land spielt Wahrheit keine Rolle mehr: Es muss unsere Wahrheit sein, und die darf gern auch erfunden sein. Lügen werden den eigenen Leuten nicht übel genommen, im Gegenteil: Lügen und Lügner werden gefeiert, solange die Lüge dem Feind schadet, der für seine Lügen und ebenso für das Aussprechen von Wahrheiten aber natürlich verdammt und gekreuzigt wird. Demagogen nutzen dieses Stammesdenken, die Algorithmen von Facebook & Co. belohnen und perfektionieren es.

Und ja, der Impfstoff wäre nun da, die Logistik stünde endlich auch, doch jetzt ist halt die republikanische Hälfte der Gesellschaft an der Reihe, die aber via FOX News hört, dass Impfungen linkes Elitenzeugs seien. Bis Anfang März hätten in den USA 60 bis 65 Prozent Geimpfte ausgereicht, um die sogenannte Herdenimmunität zu erreichen; wegen der Mutationen des Virus müssen es jetzt 90 Prozent der Bevölkerung sein. Im Mai 2021 wird langsam klar: Amerika könnte Covid-19 leicht besiegen, wird es aber nicht schaffen. Die USA von heute, schreibt der Essayist David Brooks, hätten den Zweiten Weltkrieg nicht gewonnen.

Zu Solidarität und zu nationalen Kraftanstrengungen ist Amerika nicht mehr in der Lage.

Wir leben in Zeiten, in denen selbst das, was zweifelsfrei wahr und dokumentiert ist, noch bestritten werden kann. Mitunter wird wenig später so wuchtig wie wortmächtig das glatte Gegenteil dessen behauptet, was wahr und dokumentiert ist – und mit der Zeit wird dann dieses Gegenteil geglaubt und damit zu einer alternativen Wahrheit. Und oft zur übermächtigen und damit zur scheinbar einzig wahren Wahrheit.

Was also sind Tatsachen in diesen Zeiten noch wert, Beweise, selbst wenn sie vielfach gesendet und dokumentiert wurden? Und die Wahrheit?

Als im Oktober 2019 Sebastião Salgado in der Frankfurter Paulskirche den Friedenspreis des Deutschen Buchhandels entgegennahm, waren wir – dieses «wir» meint die meisten der Menschen, die ihm dort gegenübersaßen – gerührt, nämlich seinetwegen, und wir waren stolz darauf, Zeugen dieses Augenblicks zu sein. Salgado hatte 1994 den Völkermord von Ruanda fotografiert und bezeugt, und nun stand er dort vorn, erinnerte sich und uns an all die Toten und konnte unter Tränen kaum weiterreden. Dort vorn stand ein Zeuge der Wirklichkeit Ruandas. Seine Fotos waren Beweise dieser Zeugenschaft, und sie belegten auch dies: Wahrheit kann dokumentiert werden, auch heute ist das noch möglich.

Wenn ein alter Afrikaner stirbt, stirbt eine Bibliothek, sagt ein Sprichwort aus Ghana, und es meint, dass nur dieser eine Alte weiß, was er eben weiß: Niemand hat dieses Wissen niedergeschrieben, und mit dem Tod des Alten ist sein Wissen verloren. Im Westen allerdings, in der Welt Mulvaneys und Salgados, ist das anders: Wir alle können uns an alles erinnern, wenn wir denn wollen, da alles digital verwahrt wird.

Der Unsinn allerdings auch. Die Propaganda. Die Lügen.

«Es gibt die Erkenntnis, aber nicht die Bildung», sagte Aleida Assmann, Friedenspreisträgerin von 2018, in Frankfurt, und sie meinte damit, dass so etwas Kostbares wie Wahrheit zwar weiterhin existiere, sich aber kaum mehr durchsetzen könne gegen all die Verdrehungen.

Donald Trump nimmt Wirklichkeit verzerrt wahr, und er gibt sie häufig verzerrt, ja nachweislich falsch wieder. Ist Donald Trump krank, im medizinischen Sinne? Einige unserer Gesprächspartner, auch solche, die mit Trump zusammengearbeitet haben oder ihn seit vielen Jahren beobachten, sind dieser Ansicht. Gewiss, man kann das auch anders sehen. Wir maßen uns zu dieser Frage kein Urteil an. Wir sind keine Mediziner, wir sind Journalisten, die politische, wirtschaftliche und gesellschaftliche Prozesse beobachten. Jill Lepore, die Harvard-Historikerin, erklärt uns: «Wir erlebten eine Katastrophe, lange bevor die Pandemie begann.» Diese Katastrophe ist unser Thema.

Ein ehemaliger Präsident also, der Medien «Fake News» nennt – und «Volksfeinde». Der noch immer gestützt und verstärkt wird durch Medien, die dieses Spiel mitspielen, aus wirtschaftlichen Gründen oder für den Zugang zu Macht oder auch für den persönlichen Ruhm einiger Beteiligter. Ein Publikum, das sich gleichfalls für eine der beiden Seiten entschieden hat und die Gegenseite verdammt und hasst und mehrheitlich sowieso nicht mehr daran glaubt, eine Darstellung und Deutung der Wirklichkeit geliefert zu bekommen. Das sind die USA unserer Zeit, und eine Gesellschaft, die es so weit kommen lässt, ist mutmaßlich nicht mehr funktionsfähig, mindestens gespalten.

Wichtig ist, gleich zu Beginn dieses Buches, eine Einschränkung: Kaum eine Diagnose, die für einen Staat dieser Größe und Komplexität gestellt wird, kann ganz und gar, also zu 100 Prozent stimmen. Natürlich gibt es auch in den USA von heute noch leistungsfähige Bereiche und sogar Solidarität: In den Monaten, seit das Virus SARS-CoV-2 das Land erschreckte, erschütterte und lähmte, halfen viele Menschen einander, retteten einander.

Unsere Diagnose stimmt aber für das politische Amerika und die Welt der Medien, sie stimmt für das digitale Amerika, und grundsätzlich (mit der genannten Einschränkung) stimmt sie deshalb für die amerikanische Gesellschaft: Die Vereinigten Staaten unserer Zeit sind ein gespaltenes, ein polarisiertes Land.

Sie haben diese Spaltung so tief und so weit getrieben, dass sie politisch handlungsunfähig geworden sind, buchstäblich dysfunktional; so weit, dass sie auf Krisen nurmehr mit neuer Aggression, aber nicht mehr strategisch reagieren können, von Prophylaxe oder internationaler Zusammenarbeit, von Verlässlichkeit gar nicht zu reden; so weit, dass aus dem Zusammentreffen von fünf Krisen im Sommer 2020 eine amerikanische Katastrophe geworden ist.

Die Corona-Krise schockierte und überforderte das Trump-Amerika und verschwindet auch unter Joe Biden nicht. Bis zum Frühjahr 2021 hatte das Virus in den USA etwa 600 000 Menschen getötet.

Aus der Corona-Krise war eine Krise des Arbeitsmarkts geworden, mit geschätzten 40 Millionen Menschen, die zeitweise oder dauerhaft ihren Job verloren. Das uralte amerikanische Krisenthema, Rassismus, kam hinzu, als in Minneapolis George Floyd von vier Polizisten getötet wurde. Die vierte Krise ist das Scheitern der Politik, die Blockade, die Handlungsunfähigkeit. Die fünfte besteht im Verfall der Glaubwürdigkeit von Wissenschaft und Medien, von Daten und Fakten – oder anders gesagt in der Konjunktur zahlreicher Verschwörungstheorien.

Es gibt in den USA dieser Jahre kein Thema mehr, das einfach nur als sachliche Frage diskutiert und dann, ohne Triumphgeheul und Verletzungen, geklärt würde. Alles ist zur Identitätsfrage geworden und damit zur Frage nach Sieg oder Niederlage: wir oder die. Es ist kaum mehr vorstellbar, dass eine Amerikanerin zwar für Klimapolitik, zugleich aber gegen Abtreibung, für den Schutz von Migranten und Flüchtlingen, aber doch auch für minimale Steuern ist – das heutige Amerika verlangt nach Entscheidung und Positionierung und damit nach Ausgrenzung und Verdammung.

Bist du Republikanerin? Dann existiert der Klimawandel nicht, Migration ist gefährlich für dein Land, Steuern sind sozialistisch, Abtreibung muss verboten werden, dann weiß Wissenschaft auch nicht mehr als Religion und CNN lügt. Das Stammesdenken hat Amerika erobert.

Es ist uns an dieser Stelle wichtig, zunächst zu behaupten (und im Folgenden zu belegen), dass wir neutral, also ohne parteipolitische Präferenz, auf die USA blicken wollen. Wir, die Autoren dieses Buches, wollen nicht Teil dessen sein, worüber wir schreiben, sondern wir wollen ergründen und berichten, dann analysieren. Unser Ziel ist es, mit kritischer Zuneigung zu begreifen, wie die USA derart vom Weg abkommen konnten, wie sie ihre eigenen Ideale verraten und die unangefochtene Position der Weltmacht Nummer eins, die sie jahrzehntelang innehatten, derart rasant und selbstverschuldet verlieren konnten. Von zwei katastrophalen amerikanischen Jahren wollen wir erzählen – und von den Fehlern, die in diese Katastrophe mündeten.

Es ist für das Verständnis dieser gewaltigen, oft bizarren Nation wichtig, dass wir sie nicht einfach als zwei Hälften betrachten, die beide gleichermaßen verbohrt und im Hass aufeinander gefangen sind. So nämlich sind die USA nicht. Eine solche Perspektive ginge von falschen Voraussetzungen aus, und mit ihr begänne die Verzerrung der Wirklichkeit.

Die konservative Hälfte des Landes, die republikanische, besteht aus einem weißen Amerika, das schrumpft. Dieses Schrumpfen führt zu Ängsten, zu Selbstverteidigung, auch zur Rechtfertigung von Dingen, die gestern noch als moralisch verwerflich gegolten hätten. Darüber werden wir in diesem Buch reden müssen. Eine Lüge lässt sich durch das Gefühl, bedroht zu werden, leicht rationalisieren und verklären: Sie erscheint politisch notwendig und ist darum moralisch geboten, gelogen wird ja für ein höheres Gut, fürs Vaterland. Und warum dann nicht noch eine winzige zweite Lüge und eine dritte … Gruppen, die lange an der Macht waren und spüren, dass sie diese bald verlieren werden, haben in der Geschichte der Menschheit schon mehrfach moralisch Zweifelhaftes getan.

Die andere Hälfte der USA hingegen, jene der Demokraten, wächst. Sie ist bunt, vielfältig, das liegt in der Natur der Sache, da die Demokraten die Partei der Afroamerikaner sind, aber auch jene der Einwanderer aus Lateinamerika und Asien, sowieso die Partei der Studenten und Studentinnen, der Klimabewegung und der Großstädte. Das bedeutet: Die Demokraten müssen sehr viel mehr integrieren und tolerieren, um erfolgreich zu sein. Ausgrenzung ist für sie keine Option, das unterscheidet sie von den Republikanern. Es ist wahr, dass auch die Demokraten mit den Jahren schärfer geworden sind, progressiver ohnehin: Der Kandidat Bill Clinton war 1992 in Einwanderungsfragen sehr viel strikter als die Kandidatin Hillary Clinton 2016. Auch dies, die Kursänderung der Demokraten, treibt die beiden großen Parteien Amerikas auseinander. Was wiederum die Spaltung und die Polarisierung der Gesellschaft verstärkt.

Was aber eben nicht stimmt, ist ein Satz, der oft zu hören ist: «Das machen doch alle.» Oder: «Die einen lügen genauso wie die anderen.» Beides ist falsch. Es handelt sich um politisches Framing, also die Erschaffung eines Denkrasters. Was stimmt, ist das Ergebnis: dass Amerika polarisiert ist, und diese Polarisierung hat viele Facetten.

Waffenliebhaber gegen Waffengegner. Klimawandelleugner gegen Klimabewegung. Impfgegner gegen Impfbefürworter. «Pro Life» gegen «Pro Choice», also Abtreibungsgegner gegen Befürworter des Rechts auf Abtreibung. Und Stadt gegen Land, das ist die mutmaßlich wichtigste amerikanische Polarisierung: In den bevölkerungsreichsten Bundesstaaten an den Küsten leben viele junge Amerikaner, Studenten und Studentinnen sowieso, sie wählen mehrheitlich demokratisch. Der Bundesstaat New York hat 19 Millionen Einwohner, Kalifornien fast 40 Millionen. Im Innern ist das Land herzzerreißend weit, wüst, wundergleich – und leer. Der Bundesstaat Wyoming hat 575 000 Einwohner, North Dakota 762 000. Nicht jedes Klischee stimmt, und immer gibt es Ausnahmen, doch in diesem amerikanischen Landesinnern wird republikanisch gewählt, mehrheitlich.

Das verursacht eine dreifache Ungerechtigkeit:

50 Bundesstaaten schicken jeweils zwei Senatoren nach Washington, D.C.; es gibt keine Abstufung nach Größe der Staaten. Eine Stimme aus Wyoming hat also, umgerechnet auf die Einwohnerzahl, 69-mal so viel Gewicht wie eine Stimme aus Kalifornien. 30 Senatoren aus bevölkerungsreichen Staaten wie New York oder Kalifornien stehen für 70 Prozent der Bevölkerung, und umgekehrt: 70 Senatoren, die weites, einsames Land vertreten, stehen für nur 30 Prozent der Bevölkerung. Dieser windschief aufgestellte Senat ernennt nun Richter und Richterinnen auf Lebenszeit, hat Budgethoheit, er ist so mächtig wie wichtig. Georgia, Florida und Arizona, republikanisch regierte Bundesstaaten, verabschieden Gesetze, die die Zahl der Wahllokale mindern, die Erlangung des Wahlrechts bürokratisch erschweren und Briefwahl unmöglich machen. Dadurch wollen diese Staaten Migranten, Minderheiten, also potenzielle Demokraten-Wähler von den Wahlurnen fernhalten, also die Wahlbeteiligung auf Seiten des politischen Gegners einschränken. Ist das noch Demokratie?

Bei der Präsidentenwahl gibt es das sogenannte Electoral College: Jeder Bundesstaat stellt einen gewissen Anteil von insgesamt 538 Wahlleuten, die den Präsidenten küren. Auch hier werden die dünn besiedelten Staaten im Landesinnern bevorteilt, und es gilt, meistens, die «winner takes all»-Regel: Wenn also eine Kandidatin die relative Mehrheit der Stimmen eines Staates ergattert, bekommt sie dort 100 Prozent der Wahlleute. Bei zwei der letzten fünf Wahlen wurde auf diese Weise ein republikanischer Kandidat Präsident, obwohl er nach absoluter Stimmenzahl verloren hatte. Dies soll die weltbeste Demokratie sein?

Das sogenannte Gerrymandering verstärkt die Absurditäten noch. Der Begriff meint das Zurechtschneiden von Wahlbezirken nach taktischem Nutzen: In Wisconsin gibt es 99 Wahlbezirke, die der republikanisch dominierte Senat des Staates derart filigran filetiert hat, dass demokratische Wahlsiege sich in einigen wenigen Bezirken ballen; und obwohl die Demokraten zuletzt 60 bis 65 Prozent der Stimmen erobert haben, halten die Republikaner immer noch die Mehrheit in ebenjenem Senat, der die Wahlbezirke einteilt. Der Begriff «Gerrymandering» ist aus «Gerry» und «Salamander» zusammengefügt – weil nämlich der Gouverneur von Massachusetts, Elbridge Gerry, 1812 ein Gesetz zur Neuformatierung der Wahlkreise erließ, und einer dieser Wahlkreise sah dann halt aus wie ein Salamander.

Und wenn, wie im Mai 2020, der demokratische Gouverneur das Schließen der Geschäfte und Schulen wegen Covid-19 anordnet, dann entscheidet der Supreme Court von Wisconsin, von jenem mehrheitlich republikanischen Senat eingesetzt, diese Verordnung sei verfassungswidrig.

Sagen wir es also, wie es ist: Dieses Wahlsystem ist nicht nur ein kleines bisschen unfair, es ist destruktiv und undemokratisch.

Es lässt sich auch nicht schönreden, es lässt sich bestenfalls mühevoll legitimieren: durch jene Verfassung von 1787, die den Zweck hatte, die noch fragile und schillernd vielseitige Republik zusammenzuhalten, und deshalb den Bundesstaaten im Innern und im Süden des Landes Geschenke machte – und zugleich die Besiedlung der Westküste und damit spätere Ungerechtigkeiten nicht voraussehen konnte. Dass das alles nicht längst angepasst und reformiert wurde, hat einen simplen Grund: Wer die Macht hat und erhalten kann, gibt sie nicht freiwillig her.

Je mehr sich nun die Demokraten übervorteilt fühlen, je mehr sich die Republikaner mit dem Rücken zur Wand sehen, desto aggressiver werden beide Seiten, desto weniger zählen die Argumente der Gegenseite noch; und wenn jede Sachfrage zur Identitätsfrage, zur Frage der Stammeszugehörigkeit wird, dann werden auch die Worte schärfer. Dann wird denunziert und gelogen.

Jill Lepore schreibt in *These Truths*, ihrem Werk über die Geschichte der USA: «In den letzten Jahrzehnten des 20. Jahrhunderts stellten Liberale wie Konservative die anhaltenden, aus den 1960er Jahren überkommenen Streitpunkte nicht mehr als Fragen von Recht und Ordnung, sondern als Fragen von Leben und Tod dar. Entweder stand Abtreibung für Mord und Waffen standen für Freiheit, oder Waffen standen für Mord und Abtreibung für Freiheit. Wie sich das darstellte, hing letztlich von der Parteizugehörigkeit ab.»

Noch ein weiterer institutioneller Destabilisierungsfaktor kommt hinzu: Während in Parlamentarischen Regierungssystemen jene Partei, die die Mehrheit im Parlament hat oder als stärkster Partner eine Mehrheitskoalition im Parlament bilden kann, eben deshalb die Regierungschefin oder den Regierungschef stellt (und dann für einige Jahre regiert und in der nächsten Wahl bestätigt oder abgewählt wird), sind im Präsidentiellen Regierungssystem der USA Präsidentschafts- und Kongresswahlen voneinander unabhängig. Wirklich regieren kann ein Präsident aber nur dann, wenn seine Partei in beiden Kammern des Kongresses, Repräsentantenhaus wie Senat, die Mehrheit hat. Sobald diese Mehrheit, und das passiert in den USA oft schon nach zwei Jahren, bei den «Midterm»-Wahlen, verloren geht, entsteht ein Patt. In früheren Jahren war das nicht automatisch dramatisch, weil die Parteien noch näher beieinander waren: Es gab liberale Republikaner und konservative Demokraten, wechselnde Mehrheiten, Tauschhandel, Kompromisse. Im heutigen, polarisierten Amerika bedeutet das institutionalisierte Patt sofort Blockade, Stillstand in Washington. Und dass heute 70 Prozent der Amerikaner den Kongress schlicht verachten, liegt eben genau daran.

«Wir schaffen alles», das war einst ein durch und durch amerikanischer Satz, denn das war Amerikas Selbstbewusstsein, ganz gewiss noch in den Jahren nach 1989, also nach dem Zusammenbruch des Ostblocks, als Francis Fukuyama das «Ende der Geschichte» ausrief und die USA zum Sieger erklärte. Dann aber kamen der 11. September 2001 und die endlosen Kriege in Irak und Afghanistan, es kamen Wirtschaftskrisen und Chinas Aufstieg, und all das wurde begleitet von der sich immer aufs Neue selbst verstärkenden Polarisierung.

«They don't get anything done», das ist ein durch und durch amerikanischer Satz des 21. Jahrhunderts.

Because they can't.

Das Thema Corona war im gesamten bisherigen Wahljahr 2020 omnipräsent in den USA. Zwei ältere Herren wollten eigentlich in Arizona die nächste Fernsehdebatte der Demokraten bestreiten, aber dann, es war der 15. März, standen sie bloß in Washington, D.C., im menschenleeren Studio von CNN. Die zwei Männer stritten mal hitzig und mal höflich miteinander, und wollten beweisen, dass der dritte Mann, jener Abwesende, dessen Job sie begehrten, ein Trottel sei. Ein gefährlicher Dilettant. Und darum wegmüsse.

Joe Biden und Bernie Sanders waren sorgsam, sie machten richtig, was Donald Trump falsch machte.

Sie berührten einander nur per «elbow bump», mit den Unterarmen, und keiner fasste das Stehpult des anderen an. Sie husteten in die Armbeuge. Und sagten das Richtige.

Beide Bewerber sprachen mitfühlend von der leidenden Nation, Biden erzählte von jüngeren Amerikanern, die draußen vor den Fenstern standen und per Zeichensprache mit den alten Eltern drinnen kommunizierten, Familienliebe in Corona-Zeiten, nachfühlbar.

«Das hier ist Krieg. Und im Krieg tun wir alles, um unsere Leute zu retten», sagte Biden.

«Ich würde das Militär einsetzen», sagte Sanders. Und: «Wir müssten den Kerl abschalten.» Der Kerl, das war der Präsident. Trump nämlich hatte die Coronakrise seit Wochen geleugnet und verharmlost. Das Virus ziehe schon durch, solche Sätze sagte er im Januar, «das ist bald wieder fort».

Eine Trump-Corona-Chronik jener Aussagen der ersten Wochen:

22. Januar: «Wir haben es total im Griff.»

24. Januar: «China arbeitet hart, um das Coronavirus einzugrenzen. Es wird alles sehr gut ausgehen.»

29. Januar: «Wir haben die besten Experten der gesamten Welt, und sie haben's 24/7 im Griff.»

2. Februar: «Wir haben es ausgesperrt.»

7. Februar: «Ich hatte gerade ein langes und sehr gutes Gespräch mit Präsident Xi aus China. Er ist stark, scharfsinnig und kraftvoll darauf konzentriert, den Gegenangriff gegen das Coronavirus zu führen.»

19. Februar: «Ich glaube, alles wird gut. Ich glaube, wenn wir in den April kommen, ins wärmere Wetter, wird das einen negativen Effekt auf diese Sorte Virus haben.»

24. Februar: «Das Coronavirus ist unter Kontrolle in den USA. Die Börse sieht sehr gut aus.»

25. Februar: «Wir machen einen großartigen Job.»

26. Februar: «Wegen all der Dinge, die wir geleistet haben, ist das Risiko für das amerikanische Volk sehr niedrig. Wenn du 15 Leute (*Infizierte*) hast und diese 15 dann in wenigen Tagen weniger werden, nahe null. Dann haben wir einen ziemlich guten Job gemacht.»

27. Februar: «Es wird verschwinden. Eines Tages, es ist wie ein Wunder, wird es verschwinden.»

9. März: «Die Fake-News-Medien und ihr Partner, die Demokratenpartei, tun alles, was in ihrer mehr oder minder erheblichen Macht steht (die war schon mal größer!), die Coronavirus-Situation anzuheizen, weit über das hinaus, was die Fakten hergeben.»

13. März: «1,4 Millionen weitere Tests nächste Woche und fünf Millionen in einem Monat. Ich bezweifle, dass wir die annähernd brauchen werden.»

Wenn man sich all die Tweets und Videos genauer ansieht, wird erst so richtig klar, wie fahrlässig das Gerede des damaligen Präsidenten war: so verplappert und kenntnisfrei, so selbstgerecht und gefährlich.

Trump nannte das Virus «ausländisches Virus», «Wuhan-Virus»,

«China-Virus» und am Ende «Kung Flu». Er sagte mehrfach und explizit, dass Vorsorge und Selbstisolierung nicht nötig seien; und dass das Tragen von Schutzmasken eine Attacke gegen ihn, den Präsidenten, sei. Das Pandemie-Büro im Weißen Haus hatte er eingespart und gestrichen, da es für ihn Teil des «deep state» war, jener bürokratischen Welt der Experten, mit der er so gar nichts anfangen konnte.

Als die Epidemie zur Pandemie wurde, als sich das Virus von Wuhan aus auf den Weg in alle Teile der Erde machte, wollte Trump es kleinreden, vermutlich weil er die Börsenkurse im Blick hatte und diese als Maßstab der eigenen Leistung wahrnahm. Mehrere Fox-Moderatoren tauschten sich mit Trump aus, berieten ihn, transportierten dessen Sichtweise zu ihren Zuschauern.

Die Moderatorin Laura Ingraham, einer der größten Fox-Stars, behauptete schon am 27. Februar 2020, dass die demokratische Kritik an Trump «beunruhigender» sei als das Virus selbst. Eine «Tyrannei der Experten» diagnostizierte sie. Und dann lenkte Ingraham ab und pries wochenlang das von Donald Trump («Ich habe so ein Gefühl») empfohlene Anti-Malaria-Medikament «Hydroxychloroquin», das sie einen «game changer», spielentscheidend, nannte: Für «Wunderheilungen» habe es gesorgt, «wie Lazarus» seien die Patienten «aus dem Grab heraufgestiegen»; wer jenes gegen Covid-19 niemals getestete Medikament in Frage stelle, sei «in totaler Verweigerungshaltung». «Ich liebe ja die Medizin», das sagte Ingraham am 3. April, aber all die zur Vorsicht mahnenden Wissenschaftler verlangten nun ernsthaft nach einer Studie darüber, «ob der Himmel blau ist».

Das Problem war: Hydroxychloroquin kann Herzprobleme verursachen und wirkt gegen SARS-CoV-2 nicht; Donald Trumps Gefühl war reiner Unfug, leider.

Ingrahams Fox-Kollege Sean Hannity sagte am 9. März, dass die Demokraten «Trump mit diesem neuen Schwindel prügeln wollen», er meinte die Gefährlichkeit des Virus.

Danach belegten Umfragen: Trump-Wähler und Fox-Zuschauer hielten Covid-19 für weniger bedrohlich als andere Amerikaner, sie verhielten sich entsprechend. Sie spotteten über die Hysterie der Liberalen.

Natürlich trugen sie keine Atemschutzmasken, natürlich hielten sie keinen Abstand zu Mitmenschen. Und so sabotierten sie den Versuch einer gespaltenen Gesellschaft, in dieser einen Krise zu sich selbst zu finden. Die Erkrankung Donald Trumps verschärfte all das aufs Neue.

Wir hörten uns bei Fox um, aber niemand wollte namentlich Auskunft geben. «Wir danken für die Anfragen, aber wir lassen diese Gelegenheit aus», sagte uns Fox-Sprecherin Carly Shanahan.

Drei ihrer Kollegen entschieden sich anders – «off the record», wie es unter Journalisten heißt. Bei Fox sei die Hölle los, sagte einer jener Reporter aus dem Reich von Rupert Murdoch, mit denen wir sprechen konnten. Tucker Carlson, der ehemalige CNN-Mann und Überläufer ins Fox-Reich, inszeniere sich selbst als aufrechte Stimme; die anderen (und natürlich auch Carlson) würden Fox News als Staatssender begreifen, da Donald Trump ihnen Zugang gewährt, Bedeutung schenkt, Geld auch, denn die Quoten sind hoch.

Trump und Fox sind eng verschlungen und vereint. Ihre Verachtung sämtlicher Experten schließt unbedingt und seit langem die Klimaforscher ein; und aus dieser Verachtung gegenüber der Klimaforschung wurde gleichsam automatisch eine Verachtung der Medizin.

Am 8. Mai 2020 jährte sich das Ende des Zweiten Weltkriegs in Europa zum 75. Mal. Donald Trump hatte Veteranen in die Hauptstadt Washington geladen, es gäbe nicht mehr viele Gedenktage mit den Helden von damals («the greatest generation»), denn die Männer waren 95 Jahre alt und älter. Um 11.30 Uhr, im nieselig-grauen Washington, stand Trump mit ihnen vor dem Weltkriegsmahnmal.

Natürlich waren die Veteranen der Einladung gefolgt, es war ja ihr großer Tag. War es aber vernünftig, sie ausgerechnet jetzt, inmitten einer Pandemie, die für alte Menschen besonders gefährlich ist, durchs Land zu fliegen? Im Weißen Haus war doch gerade erst bekannt geworden, dass ein persönlicher Attaché Trumps positiv auf das Coronavirus getestet worden war.

War dieser Auftritt der Helden nicht auch wieder nur Inszenierung, Teil der Trump-Show? Die nämlich lief in Washington nun seit über drei Jahren. Und begonnen hatte in diesen Tagen die nächste Staffel: Operation «Superdonald».

Es würde nicht einfach werden, die Erzählung durchzusetzen, das wussten die Beteiligten, inklusive der Hauptfigur. Es würde Geld und Wucht brauchen, doch beides war reichlich vorhanden. Zudem würde Chuzpe nötig sein, dreiste Lügen und sonstige Verdrehungen, da die Erzählung das Gegenteil der Wirklichkeit verkünden musste, anders ging es ja nicht.

Die Wahrheit war: Die Vereinigten Staaten scheiterten an der Corona-Epidemie. Fast 2000 Amerikaner starben am 7. Mai, dem Tag vor dem Besuch der Veteranen, und noch immer wirkte das Land erstarrt, denn es hatte wesentliche Teile seiner Infrastruktur, seiner medizinischen Grundversorgung und seines solidarischen Denkens bereits vor Jahren abgeschafft, und auch im fünften Krisenmonat existierten viel zu wenige Daten und keine Strategie, es gab ja noch immer zu wenig Tests und viel zu wenig Wissen über die Pandemie.

Die Erzählung allerdings klang anders: Die Vereinigten Staaten hatten das Virus verstanden und besiegt, weil ihr Präsident so klug und entschlussstark war; die sieg- und glorreiche Nation war jetzt bereit für das größte wirtschaftliche Comeback in der Geschichte der Menschheit.

In der amerikanischen Wirklichkeit jener Wochen kamen drei Momente zusammen. Covid-19 erschütterte das Land, legte dessen Schwachstellen offen, traf und tötete überall, aber vor allem tötete das Virus die Schwächsten, die Ungeschützten. Zweitens traf ein derart komplexes Virus ausgerechnet auf die Regierung Donald Trump, die Wissenschaft und Daten und langfristige Planung ablehnte. Und obendrein, drittens, war Wahlkampf – in diesem gespaltenen, verwundeten, wütenden Land.

Im Wahlkampf wollten Weißes Haus und die Republikanische Partei nun also ihre Erfolgsgeschichte erzählen. Sie wollten denselben Präsidenten Donald Trump als entschlossenen Entscheider, als staatsmännischen Meisterstrategen verkaufen, der sich im wahren Leben Tag für Tag als das Gegenteil erwies.

War das zynisch? Natürlich.

Oder war es zeitgemäß, professionell? Ja, professionell kann man die Propaganda-Mission wohl auch nennen: Sie lief längst und mit Macht.

«Wir erleben eine Radikalisierung und Entfesselung des Propaganda-Regimes der Trump-Administration», schrieb uns per Mail der Politikwissenschaftler und Philosoph Michael Werz. «Ob sich diese Strategien der Massenmanipulation durchsetzen oder nicht, entscheidet über die Zukunft der USA und der Welt. Durchsetzen können sich die Narrative nur unter Absehung von der Realität – es kommt für Trump darauf an, genug Amerikaner/innen zu mobilisieren, die diese Wirklichkeitsflucht mitmachen.»

Hat das Weiße Haus zunächst durch seine Personalpolitik und Ablehnung jeglicher Forschung die eigene Handlungsunfähigkeit herbeigeführt und dann das Coronavirus zu leugnen und kleinzureden versucht? War der Präsident mit stundenlangem Fernsehen, seiner Twitterei, dem Amtsenthebungsverfahren, Wahlkampfauftritten sowie Golf-Wochenenden in Florida beschäftigt, während seine Geheimdienste und die Epidemiologen ab der vierten Januarwoche vergeblich seine Aufmerksamkeit zu ergattern suchten? Gab es am 23. Januar 2020 ein Corona-Briefing durch die Dienste, konkret durch die CIA-Agentin Beth Sanner, seit drei Jahrzehnten im Einsatz – und wurden dennoch insgesamt zehn Wochen verloren, ehe es zu Beschlüssen, geschweige denn Handlungen kam? Nach allem, was durch Protokolle und Zitate jener Monate belegt ist, kann jede dieser Fragen mit Ja beantwortet werden.

Oder aber hatte Donald Trump bereits vor den eigenen Wissenschaftlern und trotz aller chinesischen Lügen und angeblich wahnhaften Attacken durch die Demokraten die entstehende Pandemie als Pandemie erkannt und konzentriert das Land gerettet: durch kühne Einreiseverbote für Menschen aus der Provinz Wuhan und durch jede Menge Tatkraft? Dies war die Wahrheit und die Erzählung des Trump-Lagers. «Wir hätten 2,2 Millionen oder mehr Tote ohne die Führungsstärke des Präsidenten», so argumentierte Trumps Sprecherin Kayleigh McEnany. Konnte sie das glauben und ernst meinen?

Sie werde in ihren Presse-Briefings niemals lügen, hatte McEnany zum Einstieg gesagt. Sie hatte am 25. Februar 2020 allerdings auch gesagt: «Wir werden nicht erleben, dass Krankheiten wie das Coronavirus die USA erreichen.»

Verbreitet wurde die Propaganda über Werbespots (in Versalien: «THE GREATEST COMEBACK STORY») und natürlich über Trumps Team, seine Sprecher, seine Söhne Donald Jr. und Eric. Trump selbst erzählte die Heldengeschichte in seinen Pressekonferenzen und in Tweets seinen über 80 Millionen Followern. Blogger wie Charlie Spiering von Breitbart verbreiteten sie weiter. Milliardäre wie Robert Mercer gaben Geld für Facebook-Kampagnen. Die Republikanische Partei, längst von Trump gelenkt und dominiert, half tatkräftig mit, und Talk-Radio-Shows und Fox News arbeiteten an der Verbreitung der Legende.

Im präsidialen Alltag folgte daraus, dass Trump zu Demonstrationen gegen Schutzmaßnahmen aufrief und jene Demonstranten, die mit schweren Gewehren und den alten Südstaaten-Flaggen aus Bürgerkriegszeiten gegen die demokratische Gouverneurin Michigans protestierten, «ehrenhafte Menschen» («very fine people») nannte; dass er ohne Schutzmaske eine Maskenfabrik besuchte, in der das Maskentragen vorgeschrieben war (während aus den Lautsprechern der Bond-Song «Live and let die» erklang); dass Trumps Leute Aussagen des Epidemiologen Anthony Fauci und anderer Fachleute im Kongress verboten; und dass ein 17-seitiges Dossier der Mediziner von den «Centers for Disease Control and Prevention» (CDC), das Amerikas Rückkehr in die Schulen und an den Arbeitsplatz vorbereiten sollte, von der Regierung zurückgehalten wurde, weil es zu negativ sei. «Das wird niemals das Tageslicht erblicken», das war der Kommentar des Weißen Hauses.

Trump-Wähler (von 2016) und Fox-Zuschauer transportierten das, worum es dem Weißen Haus ging: die Geschichte vom Sieg im Krieg gegen das Virus – und jene vom Sieger, dem Kriegspräsidenten Trump. Ashish Jha, Direktor des Global Public Health Institute in Harvard, sagte Ben Smith, dem Medien-Kolumnisten der *New York Times*: «Einige Kommentatoren in den rechten Medien haben eine ganz spezielle Art von Fehlinformationen verbreitet, die sehr schädlich war.» Medizinisch schädlich? Fraglos. Es gab jede Menge Partys, Trauerfeiern, Demonstrationen, bei denen starke Amerikaner zeigen wollten, dass sie stärker als dieses Virus seien; und tatsächlich starke Pflegekräfte und Ärzte mussten dann auch diese Patienten behandeln.

War es aber auch politisch schädlich? Langfristig? Das ist die Frage.

Zur Operation «Superdonald» gehörten Nebenkriegsschauplätze, das ist in den USA geübte Praxis: viel Gerede, viel Getöse, viel Verwirrung – obwohl alles offen zutage lag.

Dokumentiert war etwa, dass Trumps Schwiegersohn Jared Kushner einen Trupp junger Ökonomen ohne medizinischen Hintergrund angeheuert hatte, welche wochenlang ahnungslos vor all den komplexen Fragen saßen – auch dies war, durch einen Whistleblower, belegt.

Aber … Moment! Hat denn nicht China die Welt getäuscht, muss es dafür nicht zahlen? Hat die Weltgesundheitsorganisation nicht gleichfalls die Welt getäuscht und sich China unterworfen? Sind nicht die Migranten schuld? Die Europäer? Oder das Amtsenthebungsverfahren? Obama? Hillary Clinton? Beide – oder alle zusammen?

So wurde die eigentlich einfache Feststellung, dass das Weiße Haus von jenem 31. Dezember 2019, an dem die chinesische Regierung die Welt informiert hatte, bis Mitte März zunächst nichts und dann nur wenig gegen die Epidemie getan hatte, in all dem Lärm und Nebel unscharf. Wenn nichts mehr stimmt, stimmt alles. Oder auch andersherum.

Und jene Menschen, die angemerkt hatten, dass es wochenlang zu wenige Tests und zu wenige Beatmungsgeräte und sowieso keine Koordination und keine national geltenden und prägnant kommunizierten Richtlinien gab, wurden nun vom Präsidenten gefeuert, selbst wenn Aufsicht und Kritik ihr expliziter Auftrag gewesen waren.

Der *Washington Post* fiel auf, dass sich in Trumps Gebaren etwas wiederholte. Vor knapp 20 Jahren war er als Geschäftsmann bankrott gewesen, gescheitert mit seinen Spielcasinos, verstrickt in endlos viele Kredite und Verbindlichkeiten. Der Erfolglose hatte sich herausgewunden, indem er Erfolg darzustellen versuchte und darstellen ließ: Er versprach immer der nächsten Bank künftige Triumphe und Einnahmen, und schließlich rettete ihn die Fernsehreihe «The Apprentice», die ihn als heuernden und feuernden Geschäftsmann inszenierte und vom nächsten Jet in die übernächste Limousine steigen ließ. «Alles Show», sagten die Produzenten von damals nun der *Post*.

Natürlich steht übrigens außer Frage: Politik ist immer auch Selbstvermarktung, die Darstellung von Plänen und Handlungen, das Werben und mitunter das Schönfärben. Nicht alles, was in diesen Wochen in den USA geschieht, ist einzigartig: Die wenigsten Staatschefs gestehen offen Fehler und Schwächen ein, auch Sündenböcke hat es in der Geschichte schon oft gegeben – und gewiss manche Lüge.

Dass ein demokratisch gewählter Präsident aber in vier Jahren 30 573 Lügen erzählte – 492 in seinen ersten 100 Tagen; im Durchschnitt 21 pro Tag; und 503 Lügen allein am 2. November 2020, dem Tag vor der Präsidentschaftswahl – und dass an Trumps Seite eine ganze Regierung Fakten verdrehte und schließlich eine neue, eigene Wirklichkeit erfand, als sei sie das Politbüro der Kommunistischen Partei der Sowjetunion, das war neu.

Donald Trump marschierte weiter. Er sagte, die USA hätten den Kampf gewonnen, würden bessere und sowieso mehr Tests durchführen als alle anderen Länder zusammen, was ähnlich plump gelogen war wie der nächste Satz: dass nämlich die USA Beatmungsgeräte und vieles mehr exportieren würden, weil der Rest der Welt neidisch auf die professionellen USA sei und um Hilfe bitte.

Zwei Wirklichkeiten also, zwei Versionen, zwei Erzählungen standen einander gegenüber. Laut Michael Werz «befinden (wir) uns in einer neuen Zeitrechnung der digitalen Demagogie. Terra incognita.»

Oder eben: Welcome to America.

Und wie ist das alles entstanden, wo liegen die Anfänge? Warum ist es so, wie es nun ist?

«Der gegenwärtige Konflikt würde auch dann existieren, wenn Donald Trump nicht der Präsident wäre», das sagte uns der New Yorker Politik-Professor Robert Shapiro, «und das bedeutet auch, dass er bleiben wird.» Shapiro meinte den Konflikt und nicht Trump.

Es war Februar 2020, wir waren in Manhattan von Süden nach Midtown gefahren, zur 42. Straße, und nach Osten gegangen, Richtung East River. Im Foreign Press Center an der First Avenue trafen wir Shapiro, der sich auf Themen wie öffentliche Meinung, politische Führung, Statistik, Massenmedien spezialisiert hat; ein schmaler, kleiner Mann, listig lächelnd, das blaue Sakko war zu groß, die weißen Haare trug er etwas wirr von hinten nach vorn gekämmt. Shapiro, Jahrgang 1953, erzählte, wie das alles begonnen hat, der Lärm und die Spaltung.

Die Republikaner, man glaubt es heute kaum noch, waren in den dreißiger, vierziger und fünfziger Jahren des 20. Jahrhunderts zwar wirtschaftlich konservativ, ansonsten aber liberal, in sämtlichen gesellschaftspolitischen Fragen inklusive Abtreibung. «Dann wandelten sich beide Parteien. Die Bürgerrechtsbewegung und Lyndon Johnson veränderten Amerika und schufen das Land, das wir heute haben», sagt Shapiro.

Jener Lyndon B. Johnson, LBJ genannt, wurde am 22. November 1963 an Bord der Air Force One zum amerikanischen Präsidenten: Denn dort fand die Vereidigung des Vizepräsidenten statt, an jenem berühmten Tag, an dem der Präsident John F. Kennedy in Dallas ermordet wurde. Fast 12 Monate lang war Johnson ein ungewählter Präsident, die Wahl von 1964 bestätigte ihn mit einem überwältigenden Ergebnis.

Johnson nutzte die Macht und die Zeit, die er hatte, und verstand Politik als Auftrag zu gestalten. Drei Dinge tat er vor allem: Er trieb den Vietnamkrieg immer weiter, obwohl er und die Spitze des Pentagons wussten, dass dieser Krieg nicht zu gewinnen war – die *Washington Post* enthüllte 2019 all die Lügen, die damals verbreitet wurden, um immer neue Soldaten nach Südostasien schicken zu können, diese ganze Amateurhaftigkeit, wenn es denn nicht diabolisches Machtkalkül war, da Kriegspräsidenten in den USA selten abgewählt werden.

Johnson drückte aber auch sozialpolitische Reformen durch, die er unter dem Begriff «Great Society» zusammenfasste: Krankenversicherungen, bis dahin nur für Reiche existent, wurden nun für viele Amerikaner erschwinglich, und auch Umweltschutz, Bildung, Verbraucherschutz und sogar Waffenkontrollen waren Teil seiner Great Society.

Schließlich, drittens, setzte Johnson sich an die Spitze der Bürgerrechtsbewegung. Der Civil Rights Act und der Voting Rights Act schafften die drei Jahrhunderte alte Diskriminierung der Schwarzen zwar nicht im wahren Leben, aber immerhin im juristischen Sinne ab: Von nun an war die sogenannte Rassentrennung illegal. Und diese innenpolitischen Strategien, so führte Robert Shapiro seinen kleinen historischen Exkurs fort, teilten das Land. «Die Demokratische Partei entschied sich und wurde nun ganz eindeutig zur Bürgerrechtspartei, liberal in allen sozialen Fragen. Sie verlor damit die konservativen Wähler, die Südstaaten-Demokraten verließen die Partei», so Shapiro.

Es ist heute kaum mehr vorstellbar, weil nichts davon geblieben ist, aber bis dahin waren die Parteien nicht so leicht auszurechnen gewesen: Mehrheiten formten sich je nach Thema, Kurswechsel waren jederzeit möglich. Und, noch wichtiger, einen gewaltigen Machtblock innerhalb der Demokratischen Partei bildeten die «Dixiecrats», die konservativen Demokraten aus den Südstaaten, der einstigen Heimat der Sklaverei. Diese Dixiecrats aus Mississippi oder Alabama hielten in Washington immer und unbedingt zusammen, was bedeutete, dass ohne ihre Unterstützung kein Bewerber Präsidentschaftskandidat werden konnte. Und weil sie einander halfen, kontrollierten sie unverhältnismäßig viele Ausschüsse im Kongress.

Nun aber, wegen der Bürgerrechtsbewegung und wegen des neuen Kurses ihrer Partei, verließen die Dixiecrats die Partei. Die Republikaner sahen ihre Chance und nahmen die politischen Exilanten auf: Richard Nixon erfand die «Southern Strategy».

Shapiro erklärte: «Die Southern Strategy umfasste Themen wie Abtreibung, Religion, Sicherheit, verbunden mit Rassenfragen. Bis dahin war politische Nuancierung stets personenabhängig gewesen, auf einmal unterschieden sich die Kurse abrupt. Die scharfe Abgrenzung war strategisch und emotional gewollt, da vielen Anhängern der Republikaner die Bürgerrechtsbewegung viel zu weit ging.» Shapiro verlor sein Lächeln nicht, er schien nach all den Jahren der Beschäftigung mit seinem Heimatland immer noch vergnügt zu staunen.

Dieser Richard Nixon hat als Präsident das politische Leben in den USA vergiftet. Er hat den Vietnamkrieg grausam ausgeweitet, bevor er amerikanische Soldaten abzog, er hat sich auch in die Angelegenheiten anderer Länder eingemischt, ausländische Politiker hin- und hergeschoben wie Schachfiguren und Diktatoren unterstützt, weil sich mit denen gute Geschäfte machen ließen. Und er hat der Welt schließlich gezeigt, wozu Menschen im politischen Überlebenskampf in der Lage sind. Watergate war ein Sündenfall, an dem alle Präsidenten der jüngeren Geschichte der USA gemessen werden. Wohl nie zuvor und nie danach wurde so viel gelogen, nie wurden Konkurrenten und Kritiker so brutal bekämpft. Bis Donald J. Trump kam.

Die Präsidentschaft wanderte in den Jahren nach Johnson und Nixon hin und her, mal regierte ein Demokrat, mal ein Republikaner, die Demokraten hielten zunächst oft beide Kammern des Kongresses, Senat und Repräsentantenhaus, dadurch dominierten sie auch die Besetzung der amerikanischen Gerichte. «Das veränderte sich 1980. Mit der gewaltigen Begeisterung für Ronald Reagan kamen die Republikaner an die Mehrheit im Senat, und 1994, angeführt von Newt Gingrich, eroberten sie auch, nach Jahrzehnten wieder, das Repräsentantenhaus. Immer dann, wenn eine Partei den gesamten Kongress und das Weiße Haus hält, sind in diesem Land große Reformen und Kurswechsel möglich», sagte Shapiro.

Und jener Newt Gingrich wurde zu einer weiteren Schlüsselfigur der amerikanischen Geschichte, weil er das Zusammenspiel mit Demokraten beendete. Er glaubte an Mehrheitsbildung durch Feindbilder, darum an den Bruch demokratischer Spielregeln, an das Ende der Kommunikation mit dem politischen Gegner und an eine Verschärfung der politischen Sprache: Die andere Partei wurde zum «Feind», deren Politiker wurden «Verräter» und «Verbrecher», die «unser Land nicht lieben», und Präsident Bill Clinton sollte in einer Art politischer Treibjagd erlegt werden, schließlich durch ein Amtsenthebungsverfahren aufgrund einer außerehelichen Affäre. Newt Gingrich veränderte die Tonlage in Amerika dauerhaft, und zudem erkannte er die Macht des Fernsehens: CSPAN übertrug damals die Debatten aus dem Kongress, weshalb Gingrich zum ersten amerikanischen Politiker wurde, der seine Tiraden dem TV-Programm anpasste und in wiederverwertbaren 90-Sekunden-Slogans kondensierte. Und an seiner Seite marschierten ultrakonservative Moderatoren im Talk Radio und im Fernsehen sowie die Medienunternehmer, die von der Radikalisierung der politischen Sprache profitieren.

Polarisierung hat oft mehr mit der Ablehnung der Gegenseite zu tun als mit der Begeisterung für die eigene Sache. «Je weiter du von der Grenze entfernt wohnst, desto mehr bist du in den USA gegen Einwanderung. Es kümmert solche Wähler gar nicht so sehr, wenn der eigene Mann die Unwahrheit sagt, solange er die gemeinsame Identität nicht verrät», sagte Shapiro.

Darum seine Eingangsthese: Die fundamentalen Konflikte werden bleiben. Darum auch diese Erkenntnis: Das alles hat nicht Donald Trump erfunden, und es wird auch nicht ausschließlich von den Republikanern vorangetrieben. Shapiro sagte: «Beide Seiten wollen gleich wenig Kompromisse. Die Demokraten sind zuletzt immer weiter nach links gerückt, ohne Kompromissbereitschaft. Diese Konflikte haben zu Handlungsunfähigkeit und Blockade geführt.»

Dass demokratisch gewählte Präsidenten permanent lügen und zugleich Daten und wissenschaftliche Beweise ignorieren, widerspricht allen demokratischen Normen. «Wir brauchen neue Führer», folgerte Shapiro, «der Wandel muss ja von oben, von den politischen Führern kommen.» Ist das aber noch möglich? Von Karl Rove, Berater und Mastermind des einstigen Präsidenten George W. Bush, stammt die Aussage: «Wir sind ein Imperium. Wenn wir handeln, erzeugen wir unsere eigene Wirklichkeit.»

Und damit zu jenem Mann, der mindestens vier Jahre lang dieses Credo zum Leitmotiv des politischen Lebens in den USA gemacht hat.

# 1.

# VERFEINDETE STAATEN

## «Sie sind hinter euch her»

Zuerst kommen die Söhne. Eric und Don Jr. sind zwei laute und dröhnend selbstbewusste junge Männer, die so sehr Erben und eben hauptberuflich Söhne sind, wie Donald Trump das einst ebenfalls war: vom Vater mit Startkapital versehen, vom Vater dominiert, bisweilen vorgeführt und dem Vater doch loyal ergeben. Eric, 1984 geboren, ist der rötlich blonde und, relativ gesehen, stillere Bruder; Don Jr., Jahrgang 1977, ist der Schwarzhaarige und Vollbärtige – und ohne jede Frage der Anführer.

Ist das nun gemein oder vielleicht doch nicht gänzlich unangemessen, dass uns an dieser Stelle Udaj und Qusaj Hussein einfallen, Saddam Husseins Söhne, die im Irak einst eine Dreistigkeit nach der anderen stets mit der Macht des Vater begründen konnten, also Morde und Folter befehlen, in Bagdad und im Rest des Landes Frauen rauben, Maseratis und Ferraris zu Schrott fahren und alles in allem exakt so arrogant und plump sein durften, wie sie sein wollten (bis sie am 22. Juli 2003 in Mossul von amerikanischen Soldaten getötet wurden)?

Eric und Don Jr. Trump sind bislang gleichfalls nicht durch Leistungen oder Ideen aufgefallen, aber sie nennen Joe Biden «Sleepy Joe», Hillary Clinton «Crooked Hillary» und Bernie Sanders «Crazy Bernie». Wie ihr Vater. Der immerhin ist gewählt worden. Wollen wir uns ganz kurz die Reaktionen der Republikanischen Partei vorstellen, wenn Barack Obamas Töchter so aufgetreten wären wie die Trump-Söhne – oder Chelsea Clinton? Die Reden dieser Zwei haben etwas Feudales, Imperiales, Dynastisches, und Zufall dürfte das bei einer derart durchchoreographierten Veranstaltung wie der Eröffnung des Trump-Wahlkampfes kaum sein.

Die Kampagne für die Wiederwahl Donald Trumps beginnt heute und hier, am 18. Juni 2019 in Orlando in Florida, in einer Basketball-Arena für 20 000 Menschen. Und viele der Leute hier haben seit 48 Stunden draußen campiert – als wäre es das letzte aller Rolling-Stones-Konzerte oder mindestens der Super Bowl. Ein Meer in Rot. Trump-Rot. Und überall «Make America Great Again»-Kappen.

In den vergangenen Stunden, ehe er hier landete, hat der amerikanische Präsident versprochen, Millionen von Immigranten ohne Papiere zu deportieren. Er hat wüst auf Iran geschimpft. Er hat verkündet, dass der amtierende Verteidigungsminister Patrick Shanahan sein Amt aufgeben würde, da diesem nun mehrfach häusliche Gewalt nachgewiesen wurde. Er hat drei Meinungsforschungsinstituten den Regierungsauftrag entzogen, nachdem sie den demokratischen Favoriten Joe Biden in Führung gesehen hatten. Es ist also ein ganz normaler Tag in der Ära Donald Trump, und jetzt betritt seine spirituelle Beraterin, Paula White, die Bühne und betet mit dem Publikum: «Lass jeden dämonischen Fernsehsender, der sich gegen unsere Sache verschworen hat, gegen die Berufung unseres Präsidenten Trump stellt, zerschellen und abgerissen werden im Namen unseres Herrn Jesus.» Sie erkläre hiermit, das sagt die Pastorin White, «dass Präsident Trump jede Strategie aus der Hölle und jede Strategie des Feindes – jede – überwinden und seine Berufung und seinen Auftrag erfüllen wird».

Und nun, endlich, steht er höchstselbst dort vorn auf der Bühne.

Und er lächelt und grinst und nickt dann besonders stolz, wenn er gerade über sich selbst geredet hat. Sein Wahlsieg von 2016, sagt er, sei «das Resultat einer großartigen politischen Bewegung», die aber seitdem bedroht, verleumdet und attackiert werde. Und: «Wir haben mehr geleistet und erreicht als jeder andere Präsident der Geschichte und dies unter Bedingungen, mit denen kein Präsident jemals fertig werden musste.» Er meint die «Hexenjagd» durch Kritiker und Ermittler, durch die lügenden Medien. «In Wahrheit sind sie hinter euch her», ruft Trump, «sie haben versucht, eure Stimmen ungültig zu machen und das Resultat der größten Kampagne und der größten Wahl in der Geschichte des Landes zu verfälschen.»

Es ist ein Muster. Sein Muster. Mit dramatischen Superlativen steigert er seine Erfolge ins Überirdische. (In Wahrheit kam der Wahlsieg überraschend, war schlau errungen, aber zugleich glücklich und knapp, und da Trump nach dem Popular Vote verloren hatte, war es nicht der größte Wahlsieg in der Geschichte der USA.) Und zugleich dramatisiert er Bedrohungen, meist unkonkret, raunend. Lügen gehören zum Programm. Zwei Beispiele:

«Wir haben das größte Paket an Steuersenkungen in der amerikanischen Geschichte verabschiedet.» Wahr ist, dass allein in Obamas Amtszeit zwei größere Steuersenkungen durchgesetzt wurden; Trumps Reform betraf nur die reichsten Amerikaner und dies im Volumen von 0,9 Prozent des Bruttoinlandsprodukts.

Oder: «Kurz vor der Wahl hat das FBI Präsident Obama von möglicher russischer Einflussnahme berichtet, und er hat nichts dagegen getan, weil er dachte, dass Hillary Clinton, Crooked Hillary, gewinnen würde. Er hat nichts getan.» Wahr ist, dass die Obama-Regierung mehrfach öffentlich vor russischer Einflussnahme auf die amerikanischen Wahlen warnte und dass der Mehrheitsführer im Senat, der Republikaner Mitch McConnell, diese Warnungen als «Parteipolitik» zurückwies. Ebenfalls noch vor der Wahl sagte Obama, dass Russland die Server der Demokratischen Partei gehackt habe. Nach der Wahl und vor der Amtsübergabe an Trump verhängte Obama Sanktionen gegen Russland und wies drei Dutzend Diplomaten aus.

Undiszipliniert übrigens redet Donald Trump auch: viel zu lang, erratisch, mit Wiederholungen. Der Mann ist ein mittelmäßiger Redner, jedenfalls wenn man ihn als neutraler Beobachter hört, doch wer ist das schon? Trump redet endlos wie ein sowjetischer Staatschef, wie einstmals Breschnew vor der KPdSU, aber sein wahres Erfolgsgeheimnis ist, dass die von ihm so verdammten Medien ihn viel, viel größer machen, als er ist: Wir Journalisten wiederholen und verdichten seine schärfsten Sprüche und die obszönsten Tweets und machen sie zu Markenzeichen; wir Medien heroisieren Trump und stilisieren ihn zum Meister eines Spiels, dessen Regeln er vorgibt; wir Medien verwischen oder verklären dadurch den ganzen Unfug, den Trump so daherredet. Und sein Publikum johlt, scheint in dieser Halle daheim und angekommen zu sein, und es scheint zu bekommen, was es sucht und erfleht. Es darf dann abstimmen, denn Trump möchte wissen, mit welchem Slogan er in den Wahlkampf ziehen solle: noch einmal «Make America Great Again», wie 2016, oder doch, da er ja alle Versprechen längst gehalten habe, «Keep America Great».

Bei «Keep America Great» ist das Gebrüll lauter.

Wir Journalisten müssen hinter Gittern in einem Gehege stehen, am Ende der Halle. Zwei Stunden vor Beginn der Veranstaltung wurden wir in das Gehege geführt, bis zum Ende der Veranstaltung dürfen wir es nicht verlassen. Trump zeigt mit dem Finger auf uns und sagt: «Dort sind sie, die Lügner, die Fake News.» Und 20 000 zeigen nun mit dem Daumen nach unten oder mit dem Mittelfinger nach oben, sie buhen, pfeifen und brüllen «CNN sucks».

Jim Acosta ist natürlich hier, CNN-Chefkorrespondent für das Weiße Haus, er kennt das alles schon. Die Rufe, die Mittelfinger, den Präsidenten, der hetzt, und das Publikum, das johlt. «Es war wie so viele Trump-Veranstaltungen, er hat sein Publikum im Griff», sagt Acosta. In seinem Buch, *The Enemy of the people*, schreibt er: «Aber ist das, was wir täglich erleben, wirklich Trump vorzuwerfen? Oder sollten wir zu Abwechslung in den Spiegel blicken? Wollen wir wirklich, dass dies der Zustand der amerikanischen Politik ist?»

«Der Mann bietet eine Show», sagt uns Jeremy Hobson, Moderator und Reporter von National Public Radio (NPR), «und er ist eine Show. Ein Entertainer, ein Reality-TV-Star. Er beherrscht das Publikum, das genau jene rauen Witze erwartet, die es bekommt. Dass eine Trump-Veranstaltung höhere Quoten bekommt als eine Clinton- oder Biden-Veranstaltung, wissen wir alle. Dass es nicht fair ist, wissen wir auch. Warum also übertragen wir es?»

Für Hobson, den Gastgeber der NPR-Sendung «Here and Now», bedeutet dieses Schauspiel, das wir da gerade erleben, in Wahrheit etwas Größeres: «Es kann sein, dass wir genau jetzt, genau hier, den Moment des Abstiegs Amerikas erleben. Seit ich denken kann, hatten wir die stärkste Wirtschaft und das mächtigste Militär der Welt, waren wir das stärkste Land der Welt. Jetzt sind wir gespalten, was bedeutet, dass zwei Amerikaner bei ein und derselben Trump-Rede zwei unterschiedliche Erzählungen hören. Es ist exakt das, was Russland erreichen wollte: die Schwächung Amerikas durch Spaltung. Wir erledigen das selbst.»

Und Jenna Johnson, Reporterin der *Washington Post*, erzählt: «Meine erste Trump-Rallye war im September 2015 in Oklahoma City. Irgendwann zeigte der Kandidat Trump mit dem Finger auf uns und beschuldigte uns, seine Veranstaltungen und vor allem die Zuschauerzahlen nicht angemessen darzustellen. Auf einmal buhten alle. Ich war überrascht. Schockiert. Es war so unfair, weil ich versuchte, sauber zu arbeiten, die Wirklichkeit abzubilden, eine gute Journalistin zu sein. Inzwischen war ich bei unzähligen seiner Reden, bin unzählige Male beschimpft und ausgebuht worden, und inzwischen höre ich es nicht mehr. Wir dürfen uns nicht ablenken lassen. Wir müssen ganz einfach weiter berichten.»

Aber fühlt es sich bedrohlich an?

Jenna überlegt. Und sagt: «Ich bin noch nie namentlich herausgepickt und bloßgestellt worden. Aber ja, es war schon bedrohlich, oft ist da sehr viel Wut bei seinen Anhängern.»

Wir sehen hinten in der Halle einen Mann, der ständig Blickkontakt zu Trumps Helfern sucht, der von Trumps Anhängern um gemeinsame Selfies gebeten wird, der selbstverständlich durch alle Kontrollen und Bühneneingänge hindurchkommt: Sebastian Gorka, einst Berater des Präsidenten, nun Getreuer, nämlich Twitterer und Radiomoderator zu Trumps Diensten.

«Bei Veranstaltungen wie der heutigen gibt der Präsident dem amerikanischen Volk Energie. Und er berichtet vom Sieg über den ‹Islamischen Staat›, der triumphalen Wirtschaft, der minimalen Arbeitslosigkeit, Einwanderungsreformen, es gibt hier keine Überraschungen, nur die reine Wahrheit.» Der Präsident mache Amerika wieder zur leuchtenden Stadt auf dem Hügel, the «shining city upon a hill», die Demokraten hingegen wollten «dieses Land zerstören, allesamt, sie betreiben spaltende Identitätspolitik und wollen flächendeckenden Sozialismus». Politik übrigens sei immer schmutzig, sagt Gorka, die Medien nämlich würden den Demokraten helfen: «Fake-News-Medien wie CNN, die *New York Times*, die *Washington Post* haben zwei Jahre lang behauptet, der Präsident sei ein Agent Russlands. Die Agenda dieser Leute ist es, 24 Stunden lang an sieben Tagen in der Woche den Präsidenten mit Lügen zu attackieren. Wenn du nicht die Wahrheit berichtest, sondern Propaganda betreibst, bist du ein Feind der Wahrheit und damit ein Feind des amerikanischen Volkes.»

Er hebt den Zeigefinger. «Ich meine nicht alle Medien, ich meine die lügenden Medien.»

## Der ältere Herr Biden

Die Demokratie ist zweifellos kostbar, sie ist aber bisweilen auch ganz schön komisch. Mindestens seltsam. Vor allem kann Demokratie absurd sein.

Da stehen nun also 100 oder 120 Menschen im Garten der Familie Delfino in Atkinson herum, einem Dorf in New Hampshire, das 6900 Einwohner hat, und trampeln die roten Blümchen kaputt. Sie schwitzen, da es kaum Schatten und kein Wasser gibt. Sie nehmen ihre staatsbürgerlichen Pflichten ernst, denn in knapp sieben Monaten werden die gesamten Vereinigten Staaten auf sie blicken, und dann müssen sie ja wohl die Kandidaten einschätzen können.

Im Februar 2020 soll in New Hampshire an Amerikas Ostküste gewählt werden, es werden die ersten offiziellen Vorwahlen sein, ein Trendsetter für alles, was danach geschehen wird, so ist es alle vier Jahre. Das etwas ruppige, fleckenweise romantische New Hampshire ist eigentlich kein wichtiger Bundesstaat der USA – alle vier Jahre aber, im Februar, wird es zum wichtigsten.

Und darum kommen sie bereits in diesem Sommer 2019 her, sämtliche Kandidaten, ständig und immer wieder. Kirsten Gillibrand stand vor wenigen Tagen in weißem Kleid und flachen Schuhen im Garten von Terie Norelli, 198 Thaxter Road in Portsmouth, und erklärte Amerikas Demokratie für «vollkommen verdorben». Nun ist es elf Uhr an diesem sonnigen Samstag, dem 13. Juli 2019, als Joe Biden auf die Veranda der Familie Delfino in Atkinson tritt. Ein lächelnder älterer Herr, offenes blaues Hemd, Ärmel hochgekrempelt, kein Sakko. Frei redend, klar, denn wer vom Blatt abliest, hat in den USA sogleich verloren. Biden sagt, dass das Land seine Würde aufgegeben habe in zweieinhalb Jahren unter Donald Trump. Vier Jahre Trump seien auszuhalten, sagt er, ein historischer Wimpernschlag. Acht Jahre aber wären eine Katastrophe, nämlich die Zerstörung der Identität und der Werte.

Der ältere Herr Biden redet geschliffen, aber er ist etwas bleich, etwas müde und vergesslich. Er sagt, er habe als Vizepräsident für seinen Chef Barack Obama einst mit drei Ländern verhandelt, doch ihm fallen nur Guatemala und El Salvador ein. Er beginnt flink die nächste Anekdote, kann sich wieder nicht erinnern, sagt «never mind» und erzählt halt wieder etwas anderes. Und jetzt bricht er ab, sagt, er wolle die Menschen nicht so lange in der Sonne stehen lassen, nett soll das vermutlich klingen, doch es wirkt leidenschaftslos. All die Menschen hier stehen ja zweifellos deshalb in der Sonne, weil sie viel mehr von Joe Biden erfahren wollen.

Nun noch flott ein paar Selfies und dann weiter.

Ist dies nun also der perfekte Kandidat? Der Mann, der in 16 Monaten Trump schlagen kann? Es sind schwierige Wochen und Monate für die Demokraten. Personalfragen stehen an, Richtungsfragen auch, weil da Generationen miteinander ringen, auf mehreren Ebenen. Welche Strategie ist die richtige gegen die kühle Machtpolitik der Republikaner und gegen einen Präsidenten, der vier jungen, weiblichen, nicht-weißen Demokratinnen tatsächlich sagt, sie sollten «nach Hause» gehen.

Die vier Damen, Alexandria Ocasio-Cortez, Rashida Tlaib, Ayanna Pressley und Ilhan Omar, sind Abgeordnete im Repräsentantenhaus, allesamt progressiv, allesamt kämpferisch; Ocasio-Cortez hat den Markennamen «The Squad» («Der Trupp») erfunden. Flink haben die Republikaner das Quartett zum Feindbild gemacht: «sozialistisch, hysterisch», gefährlich für die Nation. Alle vier sind natürlich Amerikanerinnen, weshalb nicht nur die Demokraten den Satz, sie sollten nach Hause gehen, als rassistisch und xenophob werten. Auch für Anthony Scaramucci, einst Kommunikationschef in Trumps Weißem Haus, waren die Angriffe auf die vier Abgeordneten «das Überschreiten der roten Linie: Dieser Schritt sollte explizit das Land spalten, das war reiner Rassismus».

Jene Ocasio-Cortez übrigens, Jahrgang 1989, ehemalige Kellnerin aus der Bronx, steht sehr viel weiter links als die meisten Demokraten, und zusammen mit den Kolleginnen Omar aus Minnesota, Tlaib aus Michigan und Pressley aus Massachusetts spielt sie kunstvoll via Instagram und Twitter ihre Botschaften aus. Diese vier wollen viel, und sie wollen es jetzt, und in Fragen der Klima- oder Migrationspolitik ist ihnen die eigene Partei zu lahm, zu verzagt. Viel zu schüchtern.

Wir wollen gegenüber Joe Biden übrigens nicht ungerecht sein: Er aß in Portsmouth an der Atlantik-Küste vergnügt Eis und antwortete geduldig auf allerlei Fragen; und er fuhr nach Londonderry und redete auf einer Apfel-Plantage, stand in der glühend heißen Scheune und wurde fünf Minuten lang laut und scharf gegen Trump.

In Gilford, gleichfalls New Hampshire, nicht weit entfernt vom verästelt hübschen Lake Winnipesaukee entfernt, wohnt die Familie DiMartino. Sie hat sich ein hübsches Häuschen gebaut, einen hübschen Garten angelegt, alles sehr grün hier, auch weit, auch still. An diesem Hochsommersonntag aber ist hier ein Festival. Lang sind die Schlangen. Es gibt eisgekühltes Wasser und Kekse für alle. Die Menschen kreischen. Drängeln. Hunderte machen den Garten der DiMartinos zu einer Arena.

Und als Kamala Harris erscheint, in Turnschuhen, weißer Hose, blauem Blazer, macht sie Witze über sich selbst und lacht recht dreckig, und dann scherzt sie über Trump, über Biden, und ganz langsam passiert das, was immer passiert, wenn eine Rednerin und ein Publikum zueinander finden und aus Neugierde nach und nach ein Rausch wird.

Kamala Harris, Jahrgang 1964, ist die Tochter einer indischen Krebsforscherin und eines jamaikanischen Wirtschaftsprofessors. Sie wurde damals von den Eltern zu den Vietnam-Demonstrationen von San Francisco geschleppt. Acht Jahre alt war sie, als Joe Biden 1973 erstmals für den Senat kandidierte. Harris war Generalstaatsanwältin in Kalifornien und ist nun Senatorin, ist die Überraschung der ersten Wahlkampfwochen, seit sie Joe Biden bei der ersten Fernsehdebatte vorführte: «Ich glaube nicht, dass Sie ein Rassist sind, aber …»

Sie erzählte dann die Geschichte einer Zweitklässlerin, die per Bus in eine Schule gebracht werden sollte, in der weiße Kinder nun schwarze Kinder tolerieren sollten; der Politiker Joe Biden sei damals gegen diese Busse, das für die Bürgerrechtsbewegung so wichtige «busing», gewesen.

«Und dieses kleine Mädchen war ich», sagte Harris. Biden konnte nur schweigen, was hätte er sagen sollen?

Wüste Kerle werden ihr gegenüber zu hilflosen Jungs, und Mama Harris lächelt dann gütig. Längst verbreitet sich in den USA der Wunsch, ein Duell Trump gegen Harris zu erleben. Der Präsident nennt die Bewerberin aus der Distanz bereits «nasty», fies, was Kamala Harris wohl als Kompliment deuten sollte.

«Das hier ist ein Kampf, ein langer, ein harter Kampf, und ich habe vor, diesen Kampf zu gewinnen», sagt Harris in Gilford.

Fernsehdebatten sind politisch, aber sie sind immer noch Fernsehen. Also Show und Inszenierung. Weil so viele demokratische Bewerber Präsident oder Präsidentin werden wollen, dass sie nicht alle zur selben Zeit auf die Bühne passen, und weil CNN viel Sendezeit mit in Wahrheit ja gar nicht so vielen Neuigkeiten zu füllen hat, hat der Sender die ersten Veranstaltungen auf zwei Tage gestreckt.

Wir sind in Detroit, am letzten Juli-Wochenende 2019. Und weil CNN am Morgen des zweiten Tages erfahren hat, dass die Quoten des ersten Tages schon zu Beginn fürchterlich gewesen waren und, je länger dieser erste Teil der Debatte der demokratischen Bewerber um die Präsidentschaft dauerte, immer weiter sanken, reagiert man nach den Regeln des Fernsehens: Am zweiten Abend hetzt der Sender die beiden Favoriten, die im Zentrum der Bühne stehen, gleich zu Beginn aufeinander: Joe Biden begrüßt Kamala Harris, die Senatorin aus Kalifornien, sein Mikrophon ist bereits eingeschaltet, er sagt: «Go easy on me, kid.» Was sich ungefähr so übersetzen lässt: «Sei nett zu mir, Kind.»

Ist das altväterlich? Sexistisch? Die wilde Twitter-Debatte beginnt parallel zur Fernsehdebatte, es ist perfekt für CNN. Dann erst kommt die erste Frage, an Harris gerichtet, denn Biden hat Harris' Plan für das ewige amerikanische Thema Gesundheitsversorgung attackiert, da sie unsauber gerechnet habe.

Es funktioniert. Wütende Blicke. Fuchtelnde Zeigefinger. Es ist gute Fernsehunterhaltung. Ist es auch gute Politik?

Präsident Donald Trump sieht zu und schaltet sich zweimal ein. Er kommentiert die niedrigen Quoten der ersten Nacht: «Sie sehnen sich verzweifelt nach Trump.» Und dann schreibt er noch zwei Dinge: dass Obama 2014 «Käfige für Kinder» (von Migranten) eingeführt und mit der Trennung von Eltern und Kindern begonnen habe; «ich habe das beendet, obwohl ich realisierte, dass mehr Familien die Grenze erreichen würden».

Beides ist gelogen.

«Darum muss der Typ gehen», so redet die Bewerberin Kamala Harris über Trump, was so richtig fulminant natürlich auf Englisch klingt: «That's why dude gotta go.»

«Ein erratischer, ein verrückter Präsident», das sagt der Bewerber Joe Biden.

## Der Korrespondent

Jim Acosta ist mit der Fähre vom Festland gekommen, für drei Tage ist er der Superstar auf Martha's Vineyard, dieser Insel der Stars, einem der teuersten und exklusivsten Flecken Amerikas. Der Mann ist geadelt durch all die persönlichen Attacken des Präsidenten, gestählt auch durch Jahrzehnte in Washington, und weil er schon so lange so nahe dran ist an der Macht, hat er viel zu erzählen. Es ist der 3. August 2019, wir treffen ihn nach seiner Autogrammstunde, noch am Signiertisch. Jim Acosta trägt khakifarbene Hosen, Mokassins, ein blaues Hemd mit hochgekrempelten Ärmeln.

Auf die Frage nach der Popularität eines Präsidenten wie Donald Trump sagt er: «Wir können das jetzt diplomatisch umkreisen oder aussprechen, wie es ist: Er spricht ein Gefühl des weißen Nationalismus an.

Wir haben, ganz besonders in den Südstaaten, nach wie vor ein Problem mit Rassismus.» Und dann erzählt er, wie in diesen lauten Zeiten seine Tage beginnen: «Du blickst um fünf oder sechs Uhr auf dein Telefon, siehst die Tweets, die immer auch faktenmäßig herausfordernd sind, und während du recherchierst, nach Informanten jagst, begleiten dich die Tweets bis Mitternacht: Wir sind die Faktenchecker des Präsidenten, das ist neu.» Ach, und da wir gerade bei diesem Punkt sind: Natürlich sei nicht jeder Tweet eine Nachricht, aber die Tweets seien «ein Fenster zur Gedankenwelt des Präsidenten», und da dieser «über seine Tweets wichtige Entscheidungen verkündet, können wir Medien sie nicht ignorieren».

Jim Acosta ist der Sohn kubanischer Einwanderer. Sein Vater, Abilio Jesus Acosta, in Havanna geboren, floh als Elfjähriger mit der Mutter (Jims Großmutter) in die USA, 1961 war das, ein Jahr vor der Kuba-Krise, die dann beinahe einen Dritten Weltkrieg ausgelöst hätte. Nach dem High-School-Abschluss arbeitete Abilio Jesus in Supermärkten, meist packte er neben der Kasse die Lebensmittel ein, und er nannte sich A. J., da die Nordamerikaner «Abilio Jesus» nicht aussprechen konnten. Oder wollten.

Jim wuchs in Virginia auf, nahe Washington, täglich lasen seine Eltern die *Post*, und er las mit. Die Fernsehkarriere begann im Lokalen, bei kleinen Sendern in Knoxville, Tennessee, und in Dallas, und er erzählt, dass er heute noch diverse Umzugskisten mit Aufklebern über Aufklebern hat, die mittlerweile schon fünf- oder sechsmal dann eben doch nicht ausgepackt worden seien. Die Karriere führte weiter zu CBS, aber erst der Nachrichtensender CNN bot ihm jenen Posten an, den er haben wollte, immer schon: White House Correspondent. In all den Jahren berichtete Jim Acosta aus dem Irak, über John Kerrys Präsidentschaftskampagne von 2004, über den Präsidenten George W. Bush, über den Hurrikan Katrina, über den Präsidenten Obama, die Kampagne Mitt Romneys, wieder über Obama und dann über den Wahlkampf des Kandidaten Donald Trump.

Uneitel ist Acosta nicht. Unernst aber auch nicht. Fraglos ein Profi. Denn er traut sich, zuckt nicht zurück, reagiert gedankenschnell und hat, jedenfalls wirkt es so, immer auch den historischen Vergleich oder jenes Zitat parat, das er gerade braucht – live, wenn der Interviewpartner aggressiv und ein echter Gegner ist, ist das eine wahre journalistische Kunst.

Das Literaturfestival von Martha's Vineyard ist ein Ostküsten-Ereignis. Es geht ja kaum exklusiver: Die Insel gehört zu Massachusetts, liegt gegenüber von Cape Cod, ist so felsig wie grün, ein amerikanisches Juwel, das nur 15 000 Einwohner hat und im Sommer 100 000 wohlhabende Gäste begrüßt. Die Obamas verbringen hier ihre Sommer. *Der Weiße Hai* wurde hier gedreht, am Strand von Edgartown, Cow Beach, filmte Steven Spielberg, wie die arme Chrissie Watkins gefressen wurde und der Bürgermeister die Existenz des Hais leugnete und seinen Polizisten zum Nichtstun zwang, weil ein solches Monster Touristen verschrecken würde. Eine amerikanische Parabel?

Auf einer Wiese des Community Center von Chilmark gibt es fünf Bühnen, und daneben wird gegrillt und getrunken. Superstars wie Jim Acosta oder John Grisham kommen her, weil sie einen kostbaren Kurzurlaub auf Kosten der Veranstalter mit Werbung fürs neue Werk und dem Verkauf von mehreren Hundert Büchern verbinden können.

Acosta erzählt dann von Stephanie Grisham, der Pressesprecherin Trumps, die 180 000 Dollar im Jahr verdiene, Steuergeld, aber keine Pressekonferenzen ansetze: «Die Steuerzahler bekommen keine Gegenleistung», sagt er. Stattdessen marschiere der Präsident nach Lust und Laune vom Weißen Haus über den South Lawn zum Hubschrauber, lasse sich Fragen zurufen und tue im Rotorenlärm so, als verstehe er die Frage nicht, und sage auf diese Weise eben, was er halt sagen wolle. «Imperial und königlich», so Acosta.

Und auch dies stimmt, denn reguläre Pressekonferenzen geben den Journalisten sehr viel eher jene Kontrollmöglichkeit, die sie ausüben sollen, laut Verfassung. «In der Hektik draußen, wenn alle wie irre hinter dem Präsidenten herrennen, hat nur einer die Kontrolle: er. Und er mag das so. Wenn wir hingegen eine Pressekonferenz hätten und mir das Mikrophon übergeben würde, könnte ich ja für einen kurzen Moment in aller Ruhe meine Frage stellen und ihn, wenn er der Antwort ausweicht, an die Frage sogar erinnern.» Eine Art *public record*, öffentliches Protokoll, werde auf diese chaotische Art auch verhindert.

Wir sprechen über die Aggressivität dieser Zeiten, diese ständige Wut, die die Ära Trump wohl mehr als alles andere prägt. Einmal pro Woche komme eine Morddrohung, sagt Acosta: «Dass ich kastriert werden solle oder verbrannt, solche Sachen stehen da. Auf meiner Facebook-Seite stand: Wenn Donald Trump aus dem Amt entfernt wird, bist du tot. Es gab einen Tweet: Kill Jim Acosta, was zu 72 Stunden Personenschutz führte.»

Erlebt, wer die Geschichte der Menschheit als Fortschritt begreifen möchte, nun das Gegenteil? Eine Rückabwicklung? Er lacht. Und sagt: «Ja. Alle Regeln des Umgangs, unsere zivilisatorischen Entwicklungen … raus aus dem Fenster und ab in den Wind.»

Nach seiner zweiten Veranstaltung hier in Martha's Vineyard, bei einer Fragerunde im größten Zelt, wird Acosta deshalb ganz pädagogisch: «Unsere Kinder und Enkel, zwei oder drei Jahre alt, haben Smartphones und iPads in den Händen. Sie wachsen mit der Technologie auf. Wir erleben auf den Veranstaltungen des Präsidenten, welche Wut und welche Konspirationstheorien dort gefeiert werden – dieses ganze Hexengebräu aus Feindseligkeit, Wut und Hass ist eine ernsthafte Bedrohung für die Zukunft unseres Landes. Was wir unseren Kindern und Enkeln beibringen müssen, ist, mit all dieser Technologie kein Ekel und kein Arschloch zu sein.»

## Worte und Taten

An demselben sommerlichen Samstag – die Corona-Katastrophe ist noch fern, der Wahltag auch, und Martha's Vineyard ist epische 2080 Meilen weit weg – zerbricht in der texanischen Grenzstadt El Paso eine feingefügte Welt.

Es ist Vormittag, die Menschen erholen sich von der Arbeitswoche. Einige wollen noch schnell etwas einkaufen, gehen in die Walmart-Filiale 7101 Gateway West Boulevard: ein Konsumtempel, Lebensmittel gibt es hier, Kleidung, Unterhaltungselektronik, alles unter einem Dach. Die Amerikaner nennen solche Läden Supercenter, und im texanischen August haben diese Hallen einen magnetisch wirkenden Vorteil: Draußen ist es heiß, auch jetzt am Morgen schon, drinnen ist es kühl. Der Komplex ist ein paar Blocks von der Grenze zu Mexiko entfernt, gleich auf der anderen Seite des Rio Grande streckt sich Ciudad Juárez dahin, doppelt so groß wie El Paso. Beide Städte sind eng verflochten, rund zwei Millionen Menschen leben im Einzugsgebiet, Amerikaner, Mexikaner, und fast alle hier sprechen beide Sprachen, Englisch und Spanisch. Texas gehörte einst zu Mexiko und ging erst 1845 an die USA – viele der alteingesessenen Familien hier sind nie eingewandert, sondern sahen die Grenze über sich hinwegwandern. Und heute kommen viele Mexikaner zum Großeinkauf über diese Grenze in die USA.

An diesem ersten Samstag im August ist der Walmart auch das Ziel von Patrick C., einem 21 Jahre jungen Mann aus Allen, einem Vorort von Dallas im Osten von Texas.

Allen liegt ungefähr 650 Meilen von El Paso entfernt, über die Interstate 20 fährt man knappe elf Stunden lang. Es ist nicht bekannt, wann Patrick C. in Allen losgefahren ist und was er unterwegs gemacht hat; die Polizei hält solche Details ihrer Ermittlungen zurück. Zu erfahren ist, dass sich Patrick C. mit einer schweren Waffe auf den weiten Weg nach El Paso gemacht hat, mit einer WASR-10, einem halbautomatischem Sturmgewehr der Art AK-47, und mit sehr viel Munition. Bekannt ist natürlich, dass Patrick C. weißer Hautfarbe ist, darauf werden Journalisten später immer wieder hinweisen; und dass er in El Paso weder Verwandte noch Freunde hat, dass er El Paso gar nicht kennt.

Was sich an jenem Samstagvormittag im Walmart und auf dem Parkplatz davor ereignet, wird sich hinterher anhand von Zeugenaussagen, knappen Mitteilungen der Behörden und Recherchen lokaler Medien rekonstruieren lassen. Das Gesamtbild ist verstörend, obwohl dessen Konturen den Amerikanern vertraut sind.

Nach Erkenntnissen der Polizei verfährt sich Patrick C. nach seiner langen Reise in El Paso, irrt ein wenig umher, und dann hat er Hunger und isst. Schließlich steuert Patrick C. den Walmart an und parkt sein Auto auf dem monströsen Parkplatz neben Fahrzeugen von Kunden. Er bleibt ein paar Minuten lang im Auto sitzen.

Um 10.15 Uhr, so die Ermittler, versucht er, auf 8chan einen Text hochzuladen, den er «Manifest» nennt. 8chan ist ein Onlineforum, das von Rechtsextremisten benutzt wird, um rassistische und nationalistische Inhalte zu verbreiten. Nach diesem August-Wochenende wird 8chan abgeschaltet werden, doch am 2. November werden die Betreiber unter dem Namen 8kun erneut online gehen.

Für Patrick C. ist 8chan offenbar eine wichtige Plattform: Hier findet er Gleichgesinnte, hier findet er Pamphlete gegen Fremde, Mexikaner vor allem, hier findet er all jene Theorien, die in seiner wahnhaften Welt «Wahrheit» genannt werden. Hier fände er auch, wenn er denn noch danach suchen müsste, sein Motiv. Der erste Versuch, im Auto das Pamphlet hochzuladen, geht schief. Dann klappt es. Das vierseitige Papier erscheint unter der Überschrift «The Inconvenient Truth» («Die unbequeme Wahrheit»), was ein geklauter Titel ist: So (allerdings mit dem unbestimmten Artikel vorneweg, *An Inconvenient Truth*) hatte Al Gore, der einstige Vizepräsident, seinen Film über die Klimakrise getauft.

Nun steigt Patrick C. aus seinem Auto, dunkelblaues Hemd, beige Hose im Armeelook, dunkle Turnschuhe, Kopfhörer. Und sofort eröffnet er mit seinem Sturmgewehr das Feuer und erschießt in wenigen Minuten 22 Menschen, die an diesem Tag sterben; 23 weitere Menschen verletzt er, einige davon schwer. Um 10.39 Uhr geht bei der Polizei der erste Notruf ein.

Wieso fährt ein 21-jähriger Mann tausend Kilometer weit, um in einem Grenzort ihm unbekannte Menschen zu töten? Ist er ein Terrorist, ein Geisteskranker? Aber was heißt das schon, Terrorist, Geisteskranker? Wo verlaufen bei solchen Taten die Trennlinien? Kurz nach seiner Festnahme gibt der Attentäter Polizeibeamten nur dies zu Protokoll: «Ich wollte so viele Mexikaner wie möglich töten.»

Patrick C. wuchs zunächst bei den Eltern auf, mit einem älteren Bruder und einer Zwillingsschwester. Nachbarn und Klassenkameraden beschreiben ihn als «seltsamen Einzelgänger». Die Eltern ließen sich früh scheiden. Während der Schulzeit lebte Patrick überwiegend bei seinen Großeltern, dort zog er einige Wochen vor dem Massaker aus. Es heißt, er sei unentschlossen gewesen, ob er studieren oder ob er sich für einen festen Job oder vielleicht auch bei der Armee bewerben solle.

Das Gewehr kaufte er selbst, angeblich legal. Laut «Bureau of Alcohol, Tobacco, Firearms and Explosives» (ATF) gibt es im Großraum Dallas/Fort Worth 1470 lizensierte Waffenhändler. Ein junger Mann mit einem Sturmgewehr – in Texas ist das nicht weiter auffällig, doch die Mutter von Patrick C. machte sich Sorgen, rief die Polizei in Allen an und wies ein wenig unbeholfen darauf hin, dass ihr Sohn ein Sturmgewehr erworben habe; er sei doch erst 21 Jahre alt und im Umgang mit Waffen so unerfahren. Die Frau gab weder den eigenen Namen noch den Namen ihres Sohnes an. Gehen bei den Polizeidienststellen in den USA häufig solche Anrufe ein? Der Beamte erklärte, der Besitz eines Gewehres mit 21 Jahren sei in Texas erlaubt – und ging der Angelegenheit nicht weiter nach.

Viel weiß die Polizei nicht über diesen Täter. Mehr weiß das gesamte Land über das politische Klima vor der Tat: Monatelang war in den USA gezielt Stimmung gegen jene Menschen südlich der Grenze zu Mexiko gemacht worden, das ist die Vorgeschichte dieses Massenmordes. Und Donald Trump spielt darin die zentrale Rolle.

2016 hatte Trump mit dem Versprechen Wahlkampf geführt, im Falle seiner Wahl zum Präsidenten eine Mauer entlang der Grenze zu Mexiko zu errichten. Angst war das zentrale Motiv seiner Kampagne, Angst vor kriminellen Ausländern, vor allen Fremden – kombiniert mit Klagen über die eigene Opferrolle, darüber, ständig von bösartigen Anderen übervorteilt zu werden. Wählt mich, so lautete seine Botschaft, dann werde ich Amerika vor den kriminellen Ausländern schützen und die illegale Einwanderung beenden. Wenn Amerika wieder an erster Stelle steht, wird Amerika wieder groß.

Das war sein Leitmotiv, und nach der Wahl blieb Trump dabei. Das Nachrichtenportal *Vox.com* hat nachgezählt: Zwischen Oktober 2018 und Mai 2019 hat Präsident Trump die Bewegung jener Flüchtlinge und

Migranten, die über die Südgrenze die USA erreichen wollten, bei Reden und Pressekonferenzen 21 Mal als «Invasion» bezeichnet; seine vielen Tweets kommen noch hinzu. Kaum ein Thema hat Trump in der ersten Hälfte seiner Präsidentschaft so umgetrieben wie die angebliche «Invasion» von Kriminellen und sogenannten illegalen Einwanderern.

Im Herbst 2018 haben sich mehrere Tausend Flüchtlinge aus El Salvador, Guatemala und Honduras auf den Weg gemacht, um über Mexiko in die USA zu gelangen. Während Donald Trump von einer «Invasion» spricht, nennen sich die Flüchtlinge «Karawane»; Nachrichtenredaktionen in der ganzen Welt berichten über den Treck. Viele Familien sind darunter, sie fliehen vor der Armut und der Kriminalität in ihrer Heimat und träumen von einem besseren Leben in den USA. Vor allem Frauen sind froh, sich nicht alleine auf den langen Weg nach Norden machen zu müssen, denn die Gruppe bietet Schutz vor sexuellen Übergriffen während des langen Marsches.

7000 Menschen sind es schließlich, 7000 Einzelschicksale.

Im Herbst 2018 stand Trumps im Wahlkampf versprochene Mauer nur auf dem Papier, da rechtliche, finanzielle und architektonische Einwände den Bau verhinderten. Der Präsident nahm die Massenflucht als Bedrohung wahr, aber zugleich als Chance, sich als harter Hund in Szene zu setzen: kein Mitleid, keine Kompromisse. Um die Vereinigten Staaten vor der «Invasion» zu schützen, entsandte die Regierung einige Hundert Soldaten, und Trump kündigte an, alle Flüchtlinge rigoros abzuweisen. Die meisten Migranten der Karawane strandeten verarmt in Mexiko, wenige schafften es zurück in ihre Heimat.

Als Anfang November 2018 Journalisten zu einer Pressekonferenz mit dem Präsidenten ins Weiße Haus geladen wurden, war die Lage heikel und hitzig. Begegnungen zwischen Journalisten und dem Präsidenten waren damals außergewöhnliche, spannungsgeladene Ereignisse, diesmal besonders: Am Tag zuvor hatten Kongresswahlen stattgefunden, die Midterm Elections in der Mitte der vierjährigen Regierungszeit des Präsidenten. Trumps Republikaner hatten die Mehrheit im Repräsentantenhaus an die Demokraten verloren, doch die Mehrheit im Senat verteidigen können.

Wegen des Andrangs haben die Presseleute des Weißen Hauses die Veranstaltung vom kleinen Briefing Room in den East Room verlegt, den größten Saal des schneeweißen Gebäudekomplexes. Natürlich ist auch Jim Acosta von CNN hier, denn die Nachrichtensender berichten live. 20 Minuten lang preist Trump den Wahlausgang als «großartigen Sieg». Er beschwert sich über «unfaire» Medien, die ihn im Wahlkampf schlecht behandelt hätten: 20 Minuten lang Beschuldigungen und Beschimpfungen. Ein Bad in Selbstgefälligkeit.

Dann erteilt er John Roberts von Fox News das Wort. Roberts darf in Trumps Pressekonferenzen oft die erste Frage stellen; allzu Kritisches muss Trump dann nicht fürchten. Nach ein paar Minuten meldet sich Acosta. Roberts und Acosta sitzen dicht beieinander, beide in der ersten Reihe, wie meistens. Einst waren die beiden Freunde, das ist vorbei. Acosta steht auf und erhält das Mikrophon.

Warum der Präsident die Karawane wiederholt als «Invasion» bezeichnet habe, möchte er wissen. «Wie Sie wissen, Mr. President, war das keine Invasion. Das war eine Gruppe von Migranten, die sich auf den Weg zur Grenze mit den USA gemacht hatte.»

Temperatursturz im East Room. Trump wird sofort ungehalten: «Danke, dass Sie mir das sagen.»

Acosta: «Warum haben Sie die Gruppe so genannt?»

Trump: «Weil es sich in meinen Augen um eine Invasion handelt. Wir beide haben da unterschiedliche Ansichten.»

Acosta lässt nicht locker: «Dämonisieren Sie Flüchtlinge damit nicht?»

Trump: «Nein, überhaupt nicht. Ich will sie im Land haben. Aber sie müssen auf legale Weise kommen. Es muss geordnet erfolgen. Wir brauchen die Leute. Weil wir Hunderte von Firmen haben, die sie benötigen.»

Damit könnte das kurze Wortgefecht nun eigentlich beendet sein, doch Jim Acosta will mehr und fügt hinzu: «Ihre Wahlkampagne hat eine Anzeige veröffentlicht, die Flüchtlinge zeigt, wie sie Mauern hochklettern.»

Trump, nun schnippisch: «Oh, das stimmt. Das waren ja keine

Schauspieler. Glauben Sie, dass das Schauspieler waren? Die kamen ja nicht aus Hollywood. Das ist ja erst vor wenigen Tagen passiert.»

Acosta: «Die sind Hunderte von Meilen entfernt.»

Trump: «Ehrlich, ich finde, Sie sollten mich das Land führen lassen. Sie können ja CNN leiten. Und wenn Sie es gut machen, werden die Einschaltquoten auch wieder steigen.»

Trump dreht den Kopf ruckartig nach rechts und zeigt willkürlich in die Menge, um irgendjemandem das Wort zu erteilen, ganz egal wem, Hauptsache nicht mehr Acosta. Der aber steht immer noch aufrecht da, und gerade mal zwei Meter trennen die beiden Männer.

Acosta muss etwas hochschauen, der Präsident steht auf einem Podest. «Darf ich Ihnen noch eine Frage stellen?»

Trump, laut: «Jetzt reicht's.»

Acosta: «Eine Frage …»

Trump: «Es reicht, es reicht.»

Von der Seite springt eine Praktikantin des Weißen Hauses hoch, stürzt zu Acosta, um ihm das Mikrophon zu entwenden. Dessen rechte Hand hält das Mikrophon fest umklammert.

«Mr. Präsident, machen Sie sich Sorgen, dass die Russlandermittlungen …»

Trump fällt ihm ins Wort: «Ich mache mir wegen der Russlandermittlungen überhaupt keine Sorgen. Denn die sind ein Schwindel. Geben Sie das Mikrophon her!»

Acosta übergibt das Mikrophon der jungen Frau. Er setzt sich, geschlagen, und Trump tritt nach: «CNN sollte sich schämen, dass Sie für die arbeiten. Sie sind eine unverschämte, schreckliche Person. Sie sollten nicht für CNN arbeiten.»

Kontrollverlust, oder? Strategie, oder? Beides?

Trump wirkt in diesem Moment wie ein Rasender, so wütend, so wahnhaft, so gekränkt. Kein Präsident der Welt sollte derart impulsgetrieben und geradezu affektmörderisch auftreten, wenn er denn vom Volk als souverän wahrgenommen werden möchte; aber Trump ist längst auch bewusst, dass ihm die wütenden Attacken auf Journalisten bei den eigenen Anhängern helfen. Strategisch einkalkulierte spontane

Wutausbrüche gegen Journalisten, das trifft vermutlich am besten das, was gerade geschehen ist – und was in den kommenden Monaten immer wieder und immer schneller geschehen wird.

Die Entgleisung findet vor einem Millionenpublikum statt, live, und wird sofort in sämtlichen Nachrichtenmedien kommentiert. Auch das hässliche Wort «Invasion» ist wieder überall zu hören und zu lesen, deswegen sind Jim Acosta und Donald Trump ja aneinandergeraten.

Wir fragen den rechten Radiomoderator Sebastian Gorka, und der sieht die Dinge ein wenig anders.

«Alles», sagt Gorka, «wird diesem Präsidenten unterstellt: dass er Rassist sei, antisemitisch, islamophob, bigott. Nichts davon ist wahr. Ich kann bezeugen und würde vor Gericht beschwören, dass Donald Trump farbenblind ist. Er sieht Hautfarbe nicht. Er hat einem schwarzen General das Kommando über die Air Force anvertraut, einen schwarzen Boxer begnadigt, der nur wegen seiner Hautfarbe verurteilt worden war. Wir reden hier über die Politik persönlicher Zerstörung, und eben darum sagt der Präsident ‹fake news› und ‹enemy of the people›.»

Jim Acosta hielt Trumps Gebaren gegenüber liberalen Journalisten zunächst noch für eine Masche, einen Versuch, den Medien ihre Bedeutung zu nehmen, also die Macht der Medien zu untergraben: «Und jetzt bekommen sie den Geist nicht in die Flasche zurück, er ist außer Kontrolle.» So sei diese zentrale, immer aufs Neue verschärfte politische Maßnahme der Ära Trump, die Attacke auf die Medien, entstanden. Undurchdacht, beiläufig, man könnte auch sagen: zufällig.

Drei Monate später, Anfang Februar 2019, trägt der Präsident vor beiden Kammern des Kongresses die «State of the Union Address» vor, die Rede zur Lage der Nation, in anderen – wollen wir sagen: normaleren? – Zeiten eine Zeremonie der Demokratie. Die «State of the Union» ist ein zentraler Termin im politischen Kalender des Landes, die Gelegenheit nämlich, grundsätzlich zu werden.

Trump kommt schnell zum Punkt.

Er hat heute nicht nur die über 3000 Kilometer lange Grenze im Visier, sondern auch eine gewisse Grenzstadt in Texas: «Wo Mauern hochgezogen werden, gehen die illegalen Grenzübertritte zurück. Die Grenzstadt El Paso hatte eine sehr hohe Anzahl von Gewaltverbrechen, eine der höchsten im gesamten Land. Sie galt als eine der gefährlichsten Städte unseres Landes. Jetzt, unmittelbar nach dem Bau einer starken Grenzbefestigung, ist El Paso eine der sichersten Städte in unserem Land. Kurz gesagt: Mauern funktionieren. Mauern retten Leben.»

Trumps republikanische Parteifreunde im Kongress springen von ihren Sitzen auf und jubeln dem Präsidenten zu, ihrem Präsidenten. «Mauern retten Leben», das klingt griffig, wer sollte schon etwas gegen Lebensrettung haben?

Die *New York Times* hat etwas gegen die Verknüpfung: Noch in derselben Nacht stellen die Faktenprüfer der Zeitung eine umfangreiche Dokumentation der Lügen und Übertreibungen des Präsidenten online. Zu Trumps Erzählung von der sehr hohen Kriminalität in El Paso erklären die Rechercheure: «Das ist falsch. El Paso war nie eine der gefährlichsten Städte der Vereinigten Staaten. Und die Kriminalität ist in Städten überall im Land – nicht nur in El Paso – zurückgegangen, und zwar aus Gründen, die nichts mit Grenzzäunen zu tun haben. Im Jahr 2008, bevor die Grenzanlagen in El Paso fertiggestellt wurden, hatte die Stadt die zweitniedrigste Anzahl von Gewaltverbrechen im Verhältnis zu über 20 vergleichbar großen Städten. Im Jahr 2010, nachdem der Grenzzaun errichtet wurde, hat El Paso diese Position behalten.»

Aufmerksame Leser der *Times* lesen das vernichtende Urteil der Dokumentare, aber Trumps Rede wird live von zwölf Fernsehanstalten übertragen und von 46,8 Millionen Zuschauern im ganzen Land verfolgt. Gegen eine derartige Wucht haben die *New York Times* und, was in diesem konkreten Fall das Gleiche ist, die Wahrheit keine Chance: Donald Trump kann sich mit seinem Narrativ von kriminellen Ausländern, vor denen er die USA schützen müsse, durchsetzen. Mit dieser Rede ist El Paso im Bewusstsein vieler Amerikaner «Crime City», Hauptstadt der Gewaltverbrechen.

Und der Präsident ist in dieser Erzählung der Befreier, der Retter Amerikas.

Trump hat ein sicheres Gespür dafür entwickelt, dass die Themen

Invasion, kriminelle Ausländer und Mauerbau bei seinen Fans ankommen. Es liegt daher nahe, dass er persönlich nach El Paso reist, zu einer dieser Großveranstaltungen, die er liebt, nur eine Woche nach der «State of the Union»-Rede. Trump hat das El Paso County Coliseum mieten lassen, wo meist Rodeos und Viehauktionen stattfinden, es sind nur wenige Blocks zum Walmart-Supercenter am Gateway West Boulevard. Trump beginnt seine Rede mit Schmeicheleien für die Texaner, «ich liebe diesen Staat», dann folgen Giftpfeile in Richtung Presse: «Wisst ihr, diese sogenannten Factchecker gehören zu den unehrlichsten Menschen in den Medien.» Gejohle im Publikum. Trump kommt nun zu seinem eigentlichen Thema, dem Bau einer «wunderschönen Mauer». Er entwirft die Vision eines Schutzwalls, der alles Böse von Amerika fernhalten kann. In 15 Variationen spricht er in der Mehrzweckhalle von El Paso über Verbrechen, vor denen er die Amerikaner schützen wolle; fast immer sind «kriminelle Fremde» involviert. Trump schaltet in den Wahlkampfmodus: «Die Demokraten entwickeln sich zur Partei des Sozialismus, der Spätabtreibung, der offenen Grenzen und des Verbrechens.» Gejohle. «Wir wollen Drogen stoppen, wir wollen Dealer stoppen, wir wollen Kriminelle stoppen, die zu uns kommen wollen. Mauern retten Leben.» Ekstase.

Kurz nach Trumps Rede im Coliseum legt Fox News nach. Moderatorin Laura Ingraham hat ebenfalls die lange Reise nach El Paso gemacht, um dort den Präsidenten zu befragen. Und dieses Interview entwickelt eine noch größere Wirkung, denn es wird landesweit von 4,2 Millionen Zuschauern gesehen, Trump und Fox News haben an diesem Abend doppelt so viele Zuschauer wie die Konkurrenten CNN und MSNBC. Der Präsident kommt sofort auf die Mauer zu sprechen, seine Mauer: «Eine Mauer ist eine gute Sache, eine moralische Sache.» Ingraham fragt: «Was ist mit all diesen Sheriffs und Bürgermeistern an der Grenze, die behaupten, dass sie keine Mauer brauchen, weil sie sicher seien, und die einige Ihrer Statistiken zu El Paso anzweifeln, obwohl Juárez letztes Jahr viele Morde hatte.» Trump nutzt die Vorlage gern: «Zunächst, in Juarez ist die Anzahl der Morde enorm hoch, hier ist sie niedrig. Sie ...», er meint die Sheriffs und Bürgermeister, «... haben nicht recht. Und sie wissen das.» Ingraham: «Sie sagen, die Zahlen waren schon früher niedrig, vor der Mauer.» Trump wischt den Einwand beiseite: «Die Kriminalität war sehr stark, und dann wurde die Mauer gebaut. Sie sollten über die Sheriffs sprechen, die meiner Meinung sind, 98 Prozent der Sheriffs im Land sind das, wahrscheinlich sogar alle.»

Eine verblüffende Statistik ist das, die Trump da aus dem Hut zaubert. Wie kommt er auf diese Zahl? Keine Nachfrage. Schließlich behauptet er, dass die Demokraten die Anzahl der Betten in den Arrestzellen reduzieren und ihn so daran hindern wollten, Kriminelle an der Grenze abzuschieben: «Das bedeutet, dass wir sie nicht einfach nach Mexiko, oder woher auch immer sie kommen, zurückschicken können. Wir müssen sie in unsere Gesellschaft lassen. In einigen Fällen handelt es sich um eiskalte Kriminelle.» Ingraham sieht zufrieden aus und wechselt das Thema.

Ob Patrick C., der Junge aus dem texanischen Allen, unter den Zuschauern in der Halle war, ob er das Interview auf Fox News gesehen hat, das wissen die Ermittler nicht. Ob er überhaupt fernsah oder Zeitungen las oder ob er sich ausschließlich in rechtsradikalen Internetforen und an den rechten Rändern der sozialen Medienwelt bewegte, das wollte oder konnte seine Familie nicht mitteilen. Dass die martialische Rhetorik Donald Trumps einen starken Eindruck bei Patrick C. hinterließ, das allerdings ist offensichtlich.

Unter dem Pseudonym @outsider609 führte er seinen Twitter-Account, und das Profil dieses Kontos lässt Rückschlüsse auf die politische Grundeinstellung zu. Patrick C. hat häufig Tweets von Donald Trump mit einem Herzchen versehen, darunter waren auch «Fake News»-Tweets, Kurztexte, in denen Trump Journalisten Lügen vorwarf. In einem anderen von Patrick C. mit einem Herz belohnten Tweet hatte der Präsident geschrieben: «Die unaufrichtigen Medien berichten nicht, dass alles Geld, das in den Bau der Großen Mauer fließt, später von Mexiko zurückgezahlt wird.» Im Februar 2017 hatte Patrick C. ein schrilles Foto geliked, das ein Nutzer namens John Doe gepostet hatte.

Auf dem Foto waren Sturmgewehre und Pistolen auf einem Fußboden so angeordnet, dass sie den Namen TRUMP ergaben.

Trump und Waffen, diese Kombination mochte Patrick C.; und an diesem Samstag, dem 3. August 2019, hat der junge Texaner zwar die Absicht, «Mexikaner zu töten», aber er läuft zwischen parkenden Autos umher und zielt wahllos auf alle Menschen, denen er begegnet. Dann bewegt sich der Schütze auf den Eingang des Supercenters zu. Dort haben sich gerade die Spielerinnen einer Jugend-Fußballmannschaft getroffen, um Geld für ihren Club zu sammeln: frisch gepresster Orangensaft, 2,50 Dollar der Becher.

Ein Vater bemerkt, wie der Attentäter schießend auf das Gebäude zugeht, und ruft den Mädchen zu: «Lauft, lauft». Die Mannschaft schafft es, alle Mädchen bringen sich in Sicherheit. Ein Angestellter greift nach seinem Funkgerät, wählt einen internen Notruf: «Shooter, shooter», dann läuft er ins Supercenter, um Kunden und Verkäufer zu warnen: «Ihr müsst raus, das ist keine Übung, ihr müsst alle raus.» Er schreit auf Englisch, er schreit auf Spanisch. Viele Menschen können sich retten.

Doch das Durcheinander ist zu groß, an diesem Samstagvormittag sind ungefähr 1000 Kunden und 100 Angestellte im Walmart. Einige sind alt, andere hören die Warnungen nicht rechtzeitig. Unter den Kunden sind Andre und Jordan Anchondo, ein junges Ehepaar aus der Nachbarschaft, 23 und 24 Jahre alt. Sie möchten an diesem Wochenende ihren ersten Hochzeitstag im frisch bezogenen Eigenheim feiern. Freunde und Verwandte sind eingeladen, das Paar ist kurz in den Walmart gefahren, um Lebensmittel für das Barbecue einzukaufen. Die Anchondos sind zu dritt, sie haben ihr drei Monate altes Baby dabei. Schüsse. Tumult. Um seine Familie zu beschützen, springt Andre vor seine Frau und das Baby. Er wird erschossen. Jordan presst ihr Neugeborenes an sich. Auch sie wird erschossen. Die stürzende Mutter begräbt ihr Kind unter sich. Das Baby wird verletzt, es überlebt.

Bei seinem Feldzug tötet Patrick C. an diesem Tag 13 Amerikaner, acht Mexikaner und einen Deutschen, der mit einer Mexikanerin verheiratet war und 40 Jahre lang auf der anderen Seite der Grenze gelebt hatte, in Ciudad Juárez. Er war, wie viele andere, mal eben über den Fluss zum Einkaufen gefahren. Das älteste Opfer ist 90 Jahre alt, das jüngste 15. Drei weitere Menschen werden in den nächsten Tagen und Wochen ihren schweren Verletzungen erliegen.

Nach dem Massaker steigt Patrick C. ins Auto und fährt davon. Er kommt nicht weit, vermutlich will er nicht fliehen. Als ihn eine Polizeistreife stoppt, ergibt er sich widerstandslos.

Der Polizist, der ihn verhört, sagt, C. habe einen kalten Blick gehabt und keine Reue gezeigt. Als die Ermittler das sogenannte Manifest unter die Lupe nehmen, das Patrick C. online gestellt hat, begreifen sie, was hinter der Tat steckt. In dem Schreiben heißt es zu Beginn: «Dieser Angriff ist eine Antwort auf die hispanische Invasion. Das sind die Anstifter, nicht ich. Ich verteidige mein Land einfach nur gegen die kulturelle und ethnische Umvolkung (*im amerikanischen Original: ‹replacement›*), die eine Folge der Invasion ist.»

In dem Pamphlet folgen dann Ausführungen zur Überlegenheit der weißen Rasse und zur Frage, warum Immigranten für Amerika schädlich seien. Genau wie Donald Trump bei seinem Besuch in El Paso warnt nun Patrick C. vor den ökonomischen Folgen von Immigration: «Es ergibt keinen Sinn, weiterhin Millionen von illegalen und legalen Immigranten in die USA eindringen zu lassen und zig Millionen von ihnen, die bereits hier sind, hier zu lassen. Invasoren, die nahezu die höchste Geburtenrate unter allen Ethnien in Amerika haben. In der nahen Zukunft wird Amerika ein allgemeines Grundeinkommen einführen müssen, um weit verbreitete Armut und Aufstände zu vermeiden, weil Leute ihre Arbeit verlieren.»

Patrick C.s Gedanken zur Zukunft des Einwanderungslandes USA sind nicht wirr, sind nicht wahnhaft, sie sind sehr konservativ. Wahnhaft sind die Konsequenzen, die er daraus zog. Und auch eine detaillierte Beschreibung der Schießeigenschaften seines Sturmgewehrs findet sich in dem Papier: «Das AK47 (WASR-10) überhitzt sehr stark nach etwa 1000 Schüssen, die sehr schnell hintereinander abgegeben werden.» Ein paar Zeilen später heißt es: «Ich habe nicht viel Zeit mit der Vorbereitung auf diesen Angriff verbracht. Vielleicht einen Monat, wahrscheinlich weniger. Ich muss dies tun, bevor ich meine Nerven verliere.» Zum Schluss befasst sich der Autor mit dem Ausgang des Massakers: «Mein Tod ist wahrscheinlich. Falls ich nicht von der Polizei getötet werde, werde ich wahrscheinlich von einem der Invasoren erschossen … Meine Meinungen zu Automatisierung, Einwanderung und dem Rest hatte ich schon vor Trump und seiner Präsidentschaftskampagne. Ich schreibe das hier, weil manche Leute dem Präsidenten oder bestimmten Präsidentschaftskandidaten die Schuld für die Attacke geben werden. Das ist nicht der Fall. Ich weiß, dass mich die Medien wahrscheinlich ohnehin als weißen Rassisten bezeichnen und Trumps Rhetorik verantwortlich machen werden. Die Medien sind berüchtigt für Fake News. Ihre Reaktion auf diesen Angriff wird das sicher bestätigen.»

Patrick C. hat sich getäuscht: Er wird nicht erschossen. Er wird verhaftet und muss mit der Todesstrafe rechnen. Aber er hat auch recht: Nachdem das Motiv des Attentäters bekannt wird, geben Joe Biden, Kamala Harris, Bernie Sanders und nicht nur diese drei Präsident Trump eine Mitschuld an dem Massaker. Von vielen Medien wird Patrick C. als wahnhafter weißer Rassist bezeichnet.

Weil es die Wahrheit ist.

Natürlich hört auch Präsident Trump von dem Manifest des Attentäters. Ihm ist klar, dass sich Patrick C. bei der Planung des Attentats ausdrücklich auf ihn, Donald Trump, berufen hat. Trump wittert die Gefahr und lädt die Presse am Montagvormittag um zehn Uhr zu einem kurzen Statement in den «Diplomatic Reception Room» des Weißen Hauses, dorthin, wo meist Botschafter empfangen werden.

Der Präsident bemüht sich um Distanz zu dem Geschehen von Texas: «Der Attentäter von El Paso hat online ein Manifest veröffentlicht, voll mit rassistischem Hass. Wir als Nation müssen mit einer Stimme Rassismus verdammen, Fanatismus und weißen Nationalismus.» Glaubt ihm das irgendjemand?

Die Fernsehsender haben prominente Moderatoren nach El Paso entsandt, der CNN-Mann Chris Cuomo steht, etwas erhöht, ein paar

Schritte vom Walmart entfernt, im Hintergrund aufgebrachte Bürger, da ist ein Polizeiwagen mit Blaulicht.

Cuomo hat einen wichtigen Gast zum Live-Interview geladen, den Politiker Beto O'Rourke. Der Demokrat ist heute aus zwei Gründen interessant. O'Rourke hat im Frühjahr erklärt, für das Amt des amerikanischen Präsidenten zu kandidieren. Und er stammt aus El Paso, spricht Englisch und Spanisch, kennt die Menschen hier.

Wir haben diesen Beto O'Rourke, der die Rückkehr von Ehrlichkeit, Toleranz und Empathie in die Politik verspricht, im Wahlkampf im Bundesstaat New Hampshire begleitet. O'Rourke, Jahrgang 1972, ist einstiger Punkrocker, übrigens auch einstiger Hacker, Herumstreuner, Zeitvergeuder, doch in den 24 Stunden nach der Verkündung seiner Bewerbung gingen 6,1 Millionen Dollar Spenden bei ihm ein, die höchste Summe aller Bewerber. Trump adelte ihn durch persönliche Attacken: «Ist er verrückt?» Von seinen Anhängern wurde O'Rourke schon zum nächsten Kennedy oder Obama erklärt, *Vanity Fair* machte ihn zur Titelfigur, von Annie Leibovitz fotografiert.

Wir begleiteten ihn zwei Tage lang, die Tour begann in Portsmouth an der 18,5 Meilen kurzen Atlantikküste dieses Bundesstaats: ein Touristenfischerstädtchen, dort sitzt Geld. O'Rourke stand um 8.15 Uhr im Café «Popovers» auf einem Tisch, fuchtelte ausholend mit den Armen, rief heiser all die Begriffe des liberalen Amerika in den Raum: Klima, Migration, Gesundheitsversorgung, Solidarität, Rettung der Demokratie, «alles ist mit allem verbunden», rief er, und mehrfach fiel der Begriff «everybody's genius» – das Genie eines jeden Amerikaners und einer jeden Amerikanerin wollte er schützen und stärken, denn «wir können es nur zusammen schaffen», rief er und klang wie Bruce Springsteen nach dem 11. September.

Hinterher, im Gespräch, sagte O'Rourke, dass er in den kommenden Monaten an jede Tür Amerikas klopfen wolle, in jedem Bezirk dieses Bundesstaates und möglichst des gesamten Landes, «alle zusammen heißt eben alle zusammen», sagte er, «das ganze Land und bei Themen wie dem Klima die ganze Welt».

O'Rourke wuchs in El Paso auf. Betos Vater Pat war dort Lokalpolitiker, doch die Karriere des Vaters stockte, als in seinem Handschuhfach ein Kondom mit Kokain oder Heroin gefunden wurde – nette Polizisten zerstörten das Beweisstück flott, was die Affäre aber nicht kleiner machte. Beto O'Rourke hasste diesen Vater, welcher den Sohn zum Accessoire seiner Wahlkampagnen machte und für Fotos auf Tandem-Räder setzte und die Kommunikation einstellte, sobald der Junior mal schlecht in Mathe war. Beto wollte raus aus diesem El Paso, tauchte ab in die Welt der Computer, hackte, wurde Musiker, studierte in New Mexico Film und Englisch und ließ den Satz «Ich bin der wütende Sohn» auf seine Seite im Jahrbuch schreiben. Er nannte sich Robert und nicht mehr Beto, ging zur Columbia University in New York, ruderte, tourte mit seiner Punkrock-Band durch Kanada, wollte in Albuquerque Künstler werden, genoss lieber die Partywelt Brooklyns, kehrte als Erwachsener nach El Paso zurück, nannte sich wieder Beto und wurde mit Alkohol am Steuer erwischt, was sich die Republikaner gemerkt haben dürften.

2001 starb der Vater, mit dem Rad unterwegs, als ihn ein Lkw traf. Drei Jahre später kandidierte Beto O'Rourke für den Stadtrat, gewann und war nun ein Politiker, der schon bald seine Kinder für Wahlkampffotos posieren ließ. Die Familie O'Rourke lebt heute im bürgerlichen Stadtteil Sunset Heights, Beto sammelt dort Biographien von Musikern und Präsidenten. Wenn er zuhause ist.

Vor jener Senatswahl 2018 im durch und durch republikanischen Texas, die ihn bekannt machte, da er sie nur haarscharf gegen den Favoriten Ted Cruz verlor, hatte O'Rourke – um berühmt zu werden – einen angstfrei offenen Dokumentarfilm zugelassen: 700 Stunden Rohmaterial, keine Tabus.

Authentizität ist in der politischen Arena zweifellos wichtig, Charisma sowieso, aber welcher Pressesprecher rät einem Politiker in hitzigen Zeiten wie diesen zu solcher Offenheit? Nun sehen wir also Henry, Betos kleinen Sohn, hinter einer Couch hocken und traurig dem Papa eine Nachricht auf Band sprechen. Betos Ehefrau Amy sagt, dass die drei Kinder ihrem Vater nun Briefe schrieben, weil sie nach den Video-Telefonaten immer so fürchterlich verheult durchs Haus gelaufen seien.

Und wir sehen, wie auch Beto leidet. «Ich habe eine superschwere Zeit», sagt er zwischen zwei Auftritten. Er schimpft: «Fuck.» Immer wieder frisch zu wirken, auch neugierig, doch immer wieder schlaflos, hungrig, einsam zu sein – was soll eigentlich der ganze Quatsch dieser hysterisierten amerikanischen Politik?

Manchmal ist da diese verdammte Naivität. «Man, I'm just born to be in it», erzählte er dem Titelautor von *Vanity Fair*, und dieser Glaube an das eigene Auserwähltsein klang deshalb so breitbeinig, weil er nichts anderes als breitbeinig war. Und nun, im August 2019, steht dieser Mann also neben Chris Cuomo und soll erklären, was seiner Heimat da widerfahren ist. Wie diese Mordlust in diese so friedliche Stadt kam.

Der CNN-Mann beginnt das Interview mit der Bemerkung: «Beto O'Rourke ist es leid. Die Medien wollen von ihm immer erfahren, ob er glaubt, dass der Präsident ein Rassist ist. Er findet, dass das aufgrund der aktuellen Geschehnisse offensichtlich ist. Für ihn ist die Antwort klar: ja. Und er fordert den Präsidenten auf, am Mittwoch nicht wie geplant nach El Paso zu kommen.»

Und Beto O'Rourke erregt sich: «Er hat mexikanische Einwanderer – und das hier ist eine Stadt von mexikanischen Einwanderern – als Vergewaltiger, als Kriminelle bezeichnet. Er hat wiederholt vor einer ‹Invasion› gewarnt. Er versucht uns Angst zu machen vor denen, die nicht wie die Mehrheit in diesem Land aussehen. Er hat Menschen als Seuche bezeichnet, so kann man Kakerlaken bezeichnen oder Ameisen, aber doch nicht Menschen. Er ist für den Hass und die Gewalt verantwortlich, die wir gerade erleben … So ein Massaker wie dieses gibt es nur, wenn es einen Präsidenten gibt, der die Erlaubnis erteilt, seinen Hass, seinen Rassismus, seine Intoleranz wörtlich zu nehmen.»

Ist das aber so eindeutig? Ist Trump tatsächlich verantwortlich für die Gräueltaten seiner radikalisierten Fans? Beto O'Rourke hat seine Meinung scharf und laut formuliert, er hat den pointiertesten Ton in der Debatte gesetzt.

Weit weg, in der Hauptstadt Washington, machten sich bald nach dem Attentat von El Paso professionelle Spindoktoren – Anhänger und Gegner des Präsidenten – an die Arbeit. Wir suchen zwei gewiefte Beobachter auf: Sebastian Gorka und Judd Legum.

Beide haben sich über die Jahre ein großes Publikum im Internet erarbeitet. Sebastian Gorka war einst Redakteur der Nachrichtenwebsite *Breitbart*, die von Steve Bannon geleitet wurde und durch radikale Texte gegen Demokraten und alle linksliberalen Medien auffällt – eine Website ganz nach dem Geschmack von Donald Trump. Im Januar 2017, nach Trumps Wahl zum Präsidenten, wechselte Gorka zusammen mit Steve Bannon in den Beraterstab des Weißen Hauses. Als Bannon das Weiße Haus acht Monate später wieder verlassen musste, endete auch Gorkas Engagement für Trump. Heute arbeitet er als Moderator für ein christliches Radionetzwerk. Wir besuchen ihn in seinem Studio in einem schmucklosen Bürogebäude in Arlington, zwanzig Autominuten vom Zentrum Washington entfernt, auf der anderen Seite des Potomac River.

Gorka ist unter Zeitdruck, er muss seine tägliche Sendung vorbereiten, und schaut die Besucher aus Deutschland aus tiefliegenden Augen an. Ist der Präsident mitverantwortlich für Attentate wie das in El Paso? «Kompletter Blödsinn. Was wurde nicht alles über den Präsidenten und seine Familie gesagt? Auch über die Leute, die für ihn gearbeitet haben, wie mich selbst. Abscheulich. Dieser Mann ist von Beginn seiner Präsidentschaft an 24 Stunden täglich als Rassist bezeichnet worden. Als Antisemit, als Heuchler. Als islamophob. Nichts davon stimmt. Wenn dir die Argumente ausgehen, beschimpfst du den Gegner: Rassist! Nazi! Faschist!» Sebastian Gorka kann sich mit seinem Bassbariton auf eindrucksvoll wohlklingende Weise empören.

Judd Legum ist eine Art publizistischer Gegenspieler Gorkas, Jahrgang 1978 und damit acht Jahre jünger als der Rechtsaußen-Moderator. Im Jahr 2005 hat Legum die linksliberale Website «ThinkProgress» gegründet, er engagierte sich 2007 und 2008 für den ersten Präsidentschaftswahlkampf Hillary Clintons. Jetzt recherchiert er zu Politik und Medien und veröffentlicht seine Beiträge im eigenen Newsletter «Public Information»; einige Hunderttausend Politikinteressierte folgen ihm. Wir treffen ihn in einer Washingtoner Pizzeria, zwei Blocks von seiner Wohnung entfernt, denn Judd Legum gehört zu jenen Bloggern, die längst ohne Büro auskommen: Er klappt seinen Laptop auf und schreibt, und dann sendet er, im Café, im Restaurant, überall dort, wo es WLAN gibt.

Selbstredend hat Legum einen ganz anderen Blick auf Donald Trump: «Seit Trump Präsident ist und mit dieser hasserfüllten Sprache anfing, haben Hassverbrechen allgemein zugenommen. Vor allem die Gewalt von weißen Rassisten hat rapide zugenommen.»

Lösen Worte Taten aus? «Natürlich.» Wirkt die ständige Eskalation der Begriffe, ermuntern Wörter wie «Invasion» potenziell gewaltbereite Anhänger zu Taten? «Natürlich», sagt Legum.

Die Debatte um Trumps Mitschuld flammt in den USA immer wieder auf, derartige Gräueltaten sind nicht selten. Nach El Paso ist die Debatte besonders hitzig, da die Verehrung des Attentäters für den polarisierenden Präsidenten so offensichtlich ist, die Nutzung der rhetorischen Instrumente aus Trumps Werkzeugkasten ebenfalls. Eine Entscheidung steht an: Soll Trump der Aufforderung O'Rourkes folgen und nicht nach El Paso fliegen? Es würde wie ein Schuldeingeständnis wirken. Soll Trump fliegen, mit dem Risiko, unfreundlich empfangen zu werden?

Zwei weitere Tage vergehen, dann macht sich der Präsident auf den Weg. Zuerst reist er nach Dayton in Ohio, wo wenige Stunden nach dem Massaker von El Paso ein zweiter Attentäter um sich geschossen und neun Menschen getötet hat, darunter seine Schwester; anschließend fliegen Trump und Ehefrau Melania mit der Air Force One nach Texas.

Es ist sehr heiß und stickig an diesem Hochsommertag. Als die Trumps um 14.30 Uhr landen, wartet «The Beast», Trumps gepanzerte Dienstlimousine, an der Boardingtreppe. Trump winkt, als ob er in der Ferne einen alten Bekannten erkannt hätte; so winken amerikanische Präsidenten meist, wenn sie aus einem Flugzeug steigen. Dann setzt sich der Konvoi in Bewegung, Richtung Innenstadt, in jene Gegend, wo Trump ein halbes Jahr zuvor seine flammende Rede gegen kriminelle Ausländer gehalten hatte. Wo vor vier Tagen 22 Menschen gestorben sind.

Am Straßenrand haben sich Menschen versammelt, die gegen Trumps Rhetorik demonstrieren. Sie halten Schilder in die Höhe, auf denen

«Trumps Rassismus = die wahre Invasion» zu lesen ist, «Trumps Reden = unser Blut» oder «Rassist hau ab!»

Hier und jetzt bekommt der Präsident die Wirklichkeit El Pasos zu Gesicht, diese Bewohner haben ihm bei seiner Wahlkampfrede ein paar Monate zuvor gewiss nicht zugejubelt. Und auch Beto O'Rourke steht wieder auf einer Bühne und hält eine feurige Ansprache. Gegen Trump, gegen dessen Besuch. Nein, dieser Präsident ist an diesem Ort nicht willkommen. Er meidet jeden Kontakt mit den Demonstranten und fährt sogleich – ja, wohin eigentlich kann er fahren?

Das Besuchsprogramm des Präsidentenpaares hat den zuständigen Leuten in der Stadtverwaltung Kopfzerbrechen bereitet. Reporter der *El Paso Times* beobachten jeden Schritt des Präsidenten und finden heraus, dass Trump eigentlich ins Hospital fahren wollte, um an Krankenbetten Überlebende und Angehörige zu treffen. Die Leitung der Universitätsklinik hat herumgefragt, doch niemand mochte Trump empfangen, kein Überlebender, keine Angehörigen. Schließlich erklärten sich zwei Familien zu einem Treffen mit dem Präsidenten bereit, allerdings ohne ihre verletzten Verwandten. Presse und Fotografen sind nicht zugelassen; es gibt keine Bilder des fürsorglichen Staatsoberhauptes an Betten von Verletzten, keine herzerweichenden O-Töne der Dankbarkeit.

Anzunehmen, dass Trump sich den Tag anders vorgestellt hat. Dann drückt jemand der First Lady Paul, das drei Monate alte Baby des erschossenen Ehepaars Andre und Jordan Anchondo, in den Arm. Die Fotografin des Weißen Hauses geht in Position. Melania Trump setzt ein unsicheres Lächeln auf, Trump streckt den Daumen der rechten Hand in die Höhe und grinst. Ein Siegergrinsen. Alles im Griff.

Manchmal drückt ein Foto alles aus: alles, was da ist, alles, was fehlt. Dieses Foto ist so eines. «Er versteht den Unterschied zwischen einem Werbeauftritt für seine Hotels und einem Baby, das gerade beide Eltern verloren hat, tatsächlich nicht», sagt Anthony Scaramucci. «Sollte ein Präsident nicht auch der oberste Trauerer seiner Nation sein?», fragt uns Susan Glasser vom *New Yorker*.

Trump fährt weiter zum Lagezentrum der Polizei. Es gibt höflichen Applaus, der weitgereiste Gast revanchiert sich mit Komplimenten («Ihr seid Helden»), schreibt Autogramme. Dann steigt er in seine gepanzerte Limousine und lässt sich zurück zum Flughafen fahren, vorbei an den aufgebrachten Demonstranten.

Um 17.50 Uhr hebt die Air Force One ab, drei Stunden und 20 Minuten nachdem sie gelandet war.

## Ursünde

Wir schreiben einen Romanautor an, da ja fiktive Welten, fiktive Wahrheiten bisweilen das Verständnis der wahren Welt und Wirklichkeit erleichtern können: Don Winslow kennt die USA und ihre Themen, und vor allem kennt er El Paso, Mexiko und all die amerikanisch-mexikanischen Themen, denn er hat eine epische Geschichte der vielen Unschuldigen erzählt, all jener Mädchen und Frauen, die durch ihre Väter, Söhne, Ehemänner in den Drogenkrieg hineingezogen werden und niemals eine Chance auf so etwas wie ein Leben haben; der Kinder auch, die zusehen müssen, als die Eltern gefoltert werden, und der Eltern, die zusehen müssen, wie die Kinder vergewaltigt werden, ehe sie allesamt sterben, Kinder und Eltern.

Und was für eine Einstiegsszene war das, jenes erste Massaker im ersten Band der *Kartell*-Trilogie: «The baby is dead in his mother's arms.» Wir denken an Paul, das Baby von El Paso, das lebt, ohne seine Eltern.

Mit diesem Satz begann Winslows Geschichte, die auch eine Geschichte jener Journalisten war, die es ernst meinten mit der Wahrheit, die bitterlich an ihren Auftrag glaubten, opferbereit aufklären wollten und dann doch entführt, gefoltert und ermordet wurden; und als auch noch Ana beerdigt ist, die so knapp vor der Enthüllung aller Zusammenhänge stand, schreibt der alte Chefredakteur Óscar Herrera seinen letzten Artikel, verkündet das Ende der Zeitung, nimmt den Gehstock und schaltet zum letzten Mal das Licht aus.

Ein halbes Jahrhundert ist vergangen, im realen Drogenkrieg und in Don Winslows drei Romanen. Dieser Autor Winslow, 1953 in New York geboren und in dem Dorf Perryville an der Ostküste aufgewachsen, hat Journalismus und Militärgeschichte studiert und war einst Privatdetektiv und Reporter. Er war auch Schauspieler, Kinobetreiber, Unternehmensberater in den USA, Safarileiter in Kenia und Bergführer in China, doch seit über 30 Jahren lebt er in Kalifornien und schreibt Romane. Nun ist ein Lebenswerk komplett, das viele der wichtigsten Themen Amerikas fühlbar macht und messerscharf durchdenkt:

Wahrheit und ihre Verdrehungen, Amerikas Wahn. Die Kraft und das Elend jener Migration, die niemals enden wird, solange es lebenswichtige Gründe gibt, die Heimat zu verlassen. Die Absurdität des Wegsperrens von Kleinkriminellen und Junkies in kommerzialisierten Gefängnissen. Die Korrumpierbarkeit vieler, der meisten, mutmaßlich so gut wie aller Menschen. Korrupte, lügende, immer nur bis zur nächsten Wahl denkende Politiker. Am Rande geht es um die Wut der Männer auf die Frauen. Und im Mittelpunkt stehen die Drogen und ihre zerstörerische Wucht. Schließlich, um zum Ausgangspunkt zurückzukommen, geht es um das Ende der Wahrheit – um all die Intrigen und Lügen nämlich, die funktionsunfähige Demokratie.

Wir sehen dieses monumental komplexe Desaster entschlüsselt vor uns, das aus der Zerstörung jeglicher Glaubwürdigkeit sämtlicher Protagonisten, sowieso aus dem Handel mit Kokain, Heroin und all den anderen illegalen Drogen über die Jahrzehnte erwachsen ist. Wir begreifen: Mexiko handelt nicht edler oder skrupelloser als Kolumbien, Honduras oder die USA, und Letztere sind gewiss nicht das Opfer aller anderen, nur weil die Kinder von Staten Island, diesem trostlosesten Bezirk New Yorks, am Ende der Verwertungskette die letzten Käufer sind. Die ersten Toten.

Die USA, das war die Ursünde, haben den Kalten Krieg einst auch in Südamerika ausgetragen. Regime gestürzt. Kommunisten gejagt, zu Nixon und Chile werden wir noch kommen. Es war, so erzählt es Winslow, Paranoia, anfangs gespeist aus reinen Motiven: Bei der CIA dachten sie ja wirklich, dass Kommunisten des Teufels seien und die Sowjetunion kurz vor der Invasion stünde. Bald jedoch destabilisierte die CIA aus reinem Machtkalkül demokratische Regierungen und lieferte Geld und

Waffen an Diktatoren und Drogenkartelle. Staaten zerfielen. Korruption, Gewalt, die Drogen blieben.

Don Winslow ist ein eifriger Twitterer, er greift nahezu täglich Donald Trump an. Haben wir Sie richtig verstanden, Herr Winslow? Die USA haben jenen Drogenhandel und jene Migration, die sie heute so dringlich stoppen möchten, selbst erzeugt und befeuert?

Winslow schreibt zurück: «*Yeah*, das trifft ziemlich genau den Kern meiner Überzeugung. Freigegebene Dokumente belegen die ungeheuer zynischen Manöver der Nixon-Regierung, mit denen Minderheiten und jene Gegenkultur bekämpft wurden, die Nixon – vermutlich richtigerweise – für seine Feinde hielt. Das verstärkt meinen Glauben, dass der ‹Krieg› gegen die Drogen von Anfang an ein Fehler war. Wir können das Drogenproblem auch nicht durch Prohibition in den Griff bekommen, es funktioniert einfach nicht. Es kann ausschließlich auf der Nachfrageseite adressiert werden – als jenes soziale und gesundheitliche Problem, das es nun einmal ist. Und nicht als ein Problem der Kriminalität – das es nämlich nicht ist.»

Woran liegt es, dass die gesamte westliche Anti-Drogen-Politik über all die Jahrzehnte derart wenig erreicht hat?

Winslow: «Es ist deshalb so schrecklich schief gelaufen, weil die Anti-Drogen-Industrie längst ein ähnlich großes Geschäft geworden ist wie jene Drogen-Industrie, die angeblich bekämpft werden soll. Polizisten, Richter, Gefängnisse, die ganze Ausrüstung – es ist ein riesengroßes Geschäft. Außerdem gibt es einen moralischen Beharrungszustand – und seit 50 Jahren die gleichen reflexhaften Reaktionen. Wir müssen anfangen, neu zu denken.»

Welchen Effekt wird nun die von Donald Trump erstrebte Mauer haben? Ihr Roman legt nahe, dass Sie von diesem Plan nichts halten.

Winslow: «Ja, klar, die Mauer wird nichts Gutes bewirken. Der Grund ist schmerzhaft simpel: Über 90 Prozent der illegalen Drogen, die über die südliche Grenze in die USA gelangen, kommen durch die legalen Grenzübergänge, die auch nach Fertigstellung der Mauer bestehen bleiben werden. Wir reden über die geschäftigsten Grenzübergänge der westlichen Welt. Die Drogen kommen in kommerziellen Lastwagen; davon gibt es 5000 pro Tag, die schlicht nicht allesamt durchsucht werden können, ohne den Volkswirtschaften beider Länder schwer zu schaden. Rund 105 Lastwagen pro Tag durchqueren die Grenze an abgeschiedenen Orten, dort agieren meist kleine Drogenschmuggler. Wenn nun die Mauer gebaut wird, müssen diese Schmuggler auf die legalen Grenzübergänge ausweichen, die von den großen Drogenkartellen kontrolliert werden. Dort werden dann Steuern für die Kartelle fällig – weshalb die Drogenkartelle von der Mauer am Ende sogar profitieren werden.»

Lässt sich zumindest Migration durch die Mauer steuern?

Winslow: «Die Kartelle verlangen von den Migranten nun entweder Geld oder die Mitnahme von Drogen über die Grenze. Die Mauer wird den Menschenhandel befeuern.»

Was wäre stattdessen zu tun?

Winslow: «Die Migration der Mexikaner hat aus zwei Gründen nachgelassen – wegen einer sinkenden Geburtenrate und wegen einer wachsenden Wirtschaft in Mexiko. Die meisten Migranten kommen heute aus Zentralamerika. Die Antwort müsste sein, unsere Botschaften dort mit dem nötigen Personal zu versorgen, damit Asylanträge bearbeitet werden können, außerdem mehr Juristen an die Grenze zu entsenden – und Hilfslieferungen zu steigern, nicht zu kürzen. Viele dieser Menschen fliehen vor einer Gewalt, die durch ein amerikanisches – und europäisches – Verlangen nach Drogen verursacht wird.»

Wer heute durch die USA fährt, erlebt, wie ganze Städte und Bundesstaaten verfallen. Der New Yorker Bezirk Staten Island erinnert an das nigerianische Lagos, es gibt kein Geld für Krankenschwestern oder Schulen, also natürlich auch keines für Prävention oder Entzug oder Rehabilitation. Eigentlich müsste eine aufgeklärte, wohlhabende westliche Gesellschaft heute über künstliche Intelligenz, den Zustand der Demokratie oder die Klimakrise debattieren; so weit sind die USA nicht. Sie reden jedoch nicht einmal über die Drogen. Die Grenze zu Mexiko, die «Invasion» (Donald Trump) der Migranten und die Mauer sind das Thema aller Talkshows.

«Unser Land ist voll», sagt der Präsident und lässt an der Grenze Kinder von ihren Eltern trennen. Das ist Sündenbock-Politik, und es sind die falschen Wahrheiten.

Im dritten Band der Winslow-Trilogie tritt ein Präsident auf, der lügt und betrügt und der einen gleichfalls lügenden, betrügenden Schwiegersohn hat, und die beiden vermischen Drogen- und Immobiliengeschäfte, und mit Immobilien waschen sie das Drogengeld. Eine Frage noch: Ist Ihr plumper Präsident John Dennison in Wirklichkeit Donald Trump, und ist der Schwiegersohn Jason Lerner damit Jared Kushner?

An dieser Stelle schreibt nun Winslows Assistentin zurück: «Bitte nehmen Sie zur Kenntnis», dass diese Frage «bewusst übersprungen» wurde.

## — Wahn und Wahrheit (1.) —

Ein britischer Ritter, Sir John Mandeville, schrieb im 14. Jahrhundert einen Bericht über seine (wohl erfundenen) Reisen nach Indien und durch Afrika. Darin erzählte er, dass er Bäume gesehen habe, in deren Frucht Lämmer heranwüchsen; er habe die Frucht gegessen, sie sei vorzüglich. Die Geschichte mit den Schafen, die auf Bäumen wachsen, galt über mehrere Jahrhunderte hinweg als belegte Wahrheit. Warum glauben Menschen so etwas?

Was wir glauben, beruhe nur zum kleinen Teil auf eigenen Erfahrungen, aber zum größeren Teil auf den Erfahrungen und Vorhersagen anderer, schreiben die kalifornischen Philosophen Cailin O'Connor und James Owen Weatherall in ihrem Buch *The Misinformation Age*.

Der wichtigste Faktor ist Gruppendynamik. Selbst klügste Analytiker lassen sich dann mitreißen, wenn sie von einer Gruppe scheinbar gleichfalls kluger Analytiker umgeben werden – auch wenn diese Unsinn erzählen. Der Mensch ist ein soziales Wesen: Er möchte dazugehören, möchte gemocht werden, und darum sind wir anfällig. Weshalb der Spieltheoretiker und Philosoph Kevin Zollman folgert, dass Wissenschaftler, die an einem wichtigen Problem arbeiten, mitunter weniger kommunizieren sollten; nur dann nämlich blieben sie unabhängig und geistig frei (das ist der Zollman-Effekt).

Psychologen haben in Hunderten von Versuchsreihen nachgewiesen, wie «confirmation bias» funktioniert: Wir nehmen jene Informationen auf, die unserem bisherigen Glauben entsprechen, und notfalls biegen wir uns Informationen so lange zurecht, bis sie passen. Wir ignorieren natürlich zugleich die anderen, die unangenehmen.

Gefährlich wird es, wenn «confirmation bias» und Polarisierung zusammenspielen. «Denen aus Prinzip zu misstrauen, die etwas anderes glauben, ist toxisch», schreiben O'Connor und Weatherall.

# 2.

# SENDERKRIEG

## Das Monster nährt sich selbst

Die Chefin sieht leider nicht so genau hin, und der Chef ist leider gar kein Chef, kein richtiger jedenfalls, er ist bloß der Sohn. Mit weit offenem Hemdkragen, rasierter Brust, wellig gekämmten Haaren und Armbändchen. Und der Vater ist alt, sehr alt, lässt aber nicht los. Vielleicht ist das schon die ganze Erklärung, kann es so simpel sein?

In der Medienwelt fragen sich im Sommer 2019 viele Menschen, warum eigentlich die oberste Spitze von Fox News all das, was in dieser Firma geschieht, geschehen lässt. Jene oberste Spitze muss doch sehen, was ihr Geschöpf, ihr rasant gewachsenes Drachenbaby, verbrennt und zerstört. Oder?

Suzanne Scott, Chief Executive von Fox News und damit die Nummer zwei, hat mit den vielen Fällen sexueller Belästigung im eigenen Haus reichlich zu tun, das heißt mit den rechtlichen Folgen dieser Fälle. Abfindungen müssen verhandelt werden, der Betriebsfrieden ist stets prekär, und als – da greifen wir nun vor – im Frühjahr 2020 die Coronakrise über Amerika und die Welt kommt, wird Frau Scott mit Desinfektionsmitteln und der Sicherheit der Angestellten beschäftigt sein; sie hat kaum Zeit für das Programm des Senders.

Es ist Mitte August 2019, und Lachlan Murdoch, seit 2018 die Nummer eins, ist nicht da. Wird monatelang nicht gesehen im Hochhaus in Midtown Manhattan, 1211 Sixth Avenue. Hat aber durchaus zu tun: Er kauft Streamingdienste.

Darum wirkt der Sender seltsam führungslos – für ein derart konservativ ausgerichtetes Haus ist das ungewöhnlich, im Reich der Murdoch-Familie allerdings ist es normal. Dass es der alte Rupert Murdoch, Jahrgang 1931, gerne sieht, wenn die Medien seiner News Corp. rechte bis rechtsextreme Haltungen vertreten, wird im gesamten Firmenreich stillschweigend vorausgesetzt. Die Murdoch-Familie nennt ihren laxen Führungsstil «hands off»: alle Macht den Redaktionen. Das klingt lässig, die Wahrheit liegt eher in der Überforderung. Im Mittelpunkt steht, wie so oft, ein Erbstreit: Der Patriarch lebt noch, agiert jedoch erratisch, und die zwei Söhne sind eben die Söhne, ansonsten eher unqualifiziert.

Der Alte wünschte ja einst, dass seine Jungs ein echtes Kabinett engagierten, Fachleute, denen sie vertrauen, aber Lachlan hat den Anwalt Viet Dinh verpflichtet, einen Republikaner und Freund Donald Trumps, der nun die Nummer drei im Firmenimperium ist und knappe 25 Millionen Dollar im Jahr verdient, aber mit Journalismus gleichfalls nichts am Hut hat.

So kommt es, dass im Murdoch-Reich, vor allem in Australien, Großbritannien und den USA, die Klimakrise selbst im Sommer 2019 noch kleingesendet und kleingeschrieben wird; mögen die Wälder Australiens noch so heftig brennen, mag das Great Barrier Reef absterben, mag Miami langsam im Atlantik versinken. «Alle tun so, als sei Fox ein Virus, außerhalb unserer Kontrolle», das sagt Billy Kristol, einstiger Moderator des Senders, «aber da sind Menschen, die die Verantwortung haben und die man also auch zur Verantwortung ziehen könnte.»

So kommt es, dass Männer wie Sean Hannity und Tucker Carlson und Frauen wie Laura Ingraham sich zunächst euphorisch und dann bedingungslos auf die Seite Donald Trumps gestellt haben; und dass sie dann, da Zugang zum Weißen Haus und die ständige Nähe zum Präsidenten offenbar ein journalistisches Narkotikum bedeuten können, ihre journalistische Arbeit einstellen. Sie kritisieren das Weiße Haus nicht mehr, geben in Interviews nur Stichworte, übernehmen stattdessen die Sprache, den Sound, die Strategie des Weißen Hauses und nennen Medien «The Fake News». Nicht den eigenen Sender, bloß die anderen.

So kommt es auch – wir greifen ein weiteres Mal vor –, dass Fox News in der Coronakrise gemeingefährlichen, wenn nicht tödlichen Unsinn verbreiten wird.

Wir fragen Mark Leibovich, Autor der *New York Times*, nach Fox, und er sagt: «Ich frage mich vor allem, wie das für die Reporter ist. Musst du dich dort dem ganzen Unsinn verpflichten? Ja klar, vermutlich musst du diese Entscheidung für dich treffen und von da an eben dein Kreuz tragen.» Zuallererst sei Fox ja ein Geschäft, ergänzt Leibovich, eine Geldmaschine. Rupert Murdoch, der Gründer, stelle zwar lieber konservative als liberale Menschen ein, doch vor allem müssten die Zahlen stimmen, «und inzwischen ernährt sich das Monster selbst: Der Präsident ist gut für Fox News, und Fox News ist gut für den Präsidenten».

Sean Hannity und Tucker Carlson sind jene beiden Männer, die Trump beraten, ihn ständig befragen dürfen, ihn allzeit preisen. «Das sind keine Journalisten», sagt Mark Leibovich, «keine Ahnung, ob sie sich selbst noch so nennen würden, aber sie sind's nicht. Das ist die nackte Parteilichkeit, was soll es sonst sein?»

Wir fragen Marty Baron, den Chefredakteur der *Washington Post*, nach Fox.

Entscheidend, so Baron, sei bereits der Moment der Gründung gewesen, im Jahr 1996: «Rupert Murdoch und Roger Ailes spürten damals, dass die meisten Sender nach links neigten, und sahen rechts eine enorme Möglichkeit. Das war der Zweck und Auftrag: die Besetzung einer wirtschaftlichen Marktlücke rechts von den anderen; sie selbst würden gewiss ‹in der Mitte› dazu sagen, andere würden allerdings eher ‹rechtsaußen› sagen.»

Mit den Jahren hätten die Manager von Fox dann gespürt, dass Abgrenzung und Angriff noch mehr Geld einbrächten als die bloße Haltung. «Die Sender haben heute ja nicht mehr dieselben Zuschauer, da ist nicht mehr viel Überlappung», so Baron, «und darum sehen sie es nun als Vorteil an, einander anzugreifen und die andere Seite zum Feind zu erklären.»

Denn Abgrenzung bildet Identität, da Abgrenzung nach außen Gruppen nach innen hin festigt. Ist das, was Fox betreibt, noch Journalismus? Baron holt aus: «Journalismus ist ein weites Feld, und das schließt viele Sorten der Kommentierung, auch der sehr scharfen Kommentierung ein. Der frühe Journalismus in diesem Land war übrigens zutiefst parteilich, das war oft genug ein Haufen Pamphlete; und so blieb das lange. Erst ab 1920 haben wir ein modernes Konzept von objektivem Journalismus entwickelt.» Und ja, zweifellos: «Die Schärfe der Kommentierung fällt auf. Die enge Allianz zwischen dem Sender und dem Präsidenten der USA, bis zu einem Grad, wo man von Staatsfernsehen sprechen kann: Der Präsident gibt die überwältigende Mehrzahl seiner Interviews Fox News, bespricht sich ständig mit Fox-Kommentatoren und bekommt von ihnen mehr Ratschläge als von seinem eigenen Kabinett, und Menschen, die seine Regierung verlassen haben, arbeiten heute für Fox.» Diese Symbiose, so Marty Baron, der Anfang 2021 in den Ruhestand gehen wird, sei fraglos ungewöhnlich.

Er selbst sehe allerdings kaum fern, weder CNN noch Fox. Es koste so elendig viel Zeit.

## The Enemy of the American People

In New York residiert CNN nicht weit entfernt von Fox News: Man muss nur die 6th Avenue weiterfahren und am Central Park links abbiegen, und am Columbus Circle, der Südwestecke des Parks, ist man schon am Ziel: Time Warner Center, ein Hochhaus aus Glas. Wiederum nur ein paar Meter entfernt steht das Hilton Midtown Hotel, wo am 8. November 2016 Donald Trump seine Wahlparty feierte.

Gedämpft zunächst, halbleer war der Ballsaal. Aber dann folgten die Nachrichten: Trump gewinnt Florida, Trump gewinnt Pennsylvania, woraufhin die Menschen mit den roten Baseball-Mützen anrückten, «Make America Great Again». Jim Acosta schreibt in seinem Buch, dass er in jenem Moment gedacht habe: «Eine neue, ultranationalistische politische Bewegung ist in Amerika angekommen.»

Jim Acosta und Donald Trump haben über die Monate und Jahre eine ganz besondere Beziehung aufgebaut. Da waren Scoops: Als Trump nach seiner Wahl heimlich Mitt Romney traf, einen der Aspiranten auf den Posten des Außenministers, bekam Acosta einen Tipp und reservierte einen Tisch im Trump International Hotel, gleich gegenüber von

CNN. Trump und Romney erschienen, und nach einer Weile drehte Trump sich um und sagte: «Hello, Jim Acosta.» Anerkennend. Dreistigkeit schätzt er.

Da war allerdings auch und vor allem reichlich Ärger.

Im Mai 2016 wurde in den USA über Trumps uneingelöstes Versprechen diskutiert, Veteranen Geld zu spenden. Trump schimpfte auf die Medien, und Acosta fragte ihn, warum er es nicht aushalte, an seinen Aussagen so gemessen zu werden, wie es sich für Präsidentschaftskandidaten gehöre. «Ich kenne Sie aus dem Fernsehen, Sie sind ja eine echte Schönheit», antwortete Trump.

Im Wahlkampf hatte der Bewerber Marco Rubio über die Größe oder eher die Winzigkeit von Trumps Händen gewitzelt, und Trump war in die Falle gegangen, hatte gesagt, seine Hände seien groß und schön, und auch an anderen Körperstellen habe er nicht zu klagen. Also fragte Acosta am 11. Januar 2017, kurz vor der Amtseinführung: «Ziemt es sich für einen Präsidenten, öffentlich die Größe der eigenen Männlichkeit zu diskutieren?» Trump wurde rot, sagte: «Diese Frage hätten Sie nicht stellen sollen», ging aber schon wieder in die Falle und schob nach, seine Hände seien tatsächlich sehr groß und wunderschön und könnten auch Golfbälle ganz vortrefflich weit treiben.

CNN und *BuzzFeed* enthüllten am 10. Januar 2017, dass Geheimdienste den gewählten, aber noch nicht amtierenden Präsidenten Trump darüber informiert hätten, die russische Regierung habe belastendes Material über ihn. In dem sogenannten Steele-Dossier ging es um Prostituierte in Moskau. Zwar enthielt es unbewiesene Behauptungen und jede Menge Schmutz, aber das Briefing der Geheimdienste hatte tatsächlich stattgefunden. Folglich war das Dossier als politisch relevant eingeschätzt worden. Nur über den Vorgang, nicht über die Inhalte des Dossiers hatte CNN berichtet. Trumps damaliger Sprecher Sean Spicer nannte die korrekte Meldung zunächst einen «traurigen und verzweifelten Versuch, Klicks zu generieren», und dann «schändlich», «Fake News», eine «Hexenjagd». Auch der designierte Vizepräsident Mike Pence griff den Begriff «Fake News» auf. Es war die Geburtsstunde der Kampfbegriffe einer neuen Ära. Trump, der ja nun oft die Unwahrheit, bisweilen aber auch in irritierender Offenheit die Wahrheit zu sagen pflegt, erzählte der CBS-Reporterin Lesley Stahl, dass er den Begriff «Fake News» benutze, damit die Menschen nicht glaubten, was die Medien schrieben.

Trump hatte bereits seinen Wahlkampf mit Lügen bestritten, und Jim Acosta hatte sie analysiert und kommentiert. Da war die Behauptung, dass die Arbeitslosigkeit unter Obama bei 40 Prozent gelegen habe (es waren fünf Prozent). Da war die Behauptung, dass der Vater des republikanischen Rivalen Ted Cruz bei der Vorbereitung zur Ermordung John F. Kennedys mitgewirkt habe (erfunden); da war die Behauptung, dass er, Trump, gesehen habe, wie Muslime – und zwar viele – die Anschläge des 11. September 2001 gefeiert hätten (erfunden); da war die Behauptung, dass er, Trump, immer schon gegen den Irakkrieg gewesen sei (obwohl er dafür gewesen war); da war die Behauptung, er habe von seinem Vater nur eine Million Dollar Starthilfe bekommen (es waren mindestens zehn und dann immer wieder Rettungsgelder aufgrund von Bankrotten); da war die (erfundene) Behauptung, Mexiko werde die Mauer bezahlen, die Trump bauen lassen wollte.

Acosta nahm die Bezeichnung «Fake News» persönlich. Sie kränkte ihn damals, und auch in der Rückschau sagt er, mittlerweile etwas abgekühlt: «Das alles ist gefährlich. Weil es die Fundamente unserer Demokratie angreift. Wir müssen ernsthaft für die Wahrheit kämpfen, da das Schlachtfeld jetzt ein anderes ist.» Schon klar, er sagt auch, dass Reporter sich nicht selbst zum Thema machen und in den Mittelpunkt stellen sollten, aber müssen sie deshalb Beleidigungen und Attacken auf die Berufsehre hinnehmen? Ohne Widerstand? Regierungschefs wie Trump herrschten durch Instabilität, also Verunsicherung, und durch ständig neue Eskalationen sei es nun also so weit, dass die Wahrheit selbst oder zumindest unser Verständnis davon, was wahr sei, erschüttert werde.

Damals, bei einer Pressekonferenz im Trump Tower an der Fifth Avenue und kurz vor der Amtseinführung, wollte Acosta Trump befragen, zu einer Erklärung zum Steele-Dossier bewegen, doch Trump überging ihn, sagte mehrfach «Nicht Sie», dann «Ihre Firma ist schrecklich», dann «Seien Sie nicht unhöflich», anschließend «Sie sind Fake News». Als es dem Ende zuging, rief Acosta: «Das ist nicht in Ordnung, Mr. President-elect», was ihm wütende Blicke aller Trump-Helfer und einigen Twitter-Ruhm einbrachte.

Nach der Amtseinführung des Präsidenten gab es noch im Januar 2017 ein Vier-Augen-Gespräch, in dem Steve Bannon und Donald Trump im Weißen Haus zusammensaßen und mit Begriffen und Slogans spielten; das Wort «Strategiegespräch» wäre zu hoch gegriffen. Damals kontrollierten die Republikaner das Weiße Haus, den Senat und das Repräsentantenhaus, fürchteten also weder die Demokraten noch sonst jemanden, und in solchen Zwiegesprächen wurde festgelegt, wer die Gegner waren. Beide, Bannon wie Trump, schätzen Abgrenzung und Konfrontation gleichermaßen als identitätsstiftende Mittel der Politik: Die «drei M's», wie Acosta sie nennt, «Mexikaner, Muslime, Medien», seien Bannons Lieblingsfeinde, weil diese drei Gruppen die Trump-Anhänger besonders erregten.

Steve Bannon behauptet, Trump und er hätten in dem Gespräch mit Begriffen wie «wahre Opposition» und «wahrer Gegner» gespielt und seien dann gemeinsam auf den Terminus «Enemy of the People» gekommen. Doch ein Gesprächspartner im Weißen Haus sagt uns, das sei allein Bannons Schöpfung gewesen, um künftige missliebige Berichte zu kontern. Reine Selbstverteidigung. Bannon habe ja gewusst, dass Trump das Lob durch die Medien eigentlich ersehne und ein radikaler Bruch das Letzte sei, was der neue Präsident sich zum Start wünschte.

Jedenfalls begann Trumps Amtszeit gleich am ersten Tag mit einer Lüge, auf die eine erste Krise folgte – und dann folgten weitere Lügen und Krisen.

Trump war wenige Stunden nach seiner Amtseinführung bitterlich verärgert über all die Meldungen und Berichte über die kleine Menschenmenge bei seiner Amtseinführung. Fakt ist, dass überall noch ganz schön viel Platz war. Fotos und Filme belegen menschenleere Flächen auf der Mall von Washington, aber es war ja auch ein regnerischer Tag. Der Präsident hatte jedoch nichts Besseres zu tun, als in seiner ersten Amtshandlung bei der CIA, wo er eigentlich der gefallenen Agentenhelden hätte gedenken sollen, von dieser verdammten Presse zu reden, die die Menschenmenge bei seiner Amtseinführung kleinschreibe. «Eine Lüge.»

«Fake News.» Dann ergänzte Trump: «Ich bin mitten in diesem Krieg mit den Medien, das sind die unehrlichsten Menschen auf der Welt.» 1,5 Millionen Menschen seien bei der Amtseinführung gewesen, alles sei voll gewesen, übrigens natürlich bei strahlendem Sonnenschein.

Sein damaliger Pressesprecher Sean Spicer untermauerte Trumps Aussage: Das Publikum «in Washington und überall auf der Welt», so Spicer, sei das größte aller Zeiten gewesen. Durch diese halbgare Qualifizierung wurde die ursprüngliche Lüge verwässert (das Fernsehpublikum war bis dahin nicht Teil der Diskussion gewesen), und trotzdem stimmte auch sie nicht, denn die TV-Quoten lagen, national wie international, weit unter denen von Obamas Amtseinführung. Kellyanne Conway, zu diesem Zeitpunkt noch Trumps wichtigste Beraterin, ging zu «Meet the Press» und wurde weltberühmt, denn dort postulierte sie, Pressesprecher Spicer habe lediglich «alternative Fakten» dargelegt. Und auch wenn sie zu Acosta wenig später sagte, dass sie es nicht in George Orwells Sinne, also nicht als autoritären Angriff auf die freie Presse, gemeint habe («Es war ein Versprecher»), blieb der Begriff «alternative Fakten» doch im öffentlichen Bewusstsein haften: als Symbol. Ein Slogan, der exakt das umschreibt, was die Regierung seit ihren ersten Tagen im Amt betreibt: die Aufweichung des Bewiesenen, die Untergrabung der Fundamente kollektiven Wissens.

Bald nach der Auseinandersetzung über die Größe der Menschenmenge bei der Amtseinführung, einem ganz schön banalen Kriegsanlass, war aus dem Trump-Lager der Vorwurf zu hören, dass «die Fake-News-Medien» die Terrorgefahr herunterspielten. Über die meisten Anschläge und Amokläufe hatten die allerdings ausführlich berichtet, wenngleich nicht über den von «Bowling Green», den die Trump-Beraterin Conway nannte. Der Grund dafür lag auf der Hand: Es hatte nie einen Anschlag in einem Ort namens Bowling Green gegeben.

Bereits am 13. Februar, in der vierten Woche dieser Präsidentschaft, musste schließlich Michael T. Flynn zurücktreten, der Nationale Sicherheitsberater – sein Rücktritt wird später im Zentrum der «Russland-Affäre» stehen, die die gesamte Trump-Ära prägt. Der Hintergrund sei hier kurz erläutert: Falls Trumps Wahlkampfmannschaft sich während ihrer Kampagne von einer ausländischen Macht hätte helfen lassen, hätte ein klarer Verstoß gegen Wahlgesetze vorgelegen; und falls in der sogenannten «transition phase», der Übergangsphase zwischen Wahltag und Amtseinführung, die designierte Regierung sich in die Geschäfte der scheidenden Regierung eingemischt hätte, wäre auch dies ein Verbrechen gewesen. Zweifellos haben solche Gesetzesübertretungen stattgefunden: Nachdem Obamas Regierung wegen der russischen Einmischung in die amerikanische Präsidentschaftswahl 2016 die Sanktionen gegen Moskau verschärft hatte, sprach Michael Flynn mehrfach mit dem russischen Botschafter Sergej Kisljak und riet ihm, Moskau möge zurückhaltend reagieren, denn unter Trump werde alles besser werden. Die amerikanischen Geheimdienste schnitten die Gespräche mit. Flynn belog FBI-Ermittler, was wiederum eine Straftat ist, und er belog Vizepräsident Mike Pence, der in der CBS-Sendung «Face the Nation» schwor, dass Flynn und Kisljak nichts besprochen hätten, das mit amerikanischer Außenpolitik oder gar Sanktionen zu tun habe.

Die Trump-Regierung schloss die Reihen und sprach abermals von «Fake News». Dennoch konnte Trump Flynns Verhalten nicht so recht erklären, als er auf einer Pressekonferenz im Weißen Haus zu der Affäre befragt wurde: «Die undichten Stellen sind echt. Die Nachrichten sind falsch, weil so viele der Nachrichten falsch sind.»

Manchmal wirkt das alles in diesen frühen Tagen noch spielerisch. Scherzend ruft der Präsident seinem Widersacher Acosta zu: «Ich ändere es von Fake News zu (*grinst*) Very Fake News.» Viele im Saal müssen lachen, darunter Trump und der gescholtene CNN-Korrespondent. Einmal nennt er Jim Acosta «John», und anschließend ruft seine Sprecherin Hope Hicks bei Acosta an, um ihm zu sagen, dass Trump ihn für professionell halte: «Jim gets it» – «Jim hat es drauf.»

Dann aber twittert der Präsident in der Sprache Stalins: «The FAKE NEWS media (failing @nytimes, @NBCNews, @ABC, @CBS, @CNN) is not my enemy, it is the enemy of the American People!»

Hat CNN, einer der vermeintlichen Feinde des Volkes, den Präsidenten Donald Trump mit erschaffen? Durch Live-Berichterstattung von allen Wahlkampfveranstaltungen, von seiner Landung auf dem Flughafen X;

seinem Zwischenstopp in Y; seinem Golf-Wochenende in Z? Machten CNN und die anderen Sender Trump zum politischen Superstar, weil dieser die Quoten aller Sender in die Höhe jagte, damals, 2016?

Jim Acosta sagt: «Nein, ich glaube nicht, dass wir ihm ins Amt geholfen haben. Er war von dem Moment an, als er seine Bewerbung verkündete, der Favorit der Republikaner. Wie hätten wir denn nicht über ihn berichten sollen? Und ich war hart zu ihm in meinen Fragen. Und noch etwas, wir haben Hillary Clinton nicht gesagt, sie solle einen schwachen Wahlkampf führen, Wisconsin ignorieren, Michigan links liegen lassen.»

Acostas Einschätzung ist nicht falsch, aber das Gesamtbild ist grauer und komplexer. Trump bekam, das ist nachgerechnet und belegt worden, sehr viel mehr Sendezeit als alle anderen Bewerber und Bewerberinnen, und der Maßstab war nicht der gleiche: Seine Reden rund um die Vorwahlen wurden übertragen, die von Jeb Bush nicht; seine Auftritte im Präsidentschaftswahlkampf wurden oft in voller Länge gezeigt, die von Hillary Clinton nur in Zusammenfassungen

Acosta lächelt. Und verweist dann auf etwas anderes: «Er hat mit allen gespielt. Wann hatte es das je gegeben, dass ein Kandidat von sich aus in den Sendern anrief und sich in die Talkshows hineinverbinden ließ, für die er gar nicht gebucht war – es kam überraschend, für uns alle.» Acosta zeigt nun mit der Hand nach oben und macht Punkte, er malt ein imaginäres Layout der Seite eins der *New York Times*: «Donald-Trump-Story Nummer 1, Donald-Trump-Story Nummer 2, Donald-Trump-Story Nummer 3, Donald-Trump-Story Nummer 4, Donald-Trump-Story Nummer 5. So war es. An jedem beliebigen Tag.» Pause. Der Korrespondent gesteht: «Er hat uns alle ausgetrickst.»

## Drei Goldgräber und eine Goldgräberin

«Schalten Sie ein und schauen sich Donald Trump bei Late Night mit David Letterman an.» So lauteten, am Nachmittag des 4. Mai 2009, Donald Trumps erste Worte auf Twitter. Harmlose Worte. Seine Reality-Show

«The Apprentice» auf NBC litt unter schlechten Quoten, der Entertainer Trump brauchte Aufmerksamkeit. Deshalb ging er zu Letterman.

Seitdem hat er über 50 000 Tweets gesendet, einige lustige und belanglose sind darunter und unzählige aggressive, hasserfüllte. 2016, sieben Jahre nach seinem ersten Tweet, war Trump auf Twitter angewiesen, um Präsident zu werden, seither verwendete er den Mediendienst als Herrschaftsinstrument. In der Verbindung von Trump und Twitter geht es um Wahrheit und Lüge. Vor allem geht es um Macht, um die Zukunft Amerikas. Es ist eine verrückte Geschichte.

Ohne diese Geschichte, ohne Twitter, wäre Donald Trump vermutlich noch immer ein selbstverliebter Immobilienunternehmer mit oder ohne Fernsehshow. Die Geschichte beginnt allerdings viel früher als an jenem Nachmittag im Jahr 2009. Sie hat auch längst nicht nur mit Donald Trump zu tun, sondern viel mit Rupert Murdoch und dem Radiomoderator Rush Limbaugh, den in Europa kaum jemand kennt, in den USA aber jede und jeder. Es ist die Geschichte der großen Umbrüche in der amerikanischen Medienlandschaft, deren Folgen über Donald Trump hinausragen.

Der australische Verleger Murdoch hatte Anfang der achtziger Jahre begonnen, sich in den USA breitzumachen, in New York hatte er die *New York Post* schon 1976 erworben. Wie zuvor in Australien nutzte er nun eine Boulevardzeitung, um in der Politik mitzumischen. Murdoch setzte auf Kandidaten wie andere Menschen auf Pferde. Bei einer Bürgermeisterwahl in New York hatte er seine Redakteure für den Demokraten Ed Koch trommeln lassen und gegen dessen Parteifreund Mario Cuomo. Unter seinem Bürgermeister Ed Koch wurde das Finanzzentrum rund um die Wall Street zum dominierenden Viertel, an der Börse wurden unfassbare Mengen Geld verdient. Viele der Menschen, die hier Mitte der achtziger Jahre arbeiteten, «Masters of the Universe», wie sie sich nannten, koppelten sich vom Rest der Stadt ab, breitbeinige Investmentbanker, die sich in der Pose der Weltenlenker gefielen. Durch New York fuhren Stretchlimousinen, Wolkenkratzer schossen in die Höhe, die Immobilienpreise und Mieten ebenfalls.

Und der Immobilienunternehmer Donald J. Trump verdiente mit, stieg zu einer unübersehbaren Größe im wirtschaftlichen und gesellschaftlichen Leben der Stadt auf.

Manhattan wurde sauberer, schicker, teurer. Mit Crack kam, neben Kokain, eine neue Modedroge auf den Markt. Die Stadt nahm neue, gutverdienende Menschen auf und spuckte die Schlechtverdiener aus, diejenigen, die nicht mithalten wollten oder konnten.

In jenen Jahren, als die Finanzindustrie boomte, drehte sich auch das Karussell der Medienbranche rasant. Übernahmeschlachten entwickelten sich: schlucken oder geschluckt werden, in New York saß das Geld locker. Die drei großen Fernsehsender ABC, CBS und NBC residierten damals, gewissermaßen als Gegengewicht zur Finanzwelt in Downtown, in den Hochhäusern von Midtown Manhattan. Paläste aus Stahlbeton. Die drei Sender hielten eine gewaltige publizistische Macht in ihren Händen, sendeten die wichtigsten Nachrichtensendungen des Tages. Wenn sie bei unvorhergesehenen Großereignissen ihr Programm unterbrachen und live berichteten, klebten die Amerikaner an den Bildschirmen. Die Zeugenaussagen zum Watergate-Skandal verfolgten 1973 phasenweise über 80 Prozent der amerikanischen Zuschauer. Das Branchenblatt *Variety* nannte die Anhörungen «the hottest daytime soap opera».

Jahrzehntelang hatten ABC, CBS und NBC den Markt unter sich aufgeteilt, sie waren es gewohnt, an ihre Eigentümer hohe Gewinne auszuschütten. Aber die Big Three stießen an die Grenzen ihres Wachstums. In ihrem Schatten betraten neue Unternehmen den Fernsehmarkt, Sender, die zwar kein Massenpublikum im Blick hatten, aber ihre Zielgruppen treffsicher erreichten. Mit neuer Technik konnten bewegte Bilder nicht nur über Antenne, sondern über Kabel empfangen werden. Der Raum, in dem CNN wachsen konnte, war geschaffen; Spartensender wie der Spielfilmkanal HBO entwickelten Abonnementmodelle, verlangten Gebühren und erhielten von ihren Zuschauern nebenbei Daten über deren Nutzungsverhalten.

Traditionell saß Amerika zum Frühstück und am frühen Abend vor dem Fernseher, um sich kurz über das Weltgeschehen zu informieren. Die Zuschauer vertrauten Moderatoren mit tiefen Stimmen und grauen

Schläfen wie Dan Rather, Tom Brokaw und Peter Jennings. Die Anchormen waren selbstbewusste Könner, die auf Sendezeit und Budget pochten. Als CBS beim Versuch, verlorengegangene Marktanteile zurückzuerobern, eine ehemalige «Miss America» als Moderation der Morning News engagierte, kam es zum Streit. Die Neue hatte als Journalistin keine Erfahrung, in Interviews scheiterte sie. Die Manager und Eigentümer von CBS verstanden die Klagen ihrer Redakteure nicht.

Allmählich schaltete Amerika um, suchte Nachrichten eher auf anderen Kanälen. Rund um die Uhr, twentyfourseven. CNN nutzte die Lücke. News wurden ein Geschäft.

Am 4. Mai 1985 brachte die *New York Times* eine knappe Meldung, etwas versteckt im Wirtschaftsteil, rechts unten. Rupert Murdoch hatte einen Antrag gestellt, die amerikanische Staatsbürgerschaft anzunehmen. Die *Times* wusste auch den Grund: Der Australier plante, in den USA ins Fernsehgeschäft einzusteigen, und die Aufsichtsbehörde vergab entsprechende Lizenzen nur an US-Bürger.

Im Jahr darauf gründete Murdoch die Fox Broadcasting Company, ein Konglomerat mehrerer, über das Land verstreuter Fernsehstationen. Etwas vollmundig kündigte er an, Fox zum vierten großen Network der USA zu formen, ein Angriff auf die Big Three. Nach dem Tod seines Vaters hatte Murdoch zwei Zeitungen und eine Radiostation in Australien geerbt, ein mittelgroßes Unternehmen. Mit gerade mal 22 Jahren. Aber Rupert Murdoch wollte mehr, viel mehr. Durch Zukäufe und Neugründungen in Australien, Neuseeland, England und den USA baute er die väterliche Firma zu einem gewaltigen Medienkonzern aus. Er investierte nicht nur in Zeitungen und Radiostationen, er hatte sich auch in ein Filmstudio in Hollywood eingekauft. Wenn Rupert Murdoch die Gründung eines vierten Networks ankündigte, war das ernst zu nehmen. Oder nicht? Die großen Drei waren sich nicht sicher. Wer war denn dieser Australier? Und dann griff Murdoch auch schon an.

Von der Neuordnung der Fernsehbranche blieb die Zeitungsbranche unberührt. Noch lebte sie gemütlich im analogen Zeitalter. Über Generationen hatten sich die Zeitungen der Metropolen eine treue Stammleserschaft aufgebaut, die *New York Times* und die *Washington Post* waren die Flaggschiffe des investigativen Journalismus. Epische Kämpfe wurden zwischen Politik und Journalismus ausgetragen, und auch andere Zeitungen hatten sich Glaubwürdigkeit erschrieben, die *Chicago Tribune*, die *Los Angeles Times*, der *Boston Globe*. Einige erschienen sogar mit zwei Ausgaben täglich, am Morgen, am Nachmittag. Hinzu kamen unzählige Lokalzeitungen. Die Leser verließen sich darauf, dass die gedruckten Informationen stimmten. Und die Journalisten konnten sich darauf verlassen, dass die Leser bezahlten, Tag für Tag. Amerika hatte eine Mitte.

Diese innere Mitte, dieses Grundvertrauen, auch geformt von unabhängigen, kritischen Journalisten, war einer der Gründe, warum Amerika seine gefährlichsten Krisen überstand. Journalisten waren die vierte Gewalt im Staat, das Korrektiv.

Unantastbar. Eigentlich.

Der Umbruch in der Fernsehwelt kam langsam. Der Umbruch in der Welt des Radios hingegen war gewaltig, mit Auswirkungen tief in die Gesellschaft und die Politik hinein.

Um die Tragweite dieses Wandels zu verstehen, hilft ein kurzer Ausflug in die Welt der Sendetechnik: Nutzten europäische Radiostationen sehr früh den hochwertigen Standard Ultrakurzwelle, UKW (englisch FM, Frequenzmodulation), so hielten amerikanische Sender lange am Standard Mittelwelle fest. Bis heute werden in den USA und in Kanada etwa 6000 Sendeanlagen für Mittelwelle (englisch: AM, Amplitudenmodulation) betrieben. In den riesigen Flächenstaaten können Radioprogramme somit auch in weit entfernten Dörfern empfangen werden.

Seit den siebziger Jahren wurden UKW-Sender in den USA beliebter, und die alteingesessenen AM-Sender spürten die neue Konkurrenz. Ein Wettbewerb der Übertragungstechniken und der Programme begann. Der Medienwissenschaftler Brian Rosenwald hat die Auswirkungen dieses Wettbewerbs untersucht und eine zweiteilige These aufgestellt: 1. Die scharfe Konkurrenz auf dem Radiomarkt führte zum Aufstieg von populistischen Moderatoren und Politikern, deren Geschäftsmodell die

Spaltung der Gesellschaft ist. 2. Der Erfolg Donald Trumps ist indirekt auf die Neuausrichtung des AM-Radios zurückzuführen.

Ja, die These ist steil. Aber es lohnt sich, genau hinzuschauen.

Brian Rosenwald lehrt an der Pennsylvania-Universität in Philadelphia, er hat kein eigenes Büro, kommt nur zu seinen Veranstaltungen in die Universität, im Rucksack der Laptop. Und er verbringt viel Zeit auf Twitter. An manchen Tagen schickt er 15, 20 Tweets in die Welt, über Trump, über Biden, über Corona, über TV-Shows. Als wir uns in Philadelphia treffen, doziert er freundlich: «Politisches Talk Radio begann in den achtziger Jahren zu boomen. Den AM-Radiosendern wurde klar, dass sie sich verändern mussten. FM-Radios wurden immer beliebter. Musik klang dort einfach besser als bei den AM-Sendern. Also brauchten sie etwas Neues. Und sie fanden heraus, dass Talk ganz okay klang. Rush Limbaugh betrat die Bühne.»

Dieser Rush Limbaugh hat es Rosenwald angetan. Limbaugh lehnte seine Interviewwünsche ab, aber Rosenwald hat sich so intensiv mit der Karriere Limbaughs beschäftigt, dass er ihn mittlerweile ganz gut kennt.

Der Radiomann ist in den USA eine Institution, ein Superstar hinter dem Mikrophon. Er hat die Art und Weise, wie Amerika über Politik spricht, geprägt. Präsident George H. W. Bush hat ihn hofiert. Präsident Trump ist einer seiner größten Fans. Außerdem ist Trump sein bester Schüler.

Rush Limbaugh wurde 1951 geboren, wuchs in Missouri auf, in jener gemächlichen Provinz des Mittleren Westens, die der Film *Three Billboards Outside Ebbing, Missouri* so treffend beschreibt. Limbaugh hatte ein loses Mundwerk und eine Vorliebe fürs Radio. Also heuerte er bei lokalen Sendern an, legte Schallplatten auf und füllte die Lücken zwischen Musiktiteln und Werbeclips. Er gab sich Pseudonyme: Jeff Christie oder Rusty Sharpe, Namen, die im Radio gut klangen. Doch richtig erfolgreich waren weder Jeff Christie noch Rusty Sharp. Limbaugh wurde gefeuert, heuerte beim nächsten Sender an, wurde wieder gefeuert. Er zog wieder bei seinen Eltern ein. Eine gescheiterte Existenz.

Dann unternahm er einen letzten, verzweifelten Anlauf, diesmal bei einem Sender im kalifornischen Sacramento. Ein Manager von WABC

Radio in New York wurde auf den Sprücheklopfer aufmerksam, war begeistert und engagierte ihn für seinen Mittelwellen-Sender an der Ostküste. Diese Sendung wurde nicht nur lokal, sondern landesweit ausgestrahlt. Ein Karriereschritt.

Wie Rupert Murdochs Einbürgerung drei Jahre zuvor markiert auch Rush Limbaughs Premiere bei WABC-AM eine Zäsur. Natürlich war die Tiefe dieses Einschnitts am Montag, dem 1. August 1988, nicht gleich erkennbar: Limbaugh hatte ja bloß den Auftrag und die Freiheit, über Politik zu reden, Hauptsache unterhaltsam, Hauptsache frech. WABC-AM stand mit dem Rücken zur Wand, im Verdrängungswettbewerb mit den FM-Musiksendern brauchte der Sender dringend ein anderes Programm, ein anderes, schrilleres Profil. Und Limbaugh lieferte.

Seine ersten Sendungen wurden in einer hochnervösen Zeit ausgestrahlt, zu Beginn der heißen Phase des Präsidentschaftswahlkampfs. Die Demokraten hatten auf ihrem Parteitag Michael Dukakis nominiert, die Republikaner wollten George H. W. Bush als Kandidaten offiziell aufstellen. Rush Limbaugh schlug sich auf die Seite der Republikaner. Er rührte eine neuartige Mischung aus konservativen Botschaften und Spaß zusammen. Er parodierte, machte die Stimmen von Prominenten nach, setzte Soundeffekte ein. Und er inszenierte sich als Kämpfer für die einfachen Amerikaner, die angeblich jahrelang von Politikern und Journalisten missachtet worden waren. Er sprach die Sprache dieser einfachen Amerikaner, eine deftige Sprache. Und er gab dem eigenen, durchaus übergroßen Ego Futter. Rush Limbaugh war ein Spektakel.

Noch etwas war ungewöhnlich und sollte Folgen haben: Limbaugh saß meist allein vor dem Mikrophon. Seine Attacken auf demokratische Politiker und das liberale Amerika blieben unwidersprochen, seine Gegner bekamen keine Gelegenheit, sich zu verteidigen. In langen Monologen konnte Limbaugh Behauptungen in die Welt setzen, die nachweislich falsch waren; und seine Shows waren voll von solchen eigentlich – also nach journalistischen Kriterien – unhaltbaren Aussagen.

Egal, so behauptete der Moderator stets, er sei ja kein Journalist, er mache nur Unterhaltung. Und, wichtiger noch: Diese politisch einseitigen Sendungen Limbaughs waren juristisch abgesichert. Schon seit 1949 hatte die Zulassungsbehörde Radiosendern die sogenannte Fairness-Doktrin vorgeschrieben: Die Sender mussten ausgewogen berichten, entgegengesetzte Meinungen gleichberechtigt darstellen. Noch sorgten sich die Rundfunkaufseher um den Zusammenhalt der Gesellschaft, um deren Mitte. Doch diese Auflage war umstritten und umkämpft, es waren die Jahre der Deregulierung. 1987 kippte die Aufsichtsbehörde die Fairness-Doktrin. Ein böser Geist war aus der Flasche gelassen, Demagogen hatten nun einen Freibrief.

Und so wurde Rush Limbaughs Talk Radio zum widerspruchsfreien Raum im Äther, lange bevor das World Wide Web und der Begriff Echokammer in der Welt waren, also lange vor der Blasenbildung durch soziale Medien. Ein konservativer Mann gab seinen konservativen Hörern, was sie hören wollen. Mehr passierte nicht. Es passte zum gesellschaftlichen Wandel: Da Amerikas Stadtzentren in jenen Jahren düster und selten sicher wirkten und die weiße Mittelschicht der Autobesitzer weit hinaus zog, saßen nun Millionen von Amerikanern täglich und stundenlang im Kleinwagen und hörten Radio. Zugleich passte Limbaughs Konzept hervorragend zur politischen Entwicklung, zu Newt Gingrichs Strategie der Kriminalisierung und Dämonisierung politischer Gegner: «korrupt», «krank», «unpatriotisch», «irre», das war Gingrichs Sprache, und es war ein denkbar einfaches Konzept, nun umgesetzt von einem Entertainer, der zum ersten Mal in seinem Leben erfolgreich war.

Eine Entdeckung? Mehr als das. Mit dem Mann konnte man Geld verdienen. Zwei Jahre nach seinem Start wurde er von fünf Millionen Amerikanern pro Woche gehört, drei weitere Jahre später waren es 17 Millionen. Als die Manager von WABC-AM die Einschaltquoten des Radiomoderators Minute für Minute untersuchten, verstanden sie: Der Erfolg Limbaughs lag an seinen Gags, an seinem Showtalent. Aber er war zugleich erfolgreich, weil er seinen Zuhörern ein stramm rechtes Weltbild vermittelte.

Besteht ein Produkt den Markttest und spielt es Geld in die Kassen der Investoren, geht in den USA alles sehr schnell. Die Nachahmer kamen. In Seattle startete ein konservatives Talk Radio, auch in San Francisco. Neue Moderatoren buhlten um das rechte Publikum: Glenn Beck, Sean Hannity, irgendwann Laura Ingraham. Der ehemalige Präsidentschaftsbewerber Mike Huckabee versuchte sich später mit einer Show, sogar Oliver North, eine Schlüsselfigur der Iran-Contra-Affäre.

Aber Rush Limbaugh, das Original, war enteilt, ehe die anderen anfingen, und er war nicht zu übertreffen. Mit seiner Show ging er auf Tournee und füllte große Hallen. Seine Fans wollten ihn sehen, erleben. Zwei Jahre nach seinem landesweiten Start wurde Limbaughs Verdienst auf 360 000 Dollar jährlich geschätzt. Viel Geld für den Moderator, doch ein Taschengeld verglichen mit seinen späteren Einkünften. Viele regionale Mittelwellensender übernahmen seine Show, endlich hatten sie das Gegenprogramm zu den FM-Musiksendern gefunden.

Limbaugh war auf eine Goldader gestoßen, das Publikum sog seine einfachen Botschaften begierig auf. Während des Golfkrieges 1991 warb er offen für Präsident Bush sen. und den Einmarsch der US-Truppen im Irak. Der Krieg musste gewonnen, das Vietnam-Trauma überwunden werden. Die PR-Profis in der Regierung frohlockten, Limbaugh wurde eine verlässliche Stütze. Beide Seiten hatten dieselbe Zielgruppe im Blick: konservative, weiße Amerikaner. Der Moderator und seine Programmmanager wollten Werbespots zu möglichst hohen Preisen verkaufen, die Bush-Berater die Zustimmung der Wähler zum Präsidenten steigern. Ein Geschäft bahnte sich an.

Gibt es so etwas wie die Rush-Limbaugh-Formel, das Rezept hinter seinem Erfolg? Wenn es jemand herausgefunden hat, dann Brian Rosenwald. Er hat zahllose Talk-Radio-Sendungen untersucht und sagt: «Es geht um Soundbites, griffige Formulierungen von etwa zwölf Sekunden. Gutes Talk Radio muss Gefühle ansprechen, permanent übertreiben. Dafür muss man Thesen groß aufblasen. Nur so funktionieren sie. Etwa indem man sagt, dass Barack Obama ein Sozialist ist, der Amerika hasst und zerstören will.»

Rosenwald hat beobachtet, dass sich die Soundbites mancher Moderatoren wie aggressive Viren im Land ausbreiten. «Ein Kongressabgeordneter hat mir mal von seinen Begegnungen in seinem Wahlkreis berichtet. Die Leute hätten Obama als sozialistischen Muslim bezeichnet, der

Amerika nicht liebt. Der Abgeordnete entgegnete ihnen: Das stimmt nicht, er ist ein guter Christ. Ich habe gesehen, wie er mit der Hand auf der Brust die Nationalhymne sang.» Doch der Abgeordnete drang mit seinen Argumenten nicht durch. Fakten hatten gegen Fiktion keine Chance.

Der Streit um Barack Obamas Identität zeigt, zu welchen absurden Behauptungen sich rechte Moderatoren und populistische Politiker versteigen. Ihre Verschwörungstheorien setzten eine Bewegung in Gang. Die sogenannten Birther unterstellten Barack Obama, nicht in den USA geboren und folglich unrechtmäßiger Präsident der Vereinigten Staaten zu sein. Es wurde ein Dauerbrenner des Talk Radios, immer wieder arbeitete sich Rush Limbaugh an dieser These ab. In der Frühphase von Obamas Präsidentschaft, 2010, zitierte er in seiner Show dubiose Veröffentlichungen zu dem Thema und fragte scheinheilig, ob der Präsident sonntags häufiger in die Kirche gehe oder Golf spiele. Limbaugh stellte rhetorische Fragen, halb ironisch, halb ernst, und moderierte sich in der Obama/Muslim-Frage geradezu in Rage: «Wir reden hier nicht über einen lokalen Stadtabgeordneten. Wir reden über den Präsidenten der Vereinigten Staaten. Und es gibt hier reichlich Unklarheit um die Identität von Imam Obama. Ich finde das zwielichtig.»

Das ist die Methode Rush Limbaugh: unhaltbare Behauptungen verbreiten, Verwirrung stiften, und sich dann über die Verwirrung empören.

Seit den Anschlägen vom 11. September reagierte das Land auf muslimische Bürger gereizt. Limbaughs Ausfälle waren offener Rassismus gegen den dunkelhäutigen Präsidenten.

Einiges von dem Schmutz, den Limbaugh und die Birther warfen, blieb tatsächlich an Obama hängen. Donald Trump griff die Vorwürfe dankbar auf. Gegenüber Fox News polterte er damals, dass Präsident Obama seine Geburtsurkunde offenlegen müsse. Wie Limbaugh spekulierte Trump öffentlich, dass Obama etwas zu verbergen habe. Geradezu obsessiv kam er immer wieder auf den Verdacht zu sprechen. Er, Trump, sei bereit, Privatdetektive zu engagieren, um Beweise zu recherchieren. Ob tatsächlich Detektive in seinem Auftrag aktiv wurden und was bei der Suche herauskam, blieb offen. Im Frühjahr 2016 ermittelte das Meinungsforschungsinstitut Public Policy Polling: 65 Prozent der Trump-Anhänger glaubten, dass Barack Obama Muslim sei. Nur 13 Prozent waren überzeugt, er sei Christ. Erst kurz vor der Präsidentschaftswahl, nach einer jahrelangen Schmutzkampagne, ließ Donald Trump durch einen Sprecher einräumen, dass der in Hawaii geborene Barack Obama US-amerikanischer Staatsbürger ist. Alles nur Unterhaltung?

Für Limbaugh und seine Nachahmer sind die Sendungen kein Spiel, die Moderatoren sind beseelt von ihrer Botschaft. «Die meisten von ihnen glauben das, was sie sagen. Im Herzen sind sie Konservative. Sie müssen sich nicht verstellen», sagt Rosenwald. «Wenn man in Amerika heutzutage mit Politik Erfolg haben will, muss man authentisch sein. Wenn man nicht authentisch wirkt – egal ob als Politiker oder als Moderator –, hat man ein Problem, vor allem, wenn man eine Beziehung zu einem Publikum aufbauen muss, zu dem man drei Stunden täglich spricht. Dann muss man glaubwürdig sein. Das Publikum muss sich sicher sein, dass man seine Werte teilt.»

Die Medienunternehmen, die die Talk-Show-Gastgeber engagieren, verfolgen meistens keine politischen Absichten. Es geht ums Geldverdienen. Radio- und Fernsehprogramme werden als Ware so kühl kalkuliert wie Zahnpasta oder Softdrinks. Die Ware, die Limbaugh und andere verkaufen, ist unterhaltsam verpackte Ideologie. Rosenwald: «Abtreibung ist für ihn moralisch verwerflich. Er ist gegen Sozialismus. Möglichst wenig staatliche Leistungen. Die drei Säulen von Limbaughs Show sind: niedrige Steuern, starkes Militär, traditionelle moralische Werte.»

Rush Limbaugh imponierte mit seiner Show auch Medienmanagern außerhalb der Radiobranche. Einer von ihnen war Roger Ailes, ein Fernsehproduzent. Ailes war in Ohio aufgewachsen und hatte seine ersten Jobs Mitte der sechziger Jahre bei lokalen TV-Stationen in Cleveland und Philadelphia. Sehr früh hatte auch er ein Händchen für Talk Shows. Ailes arbeitete für die Mike Douglas-Show, eine nachmittägliche Personality-Sendung, in der viel gesungen wurde.

1967 lud Roger Ailes einen Mann in seine Show ein, der Präsident der Vereinigten Staaten werden wollte: Richard Nixon. Der Produzent und der Politiker verstanden sich auf Anhieb, und im Jahr darauf engagierte der noch nicht alte Nixon den immer noch jungen Fernsehmann als Medienberater. Ailes kümmerte sich im Wahlkampf um Nixons Fernsehauftritte, das war die schwache Seite Nixons. Der Kandidat sollte sympathischer, lockerer wirken.

Im Herbst 1968 gewann Nixon die Präsidentschaftswahl mit hauchdünnem Vorsprung. Roger Ailes war über Nacht der neue Star unter den Medienberatern geworden, denn nichts ist erfolgreicher als der Erfolg: Mit diesem Kerl konnte man also Wahlen gewinnen. Ronald Reagan sicherte sich bei seiner Wiederwahlkampagne 1984 die Dienste von Roger Ailes, vier Jahre später tat George H.W. Bush bei seinem Wahlkampf gegen Michael Dukakis das Gleiche. Ailes half drei republikanischen Kandidaten und siegte dreimal, indem er die Wahlkämpfer nahbar, mit griffigen Pointen präsentierte: Ailes hatte die DNA von Fernsehshows verinnerlicht und in die Welt der Politik übertragen. Bis heute wird diesem Ailes ein Leitsatz für die Zunft der Medienberater zugeschrieben, die Orchestergraben-Theorie: «Wenn zwei Kandidaten gegeneinander antreten und der eine Kandidat behauptet: Ich habe die Lösung für den Mittleren Osten, aber der andere Kandidat fällt in den Orchestergraben, wer wird es wohl in die Abendnachrichten schaffen?»

Die sporadischen Aufträge im Politikbetrieb füllten Ailes nicht aus, außerdem verspürte er Heimweh nach der alten Branche. Er entwickelte einen Plan: Er würde den Radiostar der Konservativen, Rush Limbaugh, im Fernsehen groß herausbringen. Die beiden verbündeten sich. Limbaugh im Fernsehen? Konnte nur ein Hit werden. Schnell sprach sich der Plan herum, in der Medienbranche und bei den Politikern in der Hauptstadt. Damals, im Frühsommer 1992, bereitete Präsident George H. W. Bush gerade die heiße Phase seiner Wiederwahlkampagne vor. Ein junger Politiker namens Bill Clinton stand kurz davor, von den Demokraten als Kandidat nominiert zu werden. Clinton hatte, was Bush nicht hatte: Er war volksnah, witzig, charmant. Präsident Bush zitterte um seine Wiederwahl, deshalb empfahlen ihm seine

PR-Leute, die Nähe zu Rush Limbaugh zu suchen. Also luden Bush und seine Frau Barbara den Radiomoderator ins Weiße Haus ein. Zu einem privaten Gespräch. Mit Übernachtung. Was für eine Ehre.

Nicht nur der Moderator war geladen, sondern auch Roger Ailes. Wie praktisch also, dass Ailes nebenbei immer noch den Präsidenten beriet und nun zugleich der Produzent des Moderators war; eine konservative Allzweckwaffe. Aber die Hauptperson dieses Abends war Limbaugh: Ihm wurde das Lincoln-Schlafzimmer zugeteilt, Ailes das Queen's-Schlafzimmer. Und der Präsident hatte noch eine weitere Überraschung für den Moderator parat. Als Limbaugh mit dem Aufzug in den zweiten Stock des Weißen Hauses fuhr, griff Bush nach Limbaughs Koffer und trug ihn zum Schlafzimmer. Nie vergaß Rush Limbaugh diese Geste; gern hat er in den Jahrzehnten, die folgten, von ihr erzählt.

Unterschätzen sollten wir diesen Moment nicht. Die Geste besiegelte einen faustischen Pakt: Bush hatte seine Seele an einen Demagogen verkauft. Der Politiker hoffte auf die Wiederwahl, der Moderator auf Nähe zur Macht und eine Karriere im Fernsehen. Kurzfristig half der Pakt dem Ansehen des Politikers bei rechten Wählern, langfristig untergruben Limbaughs Attacken die Glaubwürdigkeit ernsthafter Medien. Limbaugh stellte demokratische Politiker und liberale Journalisten als notorische Lügner dar, schimpfte über ein linkes Komplott von Demokraten und Journalisten, das gegen die einfache, hart arbeitende Bevölkerung geschmiedet werde. Belege hatte er nie, er phantasierte.

Aber sein Publikum war berauscht von all dem Hass, der ganzen zerstörerischen Energie. Die Amerikaner begannen, Journalisten zu misstrauen. Was Limbaugh über die Demokraten, die Journalisten, die Künstler und die Schauspieler in die Welt setzte, über dieses ganze «korrupte, elitäre Pack», machte die Runde. Hier, nur hier im angestaubten Mittelwellenradio, wurde Klartext gesprochen, so sahen es die Anhänger. Dass der Klartext bei jedem Factchecking durchgefallen wäre, war nicht wichtig. Limbaugh lieferte Feindbilder.

Die erste Ausgabe der «Rush Limbaugh Show», eine halbe Stunde lang, wurde am 14. September 1992 in New York produziert und an 183 lokale und regionale Fernsehsender im ganzen Land verkauft, sieben

Wochen vor der Präsidentschaftswahl. Wenige Tage nach dem Start lud das Duo Limbaugh/Ailes den Präsidenten als Gast ein, das Interview wurde im Radio und Fernsehen übertragen. Limbaugh revanchierte sich fürs Koffertragen und befragte Bush freundlich.

Doch George H. W. Bush verlor die Präsidentschaftswahl, und Limbaugh musste sich nun an Bill Clinton abarbeiten, dem verhassten Demokraten. Das gesellschaftliche Klima hatte sich geändert, Amerika wirkte milder, toleranter, offener. Vier Jahre lang mühten sich Limbaugh und sein Produzent Roger Ailes dagegenzuhalten und auch den Fernsehmarkt mit konservativen Botschaften aufzumischen. Der Erfolg blieb hinter ihren Erwartungen zurück, Limbaugh fremdelte mit der Fernsehwelt; sagen wir es so: Er hat eine kraftvolle Stimme, doch ein schöner Mann ist er eher nicht. Limbaugh gab seine TV-Show auf und kehrte zu seinem alten Publikum beim Radio zurück.

Für Roger Ailes hingegen öffnete sich eine goldene Tür. Der Neu-Amerikaner Rupert Murdoch hatte beschlossen, seine Fox Broadcasting Company um einen Nachrichtenkanal zu erweitern, ein konservatives Gegenstück zum liberalen CNN des Rivalen Ted Turner. Ailes sollte den neuen Sender aufbauen und leiten. Und der hatte sofort eine Vorstellung davon, wie er das Projekt angehen würde, denn Rush Limbaugh war sein Vorbild. Ailes wusste, dass der Markt für ein konservatives Fernsehpublikum brach lag, aber vermutlich größer und lukrativer als der Markt für das linksliberale Publikum war. Wenn man diesen Teil des Publikums nur richtig ansprach, würden Unsummen zu verdienen sein, Murdoch und Ailes hatte den richtigen Riecher: Fox News wurde geboren, ging am 7. Oktober 1996 auf Sendung. Und nun war die konservative Medienrevolution nicht mehr aufzuhalten.

Es dauerte ein paar Jahre, bis Fox News dem Konkurrenten CNN gefährlich wurde. Wegen der vielgelobten Berichterstattung zu 9/11 und zuvor aus Bosnien und Kosovo hatte CNN als Kriegs- und Krisensender einen Vorsprung. Aber die Terroranschläge von 2001 lenkten das politische Klima der USA zugleich in neue Höhen. Kritik an der Kriegspolitik des neuen Präsidenten George W. Bush galt als unpatriotisch. Die Nation war auf einem Rachefeldzug. Fox News hatte sich seit seiner

Gründung um patriotisch gestimmte Zuschauer bemüht, verstand sich weniger als Nachrichtensender, eher als Meinungssender. Auch das hatte Roger Ailes bei Rush Limbaugh gelernt: Meinungsmache kann lukrativer sein als Nachrichtenjournalismus, Kommentare sind billiger als Recherche. Darum wurde Fox News ideologisch, einseitig, polarisierend.

Die Programmmanager setzten auf Köpfe. Die Shows von Bill O'Reilly und den aus dem Radio bekannten Sean Hannity und Laura Ingraham wurden Einschaltquoten-Hits. Bei sachlichen, differenzierenden Sendungen fielen die Quoten, schnell war dafür kein Platz mehr. Fox News kämpfte gegen CNN, es war ein Kampf um Deutungshoheit.

Die Welt der Politik wird von dem Murdoch-Sender in Gut und Böse unterteilt, republikanische Politiker sind gut, demokratische böse. Fox-Journalistinnen und -Journalisten sind nicht neutral, sehen sich selbstverständlich auf der richtigen Seite und den überwiegenden Rest der Medien auf der falschen. Von Beginn an arbeitete sich Fox News nicht nur an CNN ab, sondern auch an MSNBC, der *New York Times* und der *Washington Post*.

Es funktionierte, wirtschaftlich gesehen. Fox News nahm CNN Marktanteile ab. Die bröckelnden Einschaltquoten brachten die CNN-Leute ins Grübeln. Zwar wollten sie ihren Anspruch als Nachrichtensender nicht aufgeben, aber CNN reagierte. Wie Fox News sendet CNN in den USA heute tagsüber Nachrichten. Aber in der Primetime bietet nun auch CNN Meinungs-Programme an, unaufwändig produziert und beim liberalen Publikum beliebt.

Chris Cuomo moderiert abends eine einstündige Meinungsshow, stramm gegen die Politik Trumps gerichtet, Cuomos Zuschauer können sich auf seine Haltung verlassen. Wer zwischen den Programmen von Fox News und CNN hin- und herschaltet und um 21 Uhr Ostküstenzeit in die Meinungsshows von Hannity (Fox) und Cuomo (CNN) gerät, sucht sachliche, neutrale Informationen vergebens. Beide Programme und ihre jeweiligen Stars haben sich einbetoniert – gegeneinander, pro und contra Trump. Auch die Diskussionssendungen zu tagesaktuellen Themen folgen Links-Rechts-Mustern: Bei CNN werden Kritiker Trumps eingeladen, bei Fox News die Anhänger.

In das Duell CNN gegen Fox News hat sich seit Ende der neunziger Jahre der Nachrichtensender MSNBC eingemischt. Auch MSNBC hat sein Programm zu zuschauerstarken Tageszeiten auf Meinungen ausgerichtet. Wie CNN profiliert sich MSNBC mit Fundamentalkritik an Präsident Trump. Star-Moderatorin Rachel Maddow bekennt sich offen zur Demokratischen Partei, Abend für Abend demontiert sie die Regierungspolitik. Die Stammzuschauer der drei Sender teilen sich in zwei feindliche Lager, in das liberale CNN/MSNBC-Lager und das konservative Fox News-Lager. Das Publikum ist gespalten, das Geschäft floriert.

Das ist die Gefechtslage, und wenn man in den USA lebt und auch noch Journalist ist, gewöhnt man sich bald daran. Dann hält man es für normal. Es ist schließlich gekonnt, professionell. Alle Beteiligten beherrschen ihr Handwerk, die Technik ist stets die schickste, und die Erzählungen haben zweifellos Wucht: Stets geht es um viel, Cliffhanger sorgen dafür, dass wir morgen wieder einschalten. Und da wir die Protagonisten kennen, Comey gegen Trump, Mueller gegen Barr, Scaramucci gegen Gorka, da wir die einen mögen und die anderen hassen, sind wir gebannt.

Ist das alles aber noch wahr? Bilden diese Sender die amerikanische Wirklichkeit ab? Ist das alles noch Journalismus?

«24-Stunden-Nachrichtensender wurden für einen einzigen Anlass erfunden, und das war der 11. September 2001. Es gibt sehr, sehr wenige Ereignisse, die danach verlangen, dass 24 Stunden pro Tag, sieben Tage pro Woche über sie berichtet wird. Darum also, wegen der fehlenden Dringlichkeit, muss man die Dringlichkeit erfinden. Man erfindet Dringlichkeit durch die Erschaffung von Konflikten.» Diese Antwort auf unsere Fragen wird im Juni 2020 jemand geben, der jahrelang mitgemischt und das Wettrennen durchaus gestaltet und gewonnen hat, dann aber ausgestiegen ist: Jon Stewart, Erfinder der täglichen «Daily Show», welche den politischen Humor in den USA und mit wachsendem Ruhm sogar den Nachrichtenkonsum geprägt hat. Stewart stieg 2015 aus, vermisst das Abenteuer der Live-Sendung zwar, spielt aber nun Schlagzeug, erlebt seine Söhne, streitet noch immer «für Nuancen, Präzision und Lösungen», und einen politischen Spielfilm hat er darum geschrieben und gedreht, *Irresistible*.

Stewart sagt dann, dass in Washington nicht die Bürokratie kaputt und zerbrochen sei, sondern «die Fähigkeit der Gesetzgeber, die Probleme zu adressieren, die in der Gesellschaft gerade zentral sind». Wenn es ein Duopol wie das amerikanische gebe, in der Politik und in den Medien, dann gebe es keinen Anreiz zur Zusammenarbeit mehr, nur noch Konflikt und Konfrontation, «und außerdem haben wir noch eine Partei, deren Prämisse ist, dass Regieren schlecht sei, was sie beweisen will und was sie in Wahrheit zum Doppelagenten macht». Problemlösung sei die Antithese von all dem, was die USA geformt habe, denn die USA belohnten «immer extremere Kandidaten, immer extremere Parteilichkeit, mehr Konflikte und endlosen Wahlkampf»; «Konflikte sind der Beschleuniger des Geschäftsmodells, das gesamte System funktioniert so. Stets gibt es nur zwei Seiten, obwohl wir ein Land von 340 Millionen Menschen sind».

Man kann es auch so sagen: Das politische System passt perfekt zu CNN und Fox. Und umgekehrt. Stabilisierend und vor allem konstruktiv wirkt das alles nicht.

Jon Stewart, Jahrgang 1962, in New York geboren, ist aus ethischen Gründen Vegetarier; seine Ehefrau und er haben eine Farm aufgebaut, auf der sie Tiere halten, die sie aus Schlachthöfen gerettet haben. Amerikas Medien, sagt er jetzt, kämen mit den Aufgaben, die ihnen die politische Wirklichkeit stelle, nicht gut zurecht. «Ihr Job ist es doch, die Manipulation zu dekonstruieren, nicht einfach laut ‹Lüge› zu rufen. Sie müssten doch darüber informieren, wie etwas funktioniert, damit wir den Sinn und Zweck der Lüge verstehen.» Stattdessen aber gehe es, wie bei YouTube oder Facebook «oder wie bei Pornos», um permanentes Engagement: «Das ist eine sich selbst bestätigende Radikalisierungsmaschine.» Der Algorithmus nämlich sorge nicht für Problemlösung und Klarheit, «sondern dafür, dass wir länger zusehen».

Er selbst, das sagt Jon Stewart noch, strebe beruflich stets nach etwas, das das Gegenteil von Fox sei: «Das Ziel ist Klarheit. Der Feind ist der Lärm.» Fox habe «ein ganz spezielles Ziel, das rein ideologisch und parteilich ist», und damit sei Fox «verblüffend erfolgreich».

Donald Trump und Fox News sind früh eine Art Ehe eingegangen, jahrelang sprachen sie liebevoll übereinander. Kein anderer Politiker hat den Glaubwürdigkeitsverlust etablierter Medien so befeuert und zugleich selbst so sehr von der Spaltung der Gesellschaft profitiert wie Trump. «Der Erfolg von Trump wäre ohne das konservative Talk Radio und ohne Fox News nicht denkbar», sagt Brian Rosenwald. Aber die Figur Donald Trump ist mehr als ein Betriebsunfall amerikanischer Politik, sie ist ja inzwischen in Amerikas Popkultur fest verankert: diese einzigartige Verschmelzung von Pop und Populismus, von Entertainment und Ideologie. Wer die hasserfüllten Sprüche der Talk-Show-Moderatoren mit den Sprüchen von Donald Trump vergleicht, dem fällt auf: Sie folgen dem gleichen Muster, denn hier wie dort werden Andersdenkende mit dem ordinären Vokabular von Teenagern herabgewürdigt. Für Rush Limbaugh war Bill Clinton stets «Slick Willie», Barack Obama «Imam Obama», den demokratischen Senator Alan Cranston verhöhnte er als «The Cadaver», radikale Feministinnen sind für ihn «Feminazis». Sein Schüler Trump macht sich über «Nervous Nancy» Pelosi lustig, über «Mini Mike» Bloomberg und «Sleepy Joe» Biden. Trump wusste, als er Politiker wurde, dass Limbaugh sein Publikum mit der Grenzverschiebung des politischen Anstands begeisterte; Gleiches versucht er in der Politik. Donald Trump zielt nicht auf 100 Prozent der Wählerschaft, sondern auf ungefähr 50 Prozent, dafür entschieden und brachial. Die eine Hälfte des Publikums, so das Kalkül, lässt sich in ihrer Gegnerschaft zur anderen Hälfte des Publikums aufwiegeln, also mobilisieren. Die Spaltung der Gesellschaft ist kein Kollateralschaden, sie ist das Ziel. Donald Trump ist zugleich Produkt dieser Entwicklung wie ihr Beschleuniger.

Wir fragen Sebastian Gorka, warum Präsident Trump sich nicht um die Versöhnung der amerikanischen Gesellschaft bemühe, um einen Grundton des Ausgleichs statt des Hasses. Gorka hält solche Fragen für weltfremd: «In der Politik geht es nicht ums Versöhnen. Es geht ums Gewinnen.»

Donald Trump hat die Idee des Kampfes als Lebenssinn von seinem Vater gelernt, Trumps Verhandlungsstil in der Immobilienbranche galt als raubeinig. Die Bereitschaft, alles dem eigenen Erfolg unterzuordnen, hat ihm den unschönen, aber lukrativen Ruf eines Rüpels eingebracht. Und den Job eines Fernsehstars. In der Show «The Apprentice» stellten sich Bewerber bei einem Trump-Unternehmen vor; bei Erfolg gab es einen Einjahresvertrag. Oder Trump entließ sie: «You're fired». Die Show war nichts für die vornehmen Kreise der Ostküste, doch Trump konnte sich bestätigt fühlen: Harmonie langweilt das Publikum, wer Erfolg haben will, muss polarisieren. In der Welt von Newt Gingrich, Rush Limbaugh, Roger Ailes und Donald Trump folgen Politik und Unterhaltung denselben Prinzipien. Der Entertainer und der Politiker sind ein und derselbe Showmaster-in-Chief.

Die Medienfigur Trump hat längst eine weitere, noch wichtigere Bühne vereinnahmt. Als Mitte der 2000er Jahre Facebook, Twitter und etwas später Instagram soziale Netzwerke aufbauten, taten sich für Politiker ungeahnte Möglichkeiten auf. Sie konnten mit ihrem Publikum direkt kommunizieren. Ohne Journalisten, die fragen, ohne Redaktionen, die O-Töne auswählen. Populisten wie Donald Trump können Medien nun unwidersprochen vorwerfen, falsch zu berichten, und somit deren Glaubwürdigkeit schaden. Und es ist leicht, Lügen zu verbreiten.

Amerikanische Politiker haben mitgeholfen, diese Bühne zu zimmern. 1996 verabschiedete der Kongress als Teil des «Communication Decency Act» die «Section 230», wonach Internet-Plattformen nicht wie journalistische Medien behandelt werden dürfen. Anders als Verlage müssen Facebook, Twitter und vergleichbare Unternehmen also nicht für Inhalte haften, die von ihnen verbreitet werden. Mit diesem gesetzlichen Freibrief stiegen die Plattformen zu weltumspannenden Konzernen auf. Und mit dieser Regelung tolerierten sie die wüstesten Beiträge auf ihren Diensten: Lügen, Verschwörungstheorien, Beleidigungen. Donald Trump hat das Potential von sozialen Medien für seinen Politikstil früh erkannt. Und Twitter bietet Trump noch mehr Vorteile als die Liaison mit Fox News – er ist zeitlich frei, zu jeder Tages- und Nachtzeit sendefähig. Klassische Medien greifen seine Tweets auf, reichern sie mit eigenen Kommentaren an und vergrößern sein Publikum. Darum tragen selbst Trump-kritische Medien Verantwortung für den Aufstieg dieses autoritären Herrschers Amerikas.

Die Tweets von Donald Trump waren stets ein Rätsel: Twittert er selbst? Im Frühjahr 2017, wenige Wochen nach seinem Amtsantritt, hat die Zeitschrift *The Atlantic* die Tweets von Donald Trump der beiden Jahre zuvor untersucht. Sie fand heraus: Es gab zwei Arten von Tweets. Die offiziösen Tweets mit amtlichen Statements wurden meist tagsüber von einem iPhone gesendet, vermutlich von einem Mitglied seines Teams. Die persönlichen, oft beleidigenden Tweets wurden spätabends oder frühmorgens von einem anderen Handymodell gesendet, mit dem Betriebssystem Android. Damals benutzte Donald Trump ein Android-Handy der Marke Samsung. Später stieg Trump auf ein iPhone um, seine Sicherheitsberater haben ihn dazu gedrängt. Die beleidigende Sprache und die Uhrzeit seiner Tweets haben sich jedoch nicht geändert.

Brian Rosenwald hat sich ebenfalls mit Trumps Twitter-Profil beschäftigt: «Wenn man sich die Uhrzeiten anschaut, zu denen er twittert, erscheint es unmöglich, dass die Tweets nicht von ihm persönlich sind. Einige Tweets mögen von seinen Social-Media-Leuten stammen, koordinierte Botschaften. Aber ein Tweet freitags um Mitternacht stammt wohl von ihm. Mit allem, was dazu gehört: falsche Rechtschreibung, grammatikalische Fehler.» Als Donald Trump im Frühjahr 2020 via Twitter mal wieder kritische Journalisten angriff, enthielt sein Tweet plumpe Fehler: Trump forderte, dass Journalisten ihren Nobelpreis zurückgeben sollten. Er meinte vermutlich den Pulitzerpreis, denn einen Nobelpreis für Journalismus gibt es nicht.

Journalistinnen und Journalisten sind Trumps Lieblingsziele auf Twitter. Einige beschimpft er als «Psychopathen». Und die Öffentlichkeit, seine Öffentlichkeit, ist groß. Auf Twitter folgen ihm inzwischen mehr Menschen, als Deutschland Einwohner hat. Eine riesige Blase. Journalisten, die von ihm zu «Feinden des amerikanischen Volkes» abgestempelt werden, sind bei seinen Anhängern ungefähr so beliebt wie iranische Mullahs oder Covid-19. Jene hingegen, die ihn loben, werden von seinen Anhängern verehrt.

Die größte Bühne, die Laura Ingraham in ihrem Leben jemals betrat, stand vermutlich in der Quicken Loans Arena in Cleveland, am Ufer des Eriesees. Im Juli 2016 veranstalteten die Republikaner dort ihren Nominierungsparteitag, eine Art Krönungsmesse für den Präsidentschaftskandidaten Donald Trump. Zwei Tage lang schleppte sich der Parteitag ein bisschen müde über die Runden, mit allerhand pflichtschuldigen Politiker-Reden. Dann, am dritten Abend, um kurz nach 19 Uhr, kam Laura Ingraham. Die Veranstalter hatten sie an den Anfang der Rednerliste gesetzt, vermutlich weil sie hofften, dass die ultrakonservative Radio- und Fernsehmoderatorin das Publikum in Stimmung bringen könne. Und Ingraham drehte auf. Ihre Wahlkampfrede für Donald Trump wurde so mitreißend, dass sogar CNN zugab: «Ingraham rockt den Parteitag». Die liberale Nachrichtenwebsite *Vox.com* ging noch weiter: «Laura Ingraham rettete Trumps Veranstaltung. Sie war eine bessere Rednerin als er.» 17 Minuten lang wurde sie persönlich, politisch, emotional, kämpferisch und zündete ganz zum Schluss die wichtigste, die entscheidende Rakete, als sie mit aufgerissenen Augen in die Halle schrie: «Lasst uns die Macht dem Volk zurückgeben. Lasst uns Donald Trump zum Präsidenten der Vereinigten Staaten wählen.» Die Menge raste und schrie zurück. Vor Begeisterung für Donald Trump. Und vor Begeisterung für Laura Ingraham.

Der Werbeauftritt hat sich für beide gelohnt. Trump war erfreut über so viel Enthusiasmus und dankte Ingraham auf Twitter. Im Jahr darauf erhielt die Moderatorin ihre eigene Meinungsshow bei Fox News. Auf Ingraham, das war seit ihrem Auftritt in Cleveland klar, konnten sich Trump und die Fox-Leute verlassen. Menschen, die sie seit langem beobachten, sagen: Laura Ingraham war Trump, bevor es Trump gab. Aber erst seit sie ihre eigene Fernsehshow hat, hat sie auch ein riesiges Publikum. Täglich. Das macht Laura Ingraham zur einflussreichsten Kommentatorin der Trump-Jahre.

Ihren Weg dorthin hat sie jahrelang zielstrebig verfolgt, und von Beginn an verstand sie es, sich nicht nur Freunde zu machen, sondern auch Feinde. Während des Jura-Studiums in New Hampshire jobbte sie, als erstes weibliches Redaktionsmitglied, für die konservative Collegezeitung *Dartmouth Review*. Sie beauftragte eine Mitarbeiterin, sich in ein streng vertrauliches Treffen von lesbischen und schwulen Studentinnen und Studenten einzuschleusen und die Gespräche heimlich mit einem Kassettenrekorder aufzuzeichnen. Anschließend veröffentlichte Ingraham Details des Treffens in der Zeitung und outete die Teilnehmer gegen deren Willen. Im Artikel nannte sie die jungen Leute «Cheerleader von latenten Sodomiten auf dem Campus». Sie ging noch weiter, schickte den Eltern der schockierten Studentinnen und Studenten die heimlich gemachten Aufnahmen. Alle Beschwerden konterte sie mit dem Hinweis, sie habe einen Finanzskandal aufdecken wollen, im Übrigen gelte die Pressefreiheit.

Geschadet hat Ingraham diese Affäre nicht, im Gegenteil. Sie begann für konservative Stiftungen zu arbeiten und schließlich als Redenschreiberin im Beraterstab von Präsident Reagan, mit gerade 24 Jahren. Auf die Frage, was sie im Weißen Haus überrascht habe, antwortete sie einem Zeitungsreporter damals: «Die Größe des Büros, das man mir gegeben hat.» Danach war sie als Anwältin tätig, in einer großen New Yorker Kanzlei. Längst hatten auch andere ihr Talent als Rednerin, als Moderatorin erkannt: Fernsehsender setzten sie ein, zuerst der neue Nachrichtenkanal MSNBC, dann CBS; dann bekam sie eine eigene Talk-Radio-Show, begab sich ins Fahrwasser Rush Limbaughs, imitierte ihn bisweilen, mischte ultrakonservative Positionen mit Humor, und O-Töne demokratischer Politiker kommentierte sie gelegentlich mit Affen-Grunzen als Soundeffekt.

Politisch steht Laura Ingraham der ehemaligen Tea-Party-Bewegung und dem heutigen Trump-Lager nahe, dem radikalen Flügel der Republikaner. Und im Fernsehen trägt sie ihre radikalen Thesen meist mit einem feinen Lächeln vor, einem Lächeln, das im Kontrast zum Inhalt ihrer Kommentare steht. Man sollte sich nicht ablenken lassen von ihrer Mimik, sondern hinhören: Seit Jahren wütet Ingraham gegen eine angeblich lasche Einwanderungspolitik. Kaum eine Gelegenheit lässt sie aus, um gegen – illegale wie legale – Immigranten zu wettern. Ingrahams wesentliche These ist, dass die Eliten Amerikas Volk verraten hätten. Dass sie selbst, als Multimillionärin, Teil der Elite ist, erklärt sie mit einem intellektuellen Salto für unmöglich: Es sei eine Frage der Haltung und keine von Status und Vermögen. «Elite» meint also linksliberales Pack, die «Verräter der Nation», so Ingraham – was zu beweisen war.

Den Demokraten wirft sie vor, sie würden amerikanische Bürger gegen Einwanderer austauschen wollen, eine Umvolkungs-Verschwörungstheorie. Natürlich wettert sie gegen multikulturelle Gesellschaftskonzepte und warnt ihr Publikum mit drastischen Bildern: «Der Preis, den wir für Multikulti bezahlen, ist das Risiko, dass ihr, während ihr in einem Café einen Cappuccino trinkt, von jemandem angegriffen werdet, der euch mit einem Messer den Hals aufschlitzt.» Die *Huffington Post* nannte sie schon vor Jahren die «Hohepriesterin des Hasses».

Donald Trump ist seit Jahren ihr Fan, die beiden sind befreundet. Nach seiner Wahl zum Präsidenten hatte er überlegt, Ingraham zur Kommunikationsdirektorin des Weißen Hauses zu ernennen. Sie entschied sich dagegen. Und vermutlich leistet sie Trump als Fox-Moderatorin wichtigere Dienste. Ihre Show «The Ingraham Angle» wird jeden Abend von durchschnittlich 3,6 Millionen Zuschauern gesehen.

Laura Ingraham wird auch nach Trump noch Trumpistin sein.

Brian Stelter ist einer jener raren Medienjournalisten, die das eigene Haus ähnlich scharf kritisieren wie Konkurrenten und die zusätzlich noch kompetent sind. Stelter, Jahrgang 1985, war bei der *New York Times* und ist seit 2013 bei CNN, und über den Konkurrenten, also Fox News, sagt er uns: «Fox hat den Politikbetrieb verändert, in dem es tagtäglich einen epischen Kampf um die Seele des Landes inszeniert hat. Ja, vor Fox News gab es CNN, aber wir haben nicht rund um die Uhr über Politik berichtet, auch MSNBC nicht. Fox News hat begonnen, über Politik wie über einen Blutsport zu berichten, als andauernden Kampf. Und das ist nicht gut für ein Land, wenn es in Blut badet. Auf die Dauer ist es sehr ungesund.»

Der Präsident wiederum, das konnte Stelter recherchieren, glaube, dass Konservative von sozialen Medien zensiert werden, «das ist nicht zu belegen, aber Trump empfindet das so und seine Fans ebenfalls». Eben gerade deshalb versteht Trump das Fox-Programm vermutlich nicht als parteiisch, sondern als ausgleichend und sowieso als gerechtfertigt. Stelter sagt: «Er schaut am Tag mindestens sechs Stunden lang Fox News. Manchmal spult er Aufnahmen nach vorne, überspringt Werbung, manchmal läuft Fox nur im Hintergrund. Es läuft den ganzen Tag. Es ist nicht so, dass er von sechs Uhr morgens bis mittags jede Minute sieht, aber er scannt Fox, sieht es morgens, vormittags und abends, weil abends Tucker Carlson, Sean Hannity und Laura Ingraham auf Sendung sind. Die sind schon fast reine Trump-Propaganda.»

## — Wahn und Wahrheit (2.) —

Es ist ein Krieg, so sieht es Richard Stengel, ein Informations- und Desinformationskrieg. Stengel, ehemaliger Chefredakteur von Time, wurde von Außenminister John F. Kerry 2014 zum Staatssekretär gemacht und hatte den expliziten Auftrag, den digitalen Kampf gegen Russland und den «Islamischen Staat» zu gewinnen.

Die Gegner in diesem Krieg hatten Helfer: Facebook und Twitter, denen es egal sei, so Stengel, ob eine Nachricht falsch oder wahr ist, solange sie gesehen und vor allem geteilt wird und Geld einspielt. Die Kriegsgegner, so Stengel, wüssten, dass Informationskriege kostengünstig, zugleich effektiver seien als militärische Invasionen, «das Selfie ist mächtiger als das Schwert». Asymmetrische Kriege mit Computern und Smartphones und einer Armee von Trollen und Bots müssen Russland und dem IS gar nicht den Sieg bringen, denn erfolgreich sei bereits, wer nur das klare Wasser eintrübe: «Es ist viel einfacher, Konfusion als Klarheit zu erzeugen.»

Desinformation sei vor allem deshalb erfolgreich, weil die Gegner des Westens dessen Stärken ausnutzen könnten: seine Offenheit, die freie Presse, die Abwesenheit von Zensur. Der IS und Wladimir Putin hätten eines mit Donald Trump gemeinsam: Für alle drei sei Kommunikation nicht bloß die Vermittlung des Eigentlichen, der Politik, sondern zentrale Strategie. Sie verstünden, dass sich der Nachrichtenzyklus schneller drehe als der politische; und ihr gemeinsamer Grundsatz sei: «Lieber Erster und gelogen als Zweiter und wahr.»

Richard Stengel trat mit Kerry ab, als Trump das Präsidentenamt antrat. Seinen Krieg hat er nicht gewonnen.

# 3.

# PARTEIENKRIEG

## Ein Telefonat

Das Endlosspektakel geht Ende September 2019 in die nächste Runde. Die Demokraten leiten ein Amtsenthebungsverfahren gegen Donald Trump ein. Es kann sein, dass es Trump in die Hände spielt, weil er sich dadurch zum Märtyrer stilisieren kann, um zunächst seine Partei und danach eine Menge Wähler zu mobilisieren. Schon jetzt scheint klar, dass die USA in den nächsten Monaten auf dieses eine Thema fixiert sein werden.

Das Vorgehen der Demokraten ist aus einem simplen Grund dennoch richtig: Eine Demokratie muss nach Regeln und Gesetzen funktionieren. In den vergangenen Jahren sind in dem Land diverse Standards gefallen; Washington, das politische Zentrum der USA, ist in der Trump-Ära nur noch ein Schatten seiner selbst, dysfunktional. Nun aber gibt es endlich wieder eine Gegenbewegung. Institutionen erweisen sich als funktionstüchtig, auf korrekten Dienstwegen.

In der Russland-Affäre war es zuvor bereits monatelang um die Frage gegangen, ob und wie das Trump-Lager vor der Wahl 2016 mit dem Kreml konspiriert habe. Doch nur einen Tag nach der Aussage des zur Aufklärung dieser Affäre eingesetzten Sonderermittlers Robert S. Mueller vor dem Kongress überschritt Trump erneut seine Kompetenzen, als er den neugewählten Präsidenten der Ukraine Wolodymyr Zelensky am 25. Juli 2019 um «einen Gefallen» bat: «Was auch immer Sie tun können – es ist sehr wichtig, dass Sie es tun, wenn das möglich ist.» Die Ukraine solle Ermittlungen gegen Joe Biden aufnehmen, der nach landesweiten Umfragen zu diesem Zeitpunkt die besten Chancen hatte, im Wahljahr 2020 Präsidentschaftskandidat der Demokraten zu werden.

Trump hatte 391 Millionen Dollar zurückgehalten, die der Kongress als Militärhilfe für die Ukraine bereits bewilligt hatte – und schien die Freigabe der Gelder vom Entgegenkommen Zelenskys in der Causa Biden abhängig zu machen. Es war mindestens eine Dummheit, und vielleicht war es Hybris, dass der Präsident das nächste Land in den nächsten amerikanischen Wahlkampf hineinzuziehen versuchte.

Am 12. August meldete sich ein Whistleblower zu Wort, exakt auf die im politischen System der USA vorgesehene Weise. Er schrieb einen Brief an Richard Burr und Adam Schiff, die Vorsitzenden der beiden Geheimdienstkomitees des Kongresses, und übergab diesen Brief dem Generalinspekteur der Geheimdienste, Michael K. Atkinson. Der anonyme Informant, laut *New York Times* ein CIA-Mann mit Kenntnis des Weißen Hauses, schreibt, er habe bei «der Ausübung meiner Pflichten» von mehreren Mitarbeitern des Weißen Hauses gehört, «dass der Präsident die Macht seines Amtes» dafür einsetze, die Einflussnahme eines fremden Staates «auf die Wahlen von 2020 herbeizuführen».

Es sind neun Seiten mit Fußnoten, es ist der präzise, nüchterne Text eines kompetenten, unparteiischen, erschütterten Staatsbürgers, so jedenfalls wirkt das Papier bei der Lektüre. Seine Zeugen, schreibt der Whistleblower, seien «zutiefst besorgt», da sie dabei waren, «als der Präsident sein Amt für private Vorteile missbrauchte». Trumps Vergehen bestehe unter anderem darin, «Druck auf ein anderes Land auszuüben, damit dieses gegen einen der wesentlichen innenpolitischen Rivalen des Präsidenten ermitteln würde».

Natürlich geht der Whistleblower ein gewaltiges Risiko ein. Im Washington dieser Tage dürfte er nicht mehr lange im Schutz der Anonymität leben; ausgerechnet die *New York Times* begann ja mit dem Outing. Dass Trumps Verteidigung stets aus Gegenangriffen besteht, dürfte der Kronzeuge gleichfalls wissen: Der Präsident spricht bereits von Spionen und Verrat.

Trotzdem fand der Informant den Mut.

Mutmaßlicher Machtmissbrauch muss gemeldet werden; und die Vorgesetzten, bei denen diese Meldung landet, müssen gleichermaßen mutig sein und die richtigen Schritte kennen. Zunächst sah alles danach aus. Der Generalinspekteur der Geheimdienste – ein Posten, der nach Richard Nixons Watergate-Affäre eingerichtet wurde und explizit nicht dem Präsidenten unterstellt ist – hielt den Bericht des Whistleblowers für fundiert und dringlich und leitete ihn, gleichfalls wie vorgesehen, an Joseph Maguire weiter, den Direktor der nationalen Geheimdienste. Maguire stimmte zu: Es handelte sich fraglos um einen fundierten, dringlichen Bericht.

Aber dann schwächelte Amerikas Demokratie, und es begann Teil zwei dieser Affäre, die eigentlich die Wucht haben könnte, Donald Trump aus dem Amt zu befördern: Es folgte die Vertuschung.

Im Weißen Haus, wo Anrufe zwischen Staatschefs protokolliert werden, wussten alle, die den Vorgang kannten, wie heikel Trumps Gespräch mit Zelensky war. Die wörtliche Abschrift des Gesprächs wurde deshalb versteckt: Sie landete nicht in jenem Verteiler, der dem gesamten Kabinett zugänglich ist, sondern wurde neben anderen streng geheimen Dokumenten elektronisch tief vergraben, zugänglich nur für einen kleinstmöglichen Kreis.

Dies ist ein für das weitere Verständnis der Affäre zentrales Detail: Das Weiße Haus gab lediglich eine Zusammenfassung des Gesprächs zwischen Trump und Zelensky frei (und schon diese liest sich verheerend); die Wortlautabschrift ließ Trump zurückhalten. Zu den vielen Verdrehungen im politischen Washington dieser Tage gehört auch jene, dass die Zusammenfassung vom Weißen Haus zum entlastenden «Transkript» erklärt wurde, obwohl sie vieles war, aber nicht entlastend und sowieso kein Transkript.

Als Joseph Maguire bei William Barr, dem Attorney General, brav darum bat, das heikle Schreiben des Whistleblowers an die Geheimdienstkomitees von Senat und Repräsentantenhaus weiterleiten zu dürfen, ging Barr, Parteisoldat Trumps, in Verweigerungshaltung.

Der Attorney General ist der höchstrangige Vertreter von Strafverfolgung und Justiz in den USA, also von monströsen Apparaten wie dem FBI und von Amerikas Gerichten, und darum hat er zwingend unabhängig und gleichsam gottgleich zu sein: fair, edel, unbestechlich. So war das über die Jahrhunderte – mit leichten parteipolitischen Schwankungen –, und so muss es sein, denn nur so funktioniert die amerikanische Gewaltenteilung. Der Attorney General ist nach deutschem Verständnis eine Mischung aus Justizminister und Generalstaatsanwalt und nach amerikanischem Recht der Neutralität und nicht dem Präsidenten verpflichtet.

William Barr war aber schon in der Russland-Affäre als Trumps Problemlöser aufgefallen; er interpretiert seine Rolle höfisch. Damit hat Barr, ein meist wortkarger gebürtiger New Yorker, Jahrgang 1950, seit dem 14. Februar 2019 im Amt, die USA verändert. Ihre Spielregeln. Den politischen Umgang. Die Interpretation der Verfassung. Und damit hat er auch die demokratischen Institutionen der Hauptstadt weitgehend lahmgelegt; das Wort «Verfassungskrise» ging schon lange vor dem Amtsenthebungsverfahren um.

Wie können die politischen Normen des Washingtoner Politikbetriebs – abgeleitet aus jener 1788 ratifizierten Verfassung, die die USA zur föderalen Republik mit Präsidialsystem erklärte – nach der Ära Donald Trump wiederbelebt werden? Wie viel Macht und welche Rolle wird künftig das Weiße Haus haben, und welche der Kongress – und wie politisch darf und muss die Justiz sein? Was eigentlich ist heute und in der Zukunft bindend, oder anders gefragt: Welches Gesetz gilt für sämtliche Staatsbürger gleichermaßen, und welche Vorladung, welche Ermittlung ist statthaft, welche darf ignoriert werden? Die USA sind sich darüber längst nicht mehr einig.

Im März 2020 wird es ein spektakuläres Urteil geben. Der Richter Reggie B. Walton, der dem konservativen Lager zuzurechnen ist, da er von Präsident George W. Bush eingesetzt wurde, wird urteilen, dass Barr in der Russland-Affäre Tatsachen «vernebelt» und «verwirrende» Berichte geliefert habe, weshalb er keine Glaubwürdigkeit mehr besitze; «Unregelmäßigkeiten», «ein Mangel an Wahrhaftigkeit», solche Einschätzungen stehen in der Urteilsbegründung. Wir sind aber erst im Herbst 2019, und die Demokratin Nancy Pelosi hat es mit maximaler Schärfe gesagt: Justizminister Barr habe den Kongress belogen, und das sei «ein Verbrechen».

Barr studierte zunächst Verwaltungswissenschaften und Sinologie und später Jura, begann seine politische Karriere unter Präsident George H. W. Bush als mittlerer Beamter, danach ging es steil bergauf: von 1991 bis 1993 war er erstmals Justizminister. Die Geschichte des neuen William «Bill» Barr, dieses allmächtigen Einflüsterers im Zeitalter Trumps, begann mit einem anderen Mann, der sich ganz altmodisch an alle Regeln hielt. Und gerade deshalb verlor.

Robert Mueller galt zunächst als aufrechter Kontrolleur in Diensten der amerikanischen Demokratie, der in der sogenannten Russland-Affäre der Trump-Regierung mit juristischen Mitteln zu Leibe zu rücken versuchte. Trump nannte große Teile des Berichts des Sonderermittlers Mueller «total bullshit», und dieses Wort stand im April 2019, kurz nachdem der Präsident es getwittert hatte, ohne Verklausulierung überall in den USA in den Zeitungen. Doch der Präsident der Vereinigten Staaten hat im Oval Office auch gesagt: «I'm fucked.» So steht es im 448 Seiten starken Mueller-Bericht, und so zitieren es die amerikanischen Medien, die nun von einem «Weißen Haus der Lügen» berichteten. Rau sind die Zeiten, vulgär ist die amerikanische Gegenwart.

Die Oval-Office-Szene ist die eindrucksvollste in dem Bericht, der sich wie ein großer Kriminalroman liest. In Muellers Bericht steht kein überflüssiges Wort. Die Sprache: präzise. Das Personal: eine Gangsterbande. Der Schauplatz: 1600 Pennsylvania Avenue, Washington, D.C.

In jener Szene also, es ist Mai 2017, sitzt ein kleiner, allmächtiger Kreis zusammen, um die Nachfolge des frisch gefeuerten FBI-Direktors James Comey zu besprechen. Justizminister Jeff Sessions erhält einen Anruf und verlässt den Raum, dann eilt er zurück und berichtet: Robert S. Mueller III. ist zum Sonderermittler berufen worden, um die russische Einflussnahme auf die Wahl von 2016 und das Verhalten des Präsidenten zu untersuchen. «Oh, mein Gott», ruft Trump und sackt in seinem Stuhl zusammen, «das ist schrecklich. Das ist das Ende meiner Präsidentschaft.» Dann sagt er's: «I'm fucked.»

Als der Bericht in jenem April 2019 in Washington vorgestellt wurde, inklusive einiger geschwärzter Stellen, begann sofort die nächste Schlacht in einem politischen Krieg. Trumps Republikaner riefen, die Demokraten sollten nun endlich Ruhe geben, da weder eine verbotene Zusammenarbeit der Trump-Wahlkampagne mit Russland noch eine Behinderung der Justiz nachgewiesen sei. «No collusion! No obstruction!» So nannte es der in Slogans geübte Präsident, und seine Anhänger machten daraus einen politischen Refrain.

Die Demokraten hingegen überlegten, wie sie den Mueller-Bericht nutzen könnten, weil der Text zahllose Beispiele dafür lieferte, wie begierig das Trump-Team schmutzige Informationen aus Russland über Hillary Clinton aufgesogen hat; wie oft es gelogen hat; und wie hektisch der Präsident versucht hat, ebendiese Ermittlungen zu behindern. Trump hatte zwar keinen Erfolg mit seinen Bemühungen, so viel ist richtig – weil seine eigenen Leute die kriminellen Anweisungen nicht ausführten.

Der «Report On The Investigation Into Russian Interference In The 2016 Presidential Election» erzählt die wahre Geschichte der Regierung Trump – die Geschichte von einem Haufen Dilettanten und unfassbaren Abgründen.

Im Mittelpunkt steht ein vogelwilder Präsident: Trump greint und lügt, vergisst, ertrinkt in Selbstmitleid. Er fordert von den eigenen Leuten, dass sie für ihn falsch aussagen, und bietet im Gegenzug nicht das kleinste bisschen Loyalität. Dann jammert er wieder. Der Mueller-Bericht erzählt von ständigem Verrat, Misstrauen und ewigen Kränkungen. Wenn die mächtigste Demokratie der Welt derart von innen untergraben wird, kann sie eigentlich nicht mehr lange halten.

Doch trotz aller Einsichten, die sich aus seinem Bericht gewinnen lassen, schreibt die *Washington Post* über den Sonderermittler Mueller, er sei ein Lamm gewesen in dem Moment, in dem Amerika einen Löwen gebraucht hätte. Und es stimmt: Mueller hat zwar jede Menge Belege für Russlands Einflussnahme auf die Wahl von 2016, für diverse Kontakte des Trump-Lagers zu mysteriösen russischen Staatsbürgern erbracht sowie vor allem elf Beispiele angeführt, wie Trump mutmaßlich die Ermittlungen behindert habe. Außer einer Notiz zur Verfassungslage, dass ein amtierender Präsident nicht angeklagt werden könne, hat Mueller jedoch geschwiegen; er hat nichts erklärt, bewertet oder gefordert. Mueller hat sich zu sehr auf die naive Position des unpolitischen Ermittlers versteift und sich von Bill Barr, seinem einstigen Freund, vorführen lassen. Barr, seit Februar 2019 erneut Attorney General, hielt den Bericht, den Mueller am 22. März 2019 nur ihm übergeben hatte, in seinem Büro im Robert F. Kennedy-Bau an der Constitution Avenue unter Verschluss und übernahm die Deutungshoheit über dessen Inhalt: zugunsten Trumps, der nur deshalb anschließend sein «No collusion! No obstruction!» durchs Land rufen konnte. Daraufhin beklagte Mueller in einem vertraulichen Brief an Barr, dass der Justizminister die Ermittlungen falsch interpretiere und «den Kontext, das Wesen und die Substanz» des Berichts «nicht voll» erfasse. In der Öffentlichkeit log Barr, der ja bereits den Inhalt des Berichts verfälscht wiedergegeben hatte, erneut: Er sagte, Mueller habe sich nur darüber beschwert, «wie die Medien das alles spielen». Eine rechtlich bindende Vorladung durch das mehrheitlich demokratische Repräsentantenhaus ignorierte Barr.

Als Mueller noch immer «Prinzipien der Fairness» einforderte, stellte Barr den einstigen Freund endgültig bloß: Er sei von Muellers Zurückhaltung selbst überrascht gewesen und habe dessen Job, aus dem Bericht die nötigen rechtlichen Konsequenzen abzuleiten, dann leider selbst übernehmen müssen.

Damit war Mueller als inkompetent abgestempelt, ein Zauderer. Sein Scheitern hat gezeigt: Es genügt nicht, einfach nur Recht zu haben, wenn man im Konfliktfall zu schwach ist, das Recht auch zu verteidigen. Seine Erklärung, ein amtierender Präsident dürfe laut Verfassung nicht angeklagt werden, wurde zudem von führenden amerikanischen Rechtsprofessoren für haltlos erklärt. Zwar sei es in der Praxis, in Sachen Nixon beispielsweise, durch das Justizministerium meist so gehandhabt worden; in der Verfassung selbst stehe dazu jedoch kein Wort, und der Supreme Court habe sich mit der Frage nie befasst. Was also wäre möglich gewesen, wenn ein beherzter Mensch in jenen Wochen die Verfassung der USA beschützt hätte?

In einem Ausnahmezustand wie dem amerikanischen, diesem permanenten Machtkampf zweier Lager, die nichts mehr eint, bleibt kein Fehler, keine Schwäche ohne Konsequenzen. Mitunter, so folgert Maureen Dowd, Kolumnistin der «New York Times», sei im Leben unklar, wer schlimmer sei: die Teufel oder die Heiligen. Denn «genau wie Barr Trump ermöglicht, so ermöglicht Mueller Barr».

## Gewaltenerosion

Der Verweis auf die «checks and balances», die Gewaltenteilung, erfolgt im Text der amerikanischen Verfassung früh: Regierung, Gesetzgebung und Rechtsprechung sollen getrennt agieren und einander dadurch kontrollieren.

Da Trump dem Repräsentantenhaus das Recht abspricht, die Regierung zu beaufsichtigen, weist er seine Mitarbeiter an, Vorladungen nicht nachzukommen. Dokumente, die er laut Gesetz freigeben müsste, hält er zurück. Gelder, vom Kongress für Katastrophenhilfe zweckgebunden genehmigt, lenkt die Regierung in den Bau der Mauer zwischen Mexiko und den USA um. Legal? Gestern nicht.

Aber in den Supreme Court, der über die Interpretation der Verfassung wacht, konnte Trump zwei Richter entsenden, was dort heute für eine konservative 5:4-Mehrheit sorgt.

Die Republikaner lassen Trump gewähren, weil sie verstrickt sind: Sie haben ihn auf den Thron gehievt, er sichert ihnen nun Posten, Spenden und Gehälter, und mit ihm bringen sie konservative Vorhaben durch, auch jene konservativen Richter, die langfristig das Land verändern werden. Sie finden auch jetzt wieder ihre ganz andere, ganz eigene Erzählung, die in sich stimmig und logisch ist, nur mit den bewiesenen Fakten nicht viel zu tun hat.

Wir sprechen noch einmal mit Sebastian Gorka, dem konservativen Radiomoderator, der uns erzählt: «Ich bin traurig wegen dieser Kriegserklärungen durch die Demokraten. Die Gründerväter haben dem Kongress die Macht gegeben, im Falle einer Staatskrise einen regierenden Präsidenten abzusetzen, aber eben nur dann. Und mit einer Supermehrheit im Senat. Die Idee also, dass ein Telefonat unseres Präsidenten mit dem Präsidenten der Ukraine über den gemeinsamen Kampf gegen Korruption, welcher von einem bilateralen, von Bill Clinton 1999 unterzeichneten und im Senat ratifizierten Vertrag verlangt wird, eine nationale Krise sein soll, ist absurd. Ein Amtsenthebungsverfahren darf niemals parteipolitisch motiviert sein. Dieses ist es. Ausschließlich.»

Die Demokraten wiederum können sich zwar empören, aber nicht viel tun, weil ihnen die Mehrheit im Senat fehlt: Ein Amtsenthebungsverfahren ohne diese Mehrheit hat keine Chance, und jeder Wutausbruch wirkt wie Wahlkampfgeschrei. Weil der Wahlkampf begonnen hat.

Trump hingegen kennt es kaum anders. Er liebt die Konfrontation. Als er noch Geschäftsmann war, war er in 3500 Prozesse verstrickt, 1900 Mal als Kläger. Das Präsidentenamt versteht er ähnlich: Wenn die Deutsche Bank Unterlagen über ihre Geschäfte mit Trump herausgeben soll, verklagt er die Deutsche Bank; wenn Elijah Cummings, Vorsitzender des Ausschusses für Aufsicht und Reformen im Repräsentantenhaus, Dokumente einsehen möchte, verklagt Trump Cummings.

Im Bericht des Sonderermittlers Mueller stehen viele düstere Passagen über diese Regierung; und eine dieser Passagen sagt eine Menge über Trumps Verständnis vom Sinn der Justiz und vom Wesen guter Rechtsanwälte aus.

Warum sie Notizen machten, fragt der Präsident seine Rechtsberater.

Na ja, sagen die, Notizen seien doch wohl nötig, damit man sich hinterher exakt an das Verabredete erinnern könne.

Nein, sagt Trump, er habe stets die besten Anwälte beschäftigt, und die besten Anwälte notierten sich nie etwas; die Besten hinterließen keine Spuren.

Trumps sogenannter «Fixer», der Problemlöser, hieß vor William Barr Michael Cohen, nun in Haft. Cohen erledigte Delikates: Er übergab Stormy Daniels, jener Pornodarstellerin, mit der Trump 2006 eine Affäre hatte, als er seine dritte Ehefrau Melania gerade geheiratet hatte, das Schweigegeld, 130 000 Dollar. Der Idealtypus eines Rechtsanwalts auf dem Planeten Trump ist noch immer der berühmte, der berüchtigte Roy Cohn, und der schrieb sich jahrzehntelang nichts auf. Viel zu gefährlich. Jeder Schnipsel kann irgendwann Beweismittel werden.

Es war das Jahr 1973, als Trump und Roy Cohn aufeinandertrafen und schnell, auf die geschäftliche Weise, ein Traumpaar wurden. Trump ging damals gern in einen New Yorker Nachtclub, der «Le Club» hieß, Third Avenue Ecke 75. Straße. Dort verkehrten 1200 Mitglieder, darunter angeblich 13 Prinzen, vier Barone, drei Prinzessinnen. Trump sagt: «Es war diese Sorte Nachtclub, wo man einen reichen 75-Jährigen mit drei Blondinen aus Schweden traf.»

In «Le Club» war Roy Cohn Stammgast. Es hieß, Cohn schließe niemals Vergleiche. Cohn hatte geholfen, Richard Nixon zum Präsidenten zu machen, und er hatte für den Senator Joseph McCarthy angebliche Kommunisten und Spione der Sowjetunion gejagt. «Dieses Bravado ... etwas nur laut und aggressiv genug zu rufen, und schon wird es zur Wahrheit, das war Roys Methode», sagt Peter Fraser, Cohns Lebensgefährte der letzten Jahre (Cohn starb 1986 an AIDS).

Trump und Cohn tranken damals viel Champagner. Cohn regelte die Lieferung von Schmuck an Trumps Geliebte und auch an die Ehefrau. Cohn knüpfte für Trump Verbindungen zu Leuten wie Anthony «Fat Tony» Salerno von der Genovese-Familie und stellte damit Kontakte in jene Mafiawelt her, die, das ist gerichtsfest, eifrig mitspielte, als Trump Manhattan eroberte und seine ersten Hochhäuser baute. Cohn wurde zu Trumps Ein-Mann-Schlägertrupp.

In jenen Siebzigern wurde die Familie Trump angezeigt, da sie ihre 14 000 Apartments in Brooklyn und anderen Bezirken der Stadt lieber an Weiße als an Schwarze vermietete. Bewerbungen waren mit einem «C» für «colored» gekennzeichnet und aus dem Rennen genommen worden. Eine Afroamerikanerin war abgewiesen worden, Trumps Leute hatten «leider nichts frei» gesagt, wenige Minuten später bekam eine Weiße eine Wohnung. Die US-Regierung verklagte Trump wegen rassistisch begründeter Diskriminierung.

Trump und Cohn sprachen in jenen Jahren fünfmal am Tag miteinander. «Sag ihnen, sie sollen zur Hölle gehen, und bekämpfe den Quatsch vor Gericht», sagte Cohn und antwortete für Trump mit einer Gegenklage auf insgesamt 100 Millionen Dollar Schadenersatz und Schmerzensgeld wegen Rufschädigung. Die erschrockene Regierung flüchtete sich in eine Einigung, es folgte die Verdrehung der Tatsachen: «Die Regierung konnte ihre Vorwürfe nicht beweisen», sagte Trump.

«Gnadenlos» sei dieser Roy Cohn gewesen, so Trump später, «er wurde für dich brutal.»

Roy Cohn brachte Trump bei, dass er immer zurückschlagen müsse, da er sonst ein Leben als Verlierer führen würde. Manchmal wird Trump nach seinem Motto gefragt. «Always get even», sagt er, «nimm immer Rache.» Und auch dies: «Hit back harder than you were hit», «schlage härter zurück, als du geschlagen wurdest.» Das galt und gilt, egal gegen wen, und vielleicht gilt es heute ja mehr denn je, weil der Nicht-Politiker Trump andere politische Strategien nie gelernt hat. So war das damals, mit Trump und Cohn. So ist es heute, mit Trump und Barr.

Weiß also der Präsident Donald J. Trump überhaupt, was Gewaltenteilung ist? Versteht er den Wert demokratischer Institutionen, ahnt er, wie fragil sie sein können? Und selbst wenn er all das weiß: Ist er intellektuell dazu in der Lage, Recht, Moral und Gesetz über Geld, Ruhm und Macht einzusortieren?

Der Justizminister William Barr jedenfalls weiß, dass sein eigener Vorgänger, Jeff Sessions, von Trump gefeuert wurde, weil Sessions versucht hatte, sich neutral über all die Schlachtfelder Washingtons zu winden. Vielleicht fürchtet Barr die Rache des wüsten Herrschers, vielleicht ist er auch Überzeugungstäter: Barr jedenfalls ist rasant zu einer politischen Figur geworden, wie sie zuletzt der ehemalige Vizepräsident Dick Cheney war, ein moderner Mephistopheles, bösewichtig, von Skrupeln frei.

Im Sender CBS wird Barr damit konfrontiert, dass er einst von Demokraten wie Republikanern respektiert worden sei, längst aber als Beschützer und Ermöglicher Trumps und als Lügner gelte. Barr sagt kühl: «Jeder Mensch muss sterben.» Er glaube nicht daran, dass Unsterblichkeit dadurch zu erlangen sei, «dass über die Jahrhunderte Oden auf dich gesungen werden».

Stattdessen scheint Barr an die sogenannte «unitary executive»-Theorie zu glauben, die dem Präsidenten königliche, nämlich alleinige Macht zuweist. Mehrheitsfähig war diese als extrem rechts geltende Position in der Geschichte der USA nie. Mehrheiten aber braucht man nicht mehr, wenn nur die Männer auf den entscheidenden Posten sich einig sind.

Wie einstmals Roy Cohn streitet darum heute William Barr gegen alles, was Donald Trump bedroht – und sei es die Verfassung, die zu schützen jeder amerikanische Justizminister schwört.

Natürlich hielt nun ebendieser William Barr auch das Papier des Whistleblowers zum Zelensky-Telefonat unter Verschluss. Einige Wochen lang. So lange bis Washington über nichts Anderes als die Gerüchte über den Whistleblower redete, so lange also, bis Barr für Trump nichts mehr zurückhalten konnte: Das Geheimnis war keines mehr.

Die Demokraten, lange zögerlich, da ein Amtsenthebungsverfahren selten populär ist und stets das Land spaltet, sind angesichts der neuen Lage leidenschaftlich erregt und siegesgewiss, auch empört: «Ich glaube mit vollem Ernst, dass der Zeitpunkt, ein Amtsenthebungsverfahren gegen diesen Präsidenten zu beginnen, gekommen ist», sagt John Lewis, der zu diesem Zeitpunkt bereits todkranke Held der Bürgerrechtsbewegung, ein weiteres Zögern «würde die Fundamente unserer Demokratie betrügen.» «Hier sind wir nun», sagt Nancy Pelosi, Sprecherin der Demokratischen Partei im Repräsentantenhaus, «dies ist eine Stunde der Wahrheit.»

Der Präsident reagiert erratisch, mal wütend und im nächsten Moment kleinlaut, mal aggressiv, mal beleidigt und dann trotzig und verzagt. Eine Strategie ist nicht erkennbar, noch nicht, was erstaunlich ist, weil die Affäre sich ja unübersehbar angebahnt hat. Seine Söhne und einige Fox-News-Moderatoren versuchen zu helfen, und auch einige Republikaner springen bei. Trump twittert, noch nie in der Geschichte Amerikas sei ein Präsident schlechter behandelt worden. Immer wieder versucht Trump die Aufmerksamkeit auf die Bidens zu lenken, Vater Joe und Sohn Hunter.

Hunter Biden, der Sohn, ein Rechtsanwalt, machte tatsächlich mehrfach im Ausland Geschäfte, während sein Vater Vizepräsident war; in der Ukraine verdiente er mindestens 850 000 Dollar im Vorstand des Gaskonzerns Burisma Holdings. Stilvoll wirkt das nicht, instinktsicher auch nicht. Waren die Geschäfte sauber? Vater Joe vertrat damals die US-Position, dass wegen Korruption in der Ukraine ein Generalstaatsanwalt entlassen werden müsse, ehe amerikanische Wirtschaftshilfe fließen könne.

Das eine scheint mit dem anderen allerdings nichts zu tun zu haben. Kein Beweis, kein Indiz belegt oder deutet an, dass der eine Biden etwas für den anderen und dass einer von ihnen etwas Illegales getan habe. Trump wiederum scheint obsessiv an die These zu glauben, dass jener Staatsanwalt gegen Hunter Biden ermitteln wollte und nicht durfte; auch für diese These gibt es bislang keinen Beleg.

Unklar ist, in diesem September 2019, wie das alles ausgehen wird. Die Demokraten, die das Repräsentantenhaus kontrollieren, wirken so geschlossen wie entschlossen, abgesehen nur von einigen vorsichtigen Abgeordneten aus Bezirken, in denen Trump 2016 die Mehrheit holte. Der republikanische Senator Mitt Romney nennt Trumps Telefonat mit Zelensky «extrem besorgniserregend», sein Kollege Ben Sasse findet den Begriff «sehr besorgniserregend» für den Bericht des Whistleblowers. Die Wortführer der Partei aber beschimpften wie gewohnt die Demokraten, sprachen von deren «Verblendung», von einer «Hexenjagd». «Ich habe mir das Transkript angesehen», sagte die Senatorin Joni Ernst aus Iowa, «ich habe darin nichts gefunden.»

Doch wer weiß. Wer weiß, was während des Verfahrens herauskommen wird. Wer weiß, ob die Wählerinnen und Wähler nicht 2020 genug von dem ständigen Theater um ihren Präsidenten haben. Und wer weiß schon, wie diese Wählerinnen und Wähler reagiert hätten, wenn sich Nancy Pelosi auch jetzt wieder taktisch weggeduckt hätte.

Und das Falsche getan hätte.

Bei der vierten Fernsehdebatte der Demokraten stehen zwölf Bewerberinnen und Bewerber auf der Bühne: die beiden Favoriten Joe Biden und Elizabeth Warren, die Verfolger Bernie Sanders, Pete Buttigieg und Kamala Harris, die Außenseiter Beto O'Rourke, Amy Klobuchar und Cory Booker und noch vier weitere.

Die drei Stunden in Columbus in Ohio beginnen mit Tiraden gegen Trump. Der wird ungefähr zwölfmal «der korrupteste Präsident der amerikanischen Geschichte» genannt, sowieso ständig «Lügner» und «Gesetzesbrecher». Tabus gibt es nicht mehr, und die oft diskutierte Frage, ob nicht sämtliche Demokraten schlicht zu höflich für eine Auseinandersetzung mit Trump seien, kann jedenfalls an diesem 15. Oktober 2019 verneint werden.

Das politische Klima in den USA hat sich verschärft, erneut.

Vor wenigen Tagen war Nancy Pelosi in Manhattan zu Gast beim «*New Yorker* Festival», und in weißen Hosen, weißem Blazer und lila Top erzählte sie der Reporterin Jane Mayer einige Geheimnisse:

7.45 Uhr war es an jenem Dienstag vor drei Wochen, als Donald Trump aus New York bei Pelosi in Washington anrief. Trump wollte plaudern. Von der Zusammenarbeit von Demokraten und Republikanern schwärmen. Pelosi sagte zu Trump, sie wisse nicht, welche Zusammenarbeit Trump meine. Na ja, Waffenpolitik, Infrastruktur, solche Dinge. Welche Zusammenarbeit, welche Fortschritte, fragte Pelosi erneut, so jedenfalls erzählte sie es dort oben auf der Bühne. Und dann kam Trump auf die Ukraine zu sprechen, sein Telefonat mit Präsident Wolodymyr Zelensky, nannte es «perfekt». Pelosi sagte, sie werde mit ihren Abgeordneten darüber sprechen, sie habe Trump deswegen ohnehin anrufen wollen, von «perfekt» könne leider keine Rede sein.

«Darum muss der Typ gehen», sagt Kamala Harris, was so richtig fulminant nur auf Englisch klingt: «That's why dude gotta go.»

«Ein erratischer, ein verrückter Präsident», das sagt der Bewerber Joe Biden.

## — Wahn und Wahrheit (3.) —

Ein und derselbe Mensch, schreibt Amartya Sen, könne, ohne dass darin irgendein Widerspruch liege, zugleich «amerikanische Bürgerin sein, karibischer Herkunft mit afrikanischen Vorfahren, christlich, liberal, Frau, Vegetarierin, Langstreckenläuferin, Historikerin, Lehrerin, Schriftstellerin, Feministin, heterosexuell, Unterstützerin der Rechte von Lesben und Schwulen, Theaterliebhaberin, Umweltschützerin, Tennisfan, Jazzmusikerin und dann noch überzeugt davon, dass es intelligente Lebewesen im All gibt, mit denen wir dringend sprechen sollten, bevorzugt auf Englisch».

So aber werden Menschen nicht mehr wahrgenommen: derart individuell.

Die Welt werde zunehmend als «Verband der Religionen oder der Zivilisationen» gesehen, was dazu führe, dass alle Menschen einsortiert würden.

Sen, 1933 geboren in Shantiniketan in Westbengalen, lehrt noch immer in Harvard, ein Philosoph und Wirtschaftswissenschaftler, ein weiser Weltbürger, 1998 Wirtschaftsnobelpreisträger und 2020 Friedenspreisträger des Deutschen Buchhandels. Er denkt dann weiter: Durch Reduktion und Versimplifizierung würden aus Nachbarn und Mitmenschen Hutus und Tutsi; Hindus, Christen und Muslime; Demokraten und Republikaner.

Existierende Unterschiede und bunte Vielfalt zwischen Individuen werden verwischt, das belegt der indische Gelehrte durch zahllose Beispiele, und an ihre Stelle treten künstliche Trennungen, von welchen Demagogen leben. Innerhalb einer Gruppe baut sich auf diese Weise Solidarität auf, die durch Abgrenzung verstärkt wird – und irgendwann erinnert sich kaum noch jemand daran, wie künstlich einstmals die Abgrenzung war.

Sen schreibt: «Gewalt wird geschürt durch die Einführung singulärer und kriegerischer Identitäten für leichtgläubige Menschen, und verfochten wird dies durch professionelle Handwerker des Terrors.»

# 4.

# HURENSÖHNE UND EINBRECHER

## Nixons Tricks

In den Fernsehstudios gibt es im Herbst 2019 eine Art Klassentreffen, ein großes Déjà-vu. Die Anhörungen zu einem möglichen Impeachment-Verfahren gegen Donald Trump laufen auf allen Nachrichtensendern, rund um die Uhr. In den Studios sitzen betagte Herren mit weißen Haaren und tiefen, rauchigen Stimmen. Sie sollen die Ereignisse kommentieren und in einen historischen Zusammenhang einordnen. Was bedeutet solch ein Amtsenthebungsverfahren? Wie stehen die Chancen der Kläger, wie die des Präsidenten? Wie konnte Amerika in solch eine destruktive Situation geraten? Die Männer mit den weißen Haaren haben all das schon einmal erlebt: einen Präsidenten, der öffentlich lügt; Parteipolitiker, die erbittert um Verfahrensfragen ringen; Zeugenaussagen vor einem Millionenpublikum. Jetzt sind sie als Fachleute gefragt: Carl Bernstein, der einst zusammen mit Bob Woodward die Hintergründe des Watergate-Einbruchs enthüllte. Und John Dean, damals Rechtsberater Präsident Nixons; in einem Untersuchungsausschuss sagte er gegen den Präsidenten aus, öffentlich, vor laufenden Kameras. Ungeheuerlich damals.

Bernstein und Dean sind zwei Männer aus einer Zeit, in der es in Washington gleichsam heiß herging. Daher die Fragen: Wie war das, damals, im Weißen Haus unter Nixon? Wie viel Mut erfordert es, gegen einen amtierenden Präsidenten zu recherchieren? Und, natürlich: Nixon und Trump – wer von beiden ist der größere Schurke?

Die Zeitzeugen vermessen dunkle Charakterzüge, reisen zurück in eine der schlimmsten Phasen amerikanischer Politik. Als Amerika, wegen des Vietnamkrieges, schon einmal tief gespalten war. Als amerikanische

Präsidenten sich in die inneren Angelegenheiten anderer Staaten einmischten. Als Politiker bereit waren, alles dafür zu tun, an die Macht zu kommen und an der Macht zu bleiben. Als ein Präsident ein derart wirres Gebäude aus Drohungen und Lügen errichtete, dass er sich am Ende darin verstrickte. Der tiefe Fall Richard Nixons hat sich in das kollektive Gedächtnis der USA eingegraben.

Es gibt noch einen Mann, der all das erlebt hat und der Auskunft geben kann. Und er kennt sich noch besser mit den Mechanismen der Macht aus, mit ihren Versuchungen, auch mit dem Preis der Macht, denn er war nicht nur Zeuge, er war eine der Hauptpersonen: Henry Kissinger. Vor einigen Jahren ließ er sich auf ein ungewöhnlich langes Interview ein. Ein Dokumentarfilm sollte es werden: *Kissinger – Geheimnisse einer Supermacht*, für ARD und Arte, denn Kissinger blickte auf ein erzählenswertes Leben zurück: geflohen aus Nazi-Deutschland, Professor in Harvard, Nationaler Sicherheitsberater des Präsidenten Nixon, Außenminister, Verhandlungen in Peking, Moskau, im Nahen Osten, Friedensnobelpreis. Es gibt heftige Vorwürfe gegen ihn, er wird beschuldigt, Menschenrechtsverletzungen in Chile, Argentinien, Osttimor und weiteren Ländern geduldet und beauftragt zu haben.

Nach einigen Briefen und Vorgesprächen hatte Kissinger eingewilligt: Zwei Tage sollte das Interview dauern, im Frühling 2006. Und er hatte einen besonderen Ort dafür vorgeschlagen, seinen privaten Landsitz.

Ein paar Autostunden nordöstlich von Manhattan bewohnen Henry Kissinger und seine Ehefrau Nancy ein Anwesen mit Hauptgebäude und Gästehaus, mit Feldern, einem See, alles umgeben von einem eigenen Wald. Ihr Landsitz in Connecticut ist so weitläufig, dass sich Henry Kissinger vom Hauptgebäude zum Gästehaus von einem Fahrer chauffieren lässt. In diesem Gästehaus beherbergen die Kissingers Freunde aus Politik und Gesellschaft, Helmut Schmidt nächtigte hier, Marion Gräfin Dönhoff, viele andere.

Hier, so Kissingers Idee, sollte nicht nur das Interview stattfinden, hierhin lud Kissinger zur Übernachtung ein. Das Angebot klang spektakulär, verlockend. Doch erhoffte er sich ein Tauschgeschäft, einen freundlichen Film für ein freundliches Wochenende? Andererseits: Eine Ablehnung hätte Kissinger als Affront empfinden können.

Also: ein Wochenende im Gästehaus, mit Übernachtung und Interview, mit Abendessen, zuvor Ankunft, Begrüßung, Aufbau. Denn am Samstagmittag begann der erste Teil des Interviews, die Jugend in Deutschland, die Flucht, Harvard, die Jahre als Nationaler Sicherheitsberater, Vietnam, die Friedensverhandlungen. Über die meisten dieser Themen sprach Kissinger gewiss gern. Doch da waren noch andere Fragen: zu den CIA-Aktionen gegen den chilenischen Staatspräsidenten Allende, nach dem Geheimnisverrat im Weißen Haus, nach Abhöraktionen, nach Watergate, und danach, was Henry Kissinger von all dem wusste. Diese Fragen würde er nicht mögen, darum würde er sie erst am zweiten Tag des Interviews zu hören bekommen.

Als Nationaler Sicherheitsberater war Kissinger einer der engsten Mitarbeiter Nixons gewesen. Die beiden waren ein mächtiges Duo, und sie lernten schnell. Sie lernten, das Ansehen und die Würde ihrer Ämter für persönliche Zwecke zu nutzen und dann zu missbrauchen. Sie lernten, unbequeme Tatsachen zu leugnen und dann zu vertuschen. Wie Donald Trump Jahrzehnte später baute Richard Nixon seine Präsidentschaft auf Lügen auf. In unserem Interview machte Kissinger keinen Versuch, das abzustreiten.

Wie ein Schuljunge, der sich die Hände reibt, weil seine frühen Streiche so lange nicht aufgeflogen waren, begann er zu erzählen. Über den Vietnamkrieg – und darüber, wie Nixon und er die Weltöffentlichkeit an der Nase herumgeführt hatten: «Als wir noch dabei waren, unsere Büroräume im Weißen Haus einzurichten und noch nicht handlungsfähig waren, starteten die Nordvietnamesen eine Offensive. Dabei wurden jede Woche 500 Amerikaner getötet. Viele Angriffe wurden von Kambodscha aus geführt.»

Im März 1969, nach nur wenigen Wochen im Amt, beschlossen Nixon und Kissinger, Nordvietnam und Kambodscha die geballte amerikanische Feuerkraft spüren zu lassen. B52-Bomber sollten von der Andersen Air Force Base auf der Pazifikinsel Guam starten und feindliche Stellungen in Kambodscha bombardieren. Für die Angriffswellen dachten sich die Generäle hübsche Namen aus: «Breakfast», «Lunch», «Dinner», «Snack», «Supper», «Dessert», alles unter dem Überbegriff «Menu». Ein Vernichtungsschlag.

Die Operation «Menu» war heikel, weniger militärisch als politisch. Kambodscha war ein neutraler Staat, der sich aus dem Krieg nebenan herausgehalten hatte. Ein Flächenbombardement würde an der Heimatfront, in der aufgebrachten Öffentlichkeit in Amerika, Proteste provozieren. Darum wollten Nixon und Kissinger heimlich vorgehen und sowohl Kriegsberichterstatter wie die eigenen Soldaten täuschen.

60 B52-Bomber starteten von Guam aus. Eine Armada. Als Ziel hatte man den Piloten Südvietnam angegeben. Tatsächlich warfen die meisten Besatzungen ihre Bomben über Kambodscha ab. Nixon und Kissinger, die versprochen hatten, den Krieg in Vietnam zu beenden, weiteten den Krieg aus. In nur einem Jahr ließen sie insgesamt 3800 Angriffe fliegen und über 100 000 Bomben abwerfen.

In seinem Gästehaus im Wald von Connecticut wunderte sich Kissinger noch Jahrzehnte später: «Wir hatten erwartet, dass jemand protestieren würde, Kambodscha, Nordvietnam, Russland, irgendwer. Wir hätten dann gesagt, gut, lasst uns eine UNO-Untersuchung durchführen. Und wir hätten Schadenersatz gezahlt für die Schäden, die wir verursacht hatten. Zu unserem großen Erstaunen protestierte niemand. Nicht die Kambodschaner, nicht die Nordvietnamesen, nicht die Russen, nicht die Chinesen.»

Einige Wochen nach dem Beginn der Operation «Menu» im Frühjahr 1969 veröffentlichte die *New York Times* einen Artikel mit Hinweisen auf die Bombardements, und für Nixon und Kissinger war es ein Schock: Sie hatten es mit einem Leck zu tun, dies war der erste große Geheimnisverrat in der Ära Nixon. Henry Kissinger, im Regierungshandeln noch unsicher, brüllte und schimpfte. Der Präsident und sein Sicherheitsberater beauftragten das FBI, Telefonapparate von Mitarbeitern anzuzapfen. Der ultimative Vertrauensbruch: Die Regierung hörte die eigenen Leute ab.

In unserem Interview war es Kissinger unangenehm. Er sagte: «Meine einzige Rolle bestand darin, bei Indiskretionen und entsprechenden

Untersuchungen die Namen der Personen zur Verfügung zu stellen, die Zugang zu Informationen hatten.» Jene Paranoia, die sich zu Beginn der Ära Nixon im West Wing breitmachte, verschwand nicht mehr. Trotz der Abhöraktion: Die undichte Stelle blieb unentdeckt.

Der Präsident und sein Sicherheitsberater entwickelten eine ungewöhnliche Arbeitsteilung. Nixon nämlich hatte seine Launen, schon morgens, vor allem aber abends, wenn er zu viel getrunken hatte. Dann konnte er Dinge sagen, und, schlimmer noch, Dinge anordnen, die seine Umgebung nicht mehr verstand. Und Nixon hänselte die Menschen, die mit ihm arbeiteten, mit geschmacklosen Witzen. Den treuen Henry zog er wegen dessen jüdischer Herkunft auf. Nixon wusste natürlich, dass Kissingers Familie vor den Nazis geflohen war; Kissinger ließ die Schmähungen des Präsidenten über sich ergehen. Wie bei Donald Trump ein halbes Jahrhundert später begannen sich manche zu fragen, ob der Präsident bei klarem Verstand sei. Damals wandten sich einige in ihrer Not an Kissinger, den Professor, der zu Gelassenheit riet. «He has to let out steam», sagte Kissinger, und das Dampfablassen wurde zum geflügelten Wort in den Büros rund um das Oval Office. «Man musste ihm stets eine zweite Chance geben», sagte Kissinger 2006 ein kleines bisschen gönnerhaft über seinen Präsidenten.

Ähnlich beschreiben Beobachter die Atmosphäre im Weißen Haus Donald Trumps. Der taktische Umgang mit dem Präsidenten, das Ignorieren seiner Anordnungen, das Warten auf bessere, hellere Momente im Oval Office, so etwas ist immer riskant. Wie können Mitarbeiter unterscheiden, wann die Sinne des gestressten Chefs benebelt sind? Viele Mitarbeiter Nixons waren verunsichert. Anders Kissinger. Der oberste Sicherheitsberater hatte engen Kontakt zum Präsidenten, da das Kriegsgeschehen in Vietnam permanent bewertet werden mussten. In Südamerika wurden CIA-Aktionen geplant oder durchgeführt. Und die Haltung zum Dauerkonflikt im Nahen Osten sowie der komplizierte Umgang mit den Regierungen in Moskau und Peking mussten abgestimmt, die Außenpolitik justiert werden. Die Weltlage erforderte einen Präsidenten, der klar, wach und entscheidungsfreudig war. Dass es den nur gelegentlich gab, bemerkte Kissinger. Die Öffentlichkeit durfte es nicht bemerken.

Darum wurde Kissinger in außenpolitischen Fragen Nixons oberster Interpret, und diese Sonderstellung verschaffte ihm Freiheiten. Phasenweise konnte Kissinger die Außenpolitik der USA frei gestalten, auch am eigentlichen Außenminister William P. Rogers vorbei, da Kissinger den Präsidenten auf seiner Seite wusste. Das Wahlversprechen, den Vietnamkrieg ehrenvoll zu beenden, war das alles dominierende Ziel. Kissinger, das Mastermind, sollte das Ende des Krieges organisieren. Aber wie?

Lange, zu lange verfolgte das Duo eine Strategie, die gegenüber den leiderprobten Nordvietnamesen ungeeignet war. Nixon und Kissinger wollten den Gegner zuerst in die Knie zwingen, um dann bei Verhandlungen ihre Bedingungen für einen Frieden durchzusetzen. Noch mehr Bomben auf den Feind, irgendwann würde er nachgeben, so dachten Nixon und Kissinger und wurden dadurch immer noch tiefer in den Krieg hineingezogen. Carl Bernstein sagte uns: «25 000 amerikanische Soldaten wurden unnötigerweise getötet. Und Hunderttausende Vietnamesen.»

Nüchtern beschrieb Alexander Haig das Dilemma, in das sich Nixon und Kissinger manövriert hatten; Haig war damals enger Mitarbeiter Kissingers, er hatte eine Menge mitbekommen, auch eine Menge zu verantworten. «Die Schmerzgrenze der Nordvietnamesen war einfach höher als unsere», sagte er bei einem Treffen in einem Vorort von Washington. Der Feind bat nicht um Frieden.

Nixon brachte das zur Raserei, Kissinger brachte es zum Nachdenken. 500 000 amerikanische Soldaten waren in Vietnam im Einsatz, die Unterstützung daheim nahm mit jeder Trauerfeier für einen gefallenen Soldaten ab. Wie lange konnte Amerika diesen aussichtslosen Krieg aushalten?

Der paranoide Nixon, seit den ersten Enthüllungen misstrauisch gegenüber Journalisten und Mitarbeitern, ließ nun auch im Oval Office ein geheimes Abhörsystem installieren. Im eigenen Buro. An mehreren Stellen wurden Wanzen platziert, sämtliche Gespräche sollten mitgeschnitten werden, natürlich ohne Wissen der Beteiligten. Auf Geheiß des Präsidenten versteckte ein Mitarbeiter Mini-Mikrophone, Leitungen und Tonbandmaschinen. Es war ein bizarrer Auftrag, der Mitarbeiter jedoch führte ihn gewissenhaft aus. Viele Jahre nach seiner Pensionierung erzählte er bei einem Interview in Washington davon.

Alexander Butterfield ist ein unaufgeregter Herr, zurückhaltend in seinem Urteil. Detailliert berichtete er, wie er zum Mittäter geworden war: «Da waren sechs Wanzen in seinem Schreibtisch versteckt, von unten bis oben. Das stellte sich als keine allzu gute Idee heraus. Während der Präsident mit seinen Beratern diskutierte, klapperten die Kaffeetassen auf dem Schreibtisch. Drüben beim Kamin, wo der Präsident gerne mit Staatsgästen saß, gab es Wanzen in den Lampen. Auch im Kabinettsraum waren welche in den Lampen angebracht, ebenso in allen Telefonapparaten des Büros. In den Telefonen im Lincoln Room, dem Wohnzimmer des Präsidenten waren Wanzen. Im kleinen Büro in Camp David war eine Wanze. Und in seinem Büro im Executive Office Building. Überall waren Wanzen.»

Dass im Weißen Haus Gespräche aufgezeichnet wurden, war nicht neu. Auch die Präsidenten Kennedy und Johnson hatten einige ihrer Gespräche mitschneiden lassen. Aber Nixon reichte das alte Abhörsystem nicht aus, wie Alexander Haig erklärte. «Das alte Abhörsystem von Kennedy musste manuell bedient werden, der Präsident musste auf einen Knopf drücken, um es zu aktivieren», sagte Haig. «Es wurde unter Nixon gegen ein System ausgetauscht, das durch Stimmen aktiviert wurde. Wenn jemand sprach oder ein Geräusch machte, wurde das System in Gang gesetzt. Man musste nicht mehr darüber nachdenken.»

Bald zeichneten neun langsam laufende Sony-Tonbandmaschinen alle Gespräche auf. Und in den Schränken des Weißen Hauses stapelten sich die Tonbänder mit den Stimmen von Mitarbeitern, Politikern, auch Familienangehörigen. In seiner Abhörwut ließ Nixon sogar die Hotelzimmer einiger Staatsgäste verwanzen. Die Stimme jedoch, die sich am häufigsten auf diesen Bändern findet, ist jene von Richard Nixon.

Wie der Herr, so sein Diener – auch der misstrauische Kissinger ließ ein Abhörsystem installieren. Dessen damaliger Assistent Lawrence Eagleburger gab es zu: «Ich habe ihm gesagt, Henry, das ist die einzige Möglichkeit, festzuhalten, was du gesagt hast. Wenn du einmal ein

Buch schreiben willst, kannst du dich darauf stützen. Also hat er es getan.» Geheime Abhörmaßnahmen für die Arbeit an einem Buch? Nun, Eagleburger erzählte uns das so, ohne zu schmunzeln. Und rechtliche Fragen störten seine Chefs nicht. Wer sollte sie bestrafen?

## Die Madman-Strategie

Das Abhörsystem blieb in Betrieb, tagelang, monatelang, jahrelang. Nach einer Weile hatte Nixon die Wanzen offenbar vergessen, jedenfalls plauderte er im Oval Office so ungehobelt und unvorsichtig, dass ihm die eigenen Gesprächsaufzeichnungen später zum Verhängnis wurden. Für Historiker, die die Gedankenwelt Nixons entschlüsseln wollen, sind diese Tonbänder und Transkripte ein Schatz.

Wir hören und lesen dort, wie sich Nixon und Kissinger in den ausweglosesten Situationen des Vietnamkrieges unterhielten. Wir spüren die ganze aggressive Energie: die Vernichtungsphantasien dieses Präsidenten. Im Konflikt mit Nordvietnam dachte Nixon sogar über den Einsatz von Atomwaffen nach: «Ich rede nicht von der Bombardierung von Pässen. Wir werden die Deiche zerstören. Wir werden die Kraftwerke zerstören. Wir werden Haiphong zerstören. Wir werden das ganze gottverdammte Land dem Erdboden gleichmachen.»

Der Präsident Nixon, Herrscher einer Atommacht, wirkt unzurechnungsfähig. Ein schwacher Mann. Ein Sicherheitsrisiko. Aber Nixon und Kissinger begannen gemeinsam damit, aus ebendieser Schwäche des Präsidenten eine Stärke zu machen, einen Trumpf in Auseinandersetzungen. Roger Morris, damals Mitarbeiter Kissingers im Nationalen Sicherheitsrat, konnte aus der Nähe beobachten, wie der Präsident an seinem Plan feilte, sich als «Madman» zu stilisieren. «Die Idee, in internationalen Beziehungen den Verrückten zu geben, war ziemlich einzigartig», so Roger Morris. «Nixon hatte die Vorstellung, wenn er eine Art Irrationalität in seinem Verhalten zeigte, dass er dann die anderen Regierungen einschüchtern, ihnen Angst machen würde. Den Sowjets, Chinesen, Nordvietnamesen. Also hat er das Image eines unberechenbaren

Präsidenten kultiviert, das Image eines Mannes, der in der Lage ist, etwas Verrücktes, etwas Schreckliches zu tun.»

Als Richard Nixon zum Präsidenten gewählt wurde, war Donald Trump 22 Jahre alt. Für Politik hatte sich der New Yorker Erbe schon früh interessiert, aber Geld interessierte ihn mehr. Hat er damals die Machtpolitik, die zahlreichen Tricks Richard Nixons beobachtet, auch dessen dunkle Seiten? Hat auch Trump, Jahrzehnte später, Gefallen daran gefunden, als unbeherrschter Präsident die Welt in Angst zu versetzen? Seine Krawallrhetorik jedenfalls steht jener Nixons nicht nach. Seine Gewaltphantasien sind nicht auf geheimen Tonbändern dokumentiert; Trump legt Wert darauf, seine Zerstörungswut via TV oder Twitter der Weltöffentlichkeit zugänglich zu machen, live, sofort.

Nixon drohte damit, Nordvietnam dem Erdboden gleich zu machen. Trump drohte im Streit mit dem nordkoreanischen Diktator Kim Jong Un an, er werde «Feuer, Wut und Kräfte, wie die Welt sie so noch nicht gesehen hat», über Nordkorea bringen. Drohungen aber können sich abnutzen. Nixon und Kissinger bewegten sich auf dem schmalen Grat zwischen Kraftmeierei und Eskalation. Ted Koppel, Fernsehreporter und späterer Moderator von ABC, erinnerte sich: «Kissinger hat die Unberechenbarkeit von Nixon oft als eine Art Werkzeug benutzt. Manchmal als Pinzette, manchmal als Vorschlaghammer. Es ging immer nach dem Muster: ‹Ich verstehe ja, was ihr sagen wollt. Aber ihr müsst verstehen: Hinter mir steht dieser Maniac, dieser Unberechenbare.›»

Henry Kissinger fand Gefallen am Good-Cop-Bad-Cop-Auftritt. Die Drohung mit Atomwaffen wurde für ihn zum vertrauten Spiel. In den fünfziger Jahren, während des Kalten Krieges, hatte er als Harvard-Professor nukleare Abschreckungsstrategien gegen die Sowjetunion durchdacht und die Theorie eines begrenzten Einsatzes amerikanischer Atomwaffen durchgespielt. Der aufstrebende Politiker Richard Nixon aus Kalifornien wurde auf den kühnen Denker von der Ostküste aufmerksam.

In unserem Interview verteidigte Kissinger die nukleare Abschreckungsstrategie: «Das war ja nicht falsch. Was Nixon sagte, war: Im atomaren Zeitalter ist das Risiko eines Krieges enorm. Solange man seinen Gegner nicht überzeugt, dass man bereit ist, weiter zu gehen, als zu erwarten wäre, wird man nicht ernst genommen. Das war eine korrekte Analyse.» Nixons und Kissingers Inszenierungen ließen die Führung in Hanoi allerdings noch immer kalt. «Das war keine angenehme Erfahrung», erzählte Kissinger. «Die Strategie der Nordvietnamesen bestand darin, unseren Kampfgeist zu brechen. Sie wollten uns in Situationen manövrieren, in denen Amerika noch weiter demoralisiert würde. Darin waren sie sehr geschickt.»

Und darum mussten Nixon und Kissinger ihre Niederlage eingestehen. Beide mühten sich, die Schmach von Vietnam Anfang 1973 als «ehrenhaften Abzug» zu präsentieren. Doch Seymour Hersh und andere Rechercheure hatten nicht nur amerikanische Kriegsverbrechen aufgedeckt, sondern auch die Lügen amerikanischer Generäle. Ehrenvoller Frieden? Die Niederlage war offensichtlich, Amerika gab auf, müde, desillusioniert. Vietnam wurde eines der Traumata des Landes.

Und auch Richard Nixon war müde. Wegen der Niederlage. Aber er war auch enttäuscht wegen der vielen Demonstrationen und wegen der anhaltenden Kritik. Während er nahezu täglich Verrisse lesen musste, klammerte er sich an die Hoffnung, die «silent majority», eine «schweigende Mehrheit», der Amerikaner würde hinter ihm stehen. Er pflegte Feindbilder: wir gegen die. Wir, das waren seine Familie, Mitarbeiter, ein paar republikanische Freunde, seine Wähler. Die, das waren linke Kulturschaffende, Regisseure, Schauspieler, das waren die Mitglieder der Friedensbewegung. Und die Presse.

Viele Jahre vor Donald Trumps Hasstiraden gegen Journalisten und «linke Verrückte» sagte Richard Nixon seinen «enemies» den Kampf an. Im Herbst 1971 begannen Mitarbeiter des Weißen Hauses damit, eine Liste der Feinde des Präsidenten zusammenzustellen, 20 Namen umfasste sie zu Beginn: Politiker, Wirtschaftsgrößen, Journalisten; auch der Schauspieler Paul Newman galt dem Weißen Haus als Feind. Nixons Leute hatten sich vorgenommen, diesen Personen durch besonders harte Steuerprüfungen das Leben schwer zu machen. «Nixon's Enemies List», seine Feindesliste, wuchs. Der Präsident führte Krieg im eigenen Land.

Sein geschmeidiger Berater Kissinger verfolgte eine andere Strategie an der Heimatfront und achtete auf ein gutes Verhältnis zu ausgewählten Journalisten. Häufig rief er Reporter an, um ihnen seine Sicht auf Geschehnisse schmackhaft zu machen. Kontakt zu den Mächtigen kann auf Journalisten durchaus wirken: Die Öffentlichkeit sah ihn als Verhandler und Strategen, der mit unermüdlichem Einsatz ein Abkommen zur Beendigung des Krieges mit Nordvietnam zimmerte.

Der PR-Einsatz zahlte sich aus: Im Herbst 1973 wurden Henry Kissinger und der nordvietnamesische Verhandlungschef Le Duc Tho mit dem Friedensnobelpreis ausgezeichnet. Doch in den USA und in Europa gab es Proteste gegen die Entscheidung. Le Duc Tho weigerte sich, den Preis in Empfang zu nehmen. Und als Henry Kissinger erfuhr, dass bei der Verleihung in Oslo Demonstranten auf ihn warteten, schickte er den amerikanischen Botschafter zur Zeremonie. Die Entscheidung, ausgerechnet Henry Kissinger mit dem Friedensnobelpreis zu glorifizieren, zählt fraglos zu den größten Fehlern des Nobelpreiskomitees.

Nixon, der die freundliche Berichterstattung über Kissingers Missionen eifersüchtig verfolgte, hatte in jenen Wochen allerdings andere Sorgen. Wenige Monate vor dem Pariser Abkommen hatten im Herbst 1972 Präsidentschaftswahlen stattgefunden. Und warum die Kampagne zur Wiederwahl zunächst zum Erfolg, schnell aber zum Desaster wurde, das sollte Thema des zweiten Interview-Tages mit Kissinger werden. Auch über den tödlichen Putsch gegen Salvador Allende in Chile und Nixons und Kissingers Rolle bei dieser Aktion sollte es erst am zweiten Tag gehen. Denn dies waren die Themen, um die sich Kissinger seit Jahren öffentlich herumdrückte. Feierabend für heute.

Die Kissingers hatten zum privaten Abendessen geladen. Sie kündigten einen Überraschungsgast an, einen Mann, dessen Namen sie noch nicht verraten mochten. Nur so viel, es handele sich um einen Nachbarn. Am frühen Abend fuhr ein Fahrer vor dem Gästehaus vor und bat einzusteigen. Der Wagen glitt den Hügel hinab, durch den dichten Wald, an Hügeln vorbei, am kleinen See. Der Fahrer fuhr über einen schmalen Kiesweg und hielt vor dem Familiensitz. Kissinger begrüßte am Eingang und führte ins Wohnzimmer, einen Raum mit Wänden bis ins hohe Dachgebälk, unten schwere Sofas und Sessel.

Auftritt Nancy Kissinger. Sie überragt ihren Ehemann. Die Kissingers sind geübte Gastgeber, ihr Smalltalk entwickelt sich unangestrengt.

Es klingelt an der Tür, die Überraschung. Das Ehepaar, das das Haus betritt, wird als Miloš Forman und Martina Formanova vorgestellt – Forman, der Regisseur von *Einer flog übers Kuckucksnest*, *Amadeus*, *Larry Flint*, Oscar-gekrönt, und seine jüngere Ehefrau. Wir werden in einen Nebenraum geführt, ein großer Esstisch ist festlich geschmückt. Aus einem weiteren Nebenraum treten drei oder vier Männer hervor. Sie kommen, ihrem Aussehen nach zu urteilen, aus Puerto Rico, vielleicht auch aus der Dominikanischen Republik, sie sprechen mit schwerem Akzent. Alle sind in weiße Anzüge gekleidet, mit weißen Handschuhen.

Die Gespräche, die von den Gastgebern aufmerksam gelenkt werden, kreisen um große Themen, die uns damals, im Jahr 2006, bewegen: Wie kann die amerikanische Regierung den Irakkrieg beenden? Was ist von der neuen Bundeskanzlerin Angela Merkel zu halten? Wann wird China die USA wirtschaftlich überholen? Ist Wladimir Putin Segen oder Fluch für Russland? Und: Wird Jürgen Klinsmann, der neue deutsche Nationaltrainer, Erfolg haben?

Cognac wird gereicht, Forman erzählt aus der Welt des Films. Als russische Panzer 1968 den Prager Frühling niederwalzten, war Forman gerade zu Besuch in Paris. Er entschied sich, nicht in seine Heimat zurückzukehren, sondern in die USA zu emigrieren. Es war ein vergnügter Abend. Und es hätte ein harmonisches Wochenende bleiben können.

Aber es gab noch den Sonntag. Es gab noch den Tod von Allende, die Diktatur Pinochets. Und Watergate.

## Der Kampfsport Politik

Amerika hat seinen moralischen Führungsanspruch verloren, eingetauscht gegen Hochmut, gegen Herrschsucht. Die Vereinigten Staaten sind kein Vorbild mehr. Wer will sich an einem Land orientieren, das innerlich zerrissen ist und in vielen Regionen der Erde gefürchtet, in anderen ausgelacht wird? Amerika hat seine moralische Überlegenheit verkauft. Warum? Und zu welchem Preis?

Fangen wir mit dem Schriftsteller Norman Mailer an und folgen einer Linie, die bis zu Donald Trump führt. Norman Mailer hat sich in den sechziger und siebziger Jahren gegen die Regierungen Amerikas und ihre Großmannssucht die Finger wund geschrieben. Er ist auf die Straße gegangen und hat gegen den Vietnamkrieg demonstriert. Mailer bewegte sich frei zwischen Literatur, Journalismus und Aktivismus. Als Reporter wollte er über die Größten schreiben: Muhammad Ali, Marilyn Monroe, John F. Kennedy. Und, natürlich: Richard Nixon. Wenige Monate vor seinem Tod kam es in Brooklyn zu einem Besuch.

Mailer war körperlich nicht mehr gut beieinander, aber als das Gespräch auf die Außenpolitik Nixons und Kissingers kam, wurde er wach und erregte sich über ihre Realpolitik, ihre Amoralität: «Realpolitik sieht so aus: Du gehst Vereinbarungen nur ein, wenn sie dir von Vorteil sind. Wenn sie dir nicht mehr von Vorteil sind, hältst du dich nicht mehr an sie, soweit es dir möglich ist. Man muss aus jeder Situation das Maximum herausholen. Und Moral hat da nichts verloren.»

Norman Mailer hat den Politiker Donald Trump nicht mehr erlebt, er starb 2007. Vielleicht hätte Mailer mit einer gewissen Grundsympathie verfolgt, wie sich dieser Außenseiter für das Amt des Präsidenten bewarb, 1969 hatte Mailer ja selbst für das Amt des New Yorker Bürgermeisters kandidiert, erfolglos, aber das ist eine andere Geschichte. Beide Männer, Mailer und Trump, waren sich in Manhattan begegnet. Als Trump 1987 sein Buch *The Art of the Deal* vorstellte, schmiss er eine Party, im Trump Tower. Das feine und das weniger feine New York war gekommen, und mittendrin die Mailers. Sollte Mailer das Buch gelesen haben, dann hätte er eine Vorstellung von Donald Trumps Grundüberzeugungen erhalten: «Ich kämpfe gerne mit den großen Typen. Und ich liebe es, sie zu besiegen.» Geschäftemachen als Selbstzweck, als Kampfsport. «Aus jeder Situation das Maximum herausholen. Ohne Moral» – an Norman Mailers Erklärung von Realpolitik hätte Donald Trump Gefallen gefunden.

Henry Kissinger, den Vordenker amerikanischer Außenpolitik, mit Donald Trump zu vergleichen, das verbietet sich eigentlich: Trump und

Kissinger sind von ihrem Charakter, ihrem geistigen Horizont und ihrem Auftreten her zu verschieden. Doch beide sind Realpolitiker, beide wagten ungeprobte Schritte. Kissinger reiste zu den kommunistischen Führern Leonid Breschnew in Moskau und Mao Zedong in Peking. Trump bemühte sich um fotogene Begegnungen mit Wladimir Putin und Kim Jong Un. Kissingers Treffen führten zu einer offeneren Politik gegenüber der Sowjetunion und China, Trumps Treffen verpufften als PR-Inszenierungen. Nur seine Vermittlung zwischen Israel und den Vereinigten Arabischen Emiraten führte zu einem greifbaren Ergebnis.

Militärische Interventionen spielen in der Außenpolitik Donald Trumps eine nachrangige Rolle. Das Kosten-Nutzen-Verhältnis von Kriegen hat sich im Irak und in Afghanistan zuletzt als zu ungünstig erwiesen, in dieser Hinsicht bleibt Trump Geschäftsmann. Und natürlich ist Trump ähnlich radikal und ausschließlich auf amerikanische Machtinteressen fixiert, wie Nixon und Kissinger es waren. Nach Belieben kündigt er internationale Verträge auf, das transpazifische Handelsabkommen TPP, das Pariser Klimaabkommen, das mühsam ausgehandelte Iran-Abkommen, das Open-Skies-Abkommen. Die Interessen von befreundeten Staaten, die ebenfalls Teil der Verhandlungen zu diesen Abkommen waren, ignoriert Trump. «America first» rechtfertigt den Einsatz aller Mittel. So denkt Trump.

Und so dachten Nixon und Kissinger. Je länger Kissinger im Amt war, desto mehr Berichte über die desaströsen Folgen seiner Politik öffneten Mailer die Augen: «Kissingers üble Geschichten, die besonders üblen Geschichten mit Allende in Chile, all diese fürchterlichen Sachen kamen Stück für Stück ans Tageslicht.»

Wie fragt man einen weltbekannten Mann, ob er mitschuldig ist am Tod eines ausländischen Präsidenten? Wie befragt man ihn auch zum größten innenpolitischen Skandal der jüngeren amerikanischen Geschichte? In seinem eigenen Haus. In dem wir zuvor übernachtet haben.

# Dirty Job

Sonntagvormittag in Kent, Connecticut. Von der lockeren Atmosphäre mit den Kissingers und dem Ehepaar Forman am Vorabend war nichts mehr zu spüren. Der Hausherr ließ sich von seinem Chauffeur vorfahren, die Stimmung war jetzt geschäftsmäßig, sachlich. Vermutlich ahnte er, dass es nun um die unangenehmen Themen gehen sollte, vor allem um den Putsch in Chile. Bis heute hat Kissinger erbitterte Gegner, die ihm, wie einst Norman Mailer, seine Machtpolitik vorhalten. Kissinger, der in Harvard über den österreichen Staatskanzler Metternich promoviert worden war und dort als Professor International Affairs unterrichtet hatte, hat sein eigenes Regierungshandeln stets in einen größeren historischen Rahmen gestellt und überhöht. An diesem Sonntag im Frühjahr 2006 galt es aber, sich in die Niederungen zu begeben und über die dunkle Seite der Realpolitik zu sprechen. Und über Allende.

Im Jahr 1970 war in Chile der Sozialist Salvador Allende mit knappem Stimmenvorsprung zum Staatspräsidenten gewählt worden. In freien, demokratischen Wahlen. Eigentlich sollten solche Wahlen nach dem Geschmack der amerikanischen Regierung sein. Ihr Ergebnis jedoch, die Wahl eines Sozialisten, behagte Nixon und Kissinger nicht. Die USA empfanden Mittel- und Südamerika als ihren Hinterhof, als Region, in der sie Regierungen stützen oder stürzen konnten, und es gab zwei Kriterien: Mit welchen Politikern ließen sich bessere Geschäfte machen? Und auf welcher Seite standen diese Politiker im Kalten Krieg?

Bald nach Allendes Wahl fiel im Weißen Haus die Entscheidung: Er muss weg. Nixon und Kissinger wussten, dass Salvador Allende zwar vom Volk gewählt worden war, aber die Bestätigung durch das Parlament noch ausstand. Allende war nur «President-elect», noch gab es Spielraum.

Der Sturz eines gewählten Regierungschefs? Kissingers früherer Assistent Alexander Haig konnte in unserem Interview nichts Schlimmes daran erkennen: «Er war ja ein Linker.» Und Kissinger versuchte seine Rolle kleinzureden: «Ich hatte keinen persönlichen Plan, wie man mit

Allende umgehen sollte. Das war eine der Angelegenheiten, bei denen Nixon den Nachrichtendiensten direkte Anweisungen erteilte. Obwohl ich mich ihnen sicherlich nicht widersetzt habe.» Nixon, der Oberbefehlshaber, und Kissinger, das Rädchen im Getriebe der Macht? Ein Putschplan ohne Abstimmung mit dem Sicherheitsberater? Ausgeschlossen. Kissinger versuchte unser Gespräch abzubrechen. Dann erzählte er doch: «Die Absicht war, einen Ausweg zu finden. Allende hatte nur technisch gewonnen. Er hatte 36 Prozent der Stimmen. Und sein Hauptgegner nur 1 Prozent weniger. Wenn man die nicht-kommunistischen Stimmen zusammenzählte, kam man auf über 60 Prozent. Die Strategie bestand nun darin, eine Wahl zwischen zwei Kandidaten herbeizuführen.» Ein Kandidat, der Washington genehm war, sollte das Rennen machen und Allende verhindern.

Es gibt einen Spruch, der Präsident Franklin D. Roosevelt zugeschrieben wird. In den dreißiger Jahren soll er über den nicaraguanischen Diktator Somoza gesagt haben: «Er ist ein Hurensohn. Aber er ist unser Hurensohn.» Nixon und Kissinger suchten in Chile ihren Hurensohn.

Zunächst probierte es Washington auf die einfache Tour. Der amerikanische Botschafter sollte chilenische Kongressabgeordnete bestechen. Dem Weißen Haus war die Sache 250 000 Dollar wert, aus heutiger Sicht nicht viel Geld und auch damals nicht genug. Die Abgeordneten ließen sich nicht schmieren. Jetzt kamen die von Washington entsandten CIA-Agenten ins Spiel. Sie bedrängten den Oberbefehlshaber der chilenischen Armee, Neuwahlen zu veranlassen. Die chilenische Verfassung gab ihm das Recht dazu. Aber René Schneider, der deutschstämmige Generalstabschef, stellte sich ebenfalls quer. Die CIA-Agenten sprachen daher zwei Militärs an, die zum Putsch bereit waren, auch gewaltsam. Den Putschisten wurden Maschinenpistolen, Munition und Tränengasgranaten geliefert; die Erfolgsprämie: 50 000 Dollar.

Alexander Haig fand für den Einsatz des Killerkommandos eine eigenwillige Formulierung: «Die CIA unterstützte eine Gruppe, die eine Alternative zu Allende aufbauen sollte.» Diese Gruppe entführte den sturen General Schneider. Bei der Aktion wurde Schneider schwer verletzt, wenige Tage später starb er. «Das war eine dämliche Aktion», sagte Haig, «das wurde nicht mit amerikanischer Zustimmung gemacht, das war kein amerikanischer Plan. Aber er wurde von der CIA finanziert.»

Ein entführter und ermordeter General ließ sich nicht geräuschlos aus der Welt schaffen. Aus der Einmischung von CIA und Weißem Haus wurde ein Skandal, die Empörung in Chile war riesig. Die christlich-demokratische Partei des Landes entschloss sich, bei der Wahl im Parlament mit den Sozialisten zu stimmen, für Salvador Allende. Chile hatte jetzt einen neuen Staatspräsidenten, und ein Fernduell zeichnete sich ab: Präsident Nixon im Norden Amerikas gegen Präsident Allende im Süden. Und wie zuvor Fidel Castro auf Kuba begann Allende ausländische Konzerne zu verstaatlichen. Er wollte die Kontrolle über die Bodenschätze des Landes zurückgewinnen, Chiles Abhängigkeit vom Ausland, also von den USA, sollte verringert werden.

Schnell heckte das Weiße Haus einen neuen Plan aus: Chile sollte in wirtschaftliche Schwierigkeiten gebracht werden; dann würde die Bevölkerung sich gegen Allende erheben und ihn aus dem Amt jagen.

Brent Scowcroft, damals enger Mitarbeiter Kissingers und später selbst Nationaler Sicherheitsberater, bestätigte uns den neuen Umsturzplan: «Wir haben Arbeitern, die streiken wollten, eine Art Unterstützung gegeben. Nur um Allendes Probleme, das Land zu regieren, zu verstärken.» Ein Putsch, ferngesteuert aus Washington – Alexander Haig verstand wieder nicht, worin eigentlich das Problem bestand: «Die CIA führte zahlreiche verdeckte Operationen durch. Schon davor gab es in Lateinamerika zahlreiche von solchen Aktionen, die sehr erfolgreich waren. Schon vor Nixon. Unter Eisenhower oder noch früher. Damals hatten verdeckte Operationen Erfolg. Sie verhinderten Machtübernahmen durch die Kommunisten. Etwa in Brasilien oder in Guatemala.»

Aus der Perspektive von Haig und Scowcroft war es eine Erfolgsgeschichte: Die USA diktierten anderen Staaten deren Innenpolitik, die Handelsbeziehungen gediehen, der Wohlstand in den USA entwickelte sich prächtig – und notfalls half die CIA eben nach. Anders als Donald Trump sprachen die Politiker der siebziger Jahre nicht von «America first», sie wählten einen vornehmeren Ausdruck: «Pax Americana».

Ursprünglich bezeichnete der Begriff den Frieden nach dem amerikanischen Bürgerkrieg. Nach dem Ersten und Zweiten Weltkrieg war erneut von «Pax Americana» die Rede. Nun ging es um geostrategische Neuordnungen, denn der globale Machtanspruch war Wesenskern amerikanischer Außenpolitik. Warum also sollten Haig und Scowcroft Gewissensbisse vortäuschen?

Ihre Chefs, Nixon und Kissinger, ließen den CIA-Agenten vor Ort jetzt deutlich mehr Geld überweisen, insgesamt acht Millionen Dollar, um chilenischen Oppositionsgruppen unter die Arme zu greifen. Eine lohnende Investition: Allendes Gegner begannen Streiks und Straßenunruhen zu organisieren, Fabriken lahmzulegen, Transportwege zu blockieren. Die Lage Chiles wurde desolat, wirtschaftlich wie politisch. Demonstranten wurden gewalttätig, die Polizei setzte Wasserwerfer ein. Von diesem Moment an sollte jenes Programm ablaufen, das Washington vielfach erprobt hatte: Das chilenische Militär sollte sich gegen die eigene Regierung erheben, um Ruhe und Ordnung wieder herzustellen. Mit der neuen Staatsführung würde Washington bestens zusammenarbeiten. Unsere Hurensöhne. Pax Americana.

Die Militärführung putschte gegen die sozialistische Regierung von Präsident Allende. Der neue Oberbefehlshaber des Heeres, General Pinochet, koordinierte die Aktion. Kampfflugzeuge der Luftwaffe stiegen auf, schwer beladen mit Bomben. Das Ziel der Jets war der Präsidentenpalast, das Gebäude, in dem Salvador Allende residierte. Die Piloten bombardierten den Palast, wie befohlen. Es gibt widersprüchliche Aussagen darüber, was sich im Inneren ereignete. Fest steht, dass Allende am 11. September 1973 tot aufgefunden wurde, erschossen. Neben ihm lag ein Gewehr. Ob Allende ermordet wurde, ob er sich selbst getötet hat, in den Freitod getrieben – spielt das eine Rolle?

Ein Telefongespräch, fünf Tage später.

Nixon: «Hallo, Henry.»

Kissinger: «Mr. President.»

Nixon: «Wo sind Sie, in New York?»

Kissinger: «Nein, ich bin in Washington. Ich arbeite. Vielleicht gehe ich am Nachmittag zu einem Footballspiel.»

Nixon: «Gut, das ist besser als Fernsehen. Gibt es etwas Wichtiges?»

Kissinger: «Nichts von größerer Bedeutung. Die Sache in Chile beruhigt sich. Und natürlich regen sich die Zeitungen auf, weil eine prokommunistische Regierung aus dem Amt gejagt wurde.»

Nixon: «Das ist doch was!»

Kissinger: «Statt zu feiern! In der Eisenhower-Ära wären wir jetzt Helden.»

Nixon: «Nun, Sie wissen, wir hatten unsere Finger nicht im Spiel.»

Kissinger: «Wir haben es nicht getan. Ich meine, wir haben ihnen geholfen … möglichst günstige Bedingungen geschaffen.»

Das Gesprächsprotokoll aus dem Weißen Haus lastet zentnerschwer auf dem Ruf Henry Kissingers. Menschenrechtsgruppen, auch investigative Journalisten forderten einen Strafprozess. In Europa war er jahrelang Ermittlungen hartnäckiger Richter ausgesetzt.

In unserem Gespräch wollte Kissinger daher einen Bogen um Chile machen: «Ich kann alle nur auffordern, ein seriöses Buch über das Thema zu lesen und sich nicht von den verzerrten Darstellungen blenden zu lassen, die typisch sind für diese Debatte.»

Dann lassen Sie uns eine allgemeinere Frage stellen: Chile war ein souveräner Staat. Warum war es den USA damals so wichtig, zu …?

Kissinger fühlte sich provoziert und unterbrach: «Weil wir mitansehen mussten, wie 1962 Raketen auf Kuba stationiert worden waren und wie ein russischer U-Boot-Stützpunkt in Cienfuegos auf Kuba eingerichtet worden war. In Argentinien herrschten bürgerkriegsähnliche Zustände. Die Einschätzung entsprach der früherer Regierungen. Das war ja keine Erfindung von Präsident Nixon. Kennedy und Johnson hatten dieselbe Politik verfolgt.»

Deutlicher hätte Henry Kissinger kaum werden können: Er berief sich auf die Geschichte. Es war üblich, sich in die inneren Angelegenheiten anderer Staaten einzumischen, und es ging dabei nicht um eine global einheitliche Moral, auch nicht um den Weltfrieden. Hans Morgenthau hatte in seinem Werk *Politics Among Nations* erklärt, dass alle Menschen, immer und an jedem Ort, nach Macht strebten. Der kluge Staatsmann habe deshalb Wünschenswertes und Mögliches zu unterscheiden, die

Welt als Ort des Bösen zu akzeptieren und kühl für die Sicherheit seiner Nation zu sorgen. Kissinger verehrte Morgenthau.

Kissinger hatte sich in unserem Interview zu weit vorgewagt und wusste es; er versuchte nun, das Gespräch abzuwürgen: «Das ist alles, was ich dazu sagen werde. Es hat also keinen Sinn, weiter darüber zu sprechen.» Aber er stand nicht vor laufender Kamera auf, er blieb sitzen.

Andere Zeitzeugen geben deutlich zu erkennen, dass sie die Last der Vergangenheit spüren. Sie sind irgendwann erleichtert, über diese düstere Phase amerikanischer Außenpolitik sprechen zu können. Roger Morris ist so einer. In den Jahren 1969 und 1970 arbeitete er unter Kissinger im Nationalen Sicherheitsrat, wollte aber die Eskalation des Vietnamkrieges nicht mittragen und verließ unter Protest das berühmte Gremium. Die aus seiner Sicht verbrecherische Außenpolitik ließ ihm nie Ruhe; er sagte: «Nixon und Kissinger tragen beide eine indirekte Verantwortung für den Tod Allendes, für alle Opfer des Putsches. Dieser Putsch wurde wesentlich von den USA gemacht. Die Ermunterung des chilenischen Militärs, die positiven Signale, die materiellen Hilfen, die wir gegeben haben, waren für die schreckliche Unterdrückung des Landes in den folgenden Jahren verantwortlich.»

Seit den siebziger Jahren windet sich Henry Kissinger und bekennt sich dann doch nicht zu seiner Verantwortung. Der Tod Allendes war ein tiefer Einschnitt im Leben vieler Chilenen, für sie begann damit der Wahnsinn erst – und wieder hatten Nixon und Kissinger ihre Finger im Spiel. Denn nach dem erfolgreichen Putsch übernahm General Augusto Pinochet die Macht, jener Mann, der die Bombardierung des Präsidentenpalastes angeordnet hatte. Auf Pinochet konnte Washington zählen. Die Geschäfte liefen wieder. Um die einträgliche Friedensruhe und die eigene Macht zu sichern, ging Pinochets Militär mit aller nur denkbaren Härte gegen die Anhänger des ermordeten Salvador Allende vor. Wer gegen den Putsch protestierte, wurde verhaftet, Zigtausende Bürger wurden in Schulen und Fußballstadien gefangen gehalten, gefoltert, ermordet, viele verschwanden spurlos. Von der Regierung in Washington sind nur wenige scheinkritische Worte überliefert.

Drei Jahre nach dem Putsch reiste Henry Kissinger, inzwischen Außenminister, am 7. Juni 1976 nach Chile. Er wollte den neuen starken Mann Chiles kennenlernen. Eine Geste der Dankbarkeit? Die Filmaufnahmen von dem Treffen mit Augusto Pinochet lassen auf eine freundliche Gesprächsatmosphäre schließen. Zwei kultivierte Herren bei einer gepflegten Unterhaltung, der eine im dunklen Anzug des Diplomaten, der andere in der Uniform des Generals. In unserem Interview stellte Kissinger das Treffen anders dar: «Unsere allgemeine Strategie in Menschenrechtsfragen war, sie mit einer Politik des Dialogs durchzuführen. Das heißt, wir haben unseren Einfluss auf Pinochet benutzt, um Gefangene freizubekommen und um sein Regime menschlicher zu gestalten. Jahrzehnte später kann man von einem anderen Standpunkt aus auf die Zeit blicken und sich so seine Gedanken machen. Aber wenn Sie sich meine Unterhaltung mit Pinochet anschauen, können Sie einerseits sagen, dass ich zu höflich war. Auf der anderen Seite können Sie ebenso gut sagen, dass vier Fünftel meiner Unterhaltung mit ihm um Menschenrechte gingen. In eine höfliche Art verpackt, nicht konfrontativ.»

Kissingers Erzählung klang hohl. Wenn Nixon und er gewollt hätten, hätten sie die Folterungen und das Morden gleich nach dem Putsch stoppen können. Sie hätten auch den Diktator Pinochet aus dem Amt jagen können. Wie so etwas ging, wussten sie. Möglicherweise fanden Nixon und Kissinger die Verbrechen der chilenischen Junta etwas unappetitlich; mehr gewiss nicht. General Pinochet wurde ein verlässlicher Partner – Realpolitik, Hurensohnpolitik.

## «Spiel es hart»

Das Ansehen der USA hat in jenen Jahren schwer gelitten. Haben sie etwas gelernt aus ihren Fehlern? Versteht das Land, warum sein Ruf in der Welt so miserabel ist, ist es ihm gleichgültig? Eine breite, selbstkritische Auseinandersetzung mit diesen Fragen gab es nie.

Auch Präsident Trump will sich seine Geschäfte mit Diktatoren nicht verderben lassen. Sein Interesse an Lateinamerika ist gering, sein Interesse an Saudi-Arabien groß. Die Saudis sind wohlhabend und interessiert an Waffen. Seine erste Auslandsreise führte Trump nicht nach London oder Berlin, sondern nach Riad. Sogar die Ermordung des saudischen Journalisten Jamal Khashoggi im Oktober 2018 und Hinweise auf den saudischen Kronprinzen Mohammed bin Salman als Drahtzieher brachten ihn nicht von seinem Kuschelkurs ab. Beim G20-Gipfel in Osaka acht Monate nach dem Khashoggi-Mord traf Trump den Kronprinzen zum Arbeitsfrühstück. In seiner Tischrede lobte der Amerikaner den Saudi als «meinen Freund, der in den letzten Jahren einen spektakulären Job gemacht hat». Dann kam er zum Kern: «Saudi-Arabien ist ein großer Abnehmer amerikanischer Produkte, besonders von militärischer Ausrüstung. Mindestens eine Million Jobs werden durch diese Aufträge geschaffen. Wir sind sehr froh, mit Ihnen zusammen zu sein. Es ist eine große Ehre.»

Und wenn stimmt, was Trumps im Streit geschiedener Sicherheitsberater John Bolton schreibt, dann bat Trump bei demselben G20-Gipfel den chinesischen Staatspräsidenten Xi Jinping um Wahlkampfhilfe für sich. Er möge bitte schön massenhaft Sojabohnen und Weizen von amerikanischen Farmern kaufen, die seien wichtige Wähler. Und die Konzentrationslager, die Xi Jinping in der chinesischen Provinz Xinjiang für hunderttausende muslimische Uiguren errichten ließ, die seien übrigens in Ordnung. Dabei hatten die USA mit anderen westlichen Ländern gegen genau diese Lager protestiert. Jetzt aber sagte Trump, Xi möge ruhig mit dem Bau der Lager weitermachen: «Go ahead!»

Beide, Trump wie Nixon, mussten sich in der Heimat Kritik wegen ihres Umgangs mit Diktatoren anhören. Aber die Kritik wurde nie so vehement und nie so laut, dass sie die Präsidenten wirklich beeindruckt hätte. Realpolitik ist tief verankert in der politischen Kultur Amerikas. Mit Außenpolitik lassen sich Wahlen in den USA, mit sehr wenigen Ausnahmen, weder gewinnen noch verlieren. So what, warum die Aufregung? Richard Nixon hat viele internationale Krisen überstanden, seine Macht hat er durch einen Skandal im eigenen Land verloren, im tiefsten Innern; obwohl Nixon der mächtigste Mann der Welt war, fiel er über sich selbst.

Nixon wusste, dass er von der Elite der Ostküste, in den Intellektuellenzirkeln New Yorks und Bostons, belächelt wurde. Lag es an seinen dürftigen Fähigkeiten als Redner? Lag es an seinem Populismus? Der Präsident benötigte den Ostküsten-Professor Kissinger, um die eigene Politik intellektuell aufzuladen, und schwankte ständig zwischen Selbstüberschätzung und Unsicherheit. Er nahm starke Medikamente gegen Angst und Schlaflosigkeit. Und mit Martini, Scotch und Rotwein half er nach.

Die Anerkennung der Eliten blieb Nixon dauerhaft verwehrt. Aber er spürte oder bildete sich ein, dass ihn die einfachen Amerikaner in der wenig beachteten Provinz und in den Vororten schätzten. Hier lag, wie bei Donald Trump, die Wählerbasis des Präsidenten. Nixons Vorsprung vor dem Demokraten Hubert Humphrey war 1968 zwar hauchdünn gewesen, hatte aber ausgereicht. Je näher nun der Termin der nächsten Präsidentschaftswahl rückte, desto mehr wuchs Nixons Furcht vor dem Absturz. Macht war längst zu seiner wichtigsten Droge geworden. Nixons Leute mussten nachhelfen.

Im Juni 1972, mitten im Wahljahr und ein gutes Jahr vor Allendes Tod, meldete ein Wachmann im Washingtoner Gebäudekomplex Watergate einen Einbruch. Der Vorfall ereignete sich im sechsten Stock, wo die Demokratische Partei das Hauptquartier für ihre Wahlkampagne eingerichtet hatte. Die herbeigerufene Polizei verhaftete fünf Männer, die gerade Dokumente fotografierten und Abhörwanzen installierten. Sobald der Einbruch publik wurde, stellten Journalisten Fragen: Was war der Zweck des Einbruchs? Wer steckte dahinter? Der Verdacht lag nahe, dass die Republikanische Partei von Richard Nixon etwas damit zu tun hatte. Dass der Präsident selbst von dem Einbruch wusste, ihn womöglich gebilligt hatte, wagte kaum jemand anzunehmen.

Henry Kissinger konnte glaubhaft versichern, von dem Einbruch nichts gewusst zu haben. Im Interview versuchte er Nixon in Schutz zu nehmen: «Mir wurde der Umfang der Sache erst sehr spät bewusst. Ich rief einen engen Mitarbeiter Nixons an und fragte ihn, wie das alles passieren konnte. Und er sagte: Irgendein Idiot kam aus dem Oval Office und tat, was man ihm gesagt hatte.» Wurde der Präsident nicht ausreichend vor sich selbst geschützt? Madman Nixon, unberechenbar? Eine abenteuerliche Erklärung.

Die Affäre nahm nur langsam Fahrt auf. Die Rechercheure der *Washington Post* und der *New York Times* taten sich schwer, Beweise vorzubringen. Nixon hatte die Mitarbeiter des Weißen Hauses unter Kontrolle, der Präsident gewann Zeit, sich in die nächste Präsidentschaftswahl zu retten: Im November 1972 wurde er wiedergewählt, diesmal mit einem gewaltigen Vorsprung vor dem demokratischen Herausforderer George McGovern. Nixon war ganz oben, nämlich bestätigt, endlich anerkannt.

Doch da war noch die Sache mit dem Watergate-Einbruch. Und die Sache mit dem Abhörsystem im Weißen Haus.

Inzwischen war die Menge der Tonbandaufzeichnungen und Abschriften unübersichtlich geworden. Der Gedanke, dass in Schränken unwiderlegbare Beweise seiner Wutanfälle und sogar seiner kriminellen Machenschaften lagen, muss für den Präsidenten unerträglich gewesen sein; oder aber er hat es geschafft, diesen Gedanken schlicht zu verdrängen. Er führte Gespräche, als gäbe es keine Abhörvorrichtung, zum Beispiel mit John Dean, dem Rechtsberater des Weißen Hauses. Der hatte den Präsidenten gerade darüber aufgeklärt, dass einige der Klempner, wie die Watergate-Einbrecher intern genannt wurden, für ihr Schweigen Geld verlangten. Ein Erpressungsversuch.

Nixon: «Wie viel Geld brauchen Sie?»

Dean: «Ich würde schätzen, diese Leute kosten eine Million Dollar über die nächsten zwei Jahre.»

Nixon: «Das könnten wir auftreiben.»

Dean pflichtet bei: «Uh, huh.»

Nixon: «Was ich meine, Sie könnten eine Million Dollar bekommen. Und Sie können sie in bar erhalten.»

Einige Personen in Nixons Umfeld wussten, dass der Präsident mit dem Einbruch zu tun hatte. Sie wussten, dass er öffentlich log. Es gab die Einbrecher, es gab die Mittelsleute, es gab die Techniker und Sekretärinnen, die sich um die Tonbänder und Abschriften kümmerten. Nixon wurde zum Gefangenen seiner selbst und entschied sich, Fernsehansprachen ans amerikanische Volk zu halten. Umständlich erklärte der Präsident, dass an den Vorwürfen gegen ihn nichts dran sei. Der Begriff Fake News war noch nicht geläufig, ansonsten hätte Nixon die Berichterstattung vermutlich als solche abgetan. Er formulierte es anders: «Das Weiße Haus und das Komitee zur Wiederwahl des Präsidenten sind Opfer der unberechtigten Behauptungen der Presse.» Und bei einer Ansprache wagte er eine Festlegung, die ihm in der hitzigen Debatte Luft verschaffen sollte: «Ich hatte vorab keine Kenntnis von dem Watergate-Einbruch. Weder war ich beteiligt, noch wusste ich etwas über die anschließenden Verschleierungsversuche. Ich habe Untergebene bei illegalen Aktivitäten oder unangemessenen Kampagnen weder beauftragt noch ermutigt. Das war und das ist die einfache Wahrheit.»

Es ist ein geradezu obszöner Auftritt, mit allen Mitteln politischer Schauspielkunst. Der Präsident trägt einen dunklen Anzug und dunkle Krawatte, neben ihm die amerikanische Flagge, er ist dezent geschminkt, sein Blick fest, die Stimme klar. Anfangs lächelt er, doch nicht zu stark. Er setzt an den richtigen Stellen Pausen. Dann schaut er die Zuschauer noch einmal direkt an: «Das war und ist …» – kleine Pause – «die einfache Wahrheit.» Alles an dieser Inszenierung behauptet: Ich bin unschuldig. Dies ist sein Ehrenwort, an diesem 15. August 1973 belügt der Präsident die Amerikaner.

Wir sind nun in jenen Wochen, in welchen in Chile der Putsch gegen Präsident Allende unmittelbar bevorstand. 27 Tage nach Nixons Fernsehansprache ist Allende tot. Der neue amerikanische Botschafter in Chile entwirft ein Kondolenz-Telegramm an Allendes Witwe: «Liebe Frau Allende, meine Frau und ich wollen Ihnen unser Bedauern über den Tod Ihres Mannes mitteilen. Wir waren traurig, als wir davon erfuhren.»

Nixon konnte sich über den Putsch in Chile nur kurz freuen, er war zu sehr im Abwehrmodus. Noch hielt sein Gebilde aus Ausreden und Falschaussagen, doch bei der Vernehmung der fünf Einbrecher hatte sich herausgestellt, dass einer der Männer der Sicherheitschef des Komitees zur Wiederwahl des Präsidenten war, zudem ehemaliger CIA-Mitarbeiter. Das machte die Reporter der *Washington Post*, Bob Woodward und Carl Bernstein, stutzig. Die Arbeit der beiden ist in vielen Büchern und Filmen glorifiziert worden, zu Recht, denn ihre Recherche war eine wagemutige Kampfansage an das Weiße Haus und den lügenden Präsidenten. Ohne Rückendeckung ihres Chefredakteurs Ben Bradlee wäre dieser Kampf aussichtslos gewesen. Zu jung waren Woodward und Bernstein, 29 und 30 Jahre alt.

Und Nixons Mitarbeiter versuchten natürlich, die Arbeit der Journalisten als stümperhaft, fehlerhaft darzustellen. Nixon stilisierte sich, sogar im kleinen Kreis, als unschuldiges Opfer. Die Tonbandmaschinen liefen, als er sich gegenüber Kissinger und Haig in Rage redete: «Die Presse ist der Feind. Das Establishment ist der Feind. Professoren sind der Feind. Schreibt das hundert Mal an die Tafel und vergesst es nie.» Bei anderer Gelegenheit sprach er von «witch hunt», einer Hexenjagd, gegen ihn. Knappe fünf Jahrzehnte später wählt Donald Trump die gleiche Methode und identische Worte.

Aber so wie sich Trump an Nixon orientiert, könnten sich Journalistinnen und Journalisten von heute an Bob Woodward und Carl Bernstein orientieren. Es gehört zu deren historischen Leistungen, dass sie geduldig auf Hinweise aus allen Richtungen warteten, unermüdlich recherchierten und dem Druck des Präsidenten nicht nachgaben.

Dies trifft auch auf Staatsanwälte und Richter zu. Bei der Gerichtsverhandlung gegen die Einbrecher erfuhr Richter John Sirica (Spitzname «Maximum John»), dass einige Angeklagte die Aussage verweigerten, weil sie Schweigegeld kassiert hatten und «unter politischen Druck» gesetzt wurden. Der Richter zielte nun auf die Hintermänner, selbst wenn diese im Weißen Haus saßen. «Maximum John» verkündete drastische Urteile, jahrzehntelangen Freiheitsentzug – allerdings kündigte er an, sein Urteil zu überdenken, wenn die Angeklagten mit dem Gericht kooperieren und reinen Tisch machen würden. Dieser Richterspruch war ebenfalls eine Kampfansage an das Weiße Haus. Es galt, die Unabhängigkeit der Justiz zu verteidigen, die Wahrheit musste ans Licht.

In der Trump-Ära ist die Unabhängigkeit der Rechtsprechung längst nicht mehr unantastbar. Beim Prozess gegen seinen früheren Berater

Roger Stone droht Präsident Trump dem Gericht per Twitter: «schrecklich, sehr unfair… (*ich*) kann diesen Justizirrtum nicht erlauben». Prompt greift das Justizministerium ein und reduziert die Strafmaßempfehlung gegen den Freund des Präsidenten. Auch das reicht Trump nicht, er mischt sich erneut ein und hebt die Haftstrafe, 40 Monate, auf. Und der oberste Dienstherr dieses Justizministeriums, William Barr, drängt den New Yorker Staatsanwalt Geoffrey Berman zum Rücktritt; der hatte sich Trumps Anwalt Rudy Giuliani vorgenommen, der als Mittelsmann geholfen hatte, in der Ukraine Informationen aufzutreiben, die Joe Biden schaden könnten. Gilt das Gesetz auch für Trumps Kumpel? Nicht, solange er im Amt ist.

Trump führt sich auf wie ein Autokrat und kommt damit durch. Hätte Richard Nixon es gekonnt, hätte er während des Watergate-Prozesses womöglich Ähnliches versucht. Aber die Gewaltenteilung war in den USA der siebziger Jahre robust. Richter Sirica blieb bei seiner harten Linie – und einer der Angeklagten sagte umfassend aus.

Auch die zwei Kammern des Parlaments nahmen ihre Aufgabe, die Kontrollfunktion, ernst. Die Republikaner von damals waren eine andere Partei, ihrem Präsidenten weniger nibelungentreu ergeben als die Republikaner von 2020. Der Senat setzte einen Ausschuss ein und ließ enge Mitarbeiter des Weißen Hauses vorladen. Nach den Verhören sollte ein förmliches Amtsenthebungsverfahren gegen Richard Nixon eingeleitet werden.

Der Präsident wehrte sich mit Verfahrenstricks und zielte auf den Sonderermittler Archibald Cox. Der Verfassungsrechtler war eine wichtige, allseits respektierte Person, ähnlich wie Sonderermittler Robert Mueller in Trumps Russland-Affäre. Bei einer Zeugenvernehmung hatte Cox vage von einem Abhörsystem im Weißen Haus erfahren, und darum beantragte er die Herausgabe von Bändern. Nixon verweigerte das und wies seinen Justizminister an, Cox zu feuern. Doch der Minister trat aus Protest zurück. Auch dessen Stellvertreter gab sein Amt auf. Schließlich vollzog der dritte Mann in der Hierarchie des Justizministeriums an einem Samstagabend die Anordnung des Präsidenten und entließ den Sonderermittler. Der Kongress reagierte empört. Die Presse nannte Nixons wilde Aktion «The Saturday Night Massacre». Der oberste Kriegsherr hatte überlebt, aber er war schwer verletzt.

Es dürfte auch am «Saturday Night Massacre», der Fehleinschätzung Nixons, gelegen haben, dass Präsident Trump in der Russlandaffäre Sonderermittler Mueller trotz aller Versuchungen doch nicht entlassen ließ. Sonst hätte der 45. Präsident womöglich, wie der 37. Präsident, frühzeitig aus dem Amt scheiden müssen.

Sommer 1973. Die Befragungen des Untersuchungsausschusses werden im Fernsehen übertragen, live. Nixons PR-Crew schafft es nicht mehr, den Image-Schaden zu reparieren. In dieser angespannten Lage entscheidet sich ein wichtiger Mitarbeiter des Präsidenten, die Seiten zu wechseln. John Dean, der Rechtsberater des Weißen Hauses, ist früh in den Watergate-Einbruch eingeweiht worden, und jetzt will er aussagen. Rette sich, wer kann. Auch Deans Auftritt vor dem Ausschuss wird im Fernsehen übertragen, auch er will sich seriös und glaubwürdig in Szene setzen. Heller Anzug, dunkle Krawatte, Hornbrille, so liest Dean seine Zeugenaussage vor. Er hat allerhand zu erzählen, schließlich weiß er von jener Schweigegeld-Erpressung der Einbrecher, der Nixon nachgegeben hat. Ein beeindruckender Auftritt.

Aber noch steht Deans Wort gegen das des Präsidenten: Es fehlt ein unwiderlegbarer Beweis für die Verstrickung Nixons, eine smoking gun. Dass es, trotz aller Bekundungen des Weißen Hauses, einen solchen Beweis geben könne, wird kurz nach Deans Auftritt klar, als Alexander Butterfield zum Verhör erscheint.

Nixons stellvertretender Stabschef hat sich vorgenommen, seinen Präsidenten nicht in weitere Schwierigkeiten zu bringen, er will nichts über die Abhöranlage sagen. Doch wie soll er antworten, wenn er direkt darauf angesprochen wird? Falschaussagen vor dem Kongress sind eine Straftat. John Dean hat bei seinem Verhör angedeutet, dass im Weißen Haus Gespräche heimlich aufgezeichnet werden. Für Alexander Butterfield wird es ungemütlich.

Bei unserem Treffen berichtet Nixons ehemaliger Mitarbeiter von seinem Gewissenskonflikt: «Ich wusste, dass alles, was John Dean sagte, stimmte. Ich kannte ja das Abhörsystem.» Butterfield muss sich also entscheiden, zwischen dem Präsidenten und dem Gesetz. Er entscheidet sich, die Wahrheit zu sagen, und schildert detailliert, wie die Gespräche im Weißen Hauses abgehört werden; und dass die Tonbandaufzeichnungen insgesamt rund 3700 Stunden umfassen. «Mir war klar, welche Bedeutung diese Bänder für Richard Nixon hatten. Ich kannte sein Geheimnis. Jetzt erzählte ich der ganzen Welt davon. Ich war Nixons Fan, ich hatte vier Jahre lang für ihn gearbeitet. Und jetzt war ich derjenige, der ihm und seiner Präsidentschaft großen Schaden zufügte.»

Die Ermittler des Senats begreifen sofort: Gelingt es ihnen, die entscheidenden Tonbänder auszuwerten, können sie nachweisen, dass Nixon gelogen hat. Butterfield und Dean sorgen, aus unterschiedlichen Gründen, dafür, dass die Falle zuschnappt. Ohne ihre Aussagen wären die geheimen Bänder vermutlich nicht entdeckt worden. Und John Dean berichtet dem Ausschuss von «Nixon's Enemies List», der Liste von politischen Gegnern des Präsidenten. Tagelang sorgt die Liste in Washington für Gesprächsstoff: eines der spektakulärsten «Who is who»-Rankings. Wer steht auf der Liste, wer nicht? Wie rächt sich Nixon an seinen Feinden?

Jahrzehnte später, während der Trump-Präsidentschaft, ziehen aufmerksame Redakteure Nixons Feindesliste aus dem Archiv. Donald Trump hat Journalistinnen und Journalisten attackiert: Ist Trump so paranoid, so gefährlich wie Nixon?

John Dean vergleicht Donald Trump mit Nixon. Im Sommer 2019 wird er vom Repräsentantenhaus vorgeladen, es geht um Trumps Russlandaffäre.

Frage: «Gab es eine Regierung seit Nixon, die (*bei der Behinderung der Aufklärung*) mehr Verbrechen begangen hat?»

Dean: «Zwischen der Regierung von Donald Trump und der von Richard Nixon gibt es da keinen großen Unterschied.»

Donald Trump verfolgt Deans Aussage im Fernsehen. Kurz darauf tritt er vor die Presse und greift Nixons ehemaligen Rechtsberater persönlich an: «Dean ist ein Verlierer. Und zwar seit vielen Jahren.» John Dean wiederum hört diese Beleidigung in einem CNN-Studio und revanchiert sich: «Ich fühle mich geehrt, dass ich auf Trumps Feindesliste stehe. Ich habe es zum Schluss auf Nixons Liste geschafft und bin froh, dass ich jetzt auf Trumps Liste stehe. Denn das entspricht meiner Wahrnehmung, welche Bedrohung er für das Land darstellt.»

Nixon und Trump: zwei Präsidenten, die mit Lügen und Tricks um ihre Macht kämpften und kämpfen. Zwei Präsidenten, die ihre Kritiker zu Feinden erklärten und erklären. Der eine bereitete viel für den anderen vor.

Am Rande der Watergate-Affäre stellte sich heraus, dass Nixons Feindesliste angewachsen war: Sie umfasste jetzt Hunderte Namen. Natürlich standen Bob Woodward und Carl Bernstein darauf, ihre Verlegerin Katharine Graham, auch Dan Rather und Marvin Kalb von CBS; und 60 andere Journalistinnen und Journalisten. Die Liste war so umfangreich, dass Schriftsteller, Schauspieler und Journalisten sich damit brüsteten, zu Nixons Feinden gezählt zu werden. Andere machten sich lustig darüber, dass sie nicht auf Nixons Feindesliste standen. Der Schriftsteller Hunter S. Thompson beschwerte sich gar: «Mir wäre eine rachsüchtige Steuerfahndung lieber gewesen als diese gemeine Ausgrenzung.» Der Präsident war zur Witzfigur geworden.

Für seine Umgebung müssen Nixons letzte Monate und Wochen im Weißen Haus unerträglich gewesen sein. Der Präsident trank noch häufiger als zuvor. Alexander Haig, der mitten in der Krise von Kissingers Team als Stabschef zu Nixons Team gewechselt war, sagte: «An einem Tag wollte er zurücktreten, am nächsten Tag nicht mehr. Hin und her. Er wusste, er konnte so nicht regieren.»

Der Präsident wurde gezwungen, dem Untersuchungsausschuss 1200 Seiten Abschriften zur Verfügung zu stellen. Eine erste Übersicht ergab, dass Deans belastende Aussagen stimmten. Aber stimmten auch die Abschriften, waren sie korrekt erstellt worden? Der Oberste Gerichtshof entschied, dass die Original-Bänder übergeben werden mussten. Jedoch: Ein wichtiges Tonband war gelöscht worden. Inzwischen hatte das Repräsentantenhaus die Untersuchung zur Amtsenthebung begonnen, die Abgeordneten prüften nicht nur die Hintergründe des

Watergate-Einbruchs, sie gingen nun auch dem Vorwurf der Vertuschung und der Behinderung der Justiz nach. Präsident Trump werden im Impeachment-Verfahren zwei ähnliche Vorwürfe gemacht: Amtsmissbrauch und Behinderung der Ermittlungen.

Die entscheidende Wende im Fall Nixon gelang den Ermittlern, als ihnen ein Tonband in die Hände fiel, mit dem im Juni 1972, wenige Tage nach dem Watergate-Einbruch, ein Gespräch Nixons aufgezeichnet worden war. Deutlich ist sein damaliger Stabschef Bob Haldeman zu hören. Die beiden Männer stimmen sich ab, wie die Watergate-Ermittlungen des FBI ausgebremst werden können. Eine Vertuschungsaktion.

Haldeman: «… dieser Einbruch bei den Demokraten. Wir haben da wieder ein Problem, weil das FBI nicht unter Kontrolle ist, denn Gray (*FBI-Direktor, der mit Nixon kooperierte*) weiß nicht genau, wie er sie kontrollieren soll. Und ihre Ermittlungen führen jetzt … in Richtungen, die uns nicht recht sind. … Wir sollten so vorgehen: Wir sollten Walters *(stellv. CIA-Direktor)* auffordern, Pat Gray anzurufen und ihm einfach zu sagen: Halte dich verdammt noch mal da raus. Wir wollen nicht, dass du in dieser Angelegenheit weitermachst.»

Nixon: «Alles klar, prima, ich verstehe alles… Du rufst sie an. Gut, gute Sache. Spiel es hart. Sie spielen es so. Und genauso werden wir es auch spielen.»

«Stay the hell out of this» und «Play it tough» werden zu amerikanischen Redewendungen. Als das Band mit diesen Sätzen vom Untersuchungsausschuss ausgewertet wird, ist Nixon klar: Seine Gegner haben die smoking gun. Das Lügengebilde ist eingestürzt. Einige Parteifreunde aus dem Kongress, die bis zuletzt zu ihm gestanden haben, wollen bei einem Amtsenthebungsverfahren nun gegen den Präsidenten stimmen. Drei gewichtige Republikaner aus dem Abgeordnetenhaus und dem Senat gehen zum Präsidenten, um ihm mitzuteilen, dass er keinen Rückhalt mehr habe. Das Spiel ist aus.

Henry Kissinger hat sich in jenen dramatischen Tagen aus der Schusslinie halten können. Alle haben auf Nixon gefeuert. Jetzt machen Gerüchte die Runde. Kissinger ahnt, was kommen wird, er wartet in seinem Büro. Das Telefon klingelt, Nixon ist am anderen Ende, in seinen Privaträumen.

«Er rief mich nach dem Essen an und fragte, ob ich zu ihm kommen wolle. Er war ganz allein», so erinnert sich Kissinger. Er trifft Nixon im Lincoln Sitting Room an, mit einem Drink in der Hand. «Er sagte mir, dass er ein paar Stunden vorher entschieden habe, zurückzutreten. Er bat mich zusammenzufassen, wo wir außenpolitisch standen und was wir erreicht hatten. Er war sehr niedergeschlagen. Ich sagte ihm, dass ihn die Geschichte besser behandeln würde als seine Zeitgenossen. Und er, typisch Nixon, antwortete, das hänge davon ab, wer die Geschichte schreibe.»

Mit seiner Skepsis soll Nixon recht behalten. Es gibt zwar Bücher, die die Außenpolitik Nixons loben, seine Reisen zu Mao Zedong oder zu Breschnew. Aber die Regierungszeit Nixons, fünfeinhalb Jahre, steht im Schatten der Watergate-Affäre: Nixon ist zum Sinnbild von Machtmissbrauch und Lügen in der Politik geworden.

Und nun bittet Nixon Kissinger um einen Gefallen: «Als ich gehen wollte, schlug er vor, dass wir zusammen beten. Es war ganz natürlich. Die politische Karriere eines Mannes – am Ende.» Also knien Kissinger, der Jude, und Nixon, der Quäker, nieder und beten.

Nach einer Weile geht Kissinger in sein Büro zurück, verwirrt. Wieder warten. Das Telefon klingelt erneut. Wieder ist Nixon dran, jetzt gänzlich aufgelöst. Was die beiden Männer in ihrem letzten Telefonat besprechen, ist bis heute nicht bekannt; dabei wäre es möglich gewesen, sich auch diese Unterhaltung anzuhören, denn ein Tonbandgerät zeichnet auch dieses Telefonat noch auf. Doch Brent Scowcroft, Kissingers feinfühliger Assistent, greift ein, wie er im Interview zugibt: «Ich habe sichergestellt, dass das Band nicht in falsche Hände geriet.»

Können Sie das Band beschreiben?

«Nein, ich habe es mir nie angehört.»

Sie haben es nie angehört?

«Ja, das habe ich nicht getan.»

Was haben Sie mit dem Band gemacht?»

Zögern, verlegenes Lächeln. Dann: «Ich habe es mir nie angehört.»

Haben Sie es zerstört?

Weiteres Zögern, jetzt ohne verlegenes Lächeln. «Wissen Sie, es war offenbar so sehr persönlich. Ja, ich habe es zerstört.»

Am Tag nach dem Gebet mit Kissinger rafft sich Nixon zu einer Fernsehansprache auf, seiner letzten. Er hat gezögert, es ist Abend geworden. Im Oval Office haben sie einen dunkelblauen Vorhang hinter den Schreibtisch gezogen. Zunächst nimmt ein Mitarbeiter am Resolute Desk, dem schweren Schreibtisch des Präsidenten, Platz: «Test, one, two.» Dann kommt Nixon, erstaunlich entspannt, und scherzt: «Warum bleiben Sie nicht sitzen? Sie sehen ja besser aus als ich.» Der Präsident setzt sich, stützt seinen Kopf auf einen Arm, für einen Moment erschöpft, fast teilnahmslos: «Habt ihr noch eine zweite Kamera, falls es technische Probleme gibt?» Nun: «Guten Abend, das ist das 37. Mal, das ich mich von diesem Büro aus an Sie wende. Hier wurden so viele Entscheidungen getroffen, die die Geschichte unseres Landes formten …»

Nixon bricht ab, auch das war nur ein Test. Er schaut zum Kameramann. Zufrieden? Eine kleine Diskussion, wer im Oval Office bleiben darf und wer nicht. Nur das Kamerateam, alle anderen raus, bitte. Ist irgendjemand vom Secret Service im Raum? Raus! Dann, um 21.01 Uhr: vier, drei, zwei, eins, rotes Licht: «Guten Abend, das ist das 37. Mal, das ich mich von diesem Büro aus an Sie wende …. Ich habe stets alles dafür getan, die Aufgabe zu erfüllen, für die Sie mich gewählt haben. In den letzten Tagen allerdings wurde mir klar, dass ich keine ausreichende politische Basis im Kongress mehr habe, um diese Aufgabe zu erfüllen … Das Interesse des Landes muss immer über den eigenen Interessen stehen. Aus den Gesprächen mit den Führern des Kongresses und anderen Persönlichkeiten habe ich geschlossen, dass ich wegen der Watergate-Angelegenheit nicht mehr die Unterstützung des Kongresses haben würde, die notwendig ist, um schwierige Entscheidungen zum Wohle der Nation treffen zu können. Ich bin nie davon gerannt. Frühzeitig aus dem Amt zu scheiden, widerstrebt jeder Faser meines Körpers. Aber als Präsident muss ich zuerst an Amerika denken. Amerika braucht einen Vollzeit-Präsidenten und einen Vollzeit-Kongress. Besonders jetzt, mit Problemen im In- wie im Ausland … deshalb …», – Nixon starrt in die

Kamera – «… werde ich mit Wirkung von morgen Mittag vom Amt des Präsidenten zurücktreten. Vizepräsident Ford wird dann in diesem Büro als neuer Präsident vereidigt.»

Insgesamt 16 Minuten lang spricht Nixon, es sind 16 erstaunliche Minuten an diesem 8. August 1974. Nixon erwähnt mit keinem Wort, dass er Verbrechen begangen hat. Er unterrichtet die Amerikaner nicht darüber, wie es zum Watergate-Einbruch gekommen ist und wie er und seine Mitarbeiter die Aufklärung behindert haben. Er bietet den Amerikanern stattdessen eine andere Geschichte an und begründet seinen Rücktritt damit, dass es keine Grundlage mehr für eine Zusammenarbeit mit dem Kongress gebe. Ein langes Amtsenthebungsverfahren würde er nicht durchstehen. Das ist nicht ganz falsch. Aber es ist auch nicht ganz richtig.

Am nächsten Tag tritt Richard Nixon zurück. Seine Leute haben eine letzte Zeremonie vorbereitet. CBS-Reporter Dan Rather meldet sich live vom Platz vor dem Weißen Haus, Moderator Walter Cronkite kommentiert aus dem Studio. Amerika sitzt vor dem Bildschirm, wie fünf Jahre zuvor bei der ersten Mondlandung. Nixons leidgeprüfte Mitarbeiter versammeln sich im East Room, einem zentralen Ort amerikanischer Geschichte. Die erschossenen Präsidenten Lincoln und Kennedy waren hier aufgebahrt, auch rauschende Feste sind hier gefeiert worden.

Um Haltung bemüht geht Nixon durch den Saal, flankiert von seiner Familie, er lächelt gequält, die umstehenden Gäste applaudieren, überraschend stark, als habe Nixon eine Wahl gewonnen. Er steigt auf das kleine Podest, umklammert das Rednerpult. Grelle Scheinwerfer der Fernsehanstalten sind auf ihn gerichtet und machen den Augusttag noch heißer. Schweiß läuft ihm übers Gesicht, Nixon lässt es geschehen. Er beginnt seine Rede, vorsichtig, mit einem Scherz: «Wie schön, dass alle so spontan zusammengekommen sind, ich bin ja auch sehr spontan bereit gewesen.» Dann wird er ernst, feierlich: «Menschliche Größe zeigt sich nicht dann, wenn die Dinge gut für einen laufen. Größe zeigt sich, wenn man eine Niederlage einstecken muss, wenn man von einem Schlag getroffen wird. Nur wenn man mal im tiefsten Tal war, kann man wissen, wie es auf den höchsten Bergen ist.»

Menschliche Größe?

Nixon bedankt sich bei seinen Mitarbeitern. Henry Kissinger und Ehefrau Nancy sitzen in der ersten Reihe, hören zu, regungslos. «Erinnert euch immer daran: Andere mögen dich hassen. Aber die, die dich hassen, werden nicht gewinnen. Es sei denn, du fängst an, sie zu hassen. Und dann zerstörst du dich selbst. Und so verabschieden wir uns mit großen Hoffnungen, aufrecht, und mit sehr viel Dankbarkeit in unseren Herzen. Und ich kann euch versichern, ihr werdet immer in unserem Herzen sein. Vielen Dank.»

Richard Nixon geht Arm in Arm mit Ehefrau Patricia durch die Menge. Sie steuern auf den Diplomaten-Ausgang an der Südseite des Weißen Hauses zu, zum Rasen, zu Marine One, dem Präsidenten-Helikopter. Noch einmal über einen roten Teppich. Dort, hinter dem Weißen Haus, stehen die Mitarbeiter, andächtig. Dicht neben dem Ehepaar Nixon schreitet das Ehepaar Gerald und Betty Ford, ebenso würdevoll, der Vizepräsident soll gleich als Präsident vereidigt werden. Nixon klettert die schmale Treppe zum Hubschrauber hoch, streckt beide Arme etwas zu schwungvoll zu einem letzten Abschiedsgruß in die Höhe, Zeigefinger und Mittelfinger zum Victory-Zeichen gespreizt.

Zum Victoryzeichen?

Marine One hebt ab und verschwindet im Himmel über einer verstörten Stadt.

## — Wahn und Wahrheit (4.) —

Jill Lepore ist Historikerin und hat jede Menge Bücher, Aufsätze, Kommentare geschrieben, aber ein Werk ist dabei, für das sie bewundert wird und auch beneidet: These Truths nämlich, Diese Wahrheiten, werden bleiben, dieses Buch ist die Geschichte der USA. Das Besondere an diesem Text ist vieles zugleich: Es erzählt Amerikas Geschichte leidenschaftlich als das ewige Ringen der Vielen um ein besseres Leben, es erzählt sie darum aus vielen Perspektiven: viele Wahrheiten, aber auch viele Lügen.

In jenem Land, von dem Lepore berichtet, wurden von Anfang an die Native Americans übervorteilt und belogen, dann die Sklaven, die Afroamerikaner.

Als 1776 die 13 britischen Kolonien ihre Unabhängigkeit erklärten, als um die Verfassung gerungen wurde, als 1789 George Washington der erste Präsident wurde, in nahezu allen Wahlkämpfen und sowieso 1860, nach der Wahl Abraham Lincolns, als sich South Carolina und dann Louisiana, Georgia, Alabama und Mississippi und andere von der Union lossagten und der Bürgerkrieg begann: Immer wurde denunziert, verdreht, gelogen.

Jill Lepore lehrt in Harvard und schreibt für den New Yorker, sie vergleicht auch sehr gern ihr Land mit dem Rest der Welt. Und dabei fällt ihr eine bemerkenswerte Parallele auf.

Die Demokratie war ja schon einmal in der Krise, mehr als das: 1922 marschierte in Italien Benito Mussolini nach Rom und rief «das faschistische Jahrhundert» aus. Russland unterwarf sich Josef Stalin, 1929 brachen die Finanzmärkte zusammen, Deutschland unterwarf sich Adolf Hitler. Faschisten und Kommunisten hatten demokratische Gesetze und Regeln genutzt, um an die Macht zu kommen und dann die Demokratie abzuschaffen. Griechenland, Estland, Lettland und Rumänien verloren ihre Demokratien, und auch Portugal, Uruguay und Spanien entschieden sich für die Autokratie.

Die Amerikaner sahen all das. Sie sehen heute, wie Ungarn, Polen, Brasilien, Indien oder die Philippinen die eigene Demokratie untergraben und für die Autokratie und den einen starken Mann an der Spitze schwärmen. Damals, sagt Jill Lepore, kämpften die Amerikaner um ihre Demokratie. Präsident Franklin Delano Roosevelt erklärte der Nation via Radio, wie kraftvoll sie sei und dass sie nichts zu fürchten habe außer der Furcht selbst. Die Amerikaner stritten für ihre Demokratie, waren stolz auf sie und verbesserten sie.

Was tun sie diesmal?

# 5.

# STELLVERTRETERKRIEG

## Rückkehr der Alphamänner

Wir sind an jenem Tag bei Sebastian Gorka zu Besuch, an dem Colonel Alexander Vindman vor dem Repräsentantenhaus aussagen wird, einer jener Frauen und Männer, die wegen Donald Trumps Versuch, in der Ukraine Ermittlungen gegen Joe Biden zu starten, entsetzt, empört, erschüttert waren. Es ist der 29. Oktober 2019, gute 45 Jahre nach Nixons Rücktritt, Gorka schnaubt und sagt schnell: «Wir haben das Transkript. Was kann Vindman schon aussagen, außer dass er den Präsidenten nicht mag und dessen Politik auch nicht? Das alles ist eine Vergeudung von Steuergeld.»

Aber Moment: Das sogenannte Transkript ist bloß eine inhaltliche Zusammenfassung, die auch noch vom Weißen Haus angefertigt wurde. Ein Beweismittel? Vindman könnte aussagen, dass der amerikanische Präsident den Präsidenten der Ukraine gebeten hat, gegen einen politischen Rivalen zu ermitteln, was gesetzeswidrig ist.

Gorka sagt: «Dann würde er lügen. Wir haben das Transkript. Wir haben die Aussage des ukrainischen Präsidenten, dass dieser sich nicht unter Druck gesetzt fühlte. Das alles ist eine Hexenjagd. Politisches Theater.» Der Mann ist gut, exzellent sogar, im technischen Sinne: Sebastian Gorka kann reden. Angstfrei ist er auch. Er greift an, fordert Fragende heraus, kann komplizierte Gedankengänge in prägnanten, pointierten Sätzen bündeln.

Sebastian Gorka tauchte ganz plötzlich in Washington auf, im Schatten Steve Bannons. Im Februar 2017, Trump war gerade ins Amt eingeführt worden, wurde Gorka zum stellvertretenden Berater in Sicherheitsfragen ernannt, und auf einmal war er im Weißen Haus. Warum?

Kaum jemand in Washington konnte es beantworten, kaum jemand kannte den Mann.

Ungarische Vorfahren hat Gorka und einen Doktortitel in Politikwissenschaften, von der Corvinus-Universität in Budapest; es finden sich im Internet diverse Texte, in denen steht, der Doktortitel sei eher gekauft als durch Leistung verdient, was Gorka bestreitet. In London wuchs er auf, seit 2012 ist er amerikanischer Staatsbürger. Er schrieb ein Buch, das sich gut verkaufte, *Defeating Jihad – The Winnable War*. Darin bewertet Gorka den militanten Islamismus als immanenten Wesensteil des Islam. Anders als Islamwissenschaftler glaubt er nicht, dass muslimische Gewaltbereitschaft etwas mit Armut oder zerfallenen Staaten oder Kriegen zu tun habe; der Islam an und für sich sei brutal und gewalttätig, schreibt er, «die Sprache des Koran ist martialisch».

In diesem Ton verfasste Gorka viele Texte für *Breitbart*, Bannons Website, und in diesem Ton schrieb er zusammen mit seiner Ehefrau einen Aufsatz, in dem die beiden behaupten, «das wesentliche Scheitern der amerikanischen Versuche, den Terrorismus zu bekämpfen», liege im Unterschätzen der Bedeutung von Ideologie; das Establishment, das sich mit Nationaler Sicherheit befasse, werde «systematisch unterwandert unter dem Banner von Inklusion, kultureller Aufgeschlossenheit und politischer Korrektheit».

Und im Weißen Haus verteidigte er nun alles, was Trump tat. Trumps Einreiseverbot für Muslime rechtfertigte er leidenschaftlich. Den CNN-Mann Jake Tapper, der Trumps Beraterin Kellyanne Conway ganz normale journalistische, kritische Fragen stellte, nannte Gorka deshalb «sexistisch». Trumps Angriffe gegen die Medien bezeichnete Gorka als «fabelhaft». Im Weißen Haus formten Bannon und er eine Gruppe namens «Strategic Initiatives Group», die sich als alternativer Nationaler Sicherheitsrat verstand.

An wen berichtete Gorka? Selbstverständlich an Bannon. Aber sonst?

Dass Gorka Verbindungen zu rechtsextremen Gruppen in Europa habe, wird in Washington erzählt. 2007 habe er eine rechtsextreme Partei in Ungarn gegründet, und ein vereidigtes Mitglied der Nazitruppe Vitézi Rend sei er auch: Deren Mitglieder fügten ihren Vornamen dezent ein kleines v hinzu, als Erkennungszeichen, und Gorka nannte sich einst «Sebastian L. v. Gorka». Bei Trumps Amtseinführung trug Gorka einen Orden, der an Miklós Horthy erinnerte, Held der Rechten in Ungarn, der in den frühen Jahren des Zweiten Weltkriegs mit den Nazis paktierte. Aber nein, er sei kein Nazi, versicherte Gorka, die Medaille habe seinem Vater gehört, der unter den Nazis ebenso wie unter den Kommunisten gelitten habe.

Als er an Bannons Seite ins Weiße Haus einzog, jubilierte er: «Die Alphamänner sind zurück.»

Aber durfte der selbsternannte Alphamann Gorka Staatsgeheimnisse kennen? Wer hatte ihn eigentlich überprüft? Vom Weißen Haus gab es keine Antworten auf solche Fragen. Als im August 2017 der Chefstratege Bannon das Weiße Haus verlassen musste, weil Stabschef John Kelly ihm misstraute und weil Trump ihn zu laut, zu prominent fand, war auch Gorkas Zeit im Zentrum der Macht abgelaufen; in der Ära Trump sind sieben Monate eine eher hohe Verweildauer. «Kräfte, die unser Versprechen, Amerika wieder groß zu machen, nicht teilen, sind im Weißen Haus im Aufschwung», schrieb Gorka in seinem Rücktrittsbrief, «das Resultat ist, verehrter Herr Präsident, dass ich Sie am besten von außerhalb (...) unterstützen kann.»

Damit fing er sofort an: Auf der anderen Seite des Potomac, in Arlington, Virginia, hat sich Gorka sein Studio eingerichtet, und täglich, von 15 bis 18 Uhr, macht er von hier aus seine Sendung, die er «America First» getauft hat. Noch so ein Talk-Radio-Moderator. Und es geht auch hier zur Sache. Gegen die Demokraten. Gegen alle, die den Klimawandel ernst nehmen. Gegen internationale Organisationen. Für Trump. Trumps Söhne sind Stammgäste. Bannon sowieso. Gorka ist auch Stammgast bei Fox News, und die Fox News-Moderatoren sind Stammgäste bei Gorka.

Als beispielsweise die schwedische Klimaaktivistin Greta Thunberg vor den Vereinten Nationen ihre Rede gegen die Staatschefs der Welt hielt («How dare you!»), blies Amerikas Rechte zur Attacke. Gegen die Klimaforschung kam sie in jenen Tagen nicht an, gegen die Daten, die Prognosen auch nicht. Da die Wälder Australiens und Kaliforniens brannten, das Wasser des Colorado River knapp wurde und New Orleans oder die Florida Keys langsam vom höher und höher steigenden Ozean verschluckt zu werden scheinen, war die ganze globale Wirklichkeit ein hartnäckiger Gegner. Also wurden sie persönlich.

Greta sei «ein geisteskrankes schwedisches Kind», sagte der Fox-Kommentator Michael Knowles. Sein Kollege Dinesh D'Souza sagte: «Kinder – besonders nordische weiße Mädchen mit Zöpfen und roten Wangen – wurden oft für Nazi-Propaganda eingesetzt», dies sei «eine alte Goebbels-Technik». Und dann kam Gorka: Thunbergs Äußerungen röchen verstörend «wie die eines Opfers aus einem maoistischen Umerziehungslager».

In den Gängen im Studio in Arlington hängen Filmposter. In seinen Büros stehen und liegen Figürchen von *Star Wars*, Weltraumwaffen, Militaria aller Art: Urkunden, Medaillen. Das ganze Zeug kann unbedeutendes Beiwerk sein, aber es fällt durchaus auf, dass Leute wie Bannon und Gorka permanent nach «action» und Dramatisierung der Politik rufen. Als sei Donald Trump ihr «Rambo» oder ihr «Terminator». Als sei Washington ihre Filmkulisse, als sei die gesamte politische Wirklichkeit Popcornkino. Als hätten sie selbst darin natürlich tragende Nebenrollen.

Als Trump im Juli 2019 zu einem «Social Media Summit» ins Weiße Haus lud, waren Vertreter von Facebook und Twitter nicht hinzu gebeten worden – aber viele Trump-Unterstützer aus den rechten Untiefen der digitalen Welt waren da, die sich in ihren Klagen gegenseitig bestätigten: Sie würden von den Liberalen unterdrückt, ihre Stimmen würden viel zu wenig gehört. Trump dankte den Anwesenden erstaunlich ironiefrei «für den ganzen Müll, den ihr euch ausdenkt». Am Ende gab es im Rose Garden eine kleine Pressekonferenz, und als es zu regnen begann, verschwand der Präsident.

Ein Reporter vom *Playboy*, Brian Karem, wurde vor der Kamera befragt und sagte, viele der Anwesenden wollten regelrecht «von Dämonen besessen» werden. Mit stechenden Schritten und erhobener Faust näherte sich Sebastian Gorka.

«Drohst du mir etwa hier im Rose Garden?», rief Gorka.

«Nein», antwortete Karem.

Ein Kreis formte sich. «Du bist kein Journalist, du bist ein Punk», das letzte Wort spuckte Gorka geradezu in Richtung Karem. «Gorka! Gorka», riefen dessen Freunde. Zum Faustkampf kam es nicht, aber der Präsident urteilte via Twitter: »@SebGorka Wins Big, No Contest!» – kein Gegner für seinen Getreuen!

Nun sitzt der Mann vor seinen *Star Wars*-Figürchen und sagt: «Traurig, traurig. Die Demokraten versuchen 63 Millionen Amerikanern, die Donald Trump gewählt haben, die Stimme zu stehlen – und die kommende Wahl gleich mit. Wir reden über eine Partei, die Abtreibungen noch im letzten Drittel der Schwangerschaft und die Ermordung des Babys noch nach der Geburt erlauben will, die illegalen Einwanderern unser Steuergeld schenken will, die uns unsere Waffen wegnehmen will. Diese Partei weiß, dass sie mit ihrem Programm keine Wahl gewinnt, denn die Wirtschaft ist die stärkste, die es je gab. Der IS ist zertrümmert. Politisch sind die Demokraten chancenlos. Also wollen sie die Wahl stehlen.»

Demagogisch? Zweifellos. Prüfen wir die Behauptungen: Nein, es gibt keine Bestrebungen der Demokratischen Partei, Abtreibungen jenseits der 25. Woche zu legalisieren; nein, es sollen keine Steuergelder verschenkt werden, Migranten sollen nur einen Mindeststandard an medizinischer und juristischer Versorgung erhalten; und nein, lediglich das Verbot vollautomatischer Feuerwaffen, die man auch «Kriegsgerät» nennen kann, sowie sogenannte «background checks», also die Überprüfung der Waffenkäufer, sind Teil der demokratischen Agenda.

Gorkas Erzählung aber klingt besser, gefährlicher, hasserfüllt.

Wir fragen: Könnte es eigentlich sein, dass die Republikaner Trump fallen lassen? Dass sie dessen Skandale und dessen Lärm leid sind? «Nur wenn sie politischen Suizid begehen wollen. Die amerikanische Wirtschaft ist die stärkste in der Geschichte der Menschheit. Wir bauen die Mauer an der südlichen Grenze. Menschen, die dieser Präsident ‹die Vergessenen› genannt hat, bekommen ihre Jobs zurück.»

Auch hier wieder: Die Wahrheit ist komplexer und grauer, aber so klingt die Geschichte siegesrauschend, der Präsident erscheint wählbar.

Dann machen wir eine gemeinsame Reise. Eine Reise in das Denken amerikanischer Konspirationstheoretiker, eine Reise in die Trump-Welt. Gorka beginnt diese Reise so: «Alles fing mit einer illegalen Geheimdienstoperation an, ‹Crossfire Hurricane›, politische Spionage durch die Obama-Regierung. CIA, FBI, NSA und das Justizministerium ermittelten gemeinsam gegen Trumps Präsidentschaftskampagne, weil dessen Gegnerin Hillary Clinton zwölf Millionen Dollar für ein sogenanntes Dossier eines britischen Spions, Christopher Steele, bezahlt hatte, in dem bloß russisches Propagandamaterial steckte. Dagegen ist Watergate ein Streit auf einem Kinderspielplatz. Diese Affäre versuchen die Demokraten zu vertuschen, und die Medien helfen ihnen dabei.»

Das raunt. Dass es irgendeine Spionage durch Obamas Regierung gegen den aufstrebenden Trump gegeben habe, wird zwar beständig aus dem Trump-Lager behauptet; es ist allerdings nie belegt worden, nicht einmal im Ansatz. Verstehen Sie sich eigentlich als Journalist, Herr Gorka?

«Nein», sagt er, «ich bin Gastgeber einer landesweiten Radio-Show. Als ich das Weiße Haus verließ, sagte ich dem Präsidenten, dass ich ihn von draußen unterstützen wolle, und nun danke ich Gott: Ich habe eine nationale Radio-Show mit zwei Millionen Hörern von Los Angeles bis New York. Ich entlarve die Lügen der Linken und die Lügen der Mainstream-Medien, und ich erkläre, was Donald Trump für alle Menschen tut, nicht nur für seine 63 Millionen Wähler. Es ist ja nicht so, dass die Medien den Präsidenten missverstünden. Nein, sie sind Verbrecher. Lügner. Fake News ist genau der richtige Begriff für sie, denn sie standen seit dem Tag, an dem Trump vereidigt wurde, dem 20. Januar 2017, an der Seite der Demokraten.»

Es ist, auf eine eigenartige Weise, faszinierend, diesem Mann gegenüberzusitzen. Da ist eine besondere Wucht und Kraft zu spüren. Nicht der Hauch eines Zweifels. Wir möchten nach jedem Halbsatz «Moment, aber …» rufen, doch Gorkas Wortlawine rollt, und wenn sie im Tal ankommt, steht am Hang kein Baum mehr. Wir verteidigen die Rechercheure der *Washington Post* und der *New York Times*, ihre Genauigkeit, ihre Ernsthaftigkeit.

Er lacht und sagt: «Das sind Ideologen. Politische Aktivisten. Gestern hat die *Post* Abu Bakr al Baghdadi einen ernsthaften, religiösen Gelehrten genannt, diesen Massenmörder und Vergewaltiger amerikanischer Geiseln. Versteht ihr, dass die Medien moralisch bankrott sind? Nicht nur wirtschaftlich, auch moralisch. Die *Post*, die *Times*, CNN, sie alle. Erinnert euch daran, dass die *New York Times* am 8. November 2016, dem Wahltag, verkündete, Hillary Clinton werde zu 90 Prozent die Wahl gewinnen. Muss ich mehr sagen? Die Demokraten haben die Medien in der Tasche, und es ist traurig. Wir brauchen die vierte Instanz. Seht euch CNN an, die Fakten sind ja klar: Vor 30 Jahren, im Golfkrieg, war CNN ein toller Sender. Heute hat deren beliebteste Show 700 000 Zuschauer. In einem Land von 330 Millionen. Das amerikanische Volk hat keinen Respekt vor jenen, die es belügen.»

Sebastian Gorka greift sich die politische Wirklichkeit, schüttelt und dreht sie, und danach steht da ein anderes Washington.

Die von Medienwissenschaftlern und in diversen Studien diagnostizierte Wirklichkeit lautet wie folgt: CNN macht, ähnlich wie MSNBC, tagsüber saubere News und in den Abendshows liberal gefärbten Meinungsjournalismus; *Washington Post* und *New York Times* sind neutral, bilden immer auch Gegenpositionen ab, haben liberale wie konservative Kolumnisten, haben beide 2016 den Fehler gemacht, Donald Trump sehr viel mehr Raum als allen anderen Bewerbern zu schenken, was für Trump kostenlose Werbung war. Die meisten Lügen und Verzerrungen finden Forscher und Dokumentare bei Fox News, *Breitbart* und in den Tweets und Wortmeldungen aus dem Weißen Haus.

Gorka allerdings sagt: «Diese Idee, dass Donald Trump ein autoritärer, irgendwie diktatorischer Präsident sei, ist die allerschlimmste Propaganda der Linken. Goebbels wäre auf so etwas stolz gewesen. Was hat Trump Journalisten angetan, was hat er überhaupt getan, das eine Parallele zum Faschismus rechtfertigen könnte? Nichts. Er hat keinen einzigen Journalisten verhaften lassen. Aber er wird dennoch täglich Hitler genannt. Ich schätze die Wahrheitserzähler von Fox. Sean Hannity. Tucker Carlson. Laura Ingraham. Das sind Könner, und sie sind nicht die einzigen.»

Sebastian Gorka trägt einen schwarzen Anzug. Weißes Hemd. Krawatte. Gel im Haar, einen Bart rund um den Mund, die Wangen sind rasiert. Wir möchten nun gern über Donald Trump mit ihm reden. «Unbedingt», sagt er. Welche Stärken hat der Präsident?

«Wo soll ich anfangen. Dieser Mann ist über 70 Jahre alt und schläft zweieinhalb Stunden pro Nacht; in meiner Zeit im Weißen Haus habe ich ihn kein einziges Mal gähnen gesehen, er hat kein einziges Mal gesagt: ‹Jungs, ich muss mich mal kurz hinlegen.› Dieser Mann ist eine Naturgewalt. Ich werde bald 49 und wäre froh, wenn ich 30 Prozent seiner Energie hätte. Seine größte Stärke ist: Er ist ein Kämpfer und gibt niemals auf. Er brauchte das Geld nicht, er nimmt nicht einmal seinen Gehaltsscheck an, er stiftet sein Gehalt den Steuerzahlern. Er brauchte auch den Ruhm nicht, sein Name ist eine globale Marke. Er schuldet niemandem etwas, niemand kontrolliert diesen Mann. Er gibt alles für sein Ziel, der Nation zu dienen und eine kaputte Stadt zu reparieren, dieses Loch Washington. Zum ersten Mal seit der amerikanischen Revolution hat das amerikanische Volk einen Präsidenten gewählt, der weder General noch Politiker war; und die Botschaft war glasklar: Wir sind die politische Elite leid.» Und sehen Sie Schwächen, Fehler?

«Ja, die sehe ich. Ich sehe einige ernsthafte Fehler, die wir gemeinsam gemacht haben, als wir ins Weiße Haus kamen. Der größte betrifft die Personalpolitik. Wir waren ein Haufen Aufständischer, vielleicht ein Dutzend Kerle. Ich, Steve Bannon, Stephen Miller, eine kleine Gruppe, die die ‹Make America Great Again›-Agenda wirklich versteht und dieser Vision und dem Präsidenten gegenüber loyal war. Wir mussten damals viele Posten besetzen. Die Regierung hat ja zwei Millionen Angestellte, doch wir hatten nicht genug Leute, die die MAGA-Vision teilten. So kamen viele Leute, die dort niemals hätten landen sollen, in wichtige Jobs. Personal ist Politik. Diesen Fehler haben wir kollektiv gemacht, und den muss der Präsident nun reparieren.»

Konkret meint Sebastian Gorka diverse Personalien. Jeff Sessions, der als Attorney General während der Russlandaffäre sagte, er sei befangen, und sich deshalb heraushielt – «totale Fehlbesetzung», so Gorka. Der Außenminister Rex Tillerson, der Trump öffentlich Unkenntnis vorhielt – «Riesenfehler». Jetzt aber reicht es Gorka, und er schießt zurück:

«Warum fragt ihr mich eigentlich immer nach seinen Fehlern, nie nach den Erfolgen? Warum? Weil ihr voreingenommen seid, darum. Ihr verschwendet eure Zeit, über Fehler rede ich nicht länger.»

Wir lachen. Er nicht. Ist es kein Fehler, vom Kampf gegen Korruption zu reden und dann die eigenen Kinder und den Schwiegersohn mit Posten zu beglücken? Gorka antwortet: «Als John F. Kennedy seinen Bruder Robert zum Attorney General machte, gab es keine Beschwerden der Linken. Ich habe Jared Kushner aus der Nähe erlebt, der ist ein beeindruckender junger Mann, klug, zäh, dem Ziel und der Agenda verpflichtet. Es könnte mir nicht gleichgültiger sein, ob kompetente Leute nun Cousin zweiten Grades oder Lieblingsbruder sind, solange der Präsident ihnen vertraut und solange die Leistung stimmt.»

Lust auf dieses Interview hat er nicht mehr. Er blickt ins Nachbarzimmer, vier Büros und ein Studio sind durch große Fenster miteinander verbunden. «Letzte Frage», sagt Gorka.

Schätzen Sie auch den ganzen Radau, Trumps Twitterei?

Für ein paar Sekunden scheint er zu überlegen, ob er uns grußlos hinauswerfen soll, Augen schmal, Lippen schmal, aber er sagt sehr freundlich: «Nun ja, ich bin auf eine britische Privatschule gegangen, stiff upper lip, ich musste mich an diesen Stil Donald Trumps erst gewöhnen. Aber dann, nach einer Weile, kam ich vollkommen ins Reine damit, denn ohne seine Tweets wäre der Mann nicht unser Präsident, ohne seine Tweets wäre Hillary Clinton Präsidentin. Die Fake-News-Medien sind ja real, die attackieren. Soziale Medien sind zwingend notwendig, wenn man über die Lügen der Medien hinwegspringen will.»

Dann geht Gorka ein Zimmer weiter. Konferenz, Planung der Sendung. Der junge Trump, Don Jr., ist heute der Stargast. Anschließend geht er noch ein Zimmer weiter, es ist 15 Uhr, die Sendung beginnt.

Er grüßt seine Hörer kurz, beschimpft dann Nancy Pelosi und das Amtsenthebungsverfahren.

Er verdammt Alexander Vindman, den Zeugen.

Er sagt, Trump habe nichts Verbotenes getan, nichts Falsches, es sei «ein perfekter Anruf» gewesen.

## Ein aufrechter Republikaner

Einst wollten alle drei das Gleiche, vermutlich. So ganz leicht ist das nicht mehr herauszufiltern, da sie heute so erbittert verfeindet sind, so laut aufeinander schimpfen. Einst aber konnten sie sich immerhin einigen: Alle drei waren konservativ, waren Republikaner, arbeiteten Seite an Seite für Donald Trump. Das ist eine Weile her.

Steve Bannon und Sebastian Gorka mussten gehen, weil sie sogar Trumps Netzwerk, den Geldgebern der Partei, übergriffig erschienen waren. Anthony Scaramucci musste gehen, weil er einem Journalisten vertraut und das gesamte Weiße Haus beschimpft hatte.

Es geht dem Mann nicht schlecht, als wir ihn im November 2019 in seiner Firma Sky Bridge Capital besuchen, einem Hedge-Fund-Unternehmen in Midtown Manhattan. Scaramucci war vor seinem Abstecher ins Weiße Haus Geschäftsmann, ist es nun wieder, und angeblich besitzt er 230 Millionen Dollar, das sagen amerikanische Wirtschaftsdienste. Eine private Scheidung, bereits angekündigt, gab es dann doch nicht, stattdessen gibt es in den sozialen Medien zauberzärtliche Turtelfotos von den Scaramuccis.

«Wie es geht? Sehr, sehr gut. Ich bin froh, dass ich heil aus dem Weißen Haus herausgekommen bin. Ich war ja blind. Ich wollte nicht sehen», sagt er.

Anthony Scaramucci ist ein muskulöser und kleiner Mann, vielleicht 1,70 Meter groß. Schwarze Haare hat er, keine grauen. Sein Gesicht wirkt straff, faltenlos, in seiner Welt ist das nicht ungewöhnlich: So scheinbar alterslos wie Scaramucci schreiten viele gleichfalls nicht mehr ganz junge New Yorker durchs öffentliche Leben.

Barack Obama habe Donald Trump erschaffen, das sagt er ein wenig unvermittelt, Obama habe das natürlich nicht bewusst getan und schon gar nicht gewollt. «Der 60-jährige Obama ist ein weiser Staatsmann, aber der 47-jährige frischgewählte erste afroamerikanische Präsident Obama wurde von seiner eigenen Begeisterung davon getragen und wollte diesem Land eine progressive Agenda verordnen, für die das Land nicht bereit war. Damit öffnete Obama einen Raum, jenes Vakuum für weiße, arbeitende Menschen, die sich abgekoppelt fühlten. Ich werfe Obama das nicht vor, ich sah das ja selbst nicht kommen, obwohl ich sogar aus einer Handwerkerfamilie stamme. Ob wir Trump nun mögen oder nicht, dieser Mann hat etwas gesehen, das wir nicht sahen: die ökonomische Verzweiflung vieler Menschen. Und ihre Wut darüber, dass ihnen nicht geholfen wurde. Hätte Obama auf diese Entwicklung geachtet, hätte es Trumps Aufstieg nie gegeben.»

Man vergisst das leicht, aber nach der Wirtschaftskrise von 2008 breitete sich ein Gift in Amerika aus. Der Neid. Das Misstrauen. Banken waren gerettet worden, viele hunderttausend Familien aber hatten ihre Häuser verloren und müssen noch heute mit den Schulden leben.

«Trump ist eine demographische Anomalie», sagt Scaramucci, «die Wut der alten weißen Wähler hat ihn getragen, die eigentlich längst die Minderheit sind. Und Fox hat den Raum erschaffen für das, was wir heute erleben.» Der Sender der Murdoch-Familie zeige Amerika «durch das Prisma des Hasses», sagt Scaramucci, «Fox zeigt ein heiles, weißes Amerika, das es so in Wahrheit auch früher nie gab, und Fox erzählt Geschichten, die unseren Großmüttern Angst machen: dass wir in diesem Land bald nicht mehr ‹Frohe Weihnachten› sagen dürften, all diesen Unsinn, der, wenn er wahr wäre, eine Zurückweisung amerikanischer Werte bedeuten würde.»

Der Konferenzraum in Scaramuccis Firma ist ganz schön steril: ein Tisch, Stühle, eine gläserne Wand zur Lobby hin, zwei Topfpflanzen. Aber Scaramucci ist ein lustiger, ein leidenschaftlicher Gesprächspartner. Er erzählt gern, er fragt gern. Wir werden später noch durch Manhattan fahren, den New Yorker Nachmittag gemeinsam verbringen, da Scaramucci einen öffentlichen Podcast aufnimmt, aber vorerst bleiben wir hier.

Wie entstand der Hass der politischen Klasse auf die Medien, wieso erleben wir heute die Renaissance von Begriffen wie «Feinde des Volkes»? Scaramucci blickt aus dem Fenster, er reist nun gedanklich zurück. «Ich sagte zu Trump, dass diese Attacken ein Fehler seien. Am ersten Tag, als er mich einstellte, hatte ich einen Moment allein mit ihm im Oval Office.» Scaramucci schildert die Szene so:

Trump: «Was ist bloß passiert?»

Scaramucci, staunend: «Was meinen Sie?»

Trump: «Ich hatte doch 45 Jahre lang ein blendendes Verhältnis zu den Medien, was zur Hölle ist geschehen?»

Scaramucci: «Sie haben den Medien den Krieg erklärt, Sir. Sie haben Steve Bannon Anfang 2017 sagen lassen, die Medien seien die Opposition – und wenn Sie jemandem den Krieg erklären, wird der Gegner sensibel, und dann schlägt er zurück.»

Und nun sagt Scaramucci zu uns: «Der Präsident hat ein minimales Selbstvertrauen, man muss ja wirklich kein Psychiater sein, um das zu bemerken – der Mann hat das Selbstvertrauen einer Taube. Was in Washington immer wieder passiert, ist dies: Irgendjemand sagt irgendetwas über Trump, das Trump nicht mag, und schon geht er in die Luft. Darum attackiert er irgendwelche Leute, auch Fremde, Privatmenschen, und dann attackiert er die gesamte Presse. Das ist der ganze Nonsens, das ist die ganze Erklärung, komplexer ist es nicht.» Haben Sie einen Strategiewechsel angestrebt?

Er lacht. «Oh ja. Ich habe versucht, die komplette Richtung zu verändern, die Botschaften, den Ton, na, und dann bin ich leider schon wieder gefeuert worden.» Wir sind nun bei den Fehlern, Plural, es war ja nicht nur einer. Zwei schwere Fehler, auf zwei unterschiedlichen Ebenen, hat Anthony Scaramucci gemacht, «und ich habe sie nie irgendwem vorgeworfen, das war meine Schuld, ganz allein», sagt er.

Die erste Sache, die er zu beichten hat, ist diese Begeisterung für Trump. Trifft es das, Begeisterung?

Er sagt: «Ach, ich gebe all meine menschlichen Schwächen zu und gestehe, dass ich moralisch scheinheilig war. In der Rückschau hätte ich mich gern anders verhalten. Aber das habe ich nicht getan. Ich habe Donald Trump so betrachtet wie viele andere Republikaner auch: Okay, wir haben die Wahl zwischen ihm und Hillary Clinton – er hat charakterlich zweifellos Schwächen, aber wir wollen nicht, dass die Demokraten gewinnen, und er wird politisch das liefern, was wir mögen. Ich glaubte an dieses Versprechen, und das war falsch. Weil dieser Mann leider sehr, sehr wenig Charakter und sehr, sehr wenig Moral hat. Keine interne Steuerung.»

Scaramucci wuchs im Bezirk Nassau auf Long Island auf. Sein Vater war italienischer Einwanderer, fuhr Kran und Bagger, war 42 Jahre lang bei derselben Firma. Und Gewerkschafter. Und Republikaner. Diese Kombination ist in den USA selten, aber dort in Nassau County war es die Regel. Und weil der Papa eben Republikaner war, wurde auch der kleine Anthony Republikaner, es war eine Sache der italienischen Familienehre. Anthony erinnert sich daran, dass sein Vater stets seine Steuern zahlte, und er erinnert sich daran, dass seine Eltern viel über Geld diskutierten, aber arm seien sie nicht gewesen.

Anthony wurde Schulsprecher, und als er 17 Jahre alt war, kam Ronald Reagan ins Plaza Hotel von Nassau; Anthony durfte Reagan treffen und erinnert sich weniger an den Präsidenten und mehr an «die Pickel in meinem Gesicht und an den schrecklichen Polyester-Anzug und an meine Nervosität. Doch was für ein Tag».

Scaramucci studierte dann an der Tufts University und an der Harvard Law School, ging zu Lehman Brothers und zu Goldman Sachs, und schon 2005 gründete er seine Firma SkyBridge Capital. (Im Januar 2017, wegen seines Einstiegs in die Politik, verkaufte er seinen Anteil, 45 Prozent, unter anderem an die chinesische HNA Group, aber ein Rückkehrrecht ließ er sich garantieren, und er nutzte es bald.)

2008 hatte sich Scaramucci trotz der Familientradition für Barack Obama eingesetzt: Inspirierend fand er diesen Kandidaten. Was für eine amerikanische Erzählung das war: der einstige Sozialarbeiter aus Chicago, der erste schwarze Präsident … Scaramucci sammelte Spenden für Obama. Doch nach der Wirtschaftskrise von 2008 und 2009 mochte er die Finanzpolitik des Präsidenten nicht, die gegen die Wall Street gerichtet war. Schon 2012 half Scaramucci deshalb dem Republikaner Mitt Romney, gegen Obama. Und vier Jahre später nannte er Donald Trump zunächst einen «politischen Nichtsnutz» und stellte sich an die Seite Jeb Bushs; nach dem Vorwahlkampf trat er doch an Trumps Seite und überraschte die eigenen Freunde und Kollegen damit, dass er nun Trump so laut und wuchtig verteidigte wie einst

Obama. So etwas wirkt in Trumps Welt: Am 21. Juli 2017 ernannte Trump Scaramucci zum neuen Kommunikationsdirektor. Natürlich fragten die Reporter im Weißen Haus sofort nach den frühen Tiraden gegen Trump, welche Scaramucci nun als «größten meiner Fehler» bezeichnete; er versuchte sogar alte Anti-Trump-Tweets zu löschen – als ließen sich vergangene Wirklichkeiten, digitale zudem, ungeschehen machen. «Ich diene der Agenda des Präsidenten, und das ist alles, worauf es ankommt», sagte Scaramucci.

So rasant fing seine Amtszeit an, und noch rasanter endete sie. Am 27. Juli erscheint von Ryan Lizza, heute bei *Politico* und damals beim *New Yorker*, ein Text auf der Website des Magazins, und Lizza dürfte schon während des Schreibens gewusst haben, dass er Scaramucci um dessen schönen Posten bringen würde. War es unsauber? Von Lizza? Nun, dazu gleich mehr.

War es amateurhaft? Von Scaramucci? Ganz gewiss, oh ja. Scaramucci nämlich hatte Lizza angerufen, da er eine undichte Stelle im Weißen Haus finden wollte, einen Informanten, den Lizza aber natürlich nicht benannte. Und dann, recht abrupt, begann Scaramucci zu schimpfen. Über den damaligen Stabschef Reince Priebus, den er einen «verdammten paranoiden Schizophrenen» nannte. Und über Bannon: «Ich bin nicht Steve Bannon. Ich versuche nicht, meinen eigenen Schwanz zu lutschen. Ich versuche nicht, meine eigene Marke auf der verdammten Kraft des Präsidenten aufzubauen. Ich bin tatsächlich hier, um dem Land zu dienen.» An keiner Stelle in diesem erstaunlichen Gespräch sagte Anthony Scaramucci, dass das alles selbstredend «off the record» sei. Weshalb Lizza es mitschnitt, aufschrieb, online stellte. Weshalb Scaramucci sich nur noch für seine «farbenfrohe Wortwahl» entschuldigen und ansonsten den eigenen Rauswurf erwarten konnte. Welcher am 31. Juli kam. Weshalb wir nun solidarisch mittrauernd schweigen.

Bis er sagt: «Was soll ich sagen?» Dann schweigen wir wieder.

Bis er sagt: «Mein Fehler. Nur meiner. Darf nicht passieren, weiß ich, ist klar.» Aber … also, ehrlich gesagt, Anthony, es klingt, als gebe es da ein «aber». Eine Einschränkung, eine Wendung. Ist da vielleicht noch etwas, Anthony?

«Nun, also, nun, ja. Noch einmal: Den Fehler habe ich gemacht, kein anderer, nur ich.» Verstanden. Aber?

«Aber ich kannte Ryan Lizza ja bestens. Seit Ewigkeiten. Er ist wie ich auf Long Island aufgewachsen, unsere Väter waren befreundet, wir waren doch alle Italiener. Kumpel waren wir, das dachte ich. Für mich war das natürlich kein Anruf bei irgendeinem Hauptstadt-Journalisten. Für mich waren wir zwei Jungs, die zusammen Baseball gespielt hatten, und einer hat nun eine Frage. Für mich war es verdammt noch mal klar, dass dieses Gespräch off the record war, ich habe nicht einmal daran gedacht, dass ich das aussprechen müsste.»

Auch auf diese Weise, durch eine Ergänzung am Ende einer wüsten Geschichte, kann sich Eindeutigkeit eintrüben. Und schon ist die Wirklichkeit wieder eine andere.

Laura Ingraham sagte am 1. August 2017 auf Fox News über Scaramucci: «Ich mag ihn sehr. Aber er musste gehen. Ich dachte, als sie letzte Woche Reince Priebus rauswarfen, hätten sie Scaramucci mit ihm rauswerfen sollen. Man kann einfach nicht spät nachts Reporter anrufen und übel über Leute herziehen und dann Respekt erwarten.» Im Jahr darauf übrigens erklärte Ingraham jegliche Migration für diabolisch: «Massive demographische Veränderungen wurden dem amerikanischen Volk aufgezwungen. Und über diese Veränderungen haben wir niemals abgestimmt. Es sieht so aus, dass das Amerika, das wir kennen und lieben, nicht mehr existiert.» Und diesmal antwortete Scaramucci bei CNN: «Es ist das gleiche Maß an Fremdenhass, das meinen Großeltern vor 70, 80 Jahren entgegenschlug. Ich hoffe, ihr wird klar, dass das, was sie gesagt hat, gegen die amerikanischen Werte verstößt, für die sie angeblich wirbt.»

Scaramucci glaubt, dass er beide Welten kenne, die der Arbeiter und die der Reichen. Und er glaubt, dass beide Parteien, also auch die Demokraten, die Verbindung zu den Arbeitern Amerikas verloren hätten. «Du darfst diese Menschen nicht Deplorables nennen», sagt er. Dieser Begriff, «Bedauernswerte», war einer der schlimmsten Fehler Hillary Clintons, die 2016 die Hälfte der Trump-Anhänger als «basket of deplorables» bezeichnete. Es gibt in den USA Politologen, die glauben, dass dieser eine Moment, dieses eine Wort Zeitläufte und damit Weltgeschichte verändert habe.

«Du darfst sie auch nicht weiße Nationalisten nennen», sagt Scaramucci. «Diese Leute wollen Arbeitsplätze. Gute Schulen für ihre Kinder. Chancen für sich selbst. Wenn du etwas erreichen willst, musst du das Narrativ und den Dialog mit den Menschen verändern. Du darfst nicht in einer elitären Blase leben. Ich weiß schon auch: Vieles im globalisierten Kapitalismus funktioniert bestens, ich profitiere selbst davon, aber leider funktioniert es nicht für alle. Es ist gar nicht so schwer: Kümmere dich durch schlaue Steuerpolitik und schlaue Sozialpolitik um diese Menschen, denen es nicht so gut geht wie dir.»

Und wenn du es nicht tust? Er lacht. «Dann kriegst du Trump.»

An dieser Stelle nun wird unser Thema abstrakter. Größer. Wir stoßen während dieser Recherche immer wieder auf diese Ebene: Es geht nicht eigentlich um Trump. Es geht um sehr viel mehr, in den USA und anderswo. Scaramucci sagt an dieser Stelle: «Als Amerikas Gründerväter die Verfassung formulierten, verstanden sie zwei Elemente, die die Presse betreffen. Erstens, die Mächtigen müssen kontrolliert werden, denn Macht lässt verblüffend viele Leute verrückt werden; ich weiß das, ich habe es an mir selbst erlebt. Zweitens, eine freie Presse erzieht junge Menschen, lässt sie frei denken, frei sprechen, freie Ideen entwickeln, und am Ende erfinden sie Facebook oder Google oder Apple. Wer fundamental die Pressefreiheit angreift, greift unsere freie Welt an.» Bei den Republikanern vollziehe sich seit einigen Jahren etwas, das es historisch schon mehrfach gegeben habe, in Diktaturen und in langsam kippenden Demokratien: Die Grenzen der Meinungsfreiheit werden neu gezogen, immer wieder neu, kaum merklich.

«Trump verändert das Spiel, er verschiebt die Torpfosten», das ist Scaramuccis Metapher. «Trump sagt: Bist du loyal zu mir? Ja, natürlich. Okay, ich sage nun schlimme rassistische Dinge, bist du weiterhin loyal zu mir? Äh, ja, Mister President, natürlich. Okay, gut, nun trenne ich an der Grenze Familien und sperre die Kinder ein, bist du noch immer loyal?» Und so gehe es immer weiter: Behinderte würden beleidigt, Frauen sexuell belästigt, Minderheiten ausgegrenzt … «und immer sagen die

Republikaner: Ja, großer Führer, wird sind loyal zu dir. Bis sie zutiefst verstrickte Mittäter sind».

Und darum, so erzählt Scaramucci heute die eigene Geschichte, stieg er aus. Blieb zwar Parteimitglied, aber nicht Anhänger des Trump-Kults. Und dies stimmt gewiss: Er schweigt nicht, widerspricht Trump und kritisiert jene, die schweigen, jene auch, die alles loben, was das Weiße Haus tut. Dadurch ist er zum Feind der Fox-Nation geworden, zum Verräter erklärt. «Und das tut weh. Es ist mir nicht egal, es schmerzt, wenn man öffentlich beschimpft und ausgegrenzt wird», sagt er, «aber es geht nicht anders, ich kann doch nicht meine Integrität oder meine Biographie oder die Geschichte meiner Familie für Sachen verraten, die schlichter Nonsens sind und eine Bösartigkeit für Amerika und die Welt. Dieser Mann ist gleichermaßen zerstörerisch und selbstzerstörerisch, ich kann mich dem doch nicht unterwerfen.» Wird eigentlich nach Trump alles automatisch gut und besser werden?

«Nein, nein, nein, nein, nein», sagt Scaramucci, «ich sage zwar voraus, dass die Republikaner sich nach Trump ein wenig normalisieren und weniger aggressiv gegenüber Medien oder Fremden sein werden, aber wir haben es mit systemischen Problemen zu tun, und Trump ist nur ein Symptom.»

Er meint die Verteilung von Eigentum, die Chancenlosigkeit der Vielen und die Exzesse der Wenigen, und manchmal springt Scaramucci auch, gedanklich. «Wissen Sie, wie hoch Hitlers Zustimmungsrate war? 1945? Nach seinem Tod? Nach dem Untergang Deutschlands? Immer noch 39 Prozent. Das ist das, was nur Demagogen schaffen: Weil sie ein falsches Versprechen abgeben, folgen ihnen jene Leute, denen etwas in ihrem Leben fehlt und die sich abgehängt fühlen – und die geben ihre letzte Hoffnung niemals auf.»

Den Vergleich, man ahnt's bereits, hat er nicht zufällig gewählt.

Scaramucci erinnert nun an Amerikas Verfassung und an die Gründerväter, die vor allem anderen die Freiheit und den Schutz des Individuums im Sinn gehabt hätten; «ein System der Kontrolle und der Gewaltenteilung stellt sicher, dass niemand über dem Gesetz steht und das Individuum geschützt wird – und nun erleben wir, wie dieses über

230 Jahre alte System herausgefordert wird: von einem Demagogen, der seine eigenen Gesetzesverstöße und die seiner Familie absegnen lassen will».

Es folgt nun eine Wutrede: «Der Typ ist wie Tschernobyl. Der erlebt seine Kernschmelze, der hat seinen Zusammenbruch auf offener Bühne. Die Präsidentschaft hat ihn nicht normalisiert, sondern hysterisiert, er wurde immer irrer; und jetzt ist er ein Krimineller, der auf frischer Tat ertappt wurde.»

Die Worte verklingen. Scaramucci trinkt einen Schluck Wasser, aber er legt nicht wirklich eine Pause ein, sondern sitzt da wie ein Boxer, leicht zu beiden Seiten schwankend, als bereite er die nächste Serie von Leberhaken vor. All das aber bedeutet nicht, dass es keine Strategie gebe, nicht wahr? «Natürlich hat er eine Strategie, auf seine Weise ist er ja schlau. Er nutzt alle Stichwörter und verbalen Stilmittel eines Demagogen: Er ist ständig Opfer, er ist ständig verletzt, er lädt sein Publikum dazu ein, mit ihm Opfer und verletzt zu sein: ‹Seid Mitglied meines Kults. Und dann wiederholen wir alle zusammen meine Botschaften wieder und wieder.› 40 Prozent der Bevölkerung bleiben treu an seiner Seite. 40 ist seine Kultzahl, die Kultgröße.»

Tut es Ihnen heute eigentlich leid, dass Sie dazu gehörten, dass Sie Trumps Welt je betreten haben? «Ach nein, es ist Teil meiner Biographie, nicht mehr zu ändern. Es war demütigend, ich habe gelernt, was geschehen kann, wenn Menschen echte Macht haben.»

Scaramucci hat sich einen zauberhaften Spitznamen erarbeitet: In Washington und New York nennen sie ihn «The Mooch», den Schnorrer, was lautmalerische Gründe hat und natürlich vom Nachnamen abgeleitet ist. «The Mooch» ist heute zugleich eine Zeiteinheit, welche eine besonders kurze Verweildauer an Arbeitsplätzen bemisst: elf Tage, Scaramuccis Überlebensdauer im Weißen Haus, sind «ein Mooch».

Wie eigentlich war es dort drinnen, im Weißen Haus, in diesen elf Tagen? The Mooch sagt: «Niemand außer dem Präsidenten darf dort drinnen für irgendetwas gelobt werden, niemand darf im Scheinwerferlicht stehen. Klar, er sagte, dass er die besten Leute anheuern würde, aber mit den Besten kann er nicht umgehen. Verstehen Sie, wie alptraumhaft das ist? Der Mann kann kein Problem definieren, keinen Konsens bilden, er hat nur seinen Twitter-Feed und schreit. Wir alle versuchten das zu normalisieren, weil wir Respekt vor diesem Amt haben, vor Abraham Lincoln und Thomas Jefferson und George Washington, aber was dort geschieht, ist pathologisch instabil. Es geht immer um das Image eines Menschen.»

Es sei ein Wechselspiel, ein Handel, zwischen Trump und den Medien, sagt The Mooch jetzt. «Trump spielt mit der Hass-Liebe-Dynamik. Seine allergrößte Stärke ist die Erzeugung von Aufmerksamkeit für sich selbst, er ist wie ein verbaler niemals endender Autounfall, und wir alle halten an und sehen hin.»

Wir brechen dann auf, gemeinsam, zu seinem Live-Podcast. Nehmen den Fahrstuhl hinab, eine Limousine wartet. Es sind nur ein paar Blocks, über die 42nd Street und hinter dem Bryant Park links, Anthony Scaramucci blickt aus dem Fenster, wir stehen im Stau. Reden über das Dazugehören und das Ausgeschlossensein.

Denn darum ging es ja für ihn: Mitglied der Gruppe und dann sogar Mitglied des innersten Kreises zu sein; oder aber dessen Feind.

Darum geht es auch, wenn eine Gesellschaft erst ihre Balance verloren hat: Kritiker werden nicht mehr angehört, sie werden ausgeschlossen. Beschimpft. Auch bedroht. Scaramucci kritisiert seit seinem Abschied aus dem Weißen Haus dessen Bewohner; uns sagt er nun, zunächst hätten ihm etliche Republikaner zugeflüstert, er möge bitte unbedingt mit dieser Kritik weitermachen, da die Partei von außen gerettet werden müsse. Doch dann sei der Trump-Kult extremer, nämlich aggressiver geworden, und die Angst vor Trump sei gewachsen, und nun werde er von seinen einstigen republikanischen Freunden behandelt, «als hätte ich Sozial-Lepra». Da seien üble Anrufe, «natürlich Morddrohungen», doch das kümmere ihn nicht, denn «ich habe mich nie lebendiger gefühlt als in dem Moment, als der Präsident der USA mich einen instabilen Irren nannte. Wirke ich, als würde es mich betrüben? Es ist ein edler Kampf. Ich versuche meinen fünf Kindern zwei Sachen beizubringen. 1. Lebt nicht in Angst. 2. Kümmert euch nicht darum, was andere über euch denken.» Stille.

Dann, überraschend: «Ihr kennt Dietrich Bonhoeffer? Kommt schon, ihr seid doch Deutsche.»

Ehrlich gesagt, ja: Dietrich Bonhoeffer, evangelischer Theologe, predigte bereits 1933 gegen die Diskriminierung der Juden, zählte schon 1938 zum Widerstand gegen Adolf Hitler, erhielt Redeverbot, Schreibverbot und wurde kurz vor Kriegsende, im April 1945, im KZ Flossenbürg hingerichtet. Scaramucci nickt, sagt: «Man muss früh die Wahrheit sagen. Heute. Wir alle müssen das. Schließlich wissen wir nicht, ob die Lage in fünf Jahren nicht noch viel schlimmer sein wird.»

Und dann, ein Letztes: Bannon, wir müssen über Bannon reden. «Ich wusste es», sagt Scaramucci und lacht.

Steve Bannon macht ja nun ebenfalls Talk Radio, weit rechts natürlich, hat er Einfluss?

«Ja», sagt Scaramucci, «klar, aber die Zielgruppe stirbt langsam aus. Ich kenne Steve in Wahrheit gar nicht so gut. Und dies wird nun ganz schön eitel klingen, aber ich sag's trotzdem: Ich glaube, dass Historiker mich milde beurteilen werden, weil sie mir eines danken werden – ich habe Steve Bannon aus dem Weißen Haus hinaus auf die Pennsylvania Avenue geblasen. Was für ein Alptraum wäre das, wenn Trump und Bannon noch immer gemeinsam im Weißen Haus säßen. Bannon will Amerika ins Jahr 1890 zurückführen. Er will Amerika vom Rest der Zivilisation abschirmen. Jeglichen Handel stoppen. Wisst ihr eigentlich wirklich, mit wem ihr es zu tun habt? Diese Leute sind wirklich wahnsinnig.»

## Patrioten

In den USA wird Jahr für Jahr in der zweiten Novemberwoche der Veterans Day gefeiert, denn in der elften Stunde des elften Tages des elften Monats endete 1918 der Erste Weltkrieg. Von Opfern und Helden ist die Rede, Sternenbanner wehen: Die Nation, inklusive Präsident und Vizepräsident, redet von ihren Helden, den Werten, dem Zusammenhalt, dem Mut. Im Madison Square Garden von New York, wo heute die Rangers und die Pittsburgh Penguins Eishockey spielten, schweigen 20 000 andächtig, dann singen sie zusammen: «O'er the land of the free, and the home of the brave» – das ist nicht kitschig, es ist zum Weinen rührend.

Vor dem Geheimdienstausschuss des Repräsentantenhauses treten heute Zeugen auf, die an etwas Altes erinnern. Kompetenz. Strategien. Überzeugungen. Werte. Ernsthaftigkeit. Intelligenz.

Patrioten.

In Washington, gewiss mehr als in vielen anderen Hauptstädten, wissen alle, die mit Macht zu tun haben, dass sie ausnahmslos und immer auf mehreren Ebenen zugleich agieren. Es gibt in der Politik die diversen Wirklichkeiten, und dann gibt es deren Darstellung.

Mächtige Menschen handeln, verhandeln, entscheiden meist hinter verschlossenen Türen; und hinterher treten sie oder ihre Sprecher vor Mikrophone und erklären, was sie gerade getan haben. Oder sie erklären etwas ganz Anderes. Wenn sie etwas verbergen möchten, wenn sie aus taktischen Gründen eine andere Geschichte als die wirkliche erzählen wollen. Das tatsächliche und das dargestellte Handeln sind zwei wesentliche Ebenen der Politik, und oft sind sie endlos weit voneinander entfernt.

Dann aber gibt es Tage wie diesen. An denen Politik erfahrbar wird, spürbar, nachvollziehbar, glasklar. Wer nicht Parteianhänger ist, wer in diesem gewaltigen Machtspiel, das in Washington seit Jahren schon und jetzt noch einmal verschärft ausgetragen wird, keine Interessen und also nichts zu verlieren hat, wird hinterher sagen: Politik kann ganz einfach sein, es ist ja alles dokumentiert und bewiesen.

Es ist kurz vor zehn Uhr Ortszeit in Washington, D.C., es ist der 13. November 2019, und Amerikas Ostküste bereitet sich gerade auf eine Kältewelle vor, als die ersten beiden Zeugen der öffentlichen Anhörungen vor einem möglichen Amtsenthebungsverfahren gegen Präsident Donald Trump ihre Plätze in Saal 1100 des Longworth-Gebäudes auf dem Kapitol einnehmen. Viel dunkles Holz gibt es hier, Kronleuchter, Säulen. Der amtierende amerikanische Botschafter in der Ukraine, William B. Taylor Jr., Diplomat und Staatsdiener durch und durch, Krawattenträger, sowie der Vizestaatssekretär im Außenministerium,

George P. Kent, gleichfalls Diplomat durch und durch, zudem Liebhaber origineller Fliegen und passend orange-blau-gelber Einstecktücher sowie übergroßer Thermoskannen, reden ruhig und sicher; an Walter Cronkite, den Altstar der TV-Moderatoren, erinnert der Bass Bill Taylors. Und so nehmen diese beiden Zeugen ihr Publikum, also den Geheimdienstausschuss des Repräsentantenhauses, uns Beobachter im Kapitol (die wir rotierend, also viertelstundenweise, im eigentlichen Verhandlungssaal sitzen dürfen) und den fernsehenden Rest der Nation, mit auf eine Reise in die Welt Donald Trumps.

Die beiden erzählen zunächst von sich und all den anderen Leuten im State Department oder draußen in der Welt, denen nicht so sehr an einzelnen Parteien oder gar Präsidenten oder auch Botschaftern liegt, sondern die ganz selbstverständlich und voller Überzeugung für ihr Land arbeiten; und die eine außenpolitische Linie vertreten, über die in der Heimat Einigkeit besteht. Oder bestand. In diesem Fall hieß das: eine Stärkung der Ukraine, da die Krim von Russland annektiert worden war; eine Unterstützung der Ukraine auch deshalb, damit diese sich nach Westen und nicht nach Osten ausrichten könne. Das war die Linie des Westens, die Haltung Europas und der USA. Dann kam Trump.

Dieser Donald Trump, das sagen die beiden Herren im Kongress aus, wollte die Ukraine und besonders den neuen ukrainischen Präsidenten Wolodymyr Zelensky zwingen, Ermittlungen gegen Joe Biden, Trumps mutmaßlichen Rivalen bei der Wahl 2020, sowie dessen Sohn Hunter Biden (der in der Ukraine Geld verdiente) aufzunehmen. Er wünsche sich einen «Gefallen», das sagte Trump am 25. Juli am Telefon zu Zelensky.

Und da jede Menge Mails, SMS und vertrauliche Aussagen vorliegen sowie jener Bericht des Whistleblowers, der die Staatsaffäre auslöste, gibt es schon am Ende dieses ersten Tages Eindeutigkeit: Trump hat Russland strategische Vorteile verschafft und der Ukraine und den USA geschadet; und er hat von einer ausländischen Macht Einmischung und Hilfe für den kommenden Wahlkampf erbeten, was Amerikas Wahlgesetze unzweideutig untersagen.

Der Botschafter Taylor sagt dann noch, dass einer seiner Mitarbeiter gehört habe, wie der Präsident sich einen Tag nach dem Telefonat mit Zelensky bei Gordon Sondland, dem amerikanischen Botschafter bei der EU, erkundigt habe, ob und wie die Ermittlungen gegen Vater und Sohn Biden liefen. Taylor sagt aus, dass er die Verknüpfung des Wunsches nach Ermittlungen gegen die Bidens mit Militärhilfe für «verrückt» halte. Auf diese Weise bringen die öffentlichen Anhörungen für das mögliche Amtsenthebungsverfahren die beiden Ebenen der Politik zueinander, machen sie zu einer.

Aber solche Momente, in denen wir erfahren, wie es wirklich war, wie schmutzige, zynische Weltpolitik gemacht wird, sind selten. Wir erfahren dann zugleich, wie die wahre Weltpolitik dargestellt wird, dass nämlich bisweilen alles verborgen bleiben und nichts ans Licht kommen soll. Wir erfahren all dies von hervorragenden Zeugen: exzellenten Rednern und schlauen Denkern.

Trump schimpft sofort über «ungewählte Bürokraten», «menschlichen Abschaum» und sowieso diesen «deep state», den abgründigen Staat, den er verachtet. Taylor und Kent jedoch sind sechs Stunden lang ernsthaft und überparteilich, kritisieren auch die Obama-Regierung, wenn sie dies sachlich angebracht finden, und damit stehen sie für das alte, das hochintelligente und durchaus distinguierte Washington – mitten in Trumps Washington. Und weil all das, worum es geht, gerade erst geschehen ist, in diesem Sommer 2019 und bis in den September hinein, sind wir mittendrin in einem Drama, das sich gerade erst noch entfaltet.

Am Ende des Tages verstehen wir auch diese feine, kleine Absurdität namens Spin, welche die beiden Ebenen der Politik wieder auseinanderbringt. Denn natürlich beginnt das übliche Spiel der Machtpolitik sofort. Wahrheiten werden verwischt. Eine Gegenerzählung wird etabliert. Die Wahrheit, gerade noch scharf und unzweideutig, verschwindet wieder im aufziehenden Nebel der Machtpolitik.

Der Fall mag zwar simpel sein, da längst alles offen da liegt – trotzdem aber sind die Deutungen auch an diesem Mittwochabend schon wieder unterschiedlich, wandern die Erzählungen und damit die Ebenen bereits Sekunden nach Ende der Sitzung wieder auseinander – weil die Interessen so unterschiedlich sind.

Von «vernichtenden» neuen Erkenntnissen redet Adam Schiff, der demokratische Vorsitzende des Geheimdienstausschusses. Die Republikaner hingegen sagen, nichts sei belegt, alles bloßes Hörensagen (während sie es ihrem Präsidenten durchgehen lassen, dass er Dokumente zurückhält und seinen Mitarbeitern Aussagen verbietet). «Demokraten, korrupte Medien und parteiische Bürokraten» versuchten seit drei Jahren, das Wahlergebnis von 2016 zu revidieren, sagt Devin Nunes, Republikaner im Ausschuss.

Im Weißen Haus sehen sie dem Auftakt der Anhörungen angeblich nicht zu. «Der Präsident arbeitet», schreibt Sprecherin Stephanie Grisham, er sei schon seit acht Uhr morgens im Oval Office. Diese Nachricht sorgt für einen seltenen Moment der Heiterkeit im Kapitol: Normalerweise erscheint Trump nicht vor elf Uhr in seinem Büro.

Wenn das Verhältnis von Dichtung und Wahrheit so wäre, wie Donald Trump es sich wünscht, wäre es für sämtliche Verbrecher dieser Welt eine sagenhafte Sache. Kein Gangster könnte mehr überführt werden, das wäre, wenn man Trump folgte, eine Frage der Logik: Wenn nämlich der Täter nach der Tat sagt, er habe nichts Unrechtes getan, gab es auch keine Tat; Unschuld erwiesen, Fall erledigt.

Donald Trump stand auf dem Rasen im Süden des Weißen Hauses, hinter ihm der startbereite Hubschrauber Marine One, weshalb Trump brüllen musste. Er brüllte in unsere Richtung, in Richtung Journalisten: «Fertig? Laufen eure Kameras?»

Und dann brüllte er: «Ich will nichts. Ich will nichts. Ich will kein quid pro quo.»

Er las diese Worte von einem Zettel ab, schwarze Großbuchstaben standen darauf. Und mit diesen Worten zitierte Trump nun jenes Telefongespräch, in dem er seinem EU-Botschafter Gordon D. Sondland angeblich versichert habe: Nein, nein, er habe keine Forderungen an den ukrainischen Präsidenten Zelensky gehabt, nichts gewollt, folglich auch keine Ermittlungen der Ukraine gegen Trumps politischen Rivalen Joe Biden. Der Unschuldsbeweis? Nein. Denn das war ja kein Auftrag, keine Richtlinie für Sondland. Es war bloß die Unschuldsbehauptung des mutmaßlichen Täters am Tag nach seiner Enttarnung. Trumps Merkzettel, Trumps Gebrüll war darum nur eine weitere Pointe in einem politischen Schauspiel der seltensten Art.

Wir sind nun einige Wochen weiter, es ist der 20. November 2019, und es ist einer dieser Tage in Washington, an denen allen, die dort sind, klar ist: Dies hier ist historisch. Botschafter Sondland, eigentlich ein Trump-Mann (den Botschafter-Posten in Brüssel hatte er sich durch eine Spende von einer Million Dollar für Trumps Feiern zur Amtseinführung gesichert) und natürlich ein Republikaner, kommt lächelnd, selbstbewusst, möglicherweise sogar genüsslich in den Verhandlungssaal und blickt sich schmunzelnd um. Er sieht nicht nervös aus. Gordon Sondland scheint das Spektakel zu mögen, zumindest zu Beginn. Und dann sagt er sechs spektakuläre Stunden lang aus.

Ein perfekter Zeuge ist er nicht: hier und dort vergesslich, sich korrigierend. Manchmal muss er zugeben, dass er nur Informationen interpretiert, aber nicht direkt eingeweiht worden ist.

Der Kern seines Vortrags: Ja, Donald Trump hat die Militärhilfe gestoppt, um Zelensky zu den Ermittlungen gegen die Bidens zu zwingen. Ja, Trumps Privatanwalt Rudy Giuliani hat die schmutzige Politik exekutiert und die Operation angeführt. Ja, «alle wussten es», damit meint Sondland Außenminister Mike Pompeo, Vizepräsident Mike Pence, den damaligen Sicherheitsberater John Bolton, Stabschef Mick Mulvaney und andere mehr. Gab es ein «quid pro quo», die Verknüpfung von Leistung und Gegenleistung? «Eindeutig ja.» Und nein, es existierte keine heimliche zweite Ukraine-Politik neben der offiziellen, denn all dies war explizit Trumps Wunsch, und im Washington dieser Tage wird stets das zur einzigen, zur offiziellen Politik, was Trump sich gerade wünscht. Darum: Ja, alle hätten im Auftrag Trumps gehandelt. Und noch einmal, Sondland wiederholt es, «alle wussten das».

Ganz still ist es im Saal. Dass dies der eine Moment ist, der in dieser Affäre das Spiel kippen kann, scheinen alle zu ahnen.

Trumps Partei ist verblüffend viele Minuten lang schockgefroren. Ganz verschreckt. Aufgebend?

Wir stehen mit Manu Raju in einer Ecke des Kapitols, einem der

Stars von CNN, einem dieser nicht allzu zahlreichen bescheidenen, tatsächlich blendend vernetzten Journalisten, die jedes Gerücht und jeden Trend kennen; er ist der «Senior Congressional Correspondent» seines Senders.

«Wow», sagt Raju nun, «wir erleben Demokraten, die davon überzeugt sind, hier zweifelsfrei und in aller Klarheit, Zeuge für Zeuge und Puzzlestück für Puzzlestück, ihren Fall dargelegt zu haben, und wir erleben Republikaner, die dagegenhalten, dass es keine direkte Verbindung gab zwischen dem, worum Trump bat, und dem, was die Ukrainer am Ende ja doch nicht taten, nämlich die Ermittlungen gegen die Bidens aufzunehmen.» Das Ganze, sagt Raju, sei ein politisches Verfahren, kein juristisches: «Die Demokraten wissen, dass es im Land keine überwältigende Unterstützung für eine Amtsenthebung gibt, das Land ist zu sehr geteilt und polarisiert, alle Sichtweisen sind festgefügt. Jene demokratischen Senatoren, mit denen ich gesprochen habe, hoffen, dass sie am Ende eine Mehrheit von Unterstützern haben werden, mit mehr rechnen sie nicht», schon gar nicht mit einer erfolgreichen Amtsenthebung.

«Am Ende», sagt Manu Raju, «werden die Wähler entscheiden, wer das hier gewinnt. Die Republikaner versuchen ihre Wähler dadurch zu mobilisieren, dass sie sagen, der Präsident, das Opfer immer neuer Kampagnen, werde gehetzt. Die Demokraten sprechen von einem kriminellen Präsidenten, der abgelöst werden müsse.»

Ähnlich wie Jim Acosta war auch Raju, Jahrgang 1980, ein kleiner, sportlicher Kerl mit dichtem, schwarzem Haar, schon mehrfach im Sperrfeuer. Trump beschimpfte ihn. Die Republikanische Partei beschimpfte ihn. Und das alles wurde nicht besser, als Raju einmal tatsächlich einen Fehler machte.

Er kommt aus Darien, Illinois, wo sich seine Eltern niederließen, Mediziner, eingewandert aus dem indischen Karnataka. Sein Großvater war Dichter. Manu ist Ökonom und arbeitete für WMTV in Madison, Wisconsin, ehe er nach Washington zog und bei *Inside Washington Publishers*, *Congressional Quarterly*, *The Hill* und *Politico* war, bevor er 2015 zu CNN ging. Dass er den Unterschied kenne zwischen der dargestellten Politik und der Wirklichkeit, das sagen sie in den Gängen des Kapitols über diesen Mann. 2017 machte er einen spektakulären Beitrag über Tom Price, Trumps Gesundheitsminister, und dessen unsaubere Aktiengeschäfte; das Weiße Haus verlangte Widerruf und Entschuldigung, doch jedes Detail stimmte. Dann allerdings, gleichfalls 2017, passierte ihm der Fehler.

Manu Raju berichtete, dass die Trump-Kampagne, inklusive Sohnemann Donald Jr., gehackte Dokumente vorab gesehen hatte, welche die Enthüllungsplattform WikiLeaks über Hillary Clinton und die Demokraten veröffentlichen wollte. Und veröffentlichte. Julian Assange, WikiLeaks-Chef, und Donald Trump dementierten heftig. Raju konnte nichts belegen, und Trump twitterte: «Ich würde nicht die Luft für eine Entschuldigung anhalten oder damit du deinen Puppenspieler bei den Linken anrufst, die dich mit diesem Bullshit gefüttert haben, weil sie wussten, dass du das händereibend veröffentlichen würdest, ohne auch nur einmal bei der anderen Seite nachzufragen.» CNN zog den Beitrag zurück.

Dies ist fraglos ein hitziges, ein gespaltenes Land, nicht wahr? Er lacht.

«Die Spaltung nimmt noch zu. Die Anhänger des Präsidenten verehren den Mann, ganz egal was er tut. Die Republikaner auf dem Capitol Hill erkennen, dass der Präsident enorme Unterstützung bei seiner Basis hat, und verhalten sich entsprechend. Die Demokraten sehen die Handlungen des Präsidenten exakt entgegengesetzt. Wenn beide Seiten dieselben Fakten betrachten, sehen sie jeweils das Gegenteil.»

Macht es Ihnen nicht Angst, Volksfeind genannt zu werden?

«Nein», sagt Manu Raju, «einige Leute sehen es halt so. Ich mache nur meinen Job. Anstrengend allerdings ist es.»

Laura Ingraham wiederum scherzt bei Fox über die Anhörung: «Wenn ihr an eure Zeit im Kindergarten oder in der Grundschule zurückdenkt, erinnert ihr euch vielleicht an euren Lehrer oder einen besonderen Gast, der auf einem Stuhl saß oder auf dem Boden, mit Kindern um sich herum. Wenn Fabeln, Gedichte oder Märchen laut vorgelesen wurden.

Wir Kinder haben das mit weit aufgerissenen Augen alles verschlungen: Kobolde, Zauberer, sprechende Schweine – es war alles magisch. Die Worte und die Art des Vortrages haben die erfundenen Charaktere zum Leben erweckt. Aber dann sind wir erwachsen geworden. Oder zumindest einige von uns sind erwachsen geworden. Andere verkaufen Fiktion und tun so, als wäre es das wahre Leben.» Ingraham montiert Zitate von Sondland und Adam Schiff zu einer grotesken Collage.

Jeff Mason ist einer derer, die immer wieder mal vom Präsidenten angeschrien werden. Seit 2009 berichtet Mason aus dem Weißen Haus: Wenn man den Briefing Room der Journalisten betritt, muss man links abbiegen und zwölf, 13 Meter weit gehen, dann geht es rechts in ein enges Kabuff mit mehreren Arbeitsplätzen. Hier sitzt Reuters, die Agentur, und hier arbeitet Mason, so unabhängig, so ernsthaft, so gründlich, wie Journalisten nur sein können. Er ist Amerikaner, hat an der Northwestern University studiert, aber seine Karriere begann in Frankfurt, wo er über Luftfahrt schrieb. Dann kam Brüssel, die EU. Dann Washington. Jeff hat wenige Haare, trägt immer Hemd, Krawatte, Anzug, passt immer auf, dass er sich nicht zu weit vorwagt mit Thesen, die er nicht belegen könnte, sucht immer nach der zweiten Quelle.

Am 2. Oktober 2019 wurde es heftig für Jeff Mason; derart öffentlich, derart scharf werden nur wenige Menschen von einem derart mächtigen Mann angegriffen. Der finnische Präsident Sauli Niinistö war zu Besuch, und in der Pressekonferenz stand Mason auf und fragte nach dem Thema jener Tage.

Jeff Mason: «Die Frage, Sir, war, was Zelensky gegen Vizepräsident Biden und seinen Sohn Hunter tun sollte.»

Trump: «Sprechen Sie mit mir?»

Mason: «Ja, es war nur eine Fortsetzung dessen, was ich Sie gerade gefragt habe, Sir.»

Trump: «Hören Sie zu, sind Sie bereit? Wir haben den Präsidenten von Finnland hier. Stellen Sie ihm eine Frage.»

Mason: «Ich habe gleich eine Frage für ihn. Ich wollte nur dem nachgehen, was ich Sie bereits vorhin gefragt habe.»

Trump: «Haben Sie mich gehört? Haben Sie mich gehört? Stellen Sie ihm eine Frage.»

Mason: «Das werde ich, aber ...»

Trump: «Ich habe Ihnen eine lange Antwort gegeben. Stellen Sie diesem Herrn eine Frage, seien Sie nicht unhöflich.»

Mason: «Nein, Sir, ich möchte nicht unhöflich sein, ich wollte nur, dass Sie die Möglichkeit haben, die Frage zu beantworten, die ich Ihnen gestellt habe.»

Trump: «Ich habe alles beantwortet. Es ist ein riesiger Scherz, und Sie wissen, wer diesen Scherz befördert? Leute wie Sie und die Fake-News-Medien, die wir in diesem Land haben. Und ich sage in vielen Fällen die korrupten Medien, weil Sie korrupt sind. Ein Großteil der Medien in diesem Land ist nicht nur falsch, sondern auch korrupt. Und es gibt auch einige sehr gute Leute, großartige Journalisten, großartige Reporter, aber zu einem großen Teil sind Sie korrupt und falsch. Stellen Sie dem finnischen Präsidenten bitte eine Frage.»

Mason: «Okay, ich gehe jetzt weiter.»

Mason stellt Sauli Niinistö eine Frage, die aber stattdessen Trump beantwortet, laut, langatmig, und dabei wird klar, dass Trump den Namen seines Gastes vergessen hat. Er umgeht diesen Namen, ziemlich eckig und holprig. Und Jeff Mason setzt sich wieder, ruhig atmend, milde lächelnd, stoisch. Er beherrscht das inzwischen, auch das Spiel auf der größten Bühne der Welt lässt sich üben und lernen.

Gleichwohl: Es sind anstrengende Tage, Wochen, Monate, Jahre.

«Hitzig ist es», sagt Jeff Mason, «und das Tempo ist hoch. Auch die Tatsache, dass der Präsident früh arbeitet und bis spät in die Nacht arbeitet – jedenfalls in Bezug auf seinen Twitter-Feed – sorgt dafür, dass auch wir lange Tage haben.»

Wir reden über die Anhörungen, und er sagt: «Der Präsident wirkt dadurch angefasst, dass er sehr, sehr viel twittert – das tut er meist dann, wenn ihn etwas erregt, und in seinen Gedanken ist er dann ja auch sehr transparent.» Wir fragen nach den zwei Erzählungen, jener der Demokraten und jener der Republikaner, und Jeff sagt: «Das spiegelt die amerikanische Polarisierung, die Teilung des Landes wider. Alles wird unterschiedlich betrachtet, auch das Gespräch zwischen Trump und Zelensky, auch der Präsident selbst.» Und als er die Frage hört, ob es so etwas wie Wahrheit, Eindeutigkeit in diesem Klima noch geben könne, zieht Jeff Mason sich schon wieder zurück: «Das kann ich nicht beantworten, das müssen andere tun.»

Natürlich, schon am Nachmittag versuchen die Republikaner die Version des Präsidenten über Twitter und diverse Interviews bei Fox News durchzudrücken: Sondland habe doch selbst ausgesagt, dass Trump ihm gesagt habe, er wolle nichts von Zelensky. Darum seien die Ermittlungen der Demokraten zum Amtsenthebungsverfahren eine Hexenjagd, eine Märchenstunde, vom Hass getrieben, wahnhaft. «Wenn dies ein Boxkampf wäre, würde er jetzt abgebrochen», das twittert Trump.

So weit sind wir nun also in diesem Geheimdienstausschuss des Repräsentantenhauses von Washington gekommen: Das Vergehen ist belegt, der Fall eindeutig, und er ist nicht einmal kompliziert. Jetzt aber geht es um Ablenkung, um Deutung, und da wir in Washington sind: um taktische Verdrehungen.

Der ganze Zettelauftritt des amerikanischen Präsidenten war in Wahrheit nichts als Show und plumper Unfug: Er belegt nichts. Das Telefonat zwischen Sondland und Trump fand ja nicht im Mai oder Juli, sondern erst am 9. September, also lange nach dem Gespräch Trumps und Zelenskys, statt.

Einen Tag zuvor war die Bombe hochgegangen: Am 8. September war die Aussage des Whistleblowers bekannt geworden. Seither ist in rasendem Tempo vieles geschehen:

Das Protokoll des Weißen Hauses, das zunächst in digitalen Abgründen versteckt worden war, belegte die Forderung nach Ermittlungen gegen die Bidens, von Trump am 25. Juli erhoben. Das Weiße Haus hat andere Dokumente zurückgehalten und die Aussagen aller wichtigen Zeugen zu verhindern versucht. Diplomaten und Mitarbeiter des Außenministeriums und des Weißen Hauses stützten die Aussage des Whistleblowers. Sie alle sagten unter Eid aus. Trump attackierte die ehemalige Botschafterin in Kiew, Marie L. Yovanovitch, noch während diese aussagte, via Twitter. Außenminister Pompeo stellte sich nicht schützend vor seine Leute; er stellte sich bedingungslos an die Seite seines Chefs Trump.

Wir treffen Jenna Johnson, Reporterin der *Washington Post*, und sie sagt: «Dies ist ein spezieller Moment in unserer Geschichte. Hier in Washington verfolgen alle die Anhörungen auf ihren Computern, sie lesen die Aussagen in den Mittagspausen nach, all dies ist einzigartig. Und da diese Regierung von Überraschungen lebt, gewöhnen wir uns mittlerweile sogar an das Überraschende, alles scheint normalisiert und gerechtfertigt zu werden. Wir sollten einen Schritt zurücktreten, innehalten, dann nämlich bemerken wir die Bedeutung der Worte und Taten, all der Tabu- und Regelbrüche. Wir bemerken auch: All die Menschen, die gegen die Regierung aussagen, tun etwas Mutiges, Außergewöhnliches. Sie öffnen ein Fenster, und wir alle können nun die Außenpolitik unter Donald Trump erleben, dazu den Versuch der vielen Diplomaten, weiter professionell zu sein, obwohl der eigene Präsident ihnen ständig Hürden in den Weg stellt.»

Der Preis der Treue der Republikanischen Partei zu ihrem Präsidenten, das Risiko, ist hoch: Leute wie der Republikaner Devin Nunes, die den Demokraten täglich «ihren Zirkus» vorwerfen, haben keine Argumentationslinien mehr zur Verfügung, nur Tiraden und die schlichte Leugnung dessen, was belegte Tatsache ist. Wie eigentlich will Nunes nach der Ära Trump wieder glaubwürdig werden, wie zu seriöser Politik zurückkehren?

Immerhin, es gibt weitere gute Tage für die Wahrheit. Am 18. Dezember haben wir eine Anklage, einen Bericht und eine Enthüllung, und ganz und gar eindeutig steht da auf einmal, was geschehen ist.

Donald Trump hat in seinem früheren Berufsleben, als Sohn und dann als Immobilienunternehmer, zunächst von seinem Vater und dann von seinem Anwalt Roy Cohn gelernt, dass ein Mann, der erfolgreich sein will, stets und ausnahmslos zurückschlagen müsse: «Zehnmal härter als du getroffen wurdest», das sagte ihm Cohn. Darum verklagte Trump einst seine geschäftlichen Rivalen, darum denunzierte er die

Ehefrauen, die er verlassen wollte, und mit den Jahren lernte er das, was er für seine Lebensweisheit hält: Es geht ums Gewinnen, nicht um ethische Maßstäbe. Was ist schon Wahrheit? Auch nur eine Waffe im tagtäglichen Überlebenskampf.

Washington war nie eine zimperliche Stadt. Intrigen gehören hier seit Jahrhunderten dazu, Lügen auch, denn Macht war immer schon beinahe so wichtig wie Wahrheit und manchmal wichtiger. Doch immerhin: Das Konzept der Wahrheit existierte, da Amerikas Demokratie funktionierte. Der Kongress kontrollierte den Präsidenten und alle Mächtigen, weshalb eine Lüge unter Eid vor dem Kongress eine schwere Straftat war; und die Gerichte kontrollierten die Politik; und die Medien sahen genau hin, korrigierten sich selbst, wenn sie Fehler gemacht hatten, und wurden meistens ernst genommen.

Donald Trump spürte, was durch das Format des Talk Radios und dann durch radikal einseitige Webseiten begonnen hatte, und perfektionierte es: Jene Vergangenheit, in der wissenschaftliche Daten ebenso akzeptiert wurden wie Gesprächsprotokolle oder auch Tatsachen, die von Millionen Menschen bezeugt worden waren, ist seit Trumps Amtsantritt vorbei. Vielleicht macht er bis heute nur das, was er in der New Yorker Immobilienwelt gelernt hat.

Die Demokraten sagen, er habe gegen das Gesetz verstoßen, und legen ihre Beweise vor; darum sagt Trump: «Die Demokraten wollen einen Coup verüben, sie sind Verbrecher. Und die Medien helfen ihnen und sind die Feinde des Volkes.» Die Demokraten sind hartnäckig, darum spricht er von «Lynchmord» und «Hexenjagd». Die Demokraten sind präzise in ihren Anklagen, darum sagt er: «Sie sind verrückt.»

Er will die Aufmerksamkeit umlenken, die Wahrnehmung drehen. Seine Partei hilft ihm dabei und postuliert, es gebe keine Beweise, nachdem sie die Beweise gerade gesehen hat; sagt, dass die Ukraine in die US-Wahlen von 2016 eingegriffen habe, nachdem die Zeugen gerade ausgesagt haben, dass Wladimir Putins Geheimdienste diese Theorie erfunden hätten, um Russland zu entlasten und den Kriegsgegner Ukraine zu belasten.

Lügende Medien, hasserfüllte und verbrecherische Demokraten –

mit diesen Klassifizierungen arbeitet die Regierung Trump, und durch die ständige Wiederholung etabliert sie diese. Damit, das ist das Verblüffende der Trump-Jahre, ist dem Präsidenten eine eigene Deutung der amerikanischen Wirklichkeit gelungen, die von vielen Millionen Anhängern geglaubt wird.

Auf neun Seiten aber haben die Demokraten im Repräsentantenhaus nun das Vergehen Donald Trumps so gradlinig und zweifelsfrei wie möglich zusammengefasst: Machtmissbrauch und Behinderung der Justiz. Es steht fest, dass die demokratische Mehrheit im Repräsentantenhaus diese beiden Anklagepunkte absegnen wird; und es steht ebenso fest, dass der Senat, mehrheitlich von den Republikanern dominiert, die Amtsenthebung im Januar verhindern wird.

Dieses Dokument allerdings wird bleiben.

Nach Richard Nixon, der einer Anklage zuvorkam und zurücktrat, und nach Bill Clinton, der sich halten konnte, wird Donald Trump der dritte Präsident in der jüngeren amerikanischen Geschichte sein, der sich einem Amtsenthebungsverfahren stellen muss.

Und dann hat auch noch, zweitens, die Aufsichtsbehörde des Justizministeriums einen so präzisen wie kritischen Bericht über die Arbeit des FBI in der Russland-Affäre geschrieben. Seit über einem Jahr schimpft Trump, dass das FBI politisch getrieben gewesen sei; doch nein, es habe zwar Ermittlungsfehler gegeben, aber die Ermittlung selbst sei auf blitzsauberer Grundlage geführt worden und unparteiisch geblieben.

Die Wahrheit ist dokumentiert. Sie ist dann doch ein zähes Biest, und sie ist noch immer nicht tot.

Dieser Moment wahrer Spannung aber zieht schnell vorbei. Ganz kurz immerhin gibt es in Washington Gerüchte oder eher noch Spekulationen oder vielleicht ja auch nur die Frage, dass oder ob ein kleiner, naturgemäß mächtiger Kreis von Republikanern gerade einen Plan ausarbeite. Geheim müsse dieser Plan natürlich sein, ohne das winzigste Getuschel bis exakt zur Sekunde der Umsetzung. Mitch McConnell, Fraktionsvorsitzender und damit Mehrheitsführer im Senat, müsse einbezogen sein, vermutlich Vizepräsident Mike Pence, vermutlich der mächtige Senator Lindsey Graham. Eine schlaue Nachfolgeregelung müsse Teil des Plans sein, vielleicht mit Pence, eher noch mit Nikki Haley, der ehemaligen UN-Botschafterin, die die erste Präsidentin der USA werden und der Partei die Macht erhalten könne – welche Pointe in dieser wüsten Geschichte.

Vor allem aber, und dies wäre der Kern der Erzählung, würden also Pence, Graham und McConnell gemeinsam zu Donald Trump gehen und ihm sagen müssen, nun sei es vorbei, er müsse jetzt gehen, endlich – wie Jahrzehnte zuvor beim Sturz Nixons.

Wir dürfen dieses einige Wochen alte Gedankenspiel, ob wir es nun Gerücht, Spekulation oder Frage nennen, nicht überhöhen. Es gibt, *on the record* oder «unter eins», wie das offene Gespräch ohne Anonymisierung im politischen Journalismus heißt, keine Quelle dafür, und es gibt nicht einmal «unter drei», also *off the record* oder anonym, irgendetwas Belastbares; vielleicht sind die Erfinder dieses Königsmords bloß ein paar Journalisten, die an der Bar diskutiert haben, wann die Republikaner diesen Donald Trump denn nun endlich fallen lassen. Das müssen sie doch! Sie werden doch nicht …

Doch, sie werden.

Amerikas Republikaner haben sich bereits während der Wochen der Zeugenbefragungen festgelegt: Sie werden das Impeachment-Verfahren gegen den Präsidenten Donald Trump scheitern lassen und treu an dessen Seite verbleiben. Das Verfahren ist nun vom Geheimdienstausschuss des Repräsentantenhauses in den Justizausschuss gewandert, wo die Anklage, die sogenannten «articles of impeachment», ausgearbeitet wird, über die bereits vor Weihnachten die Abstimmung des gesamten Repräsentantenhauses folgen soll.

Aber die republikanische Festung wird halten. Alle maßgeblichen Leute der Partei haben sich mittlerweile positioniert, und ihre Partei wird Trump schützen. Die sogenannte Grand Old Party, «GOP», hält eine 53:47-Mehrheit in der zweiten Kammer, dem Senat, wo es für eine Amtsenthebung eine demokratische Zweidrittel-Mehrheit bräuchte. Dort also wird dieses Drama enden, das die USA in diesem Winter wechselweise anwidert oder fasziniert, zweifelsfrei aber bannt und zu einem monothematisch auf seinen Präsidenten fixierten Land macht.

Absurd ist bei dieser Geschichte über moderne Nibelungentreue nicht, dass der Mann im Zentrum notorisch lügt und illoyal ist oder mutmaßlich Amerikas Wahlgesetze gebrochen hat und dass seine Partei ihn trotzdem trägt: So ist Politik. Parteipolitiker stützen ihre Anführer, weil alle miteinander von der errungenen Macht profitieren.

Absurd ist gleichfalls nicht, dass diese Treue nach und nach, kaum merkbar, etwas auf naive Weise Devotes bekommen hat. Es ist wie bei der Mafia: Wenn man sich erst verbrüdert und eingeschworen hat, ist der richtige Moment für die Trennung kaum mehr zu finden. Dies meint ja das Wort «Nibelungentreue»: Die drei Burgunderkönige hätten Hagen von Tronje nur ausliefern müssen, weil dieser Siegfried fraglos ermordet hatte; aber sie gingen mit Hagen unter.

Nein, absurd ist an dem Verhalten der Republikaner vielmehr, auf welche Weise Russland von dieser Affäre profitiert – jenes Land also, das strategischer Gegner der USA ist und jahrzehntelang, wegen des Kalten Krieges und des Wettstreits der Systeme, Obsession Nummer eins aller patriotischen Konservativen der USA war. Aus russischer Sicht vollzieht sich in diesen Tagen eine geradezu himmlische Wendung der Ereignisse.

Washingtons Republikaner versuchen nämlich, Donald Trumps dokumentiertes Verhalten zu vernebeln, und einfach ist das nicht. Die Taktik der Republikaner ist: Sie sagen, dass Trump gegen Korruption in der Ukraine vorgegangen sei (wofür es kein Indiz gibt); und dass die Ukraine in den amerikanischen Wahlkampf von 2016 eingegriffen habe (dito). War nicht die Ukraine sogar verantwortlich für den Diebstahl der demokratischen E-Mails von 2016? «Ich weiß es nicht, Sie wissen es nicht, niemand weiß es», sagte der Senator John Neely Kennedy bei Fox News, so funktionieren politische Nebelwerfer.

Die Geheimdienste der USA haben sich längst festgelegt, und wer in Washington Hintergrundgespräche führt, lernt, dass diese Geheimdienste ihre Erkenntnisse für bewiesen, für Fakten, für Wahrheit und nicht für Deutungen oder Interpretationen halten: Vor vier Jahren brach der russische Militärgeheimdienst in die Computersysteme der Demokraten ein und klaute Daten. Sie gaben die Daten weiter an Hacker, welche die demokratische Kandidatin Hillary Clinton beschädigen sollten. Russische Agenten hackten Wahlbüros, russische Kampagnen gegen Clinton erreichten über Facebook viele Millionen Amerikaner. Kein Mensch vom Fach, der die Beweislage kennt, hat Zweifel.

Leicht nachvollziehbar ist, warum Donald Trump diese Erkenntnisse nicht mag: Sie lassen seine Präsidentschaft weniger legitim erscheinen.

Schwerer nachvollziehbar ist, dass eine Partei, für welche die innere Sicherheit und der Kampf gegen die Sowjetunion und danach gegen Russland zur Staatsräson gehörten, ebendiese innere Sicherheit nun selbst untergräbt.

Aus Russlands Sicht ist das sogar mehr als bloß himmlisch, es ist ein Geniestreich: Ausgerechnet der russische Kriegsgegner Ukraine wird in den Schmutz der Weltpolitik gezogen und von den USA zunächst militärstrategisch untergraben und dann, aus niederen egoistischen Motiven, moralisch denunziert – aus Putins Sicht ist dies der Jackpot. Die Ukraine: erschüttert und geschwächt; die USA: abgelenkt und geschwächt; Russland: entlastet und gestärkt.

Wie einfach das alles ist. Russlands Präsident Wladimir Putin jubilierte am 20. November: «Gott sei Dank beschuldigt uns niemand mehr, in die amerikanischen Wahlen eingegriffen zu haben. Jetzt beschuldigen sie die Ukraine.» Die Andeutung eines Lächelns war zu erahnen – eigentlich hätte Putin brüllend lachen müssen. Warum aber gehen die Republikaner so weit und noch immer weiter?

Konservative, das ist die simpelste Erklärung, tun sich leichter mit pragmatischem Machterhalt als Liberale, denen die eigene Moral wichtiger ist, was bei vielen progressiven Parteien überall auf der Welt zu ständigem Selbstzweifel führt. Pures Eigeninteresse kommt hinzu: Jeder Republikaner, der ausschert, wird von Trump via Twitter verdammt, von der Partei fallen gelassen und von den Wählern bestraft werden.

Aber da sind auch zwei strategische Aspekte.

Zum einen setzt Trump republikanische Politik durch. Er unterschreibt Steuererleichterungen für Reiche und kürzt Sozialleistungen; er verdammt Abtreibungen und Migration und leugnet den Klimawandel; genau dies ist der Kurs der Partei. Dass die Neuverschuldung uferlos ist, nimmt die GOP hin, weil Arbeitslosenzahlen und Börsenkurse lange famos waren; und überall im Land ernennt Trump zum anderen konservative Richter, die die Verhältnisse zementieren.

Seine zwei Ernennungen im Supreme Court, jeweils auf Lebenszeit, haben dort bereits für eine konservative 5:4-Mehrheit gesorgt. Und da die liberale Richterin Ruth Bader Ginsburg, in diesem Winter 86 Jahre alt, bereits mehrfach krank und aufgrund von Bauchspeicheldrüsenkrebs zuletzt wieder in der Klinik war, soll ausgerechnet eine Partei wie die Republikaner die Macht aus ethischen Gründen in jenem Moment hergeben, in welchem Ginsburgs Tod wahrscheinlich und eine konservative 6:3-Mehrheit im höchsten Gericht greifbar wird? Ein süßlicher Idealistentraum.

## — Wahn und Wahrheit (5.) —

Wieso kommt Donald Trump mit all seinen Lügen und Verdrehungen durch? Bernhard Pörksen ist Medienwissenschaftler in Tübingen und erforscht den Medienwandel im digitalen Zeitalter, er antwortet im Skype-Gespräch: «Sie fragen vom Paradigma des Aufklärers aus: Es kann doch nur einer recht haben, es gilt nur eine Wahrheit. Die ideologisch hartgesottenen Fans von Donald Trump finden das vergleichsweise unwichtig. Die Nichtkritik der Lüge funktioniert als eine Art weltanschauliches Bekenntnis. Das heißt, die Auseinandersetzung wird gar nicht auf dem Terrain wahr oder falsch geführt. Das tun wir, die Journalisten, das tun diejenigen, die sich empören über die Statistik von vielen tausend Lügen. Aber für einen Trump-Anhänger sind das keine Kriterien. Er wird abwägen und sagen: In einem höheren Sinne hat Trump recht.»

Und dann gibt es da eine parallele Entwicklung, gleichfalls bedeutend: «Jenseits der großen Zeitungen wie *New York Times* und *Washington Post* wird der Journalismus in den USA schwächer, insbesondere der Lokaljournalismus. Von 1970 bis 2016 sind 500 Zeitungen eingestellt worden. Das heißt, das System, das zuständig wäre für die Durchsetzung von Wahrheitsansprüchen und die Verfolgung von Normverstößen, wie ihn eine Lüge darstellt, dieses System wird erkennbar schwächer.»

Pörksen sagt, Trump sei die Realität gewordene Prophezeiung eines Neil Postman. Der amerikanische Medienwissenschaftler hatte Mitte der achtziger Jahre die Verschmelzung von Information und Unterhaltung im Fernsehen beschrieben und die selbstzerstörerische Infantilisierung der Mediengesellschaft vorhergesagt. «Trump ist ein Machtfaktor eigenen Typs. Die Einschaltquoten explodieren, wenn er Nonsens brabbelnd oder einen Schneesturm von Falschaussagen auslösend auf Sendung geht. Er hat das Mediensystem gehackt. Er liefert Pöbeleien, Attacken, betreibt permanent Spannungsaufbau, inszeniert politische Konferenzen wie Reality-TV-Soaps. Das sind Prinzipien eines entfesselten Unterhaltungsbusiness. Darin besteht, neben allem Schrecken, seine Genialität.»

# 6.

# SWEET TWEETS

## Boom ... Breaking News!

Stellt euch nur vor, Richard Nixon hätte einen Twitter-Account gehabt», sagt Jim Acosta.

In der Welt des Journalismus sei es axiomatisch, dass, wenn der Präsident der USA etwas sage, dies eine Nachricht sei. Das sagt der Blogger Judd Legum. Donald Trump habe diese Regel jedoch zur absurden Formel gemacht, «da er pausenlos etwas sagt und 90 Prozent dessen, was er sagt, falsch sind. Außerdem ändert er ständig Richtung und Fokus seiner Aussagen.» Trump redet halt irgendetwas. Und die meisten Medien berichten es, ohne Kontext, ohne Überprüfung, so schnell wie möglich. Und alle, Trump, Medien und Publikum, werden darüber langsam irre.

Trumps Verhalten, so sieht es Judd Legum, sei einerseits strategisch: «Das hat er gelernt, so hat er schon als New Yorker Immobilienmann die Schlagzeilen der Boulevardzeitungen erobert.» Andererseits sei dies die einzige Strategie, die Trump beherrsche: «Er kann nicht umschalten und politische Planungen vorlegen. Er tut das, was er kann.»

Donald Trump, der Twitter-Präsident, war zweieinhalb Jahre lang ein Extrem. Er quälte Rechtschreib- und Stilnormen, beleidigte, log, twitterte nachts, am frühen Morgen, ständig. Er entließ Minister via Twitter, sprach Strafzölle via Twitter aus, Trumps Twitterei veränderte die Spielregeln von Politik, Gesellschaft und Medien. «Boom», sagte Trump, er müsse nur auf «Senden» klicken, «und zwei Sekunden später heißt es überall: ‹Breaking News!›»

So war das, früher. Dann begannen die Ermittlungen für das Amtsenthebungsverfahren, und jetzt ist Donald Trump rasend wütend. Er wirft mit Begriffen wie «Hochverrat» um sich, bezeichnet die Ermittlungen als «Lynchmord», was in einem Land, zu dessen Geschichte Sklaverei und Lynchmorde gehören, ähnlich passend klingt wie die in kollektiver Klugheit abgeschaffte Metapher «bis zur Vergasung» einstmals in Deutschland. Kleinschreibung kennt er kaum noch: «BULLSHIT» ruft er durchs Internet, einen «BÜRGERKRIEG» wünscht er herbei, die Demokraten nennt er «menschlichen Abschaum». 271 Tweets waren es in der zweiten Oktoberwoche 2019, der tägliche Ausstoß hat sich verdreifacht.

Die *New York Times* dokumentiert Ende 2019: Über 2026 Mal hatte Präsident Trump sich twitternd selbst gelobt, 4469 Mal hatte er Demokraten, Ermittler und Medien beschimpft, und 1710 Mal hatte er Verschwörungstheorien jener Gruppe namens «QAnon» retweetet, deren Anhänger glauben, dass pädophile Satanisten den verfilzten «deep state» von Washington beherrschten.

«We love you, Mr. President», dieser Tweet kam aus Russland, und Trump schrieb «So nett, vielen Dank» und drückte «Retweet»; er adelt rassistisches Zeugs, frauenfeindliches Zeugs, erfundenes Zeugs.

Lustig ist das alles schon auch, manchmal. «Their is nothing bipartisan about him», schrieb er über den Demokraten Max Warner, «there» (dort) und «their» (ihr) verwechselnd. Dem Fox-Moderator Sean Hannity gratulierte er, weil Hannity «the number one shoe», den Schuh Nummer eins, produziere. Er nennt Joe Biden «Bidan» und schreibt «wonerful», ohne d in der Mitte. Seinen Verteidigungsminister Mark Esper macht er tatsächlich zu «Mark Esperanto».

Es ist aber nicht ausschließlich lustig, meistens.

Die ungefilterte Twitter-Kommunikation ist perfekt für Propaganda. «MAGA» («Make America Great Again») ist längst eine weltberühmte Marke, Misogynie und Rassismus sind von ganz oben legitimiert. Wer Gegner derart denunziert und Medien zu «Volksfeinden» erklärt, reißt Grenzen ein, die in einer Demokratie dringend geschützt werden müssten, falls die Demokratie denn leben soll. Ein derart dröhnendes Verhalten gründete, historisch betrachtet, noch stets auf einem absoluten Herrschaftsanspruch.

Früher gab es doch eine Trennung: hier die Wirklichkeit, aufregend genug, und dort drüben die Fiktion, diese ganzen wüsten Filme und Comics, zu überdreht, um wahr zu sein. War es jemals so? Oder verklären wir jenes Damals? Kein Mensch hätte sich, damals oder heute, die Geschichte ausgedacht, dass ein Präsident der USA ein 16jähriges, unter dem Asperger-Syndrom leidendes Mädchen aus Schweden attackieren würde, weil er eifersüchtig ist. Sie ist auf dem Cover von «Time» und er nicht. Sie ist die «Person des Jahres», die er so gern wäre (mehrfach sagte er das). Darum also twittert Donald Trump: «So lächerlich. Greta muss an ihrem Wutmanagement-Problem arbeiten, dann mit einer Freundin einen guten, altmodischen Film gucken! Chill, Greta, chill.»

Der Mann twittert früh um sechs, dann den Tag hindurch, bis in den späten Abend und wieder frühmorgens, allerdings ohne Zuschauer, denn er möchte nicht, dass andere sehen, dass er eine Lesebrille braucht (dies bestätigt uns ein Mitarbeiter). Dass er eine Nebenwirklichkeit erschafft, ist offensichtlich: Trump ist niemals bloß unschuldig, sondern seine Kritiker sind schuldig und bösartig, irre und mindestens sozialistisch. Die Zahl der Herzchen, Kommentare und Retweets lässt erahnen, dass sein Publikum längst süchtig nach seinen Tweets ist.

Man kann Aggression aber auch kontern, Witz ist kein schlechtes Mittel. Greta Thunberg hat ihre Twitter-Biographie geändert und stellt sich nun so vor: «Ein Teenager, der an seinem Wutmanagement-Problem arbeitet. Momentan chillend und mit einer Freundin einen guten altmodischen Film guckend.» Rechtschreibfehler macht sie nicht.

## Agendasetting 2020

Patrick J. Egan, Politologe an der New York University, befasst sich mit den schnellen Veränderungen der Gegenwart – und da gibt es einige.

Da sei, sagt Egan, eine neue Aufteilung der amerikanischen Gesellschaft, seit zehn Jahren vollziehe sie sich: «Weiße ohne College-Abschluss wählen nun Republikaner, Weiße mit College-Abschluss wählen demokratisch; das hat sich gewaltig verschoben, bei den beiden letzten Wahlen war es eklatant.» Was konstant geblieben ist: «Die Jüngsten, die Millennials, wählen Demokraten, Schwarze seit langer Zeit auch, während alte Menschen Republikaner wählen. Diese Jungen müssten den Demokraten eigentlich einen Vorteil verschaffen, aber sie wählen in Wahrheit ja eben gerade nicht.» Mehr als die Hälfte gingen 2016 nicht zur Wahl.

Diese klaren Zuordnungen und diese Parteilichkeit seien in den vergangenen Jahren zur Frage der Identität geworden, sagt Egan: «Die Gruppen möchten ihre Welt und ihre Wahrnehmung erhalten. Wer erst derart parteilich ist, weist Fakten zurück, die dem eigenen Glauben widersprechen. Das gilt auf vielen Ebenen, also nicht nur für Social Media, aber mutmaßlich wird es durch Social Media verstärkt.»

Egan trägt graue Hosen, einen grünen Pulli, er hat kurze Haare, einen sorgsam gestutzten Vollbart, wir treffen ihn auf dem Territorium der Vereinten Nationen auf der Eastside Manhattans. Eine weitere, eklatante Veränderung: «Wir erleben einen Minusrekord, ein eindeutiges all-time-low, was das Vertrauen in alle Institutionen der Demokratie angeht.» Donald Trump treffe genau diese Stimmung, wenn er ständig auf die Presse, den «deep state», «das Establishment» schimpfe. Egan hat Graphiken, Umfragen mitgebracht, jede seiner Thesen ist durch Zahlen unterlegt.

Professor Egan wollte bis hierher nur die Grundlage beschreiben, er kommt nun zu seinem eigentlichen Thema: den sozialen Medien. Egan sagt: «Auffällig ist, dass Anhänger der Republikaner auf eine Quelle setzen, zu 60 Prozent beziehen sie ihre Nachrichten von Fox News, während Anhänger der Demokraten viele unterschiedliche Sender verfolgen.» Social Media folgen auf Platz zwei der Tabelle der Nachrichtenquellen: «YouTube wird von 73 Prozent der Amerikaner genutzt, Facebook von 69, Instagram von 37, LinkedIn von 27, Snapchat von 24 und Twitter von 22 Prozent. Twitter ist also eher ein Elitenmedium, gewiss ein Journalistenmedium.» Mit einer Ausnahme allerdings, einer gewichtigen: «Twitter ist ein wesentliches Werkzeug für Präsident Trump. Er bestimmt mit seinen Tweets, vor allem denen am frühen Morgen, die Agenda, er verändert die Nachrichtenlage und den Nachrichtenzyklus für den ganzen Tag. Kein anderer hat diese Macht.»

Die Leserinnen und Leser, die Nutzerinnen und Nutzer der sozialen Medien «bleiben in ihren Blasen, das ist belegt, sie lesen, was sie ohnehin glauben, weil ihre Freunde dies auch glauben», sagt der Forscher. Und noch etwas kommt hinzu: Anzeigen, die schlagkräftig (da wegen der ständig perfektionierten Algorithmen zielgenau) und zugleich unreguliert sind. Fernsehwerbung nämlich muss exakt dokumentiert sein: Wer steht dahinter, wer also finanziert sie, und wer verantwortet sie rechtlich? Werbung auf Facebook aber könne «non-public» sein, «dark posts», wie Patrick Egan sie nennt: nicht-öffentlich, nur für die Follower bestimmter Gruppen oder Personen ausgespielt und damit kaum mehr zu kontrollieren, da solche Kampagnen selten und sowieso spät entdeckt werden und natürlich vor dieser Entdeckung ihre Wirkung entfalten.

Egan nennt ein Beispiel von 2016, einen verfälschten Kommentar Hillary Clintons: Angeblich habe Clinton alle Schwarzen als «Super-Raubtiere» bezeichnet, angeblich sei es ein frischer Kommentar – aber das Zitat war 20 Jahre alt und zudem grob verkürzt, damit verfälscht. Ausgespielt wurde es so, dass es bei Schwarzen ankam, die damit vom Wählen abgehalten werden sollten. «Wir leben im Wilden, Wilden Westen, was Social Media angeht», sagt Egan zum Schluss, «jede Form von Transparenz, von Aufklärung täte der Gesellschaft gut.»

Ach, eines noch, die Russen: Ja, es gab zweifelsfrei eine Einflussnahme Moskaus auf die Wahlen von 2016. Und ja, Moskau favorisierte Trump. «Aber», so Egan, «das hatte nicht viel Einfluss. Es war ein kleiner Anteil der gesamten Kommunikation, mit minimalem Effekt.»

## Die Toreintreter

Andrew Marantz hat drei Jahre lang ein Doppel- und Dreifach-Leben geführt. Sein eigentliches Leben ging natürlich auch weiter, aber währenddessen ist er eingetaucht: in das Darknet, die Schattenwelt des Internets, und in all die rechten Foren der sozialen Medien, und manchmal war er dort inkognito und manchmal auch als recherchierender

Journalist. Die Diagnose ist trostlos, beunruhigend, und in Wahrheit sind diese Adjektive viel zu klein. Denn die Diagnose ist erschütternd. «American Berserk», so nennt es Marantz.

Die amerikanische Katastrophe ist damit gemeint.

Soziale Medien wie Facebook und Twitter geben misogynen, xenophoben, rassistischen und gewaltverherrlichenden Gestalten und Netzwerken Raum und Macht; sie verzichten auf Kontrolle; im Gegenteil, sie honorieren das asoziale Verhalten. «Meinungsfreiheit bringt uns um», auch dies ist Marantz' Diagnose, denn «Trolle, bigotte Figuren und Propagandisten sind Experten darin geworden, fanatische Botschaften in reale Politik umzuwandeln.» Die im Internet entstehende verbale Gewalt werde ja längst und ohne Zweifel zu realer Gewalt, zu Attentaten, Amokläufen oder auch einzelnen Morden.

Diese ganze gruselige Entwicklung, von der er berichtet, begann weitgehend edel und rein. Marantz erzählt die Geschichte von Mark Zuckerberg und Jack Dorsey oder auch jene von Steve Huffman und Alexis Ohanian, die Facebook und Twitter oder auch Reddit gründeten, um reich zu werden und das Internet zu dominieren, aber auch um die Welt zu vernetzen und der Menschheit nie dagewesene Kommunikationsmöglichkeiten zu schenken. «Ihre Visionen führten zu einem verschwommenen Utopismus: Sie wollten Menschen verbinden, uns alle einander näher bringen und so die Welt zu einem besseren Ort machen», schreibt Marantz in seinem Buch *Antisocial.* Und er zitiert Zuckerberg: «Viele von uns haben Tech-Berufe, weil wir glauben, dass es eine demokratisierende Kraft hat, wenn die Macht dem Volk in die Hand gegeben wird»; er glaube noch immer, sagte Zuckerberg 2018, dass Regierungen und Medienkonzerne nicht kontrollieren dürften, welche Ideen ausgesprochen würden. Eine Studie, über zwei Jahre hinweg im Auftrag von Facebook erstellt, wird im Juli 2020 auf 100 Seiten belegen, wie sehr die Firma Rassismus und Antisemitismus befeuere; wie sehr sie nicht die «Redefreiheit» schütze, wie Zuckerberg so gern sagt, sondern bloß die Redefreiheit der Mächtigsten, und wie heuchlerisch Facebook stets Besserung gelobe, nur um weitermachen zu können mit dem, was so viel Geld einspielt.

Die Reddit-Gründer Huffman und Ohanian erzählten Marantz, dass ihr internes Motto gewesen sei: «Keine Redakteure. Die Menschen sind die Redakteure.» Und: «Freiheit vor der Presse» war immerhin der Gründungsleitsatz von Reddit.

Die Gründer sind zunächst überrascht und dann überrollt worden. Dass sie durch ihre Algorithmen Lüge und Verleumdung belohnen und damit erst erzeugen würden, hatten sie nicht geahnt. Dass Antidemokraten und sogar Terroristen auf Medien wie Facebook nur gewartet hatten, hatten die Gründer nicht gewusst. Und weil das Silicon Valley nicht zur Selbstkritik neigt, streitet Zuckerberg noch heute alle Beweise dafür ab, dass russische Propaganda in seinem Medium 2016 Hillary Clinton diskreditierte und Donald Trump dadurch zumindest einen Vorteil verschaffte. Marantz' Urteil ist eindeutig: «Die vorherrschenden Algorithmen der sozialen Medien verschaffen eindeutige Anreize: Provoziere so viele aktivierende Emotionen wie möglich, lüge, verdrehe … und finde kreative neue Wege.»

«Gatekeepers», Wächter, ist ein amerikanischer Begriff für jene, die auf die Einhaltung demokratischer Regeln achten – «gatecrashers», Toreintreter, ist Marantz' Wort für jene Rassisten und Neonazis, Verschwörungstheoretiker und Demagogen, die die digitale Kommunikation gekapert und damit unsere Gesellschaften korrodiert und durch ihren Rechtsextremismus vergiftet hätten. Konventionen sind abgeschafft, sprachliche Tabus auch: Alles Liberale ist in jener Welt, aus der Marantz' Buch berichtet, als Diktatur der «political correctness» verunglimpft; die liberale Weltsicht, das sagen eigentlich alle der Protagonisten, sei jahrzehntelang nicht herausgefordert oder auch nur kritisiert worden.

Die Protagonisten also: Gavin McInnes tritt auf, der Chef der Hetzertruppe «Proud Boys»; auch Lucian Wintrich von der Seite «The Gateway Pundit», die täglich irgendeine Lüge erfindet und verbreitet und dann, wenn es so richtig gut läuft, durch einen Retweet des Präsidenten geehrt wird; auch der eine Neonazi Richard Spencer; auch der andere Neonazi Mike Enoch, dessen Podcast «The Daily Shoah» heißt; und auch der alles und jeden und vor allem Frauen und Demokraten hassende Mike Cernovich. Der war einst ein stiller Bub vom Bauernhof in

Illinois, schloss ein Jurastudium ab und ist längst ein eloquenter, rasant denkender Mann. Nur einen Job fand er nicht, seit ihn eine Frau der Vergewaltigung nach einem Date beschuldigte. «Ich lehne den Feminismus als die versklavende Philosophie ab, die er ist», sagt Cernovich. Geradezu bizarr: Er war mit einer Frau verheiratet, die in den Chefetagen von Facebook arbeitet und ihn zu Abendessen im Haus von Zuckerbergs Stellvertreterin Sheryl Sandberg führte; seine Gattin ging also arbeiten, und er saß bloß im Keller und trollte und bloggte, und nach der Scheidung, 2011, bekam Cernovich jene 2,6 Millionen Dollar Unterhalt, mit denen er sein rechtes Netzwerk gründete.

Ganz beiläufig verstehen wir, wie mittelmäßig und durchschnittlich diese Männer (und auch die wenigen Frauen jener Szene) sind; und wie sehr sie danach gieren, berühmt oder zumindest wahrgenommen zu werden. Darum geht es: Aufmerksamkeit.

Russische Geheimdienste übrigens, das wissen nun amerikanische Geheimdienste, haben 2016 jede Menge Falschmeldungen und Verschwörungstheorien in die amerikanische Debatte eingespeist; das sei vorbei. Nun konzentrierten sich die Russen auf die Verbreitung und Verstärkung: Aber die Amerikaner erfinden ihren Unfug längst selbst.

Andrew Marantz schreibt, dass der Menschheitsglaube, dass wir aus der Geschichte lernten und darum letztlich Fortschritte zum Besseren machten, naiv sei: «Die Geschichte wird gebogen, und zwar immer in die Richtung dessen, der sie biegt.» Er meint: Wir müssen wachsam sein. Regulieren. Zerschlagen, auch das. Aber vor allem: achtsam und unablässig unsere Demokratien behüten.

Es gebe da ein neuartiges Virus, in der Provinz Wuhan. Es sei offensichtlich hochansteckend. Dies teilt, am letzten Tag des Jahres 2019, die chinesische Regierung in wenigen nüchternen Worten der Weltöffentlichkeit mit.

## — Wahn und Wahrheit (6.) —

Die Kommunikationswissenschaftlerin Elisabeth Wehling, die in Berkeley lehrt, hat Framing, also das Erschaffen von Referenzrahmen, zu ihrem Spezialgebiet gemacht. Wir diskutieren per Mail. Trump wird noch einmal lauter, noch einmal wüster, nicht wahr? «Beide Strategien, das Setzen eigener Deutungen und das Eskalieren des Diskurses, um sie zu verbreiten, sind seit Tag eins Kernelemente der Trumpschen Kommunikation. Seine primäre Devise ist nicht: ‹I did nothing wrong!› Sondern: ‹The Democrats and the media are doing something wrong!› Statt Frames der Gegner zu nutzen, schafft Trump schon seit langem eine ganz eigene Deutung der politischen Lage in den USA. Nämlich: Die Demokraten und Medien sind eine Bedrohung für das Land und die Freiheit.»

Erklären Sie uns das? «Nehmen wir die Hexenjagd. Sie ist eine Kernstrategie. Das wird schon klar, wenn man sieht, dass Trump sie immer wieder twittert. Wieso die Metapher? Erstens, Hexenjagden sind irrational und basieren auf Unwahrheit (Hexen gibt es nicht). Der Frame impliziert, dass Demokraten und Medien irrational handeln. Zweitens, Hexenjagden sind brutal und unmenschlich (Scheiterhaufen, Ertränken). Der Frame impliziert Gewaltbereitschaft bei Demokraten und Medien. Den Frame der gewaltbereiten Linken propagiert er auch mit dem Narrativ der Antifa, die das Land mit linksextremistischer Gewalt überziehe. Ich hebe die Metapher vom witchhunt aus zwei Gründen hervor. Erstens zeigt sie, wie klug Trump mit einfachen Bildern, die zunächst unpolitisch sind (Amerikaner kennen Hexenjagden aus Videospielen oder Filmen), eindrückliche politische Inferenzen produziert. Zweitens dienen Metaphern oft dazu, an den ‹Hausverstand› oder ‹gesunden Menschenverstand› zu appellieren. Beispiel: Einer Flutwelle (von Migranten) begegne ich am besten mit Sandsäcken (Abschottungspolitik). Alles andere widerspricht dem gesunden Menschenverstand und ist nur erklärbar durch irrationales Denken.»

Er will also durch seine Tweets erreichen, dass die Wählerinnen und Wähler seine Gegner für geistesgestört halten? «Der Frame, dass Demokraten und Medien nicht rational denken können, ist ein Kernelement der Trumpschen Kommunikation. Er kommt in drei Versionen daher. Erstens, Irrationalität durch Geisteskrankheit: crazy Democrats, Thunberg als geisteskrankes Kind, Nancy Pelosi ist eine sehr kranke Person, diese Leute sind alle krank, oder Impeachment: While we're Creating Jobs and Killing Terrorists, the Democrat Party has gone completely insane. Zweitens, Irrationalität durch religiöse Verblendung: Greta-Jünger, Klimareligion. Drittens, Irrationalität durch ideologische Verblendung: Klimaideologie, Gutmenschpropaganda, Ökodoktrin. Der Frame funktioniert, indem er zugrunde legt, dass es im politischen Streit rein objektive Bewertungen von Sachlagen gibt: Eine (also: meine) Deutung ist faktisch richtig und allgemeingültig. Alle anderen sind das Resultat von Irrationalität.»

# 7.

# DIE STUNDE DER AMATEURE

## Drohnenschlag

Gefährlich wird es in der Weltpolitik immer dann, wenn zwei Feinde in hohem Tempo viele Fehler machen. Stets liefert der eine dann dem anderen einen neuen Grund, gekränkt zu sein, und darum folgt gleichsam zwangsläufig die Antwort des anderen: Oft ist es Rache, meist ist es impulsiv, und schon diese Reaktion ist dann der nächste Fehler – und weiter und immer weiter geht es im Strudel der Eskalation.

Die USA töten am 3. Januar 2020 Qasem Soleimani, den iranischen Generalmajor und Kommandeur der Quds-Brigaden der Revolutionswächter per Drohnenangriff vor dem Flughafen von Bagdad. Es ist ein, positiv formuliert, kühner Akt; es ist zugleich ein undurchdachter Akt, aus einer Laune heraus beschlossen. In einem Pulverfass ist eine Stange Dynamit gelandet, wie Joe Biden sagt.

Wer in dieser Auseinandersetzung denkt noch rational, handelt kühl genug, wer plant auch nur ein paar Schritte voraus? Und wie eigentlich sind diese zwei Feinde, die beide den Krieg nicht wollen, jetzt doch wieder dort gelandet?

Es ist die Stunde der Amateure. Die iranische Regierung hat sich in dieser Auseinandersetzung mehrfach verschätzt. Am 1. Januar begab sich Revolutionsführer Ali Chamenei in Donald Trumps Heimat, die Twitter-Welt, und schrieb dort: «1. Du kannst gar nichts tun. 2. Wenn du logisch agieren würdest – was du nicht tust –, würdest du sehen, dass deine Verbrechen in Irak, Afghanistan … dafür gesorgt haben, dass Nationen dich hassen.» Warum hatte Chamenei dies nötig, was trieb ihn? Wer auch nur ein paar Tage lang auf Trumps Tweets achtet, weiß, wie wichtig dem amerikanischen Präsidenten das eigene Image und jenes Bild sind, welches seine Wähler von 2016 von ihm haben. Wirkt er womöglich unentschlossen? Schwach? Sobald Trump dies glaubt, schlägt er zurück, auf irgendeine Weise, ausnahmslos, immer. Wieso also eröffnete Chamenei das Spiel impulsiver Provokationen? Eitelkeit?

Oder, zuvor: Nach dem Abschluss des Atomabkommens wurden 2015 so gut wie alle Sanktionen gegen Iran aufgehoben, als Gegenleistung des Westens für das iranische Versprechen, 15 Jahre lang Uran nicht so weit anzureichern, dass es atomwaffenfähig ist. Für Iran waren es Freudentage, 2016 wuchs die Wirtschaft endlich wieder, und gleich um 12 Prozent. Wenn die Herrscher in Teheran nun also sehen, dass in Amerika ein Präsident gewählt wird, der leicht zu kränken und unerfahren ist, der all das, was sein Vorgänger erreicht hat, umkehren will, der von Hardlinern umgeben ist und Irans Gegner Saudi-Arabien umschwärmt – warum dann diese aggressive iranische Einflussnahme in Syrien, Jemen, Libyen, Libanon oder Irak?

Warum ständige Attacken auf die internationale Seefahrt, Raketenangriffe auf amerikanische Militärbasen im Irak, eine Provokation nach der anderen?

Iran hatte schon vor dem Atomabkommen eine aggressive Politik betrieben, und aus iranischer Sicht ist Einflussnahme in möglichst vielen Nachbarstaaten überlebensnötig – Iran ist schiitisch, die Schiiten sind im Mittleren Osten in der Minderheit und numerisch chancenlos gegen die Sunniten. Aber diplomatisch geschickt hat Teheran nicht agiert, Provokationen sind in der Weltpolitik selten heilsam: Die neuen Sanktionen der USA gegen Iran sind schärfer als die alten, die steigenden Ölpreise führten zu Demonstrationen, Gewalt, Toten im Land. Iran ist instabil geworden und hat dies selbst herbeigeführt.

Donald Trumps USA aber waren nicht klüger: Fahrlässiger, erratischer, kenntnisärmer und dann aber wüster als die Regierung Trump kann man Außenpolitik kaum mehr betreiben.

Die Auseinandersetzung mit Iran reicht weit zurück; die Geiselnahme von 52 Diplomaten in der US-Botschaft in Teheran (sie begann im Februar 1979 und dauerte 444 demütigende Tage lang) ist ein amerikanisches Trauma. Der aktuelle Streit allerdings begann mit der Kündigung des Atomabkommens durch Trump. Ohne Alternativplan. Zu glauben, durch bloßen Druck ein Regime wie das iranische brechen zu können, war dümmlich, und der einseitige Ausstieg setzte jene Eskalation in Gang, die wir nun erleben.

Natürlich wirkt die Innenpolitik in die Außenpolitik hinein. Trump vertraut Geheimdiensten und Militärs nicht; Sicherheitsberater, Stabschefs und Minister sind mehrfach ausgetauscht worden. Das Amtsenthebungsverfahren bedrängt Trump, der Wahlkampf hat begonnen, und in den Umfragen liegt der Präsident zurück.

Donald Trump ließ sich vor dem Einsatzbefehl so gut wie nicht beraten. *New York Times* und *Washington Post* rekonstruieren die Beschlussfassung und berichten von einem Präsidenten, der im Urlaub in seinem eigenen Resort Mar-a-Lago in Florida weilt, viel Golf spielt, viel Eis isst. Seine Leute legen ihm diverse Szenarien für den Umgang mit Iran vor, und das ultimative, der Schlag gegen Soleimani, ist wie immer eines davon. So war das schon bei George W. Bush, so war es bei Barack Obama; immer wieder wussten die Amerikaner, wo Soleimani war und was er plante, und der israelische Mossad wusste es sowieso – aber man ermordet ja nicht mal eben die Nummer zwei oder drei eines anderen Staates. Wenn man denn über die Folgen nachdenkt. Wenn man sich Rat holt.

Donald Trump aber, so sagt es einer unserer Gesprächspartner im Weißen Haus, dachte daran, wie schwach er wirken würde, wenn er auf die gewaltsamen Demonstrationen vor der US-Botschaft in Bagdad nicht reagiere; und wie sehr die Iraner ihn verlachen würden. Da gab er den Befehl, ihm war gerade danach. Seine Kommandeure und Offiziere seien geschockt gewesen, wird in Washington berichtet.

Donald Trump hat nicht bedacht, was seine Handlung in Iran auslösen kann: Dort sind nun die Progressiven verstummt; all jene, die die Nähe zum Westen suchten, solidarisieren sich mit Chamenei gegen den Todfeind Amerika. Trump hat auch nicht bedacht, wie der Irak reagieren und was dann aus dem IS werden würde. Er hat nicht an Freunde und Verbündete gedacht, hat niemanden konsultiert, niemanden informiert. Er hat nicht bedacht, dass er nun neue Soldaten in die Region schicken muss, obwohl er doch all die «endlosen Kriege» beenden wollte. Auch dass er amerikanische Zivilisten gefährden würde, hat er nicht bedacht. Den Ölpreis. Die Börsen. Die Folgen für die nukleare Aufrüstung Irans. Nicht einmal seine eigene Position hat er bedacht: Wie will er künftig mit Iran verhandeln?

«Welche Krise meint ihr denn», fragt uns der Radiomoderator Sebastian Gorka, «ach so, die erlogene Iran-Krise.» Und schon ist die Erzählung wieder eine andere: «Qasem Soleimani war der gefährlichste Terrorist der Welt, und die ganze Welt müsste diesem chirurgisch präzisen Eingriff Beifall spenden. Der Gedanke, dass dies irgendwie verwerflich sei, dass wir, wie Bernie Sanders sagt, einen ausländischen Politiker, die Nummer zwei seines Landes, ermordet hätten, ist dreist. Wenn das so ist, haben wir im Zweiten Weltkrieg jede Menge ausländischer Staatsmänner ermordet. Es ist traurig – die Politisierung einer heldenhaften und rundum erfolgreichen Aktion. Wisst ihr, was mich beruhigt? Donald Trump ist der souveränste Mann, den ich kenne. Erinnert ihr euch daran, wie Assad Giftgas gegen Syriens Frauen und Kinder einsetzte? Trump fragte: ‹Oh, wirklich? Wo sind die Waffen?› Dann ordnete er 59 Missile-Schläge an, während er in Mar-a-Lago Schokoladenkuchen mit dem chinesischen Präsidenten aß. Der ideale Präsident ist doch ein erfolgreicher, gänzlich unabhängiger, freier Geschäftsmann, der die Kraft hat, frei zu handeln. Krise? Da war keine Krise.»

## Echt oder unecht, Hauptsache Rolex

Samstags spielt der Präsident Golf, meist auf einem seiner eigenen Golfplätze, heute in West Palm Beach. Er macht das ständig, es kostete, wegen des Personenschutzes, in seinen ersten drei Amtsjahren ungefähr 110 Millionen Dollar Steuergelder, und es geht dabei nur am Rande um Erholung. Die Golfausflüge lenken die Kameras und Mikrophone der Weltöffentlichkeit in Richtung seiner Immobilien, was Werbung bedeutet und damit eine Stärkung der Marke Trump.

**1** Abschied von der Macht. Richard Nixon hat soeben seinen Rücktritt als US-Präsident erklärt. Er ist einem Amtsenthebungsverfahren zuvorgekommen. Vizepräsident Gerald Ford (links) wird in wenigen Minuten als sein Nachfolger vereidigt werden.

**2** Die Architekten amerikanischer Realpolitik: Richard Nixon und Henry Kissinger an Bord der Air Force One, Juni 1974. Die entspannte Pose des Präsidenten täuscht. Nixon kämpft in diesen Wochen um sein politisches Überleben.

**3** Ein höfliches Treffen: 1976, drei Jahre nach dem gewaltsamen Tod des chilenischen Präsidenten Salvador Allende, besucht Außenminister Kissinger den neuen Machthaber in Santiago. Augusto Pinochet ist verantwortlich für Folter und Mord von tausenden Regimegegnern. 

**4** Medienunternehmer Rupert Murdoch (rechts) mit dem langjährigen Chef von Fox News Roger Ailes (links). Im Jahr 2016 trat Ailes zurück. Mehrere Mitarbeiterinnen von Fox News hatten ihm öffentlich vorgeworfen, sie sexuell belästigt zu haben.

© picture alliance/AP Images

**5** John Roberts, Chefkorrespondent von Fox News für das Weiße Haus. Bei Pressekonferenzen von Donald Trump darf Roberts häufig die erste Frage stellen.

© Mathieu Mazza/ECO Media

**6** Weijia Jiang, CBS, und Jim Acosta, CNN. Die beiden Hauptstadtkorrespondenten werden von Präsident Trump wegen ihrer kritischen Fragen oft mit Sprüchen attackiert. Bei Wahlkampfveranstaltungen benötigt Jim Acosta inzwischen Personenschutz. © Mathieu Mazza/ECO Media

**7** Sebastian Gorka war Redakteur der rechtsextremen Nachrichtenseite Breitbart. Nach dem Wahlsieg von Donald Trump wechselte er mit dem ehemaligen Breitbart-Chef Steve Bannon vorübergehend in Trumps Beraterstab. Inzwischen arbeitet er als Radiomoderator und erneut im Beraterstab des Weißen Hauses. © Mathieu Mazza/ECO Media

**8** Judd Legum gründete die linksliberale Nachrichtenseite ThinkProgress. Heute veröffentlicht er den unabhängigen Newsletter «Popular Information» und schreibt als Blogger über Politik und Medien. © Mathieu Mazza/ECO Media

**9** Bei den Wahlveranstaltungen von Donald Trump werden Journalistinnen und Journalisten als «Feinde des Volkes» angebrüllt. Besonders die Reporter von CNN haben dort einen schweren Stand. © Mathieu Mazza/ECO Media

**10** Wildwood, New Jersey, im Januar 2020. Einige Trump-Fans haben zwei Tage lang auf die Ankunft des Präsidenten gewartet. Bei Temperaturen um den Gefrierpunkt.

© Rob Langhammer/ECO Media

**11** Anthony Scaramucci war im Sommer 2017 elf Tage lang Kommunikationsdirektor des Weißen Hauses. Nach seinem Rauswurf ist er wieder als Hedgefonds-Manager in New York tätig. Inzwischen zählt er zu Donald Trumps schärfsten Kritikern.

© Rob Langhammer/ECO Media

**12** Die beiden Fox News-Moderatoren Bret Baier und Martha MacCallum bei der Vorwahl der Demokraten in Des Moines, Iowa, Anfang Februar 2020. Die Auszählung der Wählerstimmen verlief chaotisch. Die ganze Nacht über konnten die Journalistinnen und Journalisten kein Ergebnis vermelden. © Kevin McKinney/ECO Media

**13** Anhörung im Repräsentantenhaus vor dem Impeachment-Verfahren. Gordon Sondland, US-Botschafter bei der Europäischen Union, belastet Präsident Trump schwer. Wenige Wochen später, nach dem Freispruch durch den Senat, entlässt Trump Sondland. © Mathieu Mazza/ECO Media

**14** Donald Trump feiert im Weißen Haus seinen Freispruch im Impeachment-Verfahren. Ausnahmsweise beschimpft er die Washington Post an diesem Tag nicht als «Fake-News»-Zeitung. © White House

**15** Große Ehre für Rush Limbaugh. Der Talk-Radio-Moderator wird von Präsident Trump bei der «State of the Union»-Rede mit der Presidential Medal of Freedom ausgezeichnet. First Lady Melania Trump darf die Verleihung vornehmen. © C-Span/ECO Media

**16** Im April 2020 ist New York die Stadt mit den meisten Corona-Infektionen weltweit. Polizisten kontrollieren, ob die strengen Ausgangsbeschränkungen befolgt werden.
© Rob Langhammer/ECO Media

**17** Das wirtschaftliche und gesellschaftliche Leben der USA ist während der Corona-Pandemie zeitweise lahmgelegt. Besonders betroffen sind Solo-Selbständige wie Kellner, Schauspieler und Künstler. Der Times Square von New York ist wochenlang menschenleer.
© Rob Langhammer/ECO Media

**18** Donald Trump muss wegen der Pandemie lange auf Wahlkampfveranstaltungen verzichten. Stattdessen präsentiert er sich im März und April 2020 regelmäßig mit der Corona-Taskforce im Fernsehen. Die Gesundheitsexperten sind nicht über alle Wortbeiträge des Präsidenten begeistert. © Mathieu Mazza/ECO Media

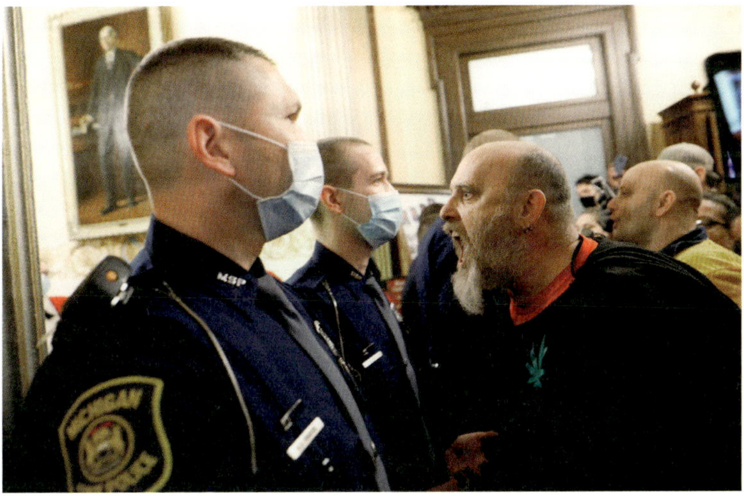


**19** Während des Shutdowns formiert sich in vielen Bundesstaaten Protest. Als die Parlamentarier in Lansing, Michigan, über eine Verlängerung der Corona-Schutzmaßnahmen debattieren, kommt es zu Tumulten. Präsident Trump hat den Unmut angeheizt. Auf Twitter schrieb er: «Befreit Michigan!» © AFP via Getty Images

**20** In Richmond, Virginia, protestieren Bewohner in Autos gegen die Corona-Schutzmaßnahmen. Viele fürchten um ihren Arbeitsplatz oder den Fortbestand ihrer Unternehmen.

© Mathieu Mazza/ECO Media

**21** Nach dem gewaltsamen Tod des Afroamerikaners George Floyd in Minneapolis gehen im ganzen Land Menschen auf die Straße, um gegen Polizeigewalt zu demonstrieren. Auch in der Hauptstadt Washington. Es ist der Anfang einer Bewegung.

© Ralf Oberti/ECO Media

**22** Die Polizei hat Mühe, das Weiße Haus vor Demonstranten zu schützen. In diesen Tagen sucht Präsident Trump den Bunker unter seinem Wohnsitz auf. Er sei aber nur «ganz kurz, für eine Inspektion» dort gewesen, behauptet er später. © Ralf Oberti/ECO Media

**23** In vielen Großstädten der USA demonstrieren Menschen gegen Polizeigewalt, die meisten Proteste verlaufen friedlich. Doch immer wieder kommt es zu Ausschreitungen, wie hier in Washington, D. C. Die Polizei geht mit Tränengas und Knüppeln gegen die Demonstranten vor. © Ralf Oberti/ECO Media

**24** Wie oft lügt Donald Trump? Die Washington Post hat errechnet, dass Präsident Trump an seinen ersten 1267 Amtstagen 20 055 unwahre oder irreführende Behauptungen aufgestellt hat. © Mathieu Mazza/ECO Media

**25** Der Chefredakteur der Washington Post, Marty Baron, berichtet, dass Donald Trump ihn gelegentlich angerufen habe, um sich über Artikel zu beschweren. Die Presse sei für den Präsidenten ein besonders willkommener Gegner, so Baron, Trump suche den öffentlichen Streit: «Er braucht Feinde.» © Mathieu Mazza/ECO Media

**26** Eine politische Geste: Kurz nach seiner Entlassung aus dem Krankenhaus zieht sich Präsident Trump demonstrativ den Mund-Nasen-Schutz vom Gesicht. Erneut spielt er die Gefahr durch das Corona-Virus herunter: «Geht raus und lasst euer Leben nicht davon dominieren.» © The Washington Post via Getty Images

**27** Außer Kontrolle: Das erste TV-Duell zwischen Donald Trump und Joe Biden ist geprägt von Beleidigungen, Unterstellungen und unhöflichen Unterbrechungen. Moderator Chris Wallace hat die Diskussion nie im Griff. © Scott Olson/Getty Images

**28** Lindsey Graham, langjähriger republikanischer Senator, war im Wahlkampf 2015/16 ein erbitterter Gegner Donald Trumps. Seit dessen Wahl zum Präsidenten ist von der Abneigung nichts mehr zu spüren. Lindsey Graham zählt zu den mächtigsten Vertrauten von Donald Trump. © Mathieu/Mazza/ECO Media

**29** Bundesaußenminister Heiko Maas äußert sich im Interview wenig diplomatisch über den amerikanischen Präsidenten. Zu Trumps Reden über eine angebliche «Invasion» von Flüchtlingen aus Lateinamerika sagt Maas: «Das ist eine Art Politik zu machen, die ich für echt gefährlich halte.» © Knut Muhsik/ECO Media

Darum ging es ja bereits, als Donald Trump 2015 für die Präsidentschaft kandidierte: Markenbildung.

Trump glaubte damals nicht, dass er gewinnen würde, so erzählte er es hinterher, und seine Berater glaubten es auch nicht. Er trat an, um für sich selbst zu werben und um nach dem Wahlkampf in die politische Medienwelt einzusteigen, aber dann entstand das heute berühmte Dreieck: die vermeintlich entrechteten, angeblich abgehängten Weißen im Landesinnern, nicht nur Männer übrigens; Rupert Murdochs konservativer Sender Fox News; und eben Trump. Es war, so schien es, ein Dreieck der Schmuddelkinder, aber dann stärkten sie einander, gewannen miteinander, und seitdem ist Donald Trump amerikanischer Präsident.

Es ist der 14. Januar 2020, die demokratischen Ankläger haben in den vergangenen Tagen auf 46 Seiten die gesamte Ukraine-Affäre dokumentiert. Artikel 1: «Machtmissbrauch», Artikel 2: «Behinderung des Kongresses». Auf sieben Seiten hat das Weiße Haus nun geantwortet: Die Anschuldigungen seien «dreist» und «ungesetzlich». Die Fakten, Artikel 1 betreffend, bestreitet Team Trump nicht mehr, aber deren Deutung: Trump habe nicht gegen Biden agiert, sondern Korruption in der Ukraine bekämpfen wollen. Artikel 2 wiederum sei absurd, weil der Präsident lediglich wie ein Präsident gehandelt habe, im Rahmen seiner Machtbefugnisse.

Alle Senatoren werden vereidigt, und sie alle schwören bei Gott, neutrale Richter zu sein. Aber dieser Teil des Schauspiels ist Komödie. Der Mehrheitsführer Mitch McConnell kämpft in diesem Jahr ebenfalls um die Wiederwahl, und in seinem Bundesstaat Kentucky ist Trump beliebt und das Impeachment unpopulär – McConnell schützt Trump und damit sich selbst. So wie ihm geht es vielen.

Darum könnte Trump sich sicher fühlen, aber er wirkt doch aggressiv. Er klagt darüber, dass schon die Existenz dieser Anklage auf immer und ewig seinen Namen beschmutzen werde. Und er hat seltsame Anwälte engagiert: Alan M. Dershowitz ist dabei, der schon O. J. Simpson gegen die doppelte Mordanklage verteidigte und seither auf die skrupellos-anrüchige Weise zu Amerikas berühmtesten Anwälten gehört; und

Kenneth Starr, der beim Impeachment gegen Bill Clinton noch ein auf sexuelle Details fixierter Sonderermittler war.

Wenn dann auch noch ein Mann wie Lev Parnas vor die Mikrophone der Hauptstadt tritt, der von Trumps Anwalt Rudy Giuliani rekrutiert worden war und für Trump in der Ukraine gegen die amerikanische Botschafterin Marie L. Yovanovitch intrigierte, dann sind wir in einer mafiösen Halbwelt angekommen, wo echte oder weniger echte Uhren getragen und gehandelt werden, Hauptsache Rolex, und Lügen üblicher sind als die Wahrheit.

Stillos geht es in dieser Regierung zu. Plump auch. Unintelligent.

In dem Buch *A Very Stable Genius* von Philip Rucker und Carol Leonnig werden die drei ersten Amtsjahre Trumps erzählt. Ein unsicherer und uninformierter Präsident tritt da auf, der seine eigenen Leute als «crooked», «weak» und «scum» bezeichnet, also als krummen, schwachen Abschaum; und dann als «dopes and babies», Trottel und Babys: «Ich würde mit euch nicht in den Krieg ziehen.» Das passiert, nachdem Trump gemerkt hat, dass seine Mitarbeiter ihn professionell auf den Stand der Dinge bringen wollten; er will das nicht, er fühlt sich bevormundet. All dies geht jenem schon bekannten Moment voraus, in dem der damalige Außenminister Rex Tillerson Trump einen «moron», einen Vollidioten, nennt. Trump kontert und sagt: Tillerson ist «dumm wie ein Stein».

An anderer Stelle sagt Trump zu Tillerson, er würde bei Kriegen wie dem in Afghanistan «gern Gewinn machen». Und wieder an anderer Stelle: «Es ist ja nicht so, dass Sie eine Grenze zu China haben», das sagt Trump zu Indiens Premierminister Narendra Modi (die indisch-chinesische Grenze führt durch den Himalaya und ist 2660 Kilometer lang).

Trump ist nicht einfach nur irre in dieser Erzählung, und genau das macht sie so wahr. Der Präsident hat zum einen verstanden, wie soziale Medien funktionieren, und nutzt diese kraftvoller und schlauer als jeder Politiker vor ihm. Er hat zudem eine vehement rechtspopulistische Politik entwickelt, gegen Freihandel, gegen Migration und alles Fremde, gegen Abtreibung auch und gegen Gleichberechtigung, die ihm die

Treue seiner Anhänger garantiert. «Make America Great Again» ist inzwischen die Bewegung von diversen Medien und vielen Millionen Menschen zwischen den liberalen Küsten der USA.

## «Hängt sie auf!»

Wir hatten schon einige dieser Wahlveranstaltungen besucht: Inszenierungen mit viel Pomp; Shows, die auf die Gefühle der Besucher abzielen, darum Aggressionen gegen politische Gegner schüren, also gegen Demokraten und kritische Journalisten. Politische Aufputschmittel. Diesmal wollten wir jene Menschen kennenlernen, die sich aufputschen lassen. Trump-Anhänger, zu erkennen an roten Trump-T-Shirts und «Keep America Great»-Baseballkappen. Was passiert da zwischen Trump und seinen Anhängern?

Noch ist Corona entfernt, der Präsident ist zwar informiert und gewarnt, die Nation aber nicht, Corona ist nicht mehr als eine dumpfe Ahnung. Vor ein paar Tagen ist die erste Infektion im Bundesstaat Washington gemeldet worden, hoch oben an der Westküste. Trump und seine Leute tun die Berichte über eine Gefahr für die USA als Panikmache der Demokraten ab. Vorsichtsmaßnahmen, warum? Überall im Land finden Wahlkampfveranstaltungen statt, mit zigtausend Menschen: Sanders, Warren, Biden, Buttigieg. Und natürlich Trump. Für Trump ist immer Wahlkampf, denn inmitten der schreienden, stampfenden, schwitzenden Masse fühlt er sich wohl und sicher. Es ist ihm anzusehen: Er lächelt, er scherzt über sich selbst, das kann er nur auf diesen Bühnen. Für heute hat er sich in Wildwood angekündigt, einem kleinen Badeort, vierzig Meilen südlich von Atlantic City.

Also fahren wir raus. Raus aus New York, weit hinab in den südlichsten Zipfel des Bundesstaates New Jersey, immer parallel zur Atlantikküste. Es ist Dienstag. Schon am Sonntag wurden im Fernsehen erste Aufnahmen aus dem Badeort Wildwood gezeigt. Einige Dutzend Menschen waren zu sehen, die sich vor der Veranstaltungshalle einfanden, zwei Tage vor Ankunft des Präsidenten. Reporter berichteten von Temperaturen um den Gefrierpunkt.

Als wir am Nachmittag in Wildwood ankommen, schlägt uns ein eisiger Wind vom Meer entgegen. Überall Menschen in den engen Straßen, in dicke Mäntel oder Decken gehüllt. Aus allen Haupt- und Seitenstraßen strömen Besucher in Richtung Convention Center, eine etwas heruntergekommene Mehrzweckhalle, die 7000 Besucher fasst. Angeblich wollen 100 000 Menschen hinein.

Etwa 150 Meter vor der Halle haben Polizisten Gatter aufgestellt, um die Massen halbwegs geordnet zum Eingang zu leiten. Über uns kreisen Helikopter. Ein Trump-Imitator mit rotblonder Perücke lässt sich fotografieren, an seiner Seite eine Frau mit langen braunen Haaren, dick geschminkt, ein Melania-Double. Das hier ist Jahrmarkt und Sportveranstaltung, von Politik ist nichts zu spüren. Noch nicht.

Alle reagieren freundlich, Journalisten aus Deutschland finden sie interessant. Wir lernen Michael Graham kennen, einen etwa 50 Jahre alten Mann, der auf dem Bau arbeitet. Er trägt eine graue Kappe: «Trump 2020». Sofort wird er wütend, als wir ihn auf das Impeachment-Verfahren ansprechen: «Das ist Betrug. Reine Heuchelei. Adam Schiff ist ein Lügner. Auch Nancy Pelosi. Ganz ehrlich, nach der amerikanischen Verfassung sind sie eine nationale Gefahr. Sie müssen festgenommen und angeklagt werden. Sie müssen einen fairen Prozess erhalten, mit einem ordentlichen Rechtsbeistand. Und wenn sie schuldig gesprochen werden, bin ich sicher, dass sich ein Navy-Stützpunkt finden wird, bei dem man sie aufhängen kann. Wegen Landesverrats.»

Die Führer der Demokratischen Partei sollen aufgehängt werden? Todesstrafe für politische Gegner? Wenige Monate später, nach dem Sturm auf das Kapitol am 6. Januar 2021, werden diese Worte für uns wie eine düstere Prophezeiung nachhallen. Historiker sagen, dass Demokratien dann kippten, wenn politische Gegner zur Gefahr und zum Feind erklärt würden; dann seien Machtwechsel keine normalen politischen Vorgänge mehr, dann sei jede Wahlniederlage ein Untergang.

Für einen Moment müssen wir an das zumindest in Teilen rechtsradikale Publikum der Pegida-Demonstrationen in Dresden denken. Derartige Forderungen haben wir selbst dort nicht gehört. Doch Michael Graham ist noch nicht fertig: «Den Leuten stinkt es. Sie sind nicht mehr bereit, sich zu beugen. Wenn Donald Trump in diesem Jahr nicht wiedergewählt werden sollte, werden wir einen Bürgerkrieg erleben.» Ernsthaft? «Ja, einen regelrechten Bürgerkrieg. Mit Gewalt. Es gab Antifaschisten, die zwischen 2016 und 2018 Besucher von Trump-Veranstaltungen angegriffen haben. Im Moment sind sie ruhig. Es ist aber nur eine Frage der Zeit. Wenn Donald Trump wegen irgendwelcher unfairen Tricks der Demokraten nicht wiedergewählt werden sollte, dann werden Sie einen echten Bürgerkrieg erleben.» Michael zündet sich eine Zigarette an und dreht sich zu seinen Freunden um.

Eine radikale Stimme, gewiss, aber eine seltene Ausnahme?

Ein paar Schritte weiter treffen wir Greg, Anfang 60, mit dicker Daunenjacke, und Mütze: «Trump 2020». Sein Tonfall ist sanfter, weniger schneidend, und zunächst schwärmt er noch: «Trump macht einen tollen Job. Die Wirtschaft brummt. Ich habe unser Land noch nie so stark gesehen.» Und das Amtsenthebungsverfahren? «Das ist ein Schwindel, ein reiner Schwindel. Wir müssen die Leute, die dahinter stecken, aus ihren Jobs vertreiben.» Und wenn die Demokraten Erfolg haben sollten mit ihrem Amtsenthebungsverfahren? «Dann hoffe ich, dass sie gelyncht werden. Ganz ehrlich.» Aha. Und was ist mit dem Gerede vom Bürgerkrieg, sollte Trump nicht wiedergewählt werden? «Ich glaube nicht, dass es so weit kommen wird. Aber wissen Sie was, die Demokraten nehmen uns unsere Rechte weg, unsere Freiheit. Eigentlich bräuchten wir einen Bürgerkrieg, um sie zu stoppen.» Greg zieht kurz seine Handschuhe aus und reicht uns die Hand zum Abschied. Stricke für den Gegner also, Lynchjustiz, Bürgerkrieg. Nur Worte?

Drinnen dann Trump: Er begrüßt die «großartigen Menschen von New Jersey». Applaus, Jubelschreie. Die Energie, die so viele Menschen auf so engem Raum entfalten können, ist enorm. Ansteckend. Beängstigend. Jubeln sie einem Sportstar zu oder einem Rockstar? Mit Witz, Wortspielen, Leidenschaft umgarnt Trump die 7000 Menschen in der Halle und auch die vielleicht 10 000, die draußen nun auf die Leinwand starren. Die ersten 30 Minuten dieser Rede sind mitunter demagogisch, aber raffiniert und effektiv, der Mann war wohl nie ein besserer Redner als jetzt, zu Beginn des Wahljahres, mit drei Jahren Erfahrung. Trump schwärmt von Amerikas Wirtschaft und von sich, da er diese Wirtschaft lenkt; von Amerikas neuen Richtern und von sich, da er die Richter eingesetzt hat; doch er jammert auch darüber, dass die Demokraten ihn jagen. Trump jammert ja überhaupt regelmäßig, inszeniert sich als verfolgt, als Opfer, und auch diese Mischung aus Wehklagen und Angeberei dürfte ihn mit manchen seiner Wähler verbinden.

Trump sagt nun, dass er in diesem Jahr gemeinsame Projekte mit den Demokraten angehen wolle, in einem Super-Bowl-Werbespot schwärmte er von einer überparteilichen Justizrefom. Zugleich will er aber Rache suchen. Ständig spricht er von «den radikalen Linken», den «do-nothing-Democrats».

Zu den erstaunlichsten Erkenntnissen seiner ersten drei Amtsjahre zählt, dass er Wechselwirkungen nicht erkennt: Er beleidigt andere und fühlt sich doch gekränkt, sobald er kritisiert wird; er wirft treueste Mitarbeiter via Twitter hinaus, ohne ihnen auch nur einen letzten Anruf zu gönnen, und beklagt, dass niemand loyal sei. Eigentlich ist es ja ein Zeichen von Reife und Intelligenz, wenn Kinder Empathie entwickeln und plötzlich erkennen, was das eigene Verhalten bei anderen auslöst. Trump scheint so weit noch nicht zu sein – und tröstlich wäre es, wenn die erste Hälfte dieses Satzes ein Scherz wäre.

Menschen aus Trumps Umgebung und ein republikanischer Abgeordneter des Repräsentantenhauses prophezeien, dass das gescheiterte Impeachment Trump demnächst vierfach entfesseln werde: Er weiß, dass kein weiteres Verfahren kommen wird; er merkt, dass er mit dem Bruch von Konventionen und der Unterwanderung der Gewaltenteilung durchkommt; er hat erlebt, dass seine Partei ihn schützt und trägt, um die eigene Macht zu erhalten; und im Wahlkampfmodus ist er ohnehin. «Dies ist ein brutaler Wahlzyklus, wir werden ein 2020 der verbrannten Erde erleben», sagt der Historiker Douglas Brinkley, «der Kongress wird zum Stillstand kommen.»

Bedroht dieser Präsident, dieser Lärm, dieser ganze amerikanische Hass nun also die Demokratie? Natürlich. Wenn es nämlich so weiter geht mit den Attacken auf die Gerichte, die Medien, mit dem Hass auf Fremde und dem Leugnen von Fakten und Tatsachen.

Aber das muss es nicht.

Mark Leibovich, der Reporter der *New York Times*, verweist auf eine grundlegende Dialektik unserer Zeit: Technologie, also soziale Medien und Smartphones, hätten für eine scheinbare Demokratisierung gesorgt, den Menschen ein Werkzeug der Macht gegeben, eine Stimme; und trotzdem seien Berühmtheiten, Sportler oder Schauspieler oder Politiker, heute abgeschottet und so weit entfernt von der Bevölkerung wie nie zuvor.

Donald Trump hingegen habe es geschafft, nein, nein: scheinbar geschafft – und dieses «scheinbar» ist wichtig, sagt Leibovich –, Trump also habe es scheinbar geschafft, eine Verbindung zu diesen Vielen herzustellen und einen Resonanzraum zu erzeugen.

## Winners and losers

Während unserer Recherchen, während der Reisen durch das Land denken wir das oft: Die amerikanische Demokratie hätte mehr Stil verdient. Mehr Weitsicht auch, Ernsthaftigkeit, sowieso Klugheit und Ehrlichkeit. Bräuchte sie all das nicht sogar: für ihr eigenes Überleben?

Es gibt einige Politologen und viele politische Kolumnisten, die so weit gehen, das Ende der demokratischen USA zu prophezeien.

Mit 51:49 Stimmen blocken die republikanischen Senatoren den Versuch der demokratischen Senatoren ab, Zeugen vorzuladen und Dokumente in das Amtsenthebungsverfahren gegen Präsident Donald Trump einzuführen. All die Leute aus Trumps engem Umfeld, sein Anwalt Rudy Giuliani oder sein einstiger Sicherheitsberater John Bolton, werden nun nicht angehört werden; und der ganze Mailverkehr und all die Protokolle, die das Weiße Haus nicht herausgeben mochte, werden vielleicht irgendwann bekannt werden, dann aber ohne gerichtliche Relevanz.

Im Sport heißt es zwar: Es ist nicht vorbei, ehe es vorbei ist; it ain't over til it's over. Doch das ist Unfug: Das Impeachment-Verfahren gegen Trump ist hiermit vorbei. Und Trump hat gewonnen.

«Game over», twitterte Trump. «Game over», so sah es auch Manu Raju, der CNN-Reporter, den wir wieder auf den Fluren des Kapitols treffen und eine Weile bei der Arbeit begleiten. Trumps Verhalten sei zwar unangemessen gewesen, aber «vermutlich haben viele Präsidenten vor Trump sich ähnlich verhalten», das sagt der republikanische Senator Lamar Alexander, eine Amtsenthebung sei nicht angemessen, «nicht jedes Verbrechen wird mit der Todesstrafe geahndet».

Diese kleinen Haken hatten komische Züge. Wochenlang haben die Republikaner gesagt, alle Vorwürfe gegen Trump seien frei erfunden, und die wahren Kriminellen seien die Demokraten – nun sagten sie, dass Trump wohl doch einige winzige Fehlerchen gemacht habe, und ja, der Kollege Alexander spreche durchaus für die gesamte Fraktion. Trump hätte beispielsweise nicht seinen privaten Anwalt Rudy Giuliani in die Ukraine schicken müssen, das sagt, beim Verlassen des Kapitols, Senator Lindsey Graham, «das Rudy-Element» sei «unangemessen, aber nicht ansatzweise amtsenthebungswürdig».

Die minimale Distanzierung vom Schmuddelkind nach dem Sieg verändert nichts, stärkt mutmaßlich aber die Selbstachtung. Kollaborateure müssen ihr Verhalten immer auch vor sich selbst rechtfertigen. Anthony Scaramucci sagt: «So ist die menschliche Natur, leider. Wir Menschen folgen einem Demagogen, weil wir unseren Schwächen und unseren Egos nachgeben und der Macht nahe sein wollen. Seht euch in Schulen um: Der Rüpel sitzt nie allein, alle wollen von dem Rüpel gemocht werden.» John F. Kennedy habe einst ein Buch angefangen, *Profiles of Courage*, Geschichten des Muts, und dann sei er gefragt worden, warum es so dünn geworden sei. «Es gibt nicht so viel Mut», habe Kennedy gesagt.

Die Demokraten haben verloren und wissen es. Das Verfahren war juristisch angemessen, moralisch geboten und politisch richtig, da Schweigen Duldung und Nichtstun Unterwerfung bedeutet hätten. Gleichwohl, in der Rückschau ist erwiesen, dass diese Demokraten einen taktischen Fehler gleich in der Anfangsphase, während der Ermittlungen im Repräsentantenhaus, gemacht haben. Dort hätten sie John Bolton und andere mit Vorladungen zu Aussagen zwingen können, oder sie hätten Prozesse durchstehen können, um die Vorladungen durchzusetzen. Sie taten es nicht, wollten es nicht tun, da sie kein endloses Verfahren wollten, keines, das den gesamten Wahlkampf überlagert hätte. Das Argument der republikanischen Senatoren, dass die demokratischen Ermittler im Repräsentantenhaus ihre Arbeit nicht erledigt hätten, ist ein bisschen scheinheilig; es ist aber auch ein bisschen wahr.

Die Demokratie hat verloren. Bitterlich. Trump betrachtet seit langem schon das Justizministerium als «meines» und nicht mehr als unabhängig. Wenn Zeugen nicht gehört werden, Beweisstücke nicht gelesen werden, obwohl alle im Saal wissen, dass sie viel zu sagen hätten oder relevant wären, dann ist ein Verfahren kein Verfahren, sondern das Durchsetzen von Macht mit dem Ziel ihres Erhalts. Trumps Verteidiger Alan Dershowitz argumentiert, dass «wenn ein Präsident etwas tut, wovon er glaubt, dass es ihm zur Wiederwahl im öffentlichen Interesse verhelfen wird, dann kann dies nicht jenes quid pro quo sein, das zu einem Impeachment führt». So denken Autokraten. Dann nämlich dürfte ein Präsident ja auch die Amtszeitbegrenzung aufheben, weil seine ewige Macht im Sinne des Volkes ist. Oder er dürfte Gerichte abschaffen. Dann dürfte er alles tun, was er zu tun wünschte, denn das Wohl des weisen Herrschers wäre identisch mit dem öffentlichen Interesse.

Die Dershowitz-Rede ist ein besonders dunkler Moment dieser dunklen Wintertage von Washington.

Aber auch die Republikaner haben verloren. Es gibt ja viele, die 2016 vor diesem Trump gewarnt haben, diesen Verdrehungen von Tatsachen, dieser ständigen Gekränktheit, dieser rohen Unreife. Sie alle gehorchen dem Präsidenten vier Jahre später. Wie schwach sind erst die angeblich Moderaten unter ihnen, die immer wieder, wenn halt etwas auf dem Spiel steht, tagelang zögern und gewichtige Bedenken pflegen und dann, im Moment der Abstimmung, doch wieder den der sexuellen Belästigung beschuldigten Richter Brett Kavanaugh durchwinken oder eben Zeugenaussagen verhindern. Sie tragen das alles mit. Die erratische Außenpolitik, die Krisen, das Ende amerikanischer Klimapolitik, das

Ende von Bündnissen. Die bis zu diesem Januar knapp 16 000 Lügen des Präsidenten. Seine Sprache.

Trump hat als Einziger nicht verloren.

Wir schauen im Weißen Haus vorbei, und dort marschiert der Sieger am späten Nachmittag im Gleichschritt mit Melania zu seinem Hubschrauber, um ins Wochenende zu verschwinden. Er lächelt nicht, spricht nicht mit den Journalisten, sieht wütend aus, wie schon seit Tagen. Sein Plan war gewesen, in wenigen Tagen, von den Vorwürfen des Machtmissbrauchs und der Behinderung des Kongresses freigesprochen, eine triumphierende Rede an die Nation zu halten, zum «State of the Union». Auf den rechtsgültigen Freispruch aber muss er noch warten. Seine Helfer streuen, dass es eine optimistische Rede sein werde, eine über das endlich wieder große, endlich erstarkte Amerika.

Tage der Gesten. Auf der europäischen Seite des winterlich-eisigen Atlantischen Ozeans lässt Susanne Hennig-Wellsow von Der Linken dem von der AfD mit gewählten thüringischen Ministerpräsidenten Thomas Kemmerich (FDP) ihren Blumenstrauß vor die Füße fallen, es sieht aus wie ein zu Bewegung gewordener Würgereiz, der pure Ekel.

Auf der anderen Seite des Meeres greift die Demokratin Nancy Pelosi am Ende der «State of the Union»-Rede Trumps nach ihrer Kopie des Textes und zerreißt ihn; spontan sei's gewesen, das sagt Pelosi danach, auf jedem Blatt hätten so unerträglich viele Lügen gestanden. Es sind zwei Gesten demokratischen Widerstands.

Rush Limbaugh hatte wieder einmal für Schlagzeilen gesorgt, diesmal ganz ohne Beleidigung. Gleich zu Beginn seiner Radioshow hatte er sich ernst an sein Publikum gewandt, in eigener Sache. Er wolle nicht groß drumherum reden, sagte Limbaugh, er wolle seinem Publikum mitteilen, dass er an Lungenkrebs erkrankt sei, Stadium Vier. Sekunden später poppten in Amerikas Online-Medien die Breaking News auf, Fox stieg groß ein. Und Trump lud Rush Limbaugh zu seiner «State of the Union» ein (am 17. Februar 2021, kurz nach der Amtseinführung Joe Bidens, wird Limbaugh sterben).

An diesem 4. Februar 2020 wird Rush Limbaugh auf der Ehrentribüne platziert, neben der First Lady. Der Präsident blickt hoch zur Ehrentribüne, in Richtung Limbaugh, er erwähnt dessen Krebserkrankung und dass Limbaugh ein Kämpfer sei. Er lobt Limbaugh für dessen Verdienste als Radiomoderator, die Verdienste fürs Vaterland, für das er «sich unermüdlich eingesetzt hat». Limbaugh schlägt sich mit der Faust gegen die Brust, auf die Stelle des Herzens. Ein Moment der Stille. Der Präsident setzt noch einmal an und bittet die First Lady, Limbaugh die Presidential Medal of Freedom umzuhängen, eine der höchsten zivilen Auszeichnungen der USA.

Für einen Hassprediger, der für seine rassistischen, verletzenden Sprüche bekannt ist und Barack Obama unterstellte, nicht in den USA geboren zu sein. Dies ist eine zynische Geste der Macht, aber für Donald Trump ist diese Ehrung wohl ein besonderer Moment: Die polarisierenden Sendungen Rush Limbaughs haben ihm den Weg ins Weiße Haus geebnet. Trump dürfte wissen, was er Limbaugh zu verdanken hat.

Dort oben steht nun also der Präsident der USA und lobt sich unentwegt selbst, spricht von kriminellen Ausländern, vor denen er seine Landsleute beschütze, spricht von Amerikas Wirtschaft, die er gerettet habe, was falsch ist; Trump lässt ein alternatives Amerika entstehen, und obwohl ihn diese altmodische Sache namens Wahrheit widerlegt, stehen und klatschen unten seine Republikaner und rufen immer wieder neu: «Vier weitere Jahre!» Es sind monarchistische, wenn nicht gar faschistisch anmutende Momente.

Ein paar Minuten nach Trumps Rede treffen wir Lindsey Graham, den mächtigen republikanischen Senator aus South Carolina. Er läuft durch ein Nebengebäude des Kapitols, dort wo Abgeordnete ihre Büros haben und jetzt Fernsehteams in Stellung gegangen sind. Dieser Lindsey Graham ist ein gefragter Interviewpartner in diesen Tagen, denn er hat ein besonders enges Verhältnis zu Donald Trump. An dem Verhältnis Graham/Trump kann man einiges ablesen über den Zustand der Republikanischen Partei, aber dazu gleich mehr.

Lindsey Graham blickt auf eine lange, schillernde Karriere als Politiker zurück. Als junger Abgeordneter suchte er die Nähe von Newt Gingrich, dem erzkonservativen Sprecher des Repräsentantenhauses, bevor Graham sich später mit anderen zusammentat, um Gingrich zu stürzen. Der Putsch scheiterte. Graham kennt sich auch mit Impeachment-Verfahren aus, denn 1998 versuchte er als Mitglied des Justizausschusses Präsident Clinton wegen dessen Falschaussagen zu seiner Affäre mit der damaligen Praktikantin Monica Lewinsky aus dem Amt zu drängen. Erneut vergebens. Graham ist fraglos ein kampferprobter Republikaner, der sich trotz aller Rückschläge im Kongress hielt und an seiner Karriere bastelte. Immerhin seit 17 Jahren ist er jetzt Senator, und vor der letzten Präsidentschaftswahl stieg er selbst ins Kandidatenrennen ein, allerdings ohne großen Zuspruch, weswegen er ein paar Wochen vor den ersten Vorwahlen der Republikaner aufgab. Er unterstützte dann Jeb Bush und Ted Cruz, Konkurrenten Donald Trumps. Der hatte Lindsey Graham zuvor als «Idioten» beschimpft und ihn absichtlich den Angriffen seiner Fans ausgesetzt, als er dessen Mobiltelefonnummer öffentlich und demonstrativ ausplauderte. Eine gemeine Erniedrigung. Trump-Anhänger riefen daraufhin in so großer Zahl auf Lindsey Grahams Handy an, dass dieser es, mit Musik von Vivaldi untermalt, mit einem Golfschläger malträtierte, in einen Mixer schmiss, anzündete, mit einem Fleischermesser zerhackte und schließlich vom Dach eines Gebäudes ein paar Stockwerke tief auf die Straße warf. Das Video davon stellte er ins Internet. Was für ein Protest, was für eine Botschaft: Mit diesem Trump wollte er nichts mehr zu tun haben. Nie mehr. Im heißen Vorwahlkampf der Republikaner fand Graham auf Fox News diese Worte für Trump: «Er ist ein Spinner, er ist verrückt.» Trump verbreite Verschwörungstheorien, «Trump is unfit for office», völlig unwählbar. Dann wurde der «Spinner» wider Erwarten zum Präsidenten gewählt, Graham maulte eine Weile lang herum, bis er schließlich, siehe da, ins Lager des neuen Präsidenten überlief und heute als einer seiner prominentesten und wichtigsten Unterstützer im Senat gilt. Natürlich hat Graham im Impeachment-Verfahren für den Präsidenten gestimmt.

Diesen Lindsey Graham also treffen wir in einem riesigen Saal mit tiefem Teppich und schweren Vorhängen. Graham sitzt in einem Ledersessel, eine kleine Wasserflasche neben sich, und spielt ein wenig mit seinem Handy, ja klar, er hat längst ein neues. Der Senator freut sich, mit den Journalisten aus Deutschland zu sprechen, denn er sei ja mal vor Ewigkeiten für die US-Armee im Rhein-Main-Gebiet stationiert gewesen. «Schöne Erinnerungen» habe er an diese Zeit und an dieses Land. Aber wir wollen mit ihm nicht über Heidelberg und das gute deutsche Bier sprechen, sondern über Trump und seine befremdliche Rede, über die besorgniserregende Spaltung der amerikanischen Gesellschaft. Mit Trumps Ansprache sei er vollkommen einverstanden, sagt er uns, ihm sei nichts unangenehm aufgefallen. Aber wie erklärt er sich, dass die amerikanische Gesellschaft immer weiter auseinanderdriftet? Teilt er überhaupt diesen Befund? Graham lacht und holt ein wenig aus: «Die amerikanische Gesellschaft war schon immer gespalten. Wissen Sie, wir hatten einen Bürgerkrieg und schwierige Zeiten. Aber jetzt befinden wir uns in einer Phase des Wachstums, wir wachsen wieder. Mal sehen, in welche Richtung das geht.» Lindsey Graham, der vor wenigen Jahren sein Handy zerhackt hat, gibt den tiefenentspannten Politiker im Zentrum der Macht. Der Zustand der amerikanischen Gesellschaft? Ja, schauen Sie doch mal auf Ihren eigenen Kontinent! Graham sagt es so: «Ich denke, die deutsche Gesellschaft ist ebenfalls gespalten. Wegen der Zunahme von Einwanderung. Wie kann man die Europäische Union erhalten, von der Deutschland profitiert? Wie fügt sich Amerika in eine globale Wirtschaft ein? Was ist fairer Handel? Solche Fragen stellen sich die Menschen überall in der Welt. Der Brexit ist real, die Spaltung in Deutschland ebenso.» Mit Blick auf die USA mag Lindsey Graham in unserem Gespräch kein größeres Problem erkennen. Ja, Spannungen gibt es überall, so sei halt der Lauf der Zeit. Das will er uns sagen. Und die Probleme, die es gibt, die sind nicht hausgemacht, nicht typisch amerikanisch, sie betreffen alle: «Globalisierung, wie wir sie heute kennen, muss sich verändern.» Diesen so allgemeinen wie nichtssagenden Satz würden vermutlich viele Menschen unterschreiben.

Ansonsten aber: Wovon redet ihr? Alles ganz wunderbar in Washington.

48 Stunden später steht Trump im Weißen Haus und nennt die Politiker der Opposition «die betrügerischsten, unehrlichsten, schmutzigs-

ten Menschen, die ich je erlebt habe», und dann noch einmal: «schmutzig», «schlecht», «fies», «Unmenschen», «schlicht verrückt», «korrupt», «Abschaum», «teuflisch», «krank», «minderwertiges Leben». «It was all bullshit», Bullenscheiße, auch das sagt Trump, nie zuvor hat ein Präsident in einer Rede ans amerikanische Volk dieses Wort verwendet.

Sprache wirkt, sie kann stärken und verzaubern, aber sie schwächt auch. Sprache kann die Demokratie untergraben. Darum ist es kostbar, wenn nun jemand wie der republikanische Senator Mitt Romney dagegenhält, nicht mitmacht, als einziger einer Partei, die sich unterworfen hat.

Es ist der 5. Februar, und es ist vorbei, offiziell abgeschlossen. Es waren 134 Tage, es waren 70 Stunden öffentlicher Anhörungen, es wurden 17 Zeugen gehört, es wurden 3000 Seiten Dokumente verfasst.

An den wesentlichen Fakten hat sich von der ersten bis zur letzten Sekunde nichts geändert: Die Hälfte der Amerikaner war zu Beginn gegen das Amtsenthebungsverfahren, die andere Hälfte war dafür, so ist es bis heute geblieben. Heute wird Trump tatsächlich freigesprochen: mit 52:48 Stimmen im Anklagepunkt «Amtsmissbrauch», mit 53:47 Stimmen im Anklagepunkt «Behinderung des Kongresses».

Dieser letzte Tag im Kapitol ist Routine, weitgehend. Die meisten Senatoren sagen, was sie wochenlang gesagt haben, verteidigen Trump, wenn sie Republikaner sind, verdammen Trump, wenn sie Demokraten sind.

Es ist mit der Routine vorbei, als Mitt Romney ans Mikrophon tritt. Romney war einst Gouverneur von Massachusetts, war 2012 Präsidentschaftskandidat und chancenlos gegen Barack Obama, war immer etwas robotersteif, immer so leidenschaftslos, immer nur scheinbar liberaler als seine republikanischen Parteifreunde und dann doch einer von ihnen. Trump demütigte Romney, als er ihn als möglichen Außenminister zum Gespräch bat und danach öffentlich als Schwächling denunzierte, und darum hat dieser Moment wohl auch etwas von Rache. Gewiss von Genugtuung. Vor allem aber ist er wahrhaftig mutig.

Mitt Romney nämlich stimmt für die Amtsenthebung wegen Amtsmissbrauchs und ist damit in der gesamten amerikanischen Geschichte der erste Senator, der für das Impeachment eines Präsidenten seiner eigenen Partei stimmt. Das Wort «historisch» wird in den USA derart inflationär verwendet, dass nichts mehr historisch ist, fast nichts. Romney wird in die Geschichte eingehen.

Denn er weiß und sagt es selbst: Seine eigene Partei und vor allem Trumps Anhänger werden nun über ihn herfallen, das beginnt ja sofort. Donald Trump Jr., Präsidentensohn, stellt ein nicht sehr schönes Foto von Romney auf Instagram, Romney in zu hoch über die Hüften gezogenen Jeans, und darunter schreibt der Junior: «Mom Jeans. Because you're a pussy.» – «Mami-Jeans. Weil du eine Muschi bist.» Dann verlangt dieser Sohn, den niemand gewählt hat, der kein Amt hat und bislang nicht durch irgendeine Leistung aufgefallen wäre, Romneys Parteiausschluss. Und Zehntausende Menschen jubilieren, drohen Romney, verdammen ihn in sämtlichen angeblich sozialen Medien.

Der Radiomoderator Sebastian Gorka sagt uns: «Ich wäre enttäuscht, wenn Mitt Romney ein Republikaner wäre, aber er ist ja keiner. Dieser Mann hat sich nie davon erholt, dass er so gern Teil des Trump-Kabinetts geworden wäre, aber den Präsidenten nicht überzeugen konnte. Und er hätte so gern eine Wahlempfehlung durch den Geschäftsmann Trump gehabt, 2012, als er Präsident werden wollte. Dies hier ist ein billiger Racheakt durch einen Mann, der aus der Partei austreten und Demokrat werden sollte.»

Anthony Scaramucci hält dagegen: «Mitt Romney ist ein klassischer großartiger Amerikaner. Frei. Reich. Er hat 24 Enkel. Er war Präsidentschaftskandidat und verlor gegen Obama. Er denkt an seine Familie, die Kinder, die Enkel und sagt sich: ‹Dieser Kerl ist ein Gangster. Und ich stimme für die Amtsenthebung, weil er ein Krimineller ist.›»

Romney sagt, dass er einen Eid geschworen habe, vor Gott. Er sagt, er müsse sich vor seinen Kindern und Enkeln erklären. Und es sei nun einmal bewiesen, «es ist keine Frage», dass Trump «eine ausländische Macht bat, gegen einen politischen Gegner zu ermitteln»; «er tat dies mit einem politischen Ziel». Und: «Ich kann mir keinen ungeheuerlicheren Verstoß gegen unsere Verfassung vorstellen als den Versuch, eine Wahl zu korrumpieren, um an der Macht zu bleiben. Und das ist es, was der Präsident getan hat.»

Es ist die Rückkehr der Würde und des Stils für wenige Minuten. Des Politikers mit Überzeugung und Rückgrat. Manchmal können Worte ein Ergebnis zwar nicht ändern. Aber solange sie gesagt werden, exakt so lange lebt die Demokratie.

Romney beschämt all die anderen Republikaner, die sich unterworfen und entleibt haben im Dienste des Machterhalts. Diesen Mutlosen zeigt nun Mitt Romney, dass es auch anders geht, mit Überzeugungen im Sinne Alexander Hamiltons, Franklin D. Roosevelts, Dwight D. Eisenhowers.

Einige wenige Leute versuchen indessen, Aufmerksamkeit für ein ganz anderes Thema zu wecken: dieses Virus aus China.

## Schatten

Seit langem schon, alle vier Jahre, fragt sich das politische Amerika, warum es eigentlich diesem kleinen Bundesstaat Iowa mit seinen überwiegend weißen, überwiegend alten, überwiegend bäuerlichen Einwohnern so viel Macht zuteilt, so absurd viel Einfluss – und dann verändern die Parteien die Reihenfolge der Vorwahlen doch wieder nicht, und vier Jahre später fahren alle wieder nach Iowa.

Meist liegt dann Schnee, diesmal auch. Flach ist Iowa, endlos weit und winterlich weiß.

Wir beginnen den Tag bei Jeff Angelo, einem regionalen Star des konservativen Talk Radios, der täglich von neun bis elf Uhr moderiert. «WHO» heißt der Sender, «Need to know with Jeff Angelo» die Sendung: Viele Menschen trifft man hier im Sender nicht mehr an, Radiomachen ist inzwischen eine weitgehend automatisierte Angelegenheit. Jeff war einst Senator im Parlament des Bundesstaats, einmal wurde er wiedergewählt, dann mochte er nicht mehr, langweilig war's geworden. Ein Republikaner ist er, aber kein Fan des Präsidenten, «zu rau, zu vulgär» findet er den. «Dieses Land muss Gemeinsamkeiten bewahren», sagt Jeff auch: Es sind seltene Worte auf der rechten Seite der gespaltenen Staaten.

Alle vier Jahre werden in diesem Bundesstaat, der so gar nichts mit der Welt Kaliforniens oder New Yorks oder Washingtons zu tun hat, Abermillionen Dollar für Wahlkampf ausgegeben, und alle vier Jahre, an einem frühen Montag im Februar, werden hier Schulen, Turnhallen, Gaststätten aufgeschlossen, diesmal sind es knapp 1700 Orte. Dort versammeln sich dann die interessierten Wähler, und dann stellen sich Vertreter der Kandidaten und Kandidatinnen im ersten Durchgang in Ecken, hier «Warren» und dort hinten «Biden». Und die Wähler marschieren herum, es wird diskutiert, und dann begeben sich die Wähler dorthin, wo sie sich aufgehoben fühlen – selten stimmt der Begriff «mit den Füßen abstimmen» so wie hier beim Iowa Caucus der Demokratischen Partei.

Nach dem ersten Durchgang wird gezählt, und alle Kandidaten, die weniger als 15 Prozent haben, scheiden aus. Wieder wird geredet. Jene Wähler, die keine Heimat mehr haben, suchen sich eine neue Heimat, Bündnisse entstehen. Am Ende werden die Ergebnisse auf komplizierte Weise in Delegierte umgerechnet.

Einer der Orte, an denen gewählt wird, ist die Sporthalle der Drake University von Des Moines, Wahlbezirk Nummer 62. Wahlleiter Jeffrey Goetz begrüßt alle, erklärt den Abend zur Demokratiefeier, erklärt die Regeln. Um 19 Uhr Ortszeit beginnt es, auf den Tribünen sortieren sich die Wählenden. Warrens Fanblock ist der größte, Klobuchars und Buttigiegs Tribünen sind auch voll, bei Biden und Sanders sieht es lückenhaft aus, bei Andrew Yang und Tom Steyer leer. Weniger als 27 Menschen bedeuten weniger als 15 Prozent, also nicht «viable», nicht überlebensfähig. Es kommt zur ersten Auszählung.

Nun, es ist 20 Uhr, dürfen die Leute in der Halle sich umentscheiden. Die zweite Auszählung: Warren vor Buttigieg, Klobuchar und Sanders, abgeschlagen Biden. Umgerechnet wird die Zählung in Delegierte für den Nominierungsparteitag des Bundesstaates Iowa: Warren fünf, Buttigieg, Klobuchar und Sanders je vier, Biden drei. Es wird gesungen, gejubelt, diskutiert. Ja, das Ganze ist kompliziert, aber es ist auch lebendig, in jeder Minute getragen von politischer Leidenschaft. Dass sie Trump ablösen wollen, dass sie Amerikas Werte runderneuern wollen, dass sie endlich mit Klimapolitik beginnen wollen, das sagen die Menschen des Wahlbezirks 62. Sie sind stolz. Alles ist geordnet gelaufen, überpünktlich abgeschlossen, die Halle ist nun leer.

21 Uhr. Wahlleiter Goetz muss nur noch die neue App öffnen und die Ergebnisse übermitteln. Am Ende wird Buttigieg gewinnen. Aber Demokratie ist etwas Fragiles, Kostbares, Demokratie ist manchmal auch ganz schön komisch und dann wieder maßlos traurig. Wie konnten sie nur, die Anführer der Demokratischen Partei Iowas?

Wie konnten sie nur eine App für die Auszählung der Stimmen einführen, die kaum getestet war, schon gar nicht unter Bedingungen, die man «Stresstest» nennen könnte; und sowieso nicht von jenen Leuten, die heute ab 21 Uhr mit dieser App arbeiten sollen? Diese Wahlhelfer erzählen spät in der Nacht, sie hätten die von einer Firma mit dem grotesk passenden Namen «Shadow» in zwei Monaten zusammenprogrammierte App erst am vergangenen Freitag erhalten, ohne Anleitung, mal abgesehen von den Worten «Spielt ein bisschen damit».

Wie konnten die Anführer der Partei so naiv sein, so fahrlässig? Wie auch konnten sie das Angebot des für die innere Sicherheit der USA zuständigen Department of Homeland Security ablehnen, die App zu prüfen? Weil nun die App nicht funktioniert und weil die Ergebnisse des Caucus von Iowa nicht wie geplant um kurz nach 21 Uhr vorliegen und auch um 22, 23 und 0 Uhr nicht – sogar am nächsten Morgen werden sie nicht vorliegen, weshalb alle Kandidaten ahnungslos bizarre Siegesreden ohne Sieg gehalten haben werden und nach Manchester, New Hampshire, weiterreisen –, weil all dies so ganz und gar vermurkst läuft, sagt also Trump, dass man einer Partei, die eine Wahl in Iowa (3,2 Millionen Einwohner) nicht organisieren kann, nicht das Land (327 Millionen) anvertrauen dürfe. Ein politischer Elfmeter, lässig verwandelt.

Dies ist die Erzählung von Iowa: Dort sind die Profis, die Republikaner – und hier sind wir Demokraten, Träumer und Dilettanten.

## Es gibt sie doch, die eine Wahrheit

Die Wahlkarawane zieht weiter. New Hampshire ist ein unterschätzter Staat. Es ist klein, 1,3 Millionen Menschen, geometrisch eine Art viereckiger Keil, 18,5 Meilen nur ist seine Küste lang; darum hat New Hampshire bloß diese eine Stadt am Atlantik zu bieten: Portsmouth, rund 22 000 Einwohner.

Es gibt jedoch viele Nationalparks, die White Mountains und in den Bergen die Seen, sowie Steinbrüche, «The Granite State» wird der Keil auch genannt. Im Norden grenzt New Hampshire an die kanadische Provinz Québec, im Westen ans grüne, berühmte Vermont, im Nordosten an Maine, diesen glitzernden Urlauberstaat, wo ein Strand und ein Sommerhaus neben dem nächsten Strand und dem nächsten Sommerhaus liegen, und im Süden thront Massachusetts mit seinen Elite-Universitäten, Harvard vor allem, und dort ist Boston, dort sind die großen Sportmannschaften, die Celtics, Patriots, Red Sox, Bruins.

New Hampshire hätte auch gern ein ruhmreiches Team, stattdessen hat es ein schönes Wort erfunden: «Mass-hole» heißt jeder Snob aus Massachusetts, der hier ein Ferienhaus aufkauft und damit die Immobilienpreise hochjagt; vor allem im Süden leben die zugezogenen Pendler, denn dort genießen sie die hohen Gehälter Bostons und die Steuerfreiheit New Hampshires (es gibt drei Steuern in den USA: die ohne Ausnahme überall geltende federal tax sowie state und city tax, welche Staat und Stadt erheben oder eben nicht). Diese Zuwanderung hat aus einem streng republikanisch wählenden Staat der Waffenliebhaber und Waldschrate einen Swing State gemacht, mal dies und mal das Gegenteil wählend, dabei tolerant, humorvoll.

Schon 1630 wurde dieses Dorf am Meer gegründet, zunächst hieß es noch indianisch Piscataqua, bald dann Strawbery Banke, und seit 1653 ist es offiziell und stolz eine «Stadt» mit dem Namen Portsmouth; von 1679 bis 1774 war es gar die Hauptstadt der britischen Kolonie New Hampshire, weshalb sich heute hier eine stolze «Governor's Mansion» besichtigen lässt, weiß, aus Holz wie alles hier: Es geht in Amerika um die Gegenwart, immer, der Traum muss nicht zwingend Bestand haben; wir staunen über diese absurd schiefen Holzmasten, die die schweren Überlandleitungen tragen und bei Sturm natürlich umkippen.

All die Friedhöfe übrigens, mit ihren schiefen, grauen Steinen von 1783 oder 1667, zeugen von der Geschichte; und der «Black History Trail», Haus für Haus abarbeitend, erzählt von den Sklaven, die den Aufstieg der Einwanderer möglich machten.

Sind wir hier dennoch in einem amerikanischen Modellstaat? Dem letzten Paradies Amerikas?

Der gesamte weite Rest des Landes leidet ja unter der amerikanischen Spaltung, der heißgelaufenen Sprache, der Fixierung auf jeden Schritt und jeden Tweet des Präsidenten.

Es war ein Vergnügen, 2019 den Vorwahlkampf in New Hampshire zu erleben, auch New Hampshire zu erkunden. Der Kittery Point Yacht Club trägt zusammen mit den anderen Segelclubs der Gegend dienstags und donnerstags stressfreie Regatten aus, derart stressfrei, dass es Skipper gibt, die vor dem Start schon vier Biere in Kopf und Magen haben und die Kollision dann wirklich nicht vermeiden können, wie auch.

Chris Snow, Commodore des Clubs, mag Donald Trump, hält den Präsidenten für exakt jenen «ground breaker», Veränderer, der Trump sein wollte; und Chris mit seinem bärenlauten Lachen ist dennoch ein herzensguter Kerl. Dass dies zusammengeht – Trump zu wählen und kein bisschen verrückt zu sein –, auch das lernen wir in New Hampshire. In diesem Staat nämlich segeln Waffennarren und Waffengegner und sogar Demokraten und Republikaner noch immer auf einem Boot.

Ja, das hier ist ein besseres Amerika. Ein letztes Idyll, altmodisch und darum zugleich ein Modell für die Zukunft. Die Leute reden noch miteinander: Sie brüllen nicht. Sie sprechen manchmal über Donald Trump, aber nicht zuerst und nicht ständig. Auch Republikaner kamen zu Pete Buttigieg, fragten den Bewerber nach seiner Wirtschaftspolitik.

Die Hektik New Yorks oder Washingtons ist endlos weit weg, der ganze Schlachtenlärm. Auf die Frage, welchen Fernsehsender sie mögen, Fox oder CNN, sagen die Menschen in New Hampshire: «PBS.» Der nichtkommerzielle Sender PBS sendet um 18 Uhr eine Stunde lang Nachrichten, erklärend, analytisch und minutenlang aus dem Ausland; das Studio sieht aus wie jenes der «Tagesschau» von 1985.

Bernie Sanders, selbsternannter «demokratischer Sozialist», gewinnt die Wahl und hat nun die größten Chancen, der demokratische Kandidat zu werden, aber die Partei leidet, und die Untergangsgeschichten dieser Wintertage haben unterschiedliche Ursachen und Schwerpunkte. «Donald Trump wird sowieso wiedergewählt», das ist einer dieser Sätze, die von Demokraten im ganzen Land zu hören sind. Und ja, es ist aus mehreren Gründen möglich, dass es so kommt: Trump ist selbstgewiss, seine Anhänger sind ihm treu ergeben, die wirtschaftlichen Daten der USA (von der enormen Verschuldung abgesehen) sind robust, noch immer spielt das Coronavirus keine Rolle im Wahlkampf. Seine Partei hat sich einerseits Trump unterworfen, sieht also über Lügen, Korruption, Nepotismus hinweg, da er sich nämlich andererseits der Partei unterworfen hat und nun straff gegen Abtreibung, gegen Amerikas Sozialsysteme, gegen Regulierung jeder Art, gegen Steuern für Konzerne und Reiche sowie gegen Klimaschutz vorgeht. Es kommt hinzu, dass Trumps Wahlkampfteam und die Partei im Herbst 2020 ein Bollwerk sein werden, zudem nahezu unbegrenzt Geld zur Verfügung haben, während der Trump von 2016 noch ein politischer Dilettant war, der trotzdem gewählt wurde – da er Instinkt für Gefühle und Themen hatte.

Anfang Februar hat Trump sein neues Budget vorgestellt: 4,8 Billionen Dollar, davon viele Milliarden für die Mauer im Süden der USA, für Atomwaffen und sonstiges Militärgerät, dafür Kürzungen bei Wissenschaft und Bildung, Kürzungen auch bei Sozialprogrammen wie Medicaid; und weiterhin kein Infrastrukturprogramm, das 2016 eines der Wahlversprechen war. Trumps Budget ist ein politisches Programm, es ist durch und durch republikanisch. Es ist eine Vorlage, ein Geschenk für jeden politischen Gegner.

Eine Randnotiz, mehr nicht: Auf dem moderaten Parteiflügel der Demokraten stürzt der ehemalige Vizepräsident Joe Biden bei der Wahl in New Hampshire grausam ab. 8,4 Prozent und Platz 5 sind peinlich, werden aber nicht mehr groß erwähnt. «He is history», sagen die Kommentatoren aller Sender, von CNN bis Fox, in dieser Nacht von Manchester.

Joe Biden aus Pennsylvania, Jahrgang 1942, von 1973 bis 2009 Senator für den Staat Delaware und von 2009 bis 2016 Barack Obamas Vizepräsident, darum der bekannteste der demokratischen Bewerber in Amerikas Wahlkampf, führte im Sommer 2019 deutlich in allen landesweiten Umfragen, im Herbst noch ein bisschen deutlicher, und er hielt diese Führung über Weihnachten und im neuen Jahr. Moderate Gegnerinnen und Gegner wie Kamala Harris und Cory Booker, politisch nicht weit von Biden entfernt, fanden keinen Raum zur Entfaltung und kein Geld für ihre Kampagnen und stiegen aus. Denn Biden fiel und fiel und fiel nicht, da ihm die Wählerinnen und Wähler abzunehmen schienen, dass er integer war. Ein ehrlicher Politiker. So vornehm. Dann fiel Joe Biden doch.

Biden war der Verlierer von Iowa, wo er nur Vierter wurde. Er sagte danach alle Termine ab, ging mit seinem Wahlkampfteam in Klausur, und anschließend wollte er kämpferischer auftreten, aggressiver werden und sagte in der Fernsehdebatte in Manchester, New Hampshire, dennoch: «Vermutlich werden wir hier einen weiteren Schlag hinnehmen müssen.» Gleich zu Beginn sagte er diesen seltsamen Satz, es ist der einzige Biden-Satz, der hängen bleibt: defensiv. Oder schon resignativ? Wie prophezeit verliert Biden in New Hampshire, wartet die Ergebnisse gar nicht ab, reist sofort weiter nach South Carolina.

Das Geld gehe Biden aus, erzählen sie in der Demokratischen Partei. Er komme mit dem Tempo der Populisten Trump und Sanders nicht mit. Und als wir Joe Biden begleiteten, ließ es sich nicht anders sagen: Joe Biden war nicht gut.

In Manchester wollte Biden vom Nuklear-Abkommen mit Iran reden und konnte sich leider nicht erinnern, wie es hieß. Dann schüttelte er die Spitze seines Teams durch, holte Anita Dunn hinzu, die für Obama im Weißen Haus gearbeitet hat, aber die alte Spitze ließ Biden im Amt, offiziell, und wer macht nun eigentlich was? Schließlich stand er mit Reportern zusammen und stritt mit ihnen über Pete Buttigieg, den Aufsteiger.

Dieser Buttigieg, sagte Biden, kritisiere ständig die Obama-Ära, mehrfach und gekränkt sagte Biden das, als unterstelle er Buttigieg

Gotteslästerung. Und überhaupt, Buttigieg habe sich als Bürgermeister in South Bend, Indiana, um Gehsteige und Straßenlaternen gekümmert, während er, Biden, in der Weltpolitik gelenkt und gehandelt habe.

Die Reporter hakten nach: War Bidens Kritik nicht vergleichbar mit den spitzen Worten Hillary Clintons gegen den jungen Barack Obama, damals, 2008?

Nun verrutschte Biden die Tonlage: «Oh, come on, man», rief er, «this guy is not a Barack Obama!» Auf Deutsch: «Ach, hör auf, Mann, dieser Typ ist doch kein Obama.»

Es geht in der Politik natürlich stets um Konzepte und das Gespür für das Machbare, um Machtdrang und Taktik, aber es geht immer auch um Gefühle. Stimmungen. Plötzlich, das gestehen die Helfer und Manager im Biden-Lager ein, hat sich da etwas verändert. Die Wahrnehmung hat sich gedreht und mit ihr die Stimmung im gesamten Umfeld des Kandidaten Joe Biden – Stimmungen und Gefühle sorgen in der Politik für sich selbst erfüllende Prophezeiungen.

Lodernd leidenschaftlich und funkelnd intelligent war Bidens Wahlkampf bislang sowieso nicht. Er strukturierte seine Reden auf die schlichteste Weise, die nur denkbar war: Er sagte halt irgendetwas, fügte nachträglich ein «number one» an. Es folgten «number two» und manchmal noch «number three», aber es blieben lose Gedanken, die den Anschein einer Gliederung erhalten sollten. «Here's the deal», das ist die Lage, auch das sagte Biden pro Rede ungefähr zehnmal.

Zu Beginn des Wahlkampfes war er der einzige der demokratischen Bewerber, der ein Star war. Es genügte deshalb, dass er Trump als «Lügner» und «Rassisten» bezeichnete und von Anstand und Werten, einer Rückkehr zu amerikanischer Würde sprach. Erst nach und nach tauchten die Fragen auf: Welche Konzepte hat Biden eigentlich? Schwärmte er nicht immer nur von den alten Zeiten, von Obama? Was eigentlich denkt er über die Zukunft, und was will er?

Politik ist ja nun durchaus unberechenbar; ab sofort glauben alle Experten, mit entschlossener Sicherheit, dass Joe Biden erledigt sei. Auf einmal ist dieser Mann, der von sich behauptet, er sei jener eine Politiker, der noch die Wahrheit sage, kein Star mehr, sondern von gestern.

Es ist der 11. Februar 2020, und wir sollten uns den Tag merken. Alle amerikanischen Medien sind sich einig und melden: Joe Biden ist besiegt und erledigt, er wird bald aussteigen.

## — Wahn und Wahrheit (7.) —

Die «amerikanischen Parteien», das schreibt Lilliana Mason, Professorin an der University of Maryland, «werden zunehmend im sozialen Sinne polarisiert. Religion und Rasse, genauso Klasse, Geographie und Kultur trennen die Parteien auf eine Weise, die Parteiidentität immer weiter verstärkt.» Parteiidentität sei zur Mega-Identität geworden, mit allen Folgen für Psychologie und Verhalten, die wir gegenwärtig erleben.

Ezra Klein, Gründer von Vox.com, wollte die Gründe und Ursprünge der amerikanischen Spaltung verstehen, so fing er an. Why We're Polarized heißt Kleins Buch zum Thema, ein meisterliches Werk. Polarisiert sei Amerikas Gesellschaft immer gewesen, aufgrund ihrer gewaltsamen Geschichte von Eroberung, Völkermord und Sklaverei; doch davon seien die Parteien nicht berührt gewesen. Demokraten und Republikaner hätten pragmatische Politik gemacht, streitbar, kompromissfähig. Dann kam der Wendepunkt, die sechziger Jahre: Die Demokraten entschieden sich, unter Präsident Lyndon Johnson, die Bürgerrechtsbewegung zu stützen, und verloren deshalb die Parteimitglieder der Südstaaten, die Dixiecrats, an die Republikaner, die sich gegen die Bürgerrechte und damit gegen die Afroamerikaner stellten und zur Partei des weißen Amerika wurden. «Über die letzten 50 Jahre», schreibt Klein, «wurden unsere Parteiidentitäten deckungsgleich mit Rasse sowie religiösen, geographischen, ideologischen, kulturellen Identitäten.» Daraus wurde ein Perpetuum Mobile: Medien, deren wirtschaftlicher Erfolg vom Erreichen einer Zielgruppe abhängt, verstärken die Polarisierung; die Parteien hoffen auf Wahlsiege, indem sie den Gegner diffamieren und dessen Wählerschaft durch Negativ-Kampagnen vom Urnengang abhalten; tatsächliche Krisen und die Verunsicherung durch Globalisierung oder globale Bedrohungen wie den Klimawandel verführen zu Wagenburgmentalitäten, zur immer noch schärferen Abgrenzung von Fremden und vom Gegner, zum Erfinden von Sündenböcken und einfachen Lösungen. Polarisierung übrigens sei nicht automatisch Extremismus, sondern vor allem eine scharfe Trennung und Sortierung.

Ezra Klein erzählt dann von einem Experiment, das der Politikwissenschaftler Shanto Iyengar in Stanford durchführte: Die Versuchspersonen hatten eine Stelle zu besetzen, und neben allerlei Qualifikationen der Bewerber wurde auch die Parteizugehörigkeit genannt. Wenn ein republikanischer Bewerber deutlich besser qualifiziert war, wählten trotzdem nur 30 Prozent der demokratischen Versuchspersonen diesen aus; und nur 15 Prozent der Republikaner gaben dem Bestqualifizierten den Job, wenn dieser ein Demokrat war.

Eine Erklärung liefert der Forscher Iyengar: Hass auf Homosexuelle oder Afroamerikaner sei verpönt und tabuisiert; «Hass aufgrund von politischer Identität gilt in den USA aber als sanktioniert und legitim».

# 8.

# OUTBREAK

## Viele Spitzen vieler Eisberge

Patricia Dowd ist die Erste.

Ist Patricia Dowd wirklich die Erste?

Natürlich? Wahrscheinlich? Vielleicht?

Patricia Dowd ist Wirtschaftsprüferin einer Firma im Silicon Valley, die Halbleiter baut, sie ist 57 Jahre alt, seit beinahe 25 Jahren verheiratet. Ende Januar erzählt sie von Schmerzen, dann geht es ihr schnell schlechter, am 2. Februar sagt sie, es fühle sich wie eine Grippe an, und am 6. Februar sackt sie in ihrer Küche in Santa Clara zusammen und ist tot. Ein Herzinfarkt, tippen die Ärzte. Eine Grippeuntersuchung ist negativ.

Erst Wochen später, Mitte März, hat Michelle Jorden, Ärztin in Santa Clara, so ein Gefühl. Sie lässt Gewebeproben aus Dowds Leichnam entnehmen und staunt: «Whoa! Immer noch hochansteckend, darum schickten wir die Proben zum CDC.» Noch einmal zwei Wochen später, Ende März, kommt das Ergebnis von den «Centers for Disease Control and Prevention» zurück, und nun steht es fest: Patricia Dowd starb an Covid-19.

So viel verschenkte Zeit.

Die USA preisen sich als modernstes Land der Welt, als klügstes sowieso, sie begreifen sich als führend in allen Fragen des Lebens. Selbstzweifel? Keine. Wie also kann es geschehen, dass diese Nation von Covid-19 derart überrascht wird, derart ausgehebelt auch?

Es beginnt, wie so vieles in diesen Jahren, damit, dass der Nachrichtenfluss stockt und dass Botschaften verdreht und umgedeutet, dass Informationen nicht weitergereicht werden, dass zu viele Leute an zu vielen wichtigen Stellen das nicht hören wollen, was nicht in ihr Weltbild passt. Wochenlang glauben die USA deshalb, dass das Virus sehr spät sehr vereinzelt ganz oben im Nordwesten, in Washington State, angekommen sei – Mitte bis Ende Februar. 15 Fälle, alle mit einer direkten Verbindung nach China, sind Mitte Februar bekannt. Am 29. Februar 2020 wird in Seattle der erste Todesfall gemeldet, und einige Tage später wird verkündet, dass es bereits am 26. Februar zwei Tote gegeben habe. So habe diese Corona-Geschichte angefangen, das wird das Weiße Haus noch im April melden; alles unter Kontrolle, alles kein Problem.

Diese offizielle Erzählung hat mit der Wahrheit nichts zu tun.

In Wahrheit ist das Virus bereits Mitte Januar im Land. Es breitet sich in Kalifornien aus, vor allem im Großraum San Francisco. Wissenschaftler der Northwestern University werden später belegen, dass am 15. Februar bereits mehrere Tausend Amerikaner infiziert sind, in New York, Boston, Dallas, Chicago, San Francisco, Seattle; und rund 1000 infizierte Einreisende, aus Asien und Europa, kommen in den Februarwochen hinzu – genug für Cluster-Ausbrüche der Pandemie, überall im Land.

Das aber darf nicht sein, es ist die falsche Wirklichkeit, und darum existieren keine Tests, keine Obduktionen, kein Datenaustausch. Der Präsident sorgt sich um die Wirtschaft, und seine Helfer sagen in den letzten Februartagen der amerikanischen Nation, sie möge weiterhin reisen, weiterhin ausgehen, so leben wie immer.

In den ersten zwei Märzwochen wird es darum 4,3 Millionen Reisen geben, die in Seattle beginnen, und in 14 Bundesstaaten werden anschließend über Gentests Infektionen nachgewiesen, deren Ursprung in Seattle lag. SARS-CoV-2 wäre nicht leicht zu stoppen, aber ganz leicht einzuschränken gewesen.

Einige vereinzelte Heldinnen und Helden kämpfen einen einsamen Kampf. Oben in Snohomish County, Washington, versteht die Epidemiologin Hollianne Bruce, dass etwas Seltenes, Großes vor sich geht, und als sie einen 35-jährigen Patienten, hustend, atemlos, auf ihrer Station hat, hört sie nicht auf zu fragen: Wo war er? Wuhan, verdammt. Flugnummer, Sitznummer? Mit wem hat er gegessen? Meist allein, okay. Wie lebt er? Allein, sehr gut. Fährt er Fahrstuhl oder steigt er Treppen? Treppen, auch gut. Via Funkgerät befragt Hollianne Bruce diesen Mann, draußen vor dem isolierten Behandlungszimmer stehend, und dann sucht sie alle Menschen auf, mit denen er Kontakt hatte, und zwingt diese Menschen in die Quarantäne; auf Anweisungen aus der Hauptstadt, auf eine Rede des Präsidenten wartet sie nicht.

Ja, Hollianne Bruce ist eine amerikanische Heldin, aber sie ist, natürlich, chancenlos; wie auch sollte es anders sein, wenn eine Pandemie über die Vereinigten Staaten kommt.

Die tatsächlich erste amerikanische Corona-Tote gibt es also bereits am 6. Februar im kalifornischen Santa Clara, den nächsten Toten am 17. Februar ebenfalls in Santa Clara; ein nachträglicher Gewebetest wird auch diesen Fall belegen, doch erst im April wird es bekannt werden, viel zu spät also für Quarantäne-Programme.

«Jeder dieser beiden Todesfälle ist vermutlich nur die Spitze eines Eisbergs unbekannter Größe. Das fühlt sich bedeutend an», sagt Dr. Sara Cody, CDC-Chefin von Santa Clara. Beide Opfer waren nicht in China gewesen, beide müssen sich in Kalifornien infiziert haben. «Das Virus muss unbemerkt sehr früh hier gewesen sein und sich darum auch früh verbreitet haben», sagt Codys Kollege Jeffrey Smith.

Später wird Sara Cody zurückblicken auf jene Wochen und noch immer nicht ganz begreifen, wie die Nation derart scheitern konnte. «Wir hatten dieses sehr, sehr unangenehme Gefühl, dass wir von vielen Patienten hörten, dass sie glaubten, infiziert zu sein, wir sie aber nicht untersuchen konnten», sagt Cody. Denn erst vom 7. Februar an werden Corona-Testsets vom CDC in die Bundesstaaten geliefert, und meist funktionieren die Dinger nicht. Müssen zurückgeschickt, repariert oder ausgetauscht, dann neu verschickt werden. «Jedes einzelne Mal mussten wir das CDC fragen: Dürfen wir diese Person testen, erfüllt sie die Kriterien», so Cody – auf diese Weise siegt Bürokratie über Professionalität. Erst am 26. Februar wird darum die erste in den USA selbst erfolgte Ansteckung mit dem Virus nachgewiesen, in Solano County in Kalifornien; und dann in Oregon, Washington State und im kalifornischen Santa Clara.

In einer funktionierenden Demokratie, in einem Land, in welchem Indizien zu Recherchen und Daten zu Entscheidungen führen, müsste eigentlich bereits auffallen, was auf der «Grand Princess» geschieht. Das Kreuzfahrtschiff, mit 3500 Menschen an Bord, legt am 11. Februar in San Francisco ab. An Bord gibt es die ersten Coronafälle, und am 4. März wird der erste Passagier sterben. Diese «Grand Princess», die am 21. Februar zu ihrer nächsten Reise aufbricht, Richtung Hawaii, wird nun zur Bühne eines ganz eigenen Dramas werden: Das Schiff wird nach Oakland zurückgeführt, und wochenlang müssen die Passagiere dort an Bord bleiben; denn aus Hubschraubern werden Test-Ausrüstungen heruntergeworfen, und schnell sind 19 Crew-Mitglieder und zwei Passagiere positiv, und 100 weitere Menschen spüren Symptome. In Washington sagt der Präsident, er würde das Schiff lieber draußen auf See lassen, damit diese Fälle in den Statistiken nicht mitgezählt werden müssten.

Ein funktionierendes System hätte Rückschlüsse gezogen. Infizierte an Bord, Abfahrt am 11. Februar – natürlich musste das Virus also längst in den USA sein, es ist eine Frage der Mathematik. Doch nein: Es darf nicht dort sein. Darum: keine Rückschlüsse. Denn die Wirklichkeit wird in Washington, D.C., festgelegt.

Blicken wir zurück: Am 31. Dezember 2019 kam die Warnung aus Peking. Patricia Dowd muss in der letzten Januarwoche bereits krank gewesen sein. Am 2. Februar 2020 sprach Präsident Trump sein Reiseverbot gegen Menschen aus China aus, aber noch wurde es nicht durchgesetzt, weitere zwei Wochen lang reisten Hunderttausende aus China ein. «Was eigentlich sollte das bewirken, wenn das Virus bereits hier war», sagt Amesh Adalja vom Johns Hopkins Center for Health Security der *New York Times*. Immerhin, der Bezirk Santa Clara weist am 16. März seine Bürger an, daheim zu bleiben und Abstand zu halten; weit vor dem Rest des Landes.

Ansonsten geschieht in den USA nichts: keine Vorbereitung der Krankenhäuser, keine Schulung der Bevölkerung, keine Koordination mit einstmals, vor gar nicht so langer Zeit, befreundeten Nationen, keine Koordination auch mit China.

Mitte November übrigens war Patricia Dowd dort, in Peking. Sie ist überhaupt viel gereist, war in Deutschland, war in Afrika, aber das hat mit ihrer Erkrankung nichts zu tun; 2020 war sie bislang noch nicht verreist. Doch wie hat sie sich infiziert? Bei wem? Patricia Dowd stirbt 20 Tage vor der ersten offiziell nachgewiesenen Coronaübertragung innerhalb der USA.

Wir schreiben einen Arzt aus der Gegend von Santa Clara an, und er schreibt zurück: «Wir haben hier schon im Januar, vor allem natürlich dann im Februar viele seltsame Erkrankungen gehabt. Wir haben es gesehen. Aber wir durften es nicht sehen. Wir durften nicht testen, durften die vielen Punkte nicht miteinander verbinden, und ich werfe mir jeden Tag vor, dass wir es nicht trotzdem getan haben.»

Greifen wir unserer chronologischen Erzählung für einen Moment vor: In der Rückschau werden Amerikas Epidemiologen davon ausgehen, dass der 15. Januar 2020 der Tag der Übertragung war: Ein Flug von Peking nach Seattle habe das Virus in die USA getragen. Anfang Februar habe es sich an der Westküste ausgebreitet, minimal verzögert in New York an der Ostküste, wo am 1. März erst eine Infektion offiziell nachgewiesen ist, aber bereits 10 000 Menschen infiziert sind, wie später rekonstruiert werden kann. Über 5000 Infizierte reisen in den ersten beiden Märzwochen von New York aus ins Land hinein, und so wandert Covid-19 von den Küsten in die gesamte USA.

Am 26. Februar wird Präsident Trump sagen, innerhalb weniger Tage werde die Zahl der Infizierten «nahe null» sein, «das ist ein verdammt guter Job, den wir gemacht haben». Laura Ingraham, Fox-Moderatorin, wird am selben Tag verkünden: «Ich habe seit Wochen gewarnt, ein Auge auf das Coronavirus zu haben, das sich von China über die ganze Welt ausbreitet.» Und einen Tag später: «Demokraten und ihre Kumpanen von den Medien haben entschieden, Angst und Leid als Waffe zu benutzen, um ihre Chancen gegen Trump im November zu verbessern.» Was für ein Gottesgeschenk folglich, dass der Präsident alles unter Kontrolle habe: «Das, was am wichtigsten ist und Amerikaner zwischen den Küsten am meisten interessiert, ist, dass diese Anstrengung ausgesprochen gut organisiert ist, extrem durchdacht und sehr gut gemanagt. Aber Trump-Hassern sind Fakten egal.»

An diesem 27. Februar wird das Virus auf dem Weg durch die gesamten USA sein.

Am 2. März wird New Yorks demokratischer Bürgermeister Bill de Blasio sagen: «Ich ermutige die New Yorker, ihr Leben weiterzuführen und hinaus in die Stadt zu gehen.» Wir hätten nun gern eine Skala zur Verfügung: Wie dumm können politische Führer sein?

Am 11. März wird der Präsident sein Einreiseverbot für Europäer aus 26 Staaten verfügen, wir kommen darauf noch zurück; es ist nicht sehr hilfreich, jedenfalls kommt es viel zu spät, denn die USA infizieren sich längst selbst: Eine Feiernde trägt das Virus vom Volksfest Mardi Gras in New Orleans nach Memphis; ein Trauergast bringt es von Atlanta nach Albany, und so geht das immer weiter, kreuz und quer.

«Hätten wir weitläufig testen können, dann hätten wir verstanden, wie sehr sich das Virus ausbreitete, und dann hätten wir verstanden, dass bereits Leute starben. Dann hätten wir früher gehandelt», das sagt Sara Cody, die den ersten sogenannten Lockdown des gesamten Landes verfügte. Und weiter: «Wie wollen Sie denn Übertragungen innerhalb von Gemeinschaften entdecken, wenn Sie nur Menschen testen dürfen, die Fernreisen gemacht haben? Es ist ganz einfach: So können Sie Übertragungen nicht entdecken.»

## Netflix-Politik

Der absurde, so aufregende amerikanische Wahlkampf passt ganz vortrefflich in unsere Zeiten, da er an eine TV-Serie erinnert, mit all seinen Staffeln und Folgen, die «Vorwahl», «Caucus» oder «Fernsehdebatte» heißen. Das Spektakel wirkt schon deshalb endlos, weil es tatsächlich episch angelegt ist: Bündnisse entstehen und zerbrechen, heute geht der Held von gestern unter, morgen siegt eine unerwartete neue Heldin, was die Verbündeten von vorgestern übermorgen zu Feinden macht, doch dann … dann ist auf einmal alles ganz anders als gestern, denn eine neue Hauptfigur tritt auf, und die bringt auch gleich neue Spielregeln mit.

Michael Bloomberg ist ein Philanthrop, der über die Jahre rund 3 Milliarden Dollar gespendet und damit ein Netzwerk aus den Empfängern seiner Reichtümer aufgebaut hat, Bürgermeister in Houston oder San Francisco beispielsweise, die heute Wahlempfehlungen für Bloomberg geben. Dieser Bloomberg und sein Vermögen von rund 55 Milliarden Dollar verändern den Wahlkampf der amerikanischen Demokraten ungefähr so wie Daenerys Targaryen, Beschützerin des Reiches, Mutter der Drachen und Sprengerin der Ketten, die HBO-Serie «Game of Thrones», in welche jene Daenerys ihre drei süßen Babydrachen einbrachte – die rasant zu gierig großen Drachen wurden. Die Demokraten leiden an sich selbst, denn sie wissen, dass Kamala Harris oder auch Cory Booker jene charismatischen Kandidaten hätten werden können, nach denen die Partei sich sehnt. Harris kam deshalb nicht weit, weil sie ihre Kampagne organisatorisch nicht in den Griff bekam; die eigene Schwester mischte in mächtigen Rollen mit, nur wenig lief rund, und dann war kein Geld mehr da. Und während Elizabeth Warren für ökonomische Gerechtigkeit kämpfte und Bernie Sanders für Klimaschutz und Krankenversicherungen, war bei Harris nicht ersichtlich, was sie mit möglicher Macht eigentlich anfangen wolle. Bereits zwei Monate vor den ersten Vorwahlen gab sie auf, ähnlich wie Booker, der beliebt ist, aber nie wirklich durchdrang.

Michael Bloomberg, in diesem Februar 2020 gerade 78 Jahre alt geworden, hatte sich den Wettstreit der über 20 Bewerber monatelang angesehen, leidend und kokettierend. War er nicht viel, viel besser als all jene? Ist Bloomberg nicht derjenige, hinter dem sich die gemäßigten Demokraten versammeln, um die Sanders-Kandidatur zu verhindern?

Vielleicht wird diese Frage schon am Super Tuesday, dem 3. März, geklärt werden, dann wählen 14 Bundesstaaten. Viel Zeit hat Bloomberg nicht, sein erster Auftritt neben den Rivalen, am heutigen 19. Februar 2020 auf dem Strip von Las Vegas, war geradezu dramatisch bedeutsam. Was also ging so dramatisch schief?

Warum nur müssen jetzt, es ist Mittwoch in Las Vegas und der Abend nach der neunten Fernsehdebatte, Bloombergs Helfer im «Spin Room» genannten Großen Ballsaal des Hotels «Bally's» stehen, angeschrien und eingekreist von einer Hundertschaft Journalisten?

Und wieso reden heute und hier alle von Bloombergs Untergang und dann sogleich von der Katastrophe für die gesamte Demokratische Partei und der Wiederwahl Donald Trumps?

Im Spin Room treffen nach einer Debatte die Bewerberinnen und Bewerber und ihre wichtigsten Helfer auf Fox News, CNN und alle anderen Medien und erklären Sieg oder Niederlage, platzieren Interpretationen, reden die Konkurrenz klein und sich selbst stark; heute sind alle zuerst bei Chris Matthews von MSNBC, dem Sender, der diese Debatte ausgerichtet hat. Es vibriert im Spin Room, laut und schwitzig, eng ist es, und für eine gute Stunde scheint hier das Zentrum der Welt zu liegen.

«Mike wird besser werden», das nuschelt nun der Chef der Bloomberg-Kampagne, so klischeegerecht bleich wie glatzköpfig wie dreitagebärtig, ins Nirgendwo all der Kameras. «Die anderen sind Karriere-Politiker, die machen nichts anderes.» Noch einmal: «Wir fangen erst an. Mike wird besser werden.» Es gibt, selbst für die Großmeister des Spins, Pleiten, die sich nicht aufhübschen lassen.

Es gibt, im Leben wie in der Politik, diese Momente, in denen es gilt. Die berühmten Weggabelungen, an denen sich alles entscheidet. Wenn ein Bewerber vier Vorwahlen und acht Fernsehdebatten auslässt, weil er so anders sein will als die Anderen, wenn er also nur bei der neunten und zehnten TV-Debatte antritt, ehe der alles vorentscheidende Wahltag kommt, der Super Tuesday: Dann, ja dann sollte er seine Sache punktgenau perfekt machen.

Spenden übrigens nimmt Bloomberg nicht an, Geld braucht er nicht. Mit Journalisten redet er kaum, Fragen aus dem Publikum mag und beantwortet er nicht. Denn Michael Bloomberg mag Kontrolle, vermutlich kennt er das Leben nur so.

Er wuchs als Sohn russisch-jüdischer Einwanderer in Massachusetts auf, studierte Wirtschaft an der Johns Hopkins University und dann an der Harvard Business School, arbeitete für die Investment-Banker

Salomon Brothers, ging mit zehn Millionen Dollar Abfindung zu Merrill Lynch, gründete schließlich Bloomberg L.P., den Finanzdienstleister, dessen handliche Computer, Bloomberg-Terminal genannt, die Welt zwar nicht besser, aber noch ein bisschen schneller und damit letztlich Bloomberg reich gemacht haben: Bloomberg war zunächst Demokrat, dann Republikaner, nun ist er wieder Demokrat. Zwölf Jahre lang war er Bürgermeister von New York City.

Bloomberg machte aus dem Versprechen seiner Kandidatur in den ersten Wochen auf seine Weise eine Verheißung. Rund eine Milliarde Dollar seines eigenen Vermögens hat er in seinen Wahlkampf gepumpt. Überall im Land eröffnet er Büros, und die Helfer strömen ihm zu, weil er besser zahlt als seine Konkurrenten, besseres Essen liefern lässt, sogar Wein. Der Rest der Millionen fließt in Werbung.

Während des Super Bowls liefen zwei Bloomberg-Spots, Facebook und überhaupt alle Medien der USA sind gefüllt mit Bloomberg-PR, und witzig sind stets die Plakate an jenen Orten, an denen Donald Trump Reden hält: «Trump isst verbrannte Steaks. Mike Bloomberg mag seines medium-rare», «Trump mogelt beim Golf. Mike Bloomberg nicht.»

Seine eigentliche Botschaft, millionenfach wiederholt, heißt «Mike gets it done», «Mike kriegt es hin».

Das Problem war die Wirklichkeit, das Problem war, dass nunmehr zwei Bloombergs existierten, der Held und Erlöser aus der Wahlkampfserie, die Kunst- und Werbefigur Mike – und auch noch der echte Michael Rubens Bloomberg mit seinen nicht wenigen Macken. Und einer ruppigen Vergangenheit. Deshalb, die Fernsehdebatte von Las Vegas war gerade eine Minute alt, überführte nicht Michael Bloomberg Trump, sondern Elizabeth Warren Bloomberg.

Der stand im blauen, stilvoll teuren Anzug rechts außen auf der überbunten, damit Las-Vegas-gerechten Bühne und hörte konzentriert Bernie Sanders zu, dem Sieger der ersten Vorwahlen. Elizabeth Warren wollte hineingrätschen, sofort, unbedingt. «Also, ich würde …», sagte sie, aber die Moderatoren erteilten Bloomberg das Wort, der über Krankenversicherungen redete.

Nun aber kam Warren und attackierte sofort: «So, ich möchte darüber reden, gegen wen wir antreten: einen Milliardär, der Frauen ‹fette Weiber› und ‹pferdegesichtige Lesben› nennt. Und nein, ich rede nicht von Donald Trump. Ich rede von Bürgermeister Bloomberg.»

Dessen Gesicht gefror. Die linke Hand hielt die rechte, es schien nötig zu sein, wegen des Gleichgewichts. Nur umzufallen wäre noch peinlicher gewesen als dieser Auftakt.

Dann sagte Warren noch: «Die Demokraten gehen ein enormes Risiko ein, wenn wir einfach einen arroganten Milliardär durch den nächsten ersetzen wollen. Dieses Land hat nun sehr lange den Reichen gedient und alle anderen im Schmutz liegen gelassen.»

Bloomberg zitterte leicht. Hielt sich aufrecht. Das Dramatische dieser Minuten war nicht, dass Warren so scharf war, das gehört dazu, Wahlkampf ist Show, Unterhaltung, Serienstoff. Das Dramatische war, dass die ganze wunderbare Bloomberg-Erzählung auf größtmöglicher Bühne gleich zweifach implodierte.

Bloomberg konterte nicht. Das mit den pferdegesichtigen Lesben – nein, dazu sage er nichts. Und nein, er werde all den Frauen aus seiner Vergangenheit, mit denen er Schweigeabkommen geschlossen hat, nicht gestatten, nun die Wahrheit zu sagen. Alle in der Halle, alle im Medienzentrum und fast 20 Millionen Amerikaner vor den Fernsehschirmen sahen einen Bewerber haspeln, der zweifellos lieber anderswo wäre, der miserabel redete, der mit den Augen rollte. Was hatte er von seinen Gegnern erwartet? Ehrfurcht?

Mark Leibovich, Hemd über der Hose, lässig lächelnd, schlendert durch die Halle. Leibovich ist als Reporter für die *New York Times* hier und fürchtet, dass die Demokraten jedenfalls den Fernsehwahlkampf und damit dann vielleicht den gesamten Wahlkampf verlieren könnten. «Trump ist eine Comicfigur, aber eben auch ein echter Kabelfernsehkandidat. Er ist physisch groß, das wirkt. Er existiert durch Fernsehen, seine Gedankenwelt besteht aus Fernsehen, er versteht Fernsehen, und wir wissen nun, dass Populismus in Amerika auf Ruhm und Popularität gründet», sagt Leibovich. Und die, die wir gerade hier erlebt haben?

«Keiner von ihnen hat wirklich einen Sinn für die Kraft des Fernsehens.»

## Worum es geht

Sebastian Gorka sagt: «Ein großer Präsident trifft im wichtigsten Moment die wichtigste Entscheidung und rettet das Land.» Er meint das Einreiseverbot für Menschen, die aus China in die USA kommen wollen. Anthony Scaramuccis Einschätzung klingt anders: «Ein inkompetenter Mann wird vorgeführt.» Es gibt auch bei der Bewertung der Reaktion des Weißen Hauses auf Covid-19 wieder zwei Narrative – versuchen wir also eine Analyse der Fakten.

Als die Coronakrise beginnt, entlässt Donald Trump seinen Stabschef Mick Mulvaney. Dieser Schritt sorgt im Weißen Haus für Verwirrung: Wer entscheidet was, wer koordiniert die Maßnahmen? Die Kommandostruktur war ja schon vorher nicht klar, auch die Themenzuständigkeit nicht, aus mehreren Gründen: Es gab viele Personalwechsel; es gibt sehr viel Misstrauen, vor allem gegen Experten, die seit vielen Jahren ein Fachgebiet beackern; und es gibt Jared Kushner, den Schwiegersohn, der überall mitredet und nirgendwo verantwortlich ist, aber einer der wenigen Menschen und vielleicht der einzige in 1600 Pennsylvania Avenue, dem der Präsident vertraut.

Kathleen Sebelius, die als Gesundheitsministerin für Präsident Barack Obama arbeitete, sagte der *New York Times*: «Was eigentlich am Anfang jeder mobilisierenden Antwort eines Präsidenten stehen muss – klare Aufträge und der Eindruck, dass eine Sache absolute Priorität hat –, gab es nicht ansatzweise.»

Es bräuchte in einer Krise schnelle Entschlossenheit und langfristige Planung. Trump aber hat seinen Mitarbeitern bedeutet, sie sollten jeden Tag seiner Amtszeit wie eine Episode einer Fernsehserie betrachten. Und ihm selbst ist, noch während er handelt oder auch nicht handelt, wichtig, wie sein Handeln oder Nichthandeln von den Medien bewertet wird – und nicht, was es bewirkt.

Es bräuchte eine Pandemie-Einheit im Nationalen Sicherheitsrat, doch die wurde 2018 aufgelöst. Es bräuchte Profis, entschlussstarke Fachleute, an den richtigen Orten, aber Trump weist niemandem volle

Autorität zu, immer nur Kushner. Verblüffend ist es zweifellos: dass ein junger Mann wie Jared Kushner sich das Urteil zutraut, dass die Medien die Krise «maßlos übertreiben»; und dass er dann die Arbeit der gesamten Nation in dieser ja scheinbar doch dringlichen Angelegenheit koordinieren will, ohne sich von Virologen beraten zu lassen. Es bräuchte Mannschaftsspiel, doch wir befinden uns in Washington. Die Task-Force, die Ende Januar noch vom scheidenden Stabschef Mulvaney eingesetzt wurde, zwölf Leute, die sich im Gesundheitsministerium treffen, hat keine Autorität, weil Mulvaney nun weg ist, weil der Präsident ihr nicht zuhört und weil Kushner eine eigene Task-Force leiten will. Schließlich streiten alle mit allen: Gesundheitsminister Alex M. Azar mit Seema Verma, die die Programme Medicare und Medicaid leitet, Ökonomen mit Medizinern, Politiker mit den Leitern von Behörden.

Es bräuchte, und das ist vermutlich das Wichtigste, eine Wahrnehmung und Bewertung der Wirklichkeit. Der Präsident sagt aber seinen Helfern, dass er dieses Virus weiterhin herunterspielen wolle, damit die amerikanische Wirtschaft nicht leide; und dass es sowieso verschwinde, wenn es wärmer werde, mutmaßlich im April.

## Ein Wunder

Es ist Donnerstagnachmittag, 27. Februar 2020, und der Präsident empfängt Besuch. Eine Gruppe afroamerikanischer Unterstützer ist seiner Einladung gefolgt, es ist der Black History Month, in dem traditionell die Geschichte und die Leistung von Afroamerikanern gewürdigt werden. Der gewaltsame Tod von George Floyd, die anschließenden Anti-Rassismus-Demonstrationen, all das liegt noch in der Zukunft, die übliche PR-Arbeit bestimmt den Alltag des Weißen Hauses, business as usual.

Einen großen Teil der 61 Minuten im Cabinet Room verbringen Trump und seine Besucher damit, sich gegenseitig zu umschmeicheln. «Ihr macht einen fantastischen Job», «unglaublich», «toll», «großartig», lobt Trump. Und je länger er spricht, desto deutlicher wird, dass er in Wahrheit nicht seine Gäste meint, sondern, na klar, sich selbst, seine

Leistungen bei der Justizreform, seine Leistungen bei Wirtschaftsreformen, die niedrigen Arbeitslosenzahlen: Er interessiert sich nicht für die Themen und Sorgen seiner Gäste, er interessiert sich für die Botschaften, die er unters Volk bringen will. Eine Besucherin, die sich als Stacy Washington vorstellt, schwärmt: «Ich glaube an das, was Sie tun, und danke Ihnen.» Stacy Washington ist nicht irgendwer, sie ist im Beirat der Gruppe «Black Voices for Trump» und der Veteranengruppe «Vets for Trump» aktiv, außerdem moderiert sie den konservativen Podcast «Stacy On The Right», auf Werbefotos posiert sie mit einem Schnellfeuergewehr. Jetzt wird sie feierlich: «Wir beten für Sie und sind bereit für vier weitere Jahre mit Ihnen.» Trump grinst.

Aber das Wort Pandemie macht die Runde, und die Presse ist auch heute hier im Cabinet Room, denn sie soll ja berichten, wie Trump von Afroamerikanern angehimmelt wird. Deshalb richtet der Präsident seine Worte nicht nur an die Gäste, sondern auch an die zehn, zwölf Reporter des sogenannten «Pools» (jenes täglich rotierenden kleinen Kreises von Korrespondenten, die nach einem Termin im West Wing ihre Informationen und Bilder mit denen teilen müssen, die nicht dabei sein durften). Noch gibt es keine Regeln für Sicherheitsabstände und keine Mund-Nasen-Masken. Unvermittelt kommt Trump auf das Virus zu sprechen, um sich im nächsten Satz selbst zu loben, für sein Krisenmanagement, seine Strategie: «Wir haben einen tollen Job gemacht. Die Presse wird uns dafür nicht loben.» Er nimmt dann die Demokraten ins Visier, sie könnten die Zahl der infizierten Amerikaner gegen ihn politisch nutzen: «Wir haben 15 Leute (*Infizierte*) in diesem Land. Dann haben wir 40 aus dem Ausland geholt, das waren Amerikaner, die in Schwierigkeiten waren, in der Nähe von Japan. Wir haben sie heimgeholt, sie waren in Quarantäne und es geht ihnen besser ... Sofort haben sie (*die Demokraten*) gesagt: ‹Die Zahlen springen von 15 auf weitere 40.›» Seine Besucher lachen. «Ich wusste sofort, dass die Presse das addiert und sagen würde: Das ist ja eine Katastrophe! Aber wir haben einen tollen Job gemacht. Diesen Leuten geht es gut. Diesen 15, den meisten von ihnen. Einer von ihnen ist ziemlich krank, offen gesagt. Den meisten geht es richtig gut. Und die 15 werden bald auf drei oder vier sinken, weil wir sie von der Liste nehmen, sobald es ihnen besser geht und sie sich erholen. Es ist wie die Grippe, man erholt sich.»

Er kommt vom Thema ab, schimpft gegen Joe Biden, die Demokraten, die Fake-News-Journalisten. Dann fällt ihm dieses verdammte Virus wieder ein: «Es wird verschwinden. Eines Tages – es ist wie ein Wunder – wird es verschwinden.» Der Präsident unterstreicht seine Worte mit einer weit ausholenden Bewegung, mit der flachen Hand zeichnet er eine Kurve in die Luft, eine Kurve, die erst in die Höhe ragt, dann aber schnell wieder zu Boden zeigt und flach bleibt. Zweimal malt er die Kurve, «like a miracle», wie ein Wunder. Die Gäste nicken beeindruckt, der Präsident sagt: «15 ist … ich würde sagen, ein Wunder.»

Die Audienz ist beinahe vorbei. Bevor alle aufbrechen, meldet sich Bruce LeVell, ein afroamerikanischer Berater Trumps, und sagt: «Können wir zusammen ein Gebet sprechen?» Trump sagt, na klar, «wartet eine Sekunde. Wir machen das.» Doch dann ruft aus dem Hintergrund plötzlich Jack Brewer, ein ehemaliger Football-Profi: «Mann, Sie sind der erste schwarze Präsident.» Applaus. Applaus? Der erste schwarze Präsident? Trump grinst jetzt sehr breit und sagt: «Das ist wahr.» Bevor irgendjemand widerspricht, tritt eine zierliche blonde Frau an den Präsidenten heran: Paula White, eine Pastorin, die es als Fernsehpredigerin in Florida zu einigem Ruhm gebracht hat, wir sind ihr in Orlando bereits begegnet, als Trump die Kampagne zur Wiederwahl eröffnete.

Niemand im Weißen Haus weiß so recht, was sie hier tut, ist sie eine spirituelle Einflüsterin des Präsidenten? Soll sie, wie einige witzeln, die Dämonen vertreiben? Schielt Trump nur auf die Stimmen evangelikaler Wähler? Paula White gehört nun zum Beraterstab des Präsidenten.

Sie steht jetzt dicht hinter dem Präsidenten, dirigiert die Besucher, gibt Regieanweisungen, alle gruppieren sich neben und hinter ihn. Sie formen ein ansehnliches Bild, mit Trump, der als Einziger sitzen bleibt, in der Mitte. Einige Gäste berühren mit ihren Händen die Schultern oder den Rücken des Präsidenten. Der schaut kurz in Richtung der Kamerateams. Fertig? Jemand beginnt das Gebet: «Gottvater, im Namen von Jesus, danken wir Dir, oh Gott, dass diese Gruppe die Arme des Präsidenten hochhält … Wir beten für seine Gesundheit, für seine Kraft.

Wir danken Dir, oh Gott, dass Du ihn mit der Macht des Heiligen Geistes beschützt. Und seine Familie. Du füllst ihn aus, oh Gott. Wir danken Dir für das, was Du getan hast, und für das, was Du noch durch dieses, Dein Gefäß machen wirst. Im Namen Jesu, Amen.» Zustimmung im Saal, Amen, Amen.

Seither wartet Amerika auf das Wunder.

## Wer entscheidet, was stimmt?

Der Radiomoderator Sebastian Gorka möchte ein starker, robuster Mann sein, und ein solcher humpelt natürlich nicht gern. Und Krücken sehen nun wirklich nicht nach Stärke und Robustheit aus. Er sagt, ach, das sei nichts, halb so wild, aber er habe doch operiert werden müsen. Das Knie. Er ist gestürzt, als er seinen Hund ausführte. «Tut nicht weh», sagt er. Dann stöhnt er und sagt doch: «Tut weh, verdammt.»

Super Tuesday in den USA, es sind dramatische Stunden. In 14 Bundesstaaten gibt es heute demokratische Vorwahlen, und das Virus ist da, zweifelsfrei, seit Wochen schon. Es hat sich nicht ignorieren oder fortwünschen lassen, der Zug von New York in die Hauptstadt war ganz und gar leer, kein zweiter Reisender im Großraumwagen, die Menschen in Washington gehen nun auf Distanz, spät, endlich. Abstand, kein Handschlag, auch hier. Wir fragen, eigentlich noch ganz höflich und unschuldig, nach Gorkas Erwartungen, doch sogleich kommt ein Dreh, ein Spin, eine Verschwörungstheorie.

«Die Demokraten stehlen Bernie Sanders die Nominierung», ruft er. «Ich mag ihn nicht, aber er war der Favorit; und was in den letzten 48 Stunden passiert ist, ist Diebstahl. Die Demokratische Partei nimmt Rache an Sanders, sie ist zutiefst undemokratisch.»

Ach nein, undemokratisch ist es eigentlich nicht wirklich. Der Wahlkampf der Demokraten war ja in Schieflage geraten: Der ultralinke, progressive Kandidat Sanders gewann die Vorwahlen, während die Moderaten Buttigieg, Klobuchar und Biden einander die Stimmen wegnahmen. Also haben die erstaunlich starken, doch letztlich chancenlosen Buttigieg und Klobuchar direkt vor dem Super Tuesday ihre Bewerbungen zurückgezogen und Joe Biden die Unterstützung zugesagt. So funktioniert Mehrheitsbildung in Demokratien, daran ist nichts verwerflich. Es ist nun ein Zweikampf, Sanders gegen Biden, progressiv gegen moderat. Wird dieser ältere Herr Biden, der schließlich als klarer Sieger aus dem Super Tuesday hervorgeht, einen globalen Trend stoppen können?

Sebastian Gorka beschreibt die Lage der Welt nämlich so: «Es gibt eine seismische, tektonische Verschiebung, überall. Ich mag das Wort ‹Populismus› nicht, nicht als Beschreibung dieser Entwicklung, da es etwas Schmutziges, scheinbar Undemokratisches hat. Es geht stattdessen um die Rettung, um die Wiederherstellung des Volkswillens. Das war beim Brexit so, auch bei der Wahl des Premierministers Modi in Indien. Die gestern vergessenen Männer und Frauen, die tatsächlich nicht beschützt wurden, weisen nun die globalisierten Eliten zurück.»

Es klingt wuchtig, aber es klingt schon wieder nach gestrigen Parolen. Wie das Gerede eines Revolutionärs, der nicht mitbekommen hat, dass die populistische Revolution ausfallen muss. Wegen einer Pandemie. Die Lage der Welt nämlich ist tatsächlich eine radikal veränderte: Das Coronavirus verändert das Land, die Hauptstadt, den Wahlkampf. Obwohl – ist es tatsächlich angekommen? In der amerikanischen Realität? Oder wird auch das Virus bereits umgedeutet, kleingebetet, umerzählt?

Sebastian Gorkas Wahrheit klingt an diesem Super Tuesday so: «Traurigerweise haben die Demokraten das Virus sofort politisiert, obwohl dieser Anlass nun wirklich das Land einen sollte. Es ist ja entweder eine Naturkatastrophe oder eine neue chinesische Waffe. Ich glaube, das alles beruhigt sich bald. Darum: Nein, ich mache mir keinerlei Sorgen wegen dieses Coronavirus.»

So denken die Konservativen Amerikas in diesen Märztagen. Falls sie inzwischen, nach nunmehr acht Wochen, in denen die USA hätten handeln können, in denen sie zumindest Abstandhalten, Händewaschen und Atemschutzmasken zur gesellschaftlichen Norm hätten machen können, womöglich doch nicht mehr so denken: Sie reden immer noch so weiter, denn der Wahlkampf bleibt Teil dieser neuen Wirklichkeit.

Judd Legum ist der Schiedsrichter, der Aufpasser dieser politischen Medienwelt Amerikas, eine Ein-Mann-Redaktion und sein eigenes Unternehmen ist er auch: «Popular Information». Ein freier Geist, ein schlauer Kopf, zweifellos. Legum bloggt über Facebook, Trump, die Verwendung öffentlicher Gelder, und vor allem recherchiert er, ehe er bloggt. Und er korrigiert sich, wenn er sich mal geirrt hat. Auf die Frage, was er als Kern seiner Arbeit sieht, sagt er «Kontrolle der Mächtigsten». Seine Abonnenten zahlen inzwischen dafür, er kann gut davon leben.

Als wir ihn treffen, ein paar Blocks vom Weißen Haus entfernt, recherchiert er gerade über Facebook, das die Website «The Daily Caller» damit beauftragt hat, Factchecking zu betreiben. Auch wenn es klein wirkt: Genau dies ist einer der wichtigsten Kämpfe im heutigen Washington. Wer entscheidet, was stimmt? Wer legt fest, was gelogen ist?

Facebook hatte AP mit der Verifikation beauftragt, AP ist eine der besten Nachrichtenagenturen der Welt. Durch und durch neutral. Nicht fehlerlos, natürlich nicht, aber AP korrigiert und erklärt seine Fehler. In den vergangenen Monaten nun gab es Lobbyisten des rechten Lagers, die bei Facebook wieder und wieder fallen ließen, dass AP zu liberal sei, zu nah an den Demokraten, also nicht mehr journalistisch neutral, sondern politisch tendenziös. Joe Kaplan, ein enger Freund des von Donald Trump durchgesetzten konservativen Supreme-Court-Richters Brett Kavanaugh, war ein entscheidender Strippenzieher. «Das Weiße Haus baute Druck auf, Trump persönlich schaltete sich ein», sagt Legum. Wir erleben, in ständig neuen Variationen, den Versuch, die Parameter zu verschieben. Wenn es erst gelungen ist, neutrale Medien zum Gegenteil zu erklären, nämlich zu Verdrehern der Wahrheit, Lügnern, Propagandisten, dann ist niemand mehr neutral – oder alle.

Facebook fiel auf die Kampagne herein. Nominierte The Daily Caller als Gegenpart. The Daily Caller aber, einst vom heutigen Fox-Moderator Tucker Carlson gegründet, ist eine rechte Website, explizit Trump unterstützend, oft faktenfrei, oft rassistisch und nationalistisch, immer polemisch und darum nach journalistischen Kriterien unjournalistisch. «Doch nun», das berichtet Legum, «kann The Daily Caller Stücke von *Politico* und NBC auf Facebook bewerten. Es geht um zwei Texte, in denen gesagt wird, Trump habe das Coronavirus als Schwindel bezeichnet. Was er tatsächlich getan hat. Die Texte sind nun als Falschmeldungen gekennzeichnet, mit dem Korrekturhinweis, dass Trump nur die Kritik der Demokraten als Schwindel bezeichnet habe. Was aber falsch ist.»

Das sind die Schlachten dieser Tage. Sie müssen ausgetragen werden, wofür es Wissen, Sorgfalt, Intelligenz braucht. Amerikas politischer Journalismus hingegen ist kurzatmig geworden: Wer steigt auf, wer fällt, wer lügt, wer hat was getwittert? «Pferderennen-Politik» sagt Legum dazu. Bei Wahlkampfveranstaltungen Trumps laufen Hunderte von Journalisten herum, sehen das Gleiche, hören das Gleiche, und das heißt nicht, dass die Analyse dieser Veranstaltungen unwichtig sei. Gibt es im Verborgenen nicht aber Wichtigeres?

In Facebook-Werbung will die Trump-Kampagne rund 150 Millionen Dollar investieren. Facebook ist undurchsichtig, ein dunkles Reich. Wie viele Journalisten kontrollieren die Mächtigsten auf Facebook, wie viele kontrollieren das mächtige Facebook, wer blickt dorthin, wo Kontrolle komplex und schwierig wird?

Wer sich den Twitter-Feed Judd Legums ansieht, bemerkt nach wenigen Sekunden, welche Beschimpfungen, wie viel Dauerfeuer er für seine Arbeit aushalten muss. Er lacht, sagt: «Na, Regenbogen und Sonnenschein erlebe ich jedenfalls nicht immer.» Wir möchten an dieser Stelle Judd Legum zu einem Ritter der medialen Moderne erklären.

Im fernen Deutschland, in Berlin, scheint es in diesen Tagen Transparenz zu geben, zugleich Empathie, was in dieser Kombination zu etwas Kostbarem, nämlich Wahrhaftigkeit und Handlungsfähigkeit, führt. Der Gesundheitsminister Jens Spahn hört auf Mediziner, warnte darum früh vor Covid-19 und gibt praktische Hinweise; seine Stimme blieb ruhig, als er vom «Beginn einer Epidemie in Deutschland» sprach, und so angstfrei, genau, ehrlich sollte politische Sprache in aufgeklärten Zeiten sein.

Dass dies bemerkenswert, also die Ausnahme, ist, wird nun zur Gefahr, denn globalisierte Infektionen verlangen nach einem global funktionierenden Austausch von Informationen, also nach Klarheit, Integrität, zumindest Kommunikationsfähigkeit.

In Wuhan hätte das Virus mutmaßlich eingegrenzt werden können, aber die Polizei befahl dem Arzt, der davor warnte, die Verbreitung von «Gerüchten» zu unterlassen. Li Wenliang ist nun tot; können wir die Opferzahlen aus China heute glauben? Wie soll eine Kommunikation funktionieren, die mit Lügen begann? In Iran sagte die Regierung noch, dass es im ganzen Land zwölf Tote gebe, als ein Arzt in Ghom meldete, dass allein in seiner Stadt 50 Menschen gestorben seien.

In den frühen achtziger Jahren wurde HIV verharmlost, weltweit, und in den USA witzelte die Regierung Ronald Reagans über die «Schwulenpest» – wie viele Menschen starben, weil es keine Aufklärung, stattdessen Ausgrenzung gab?

Als in der Endphase des Ersten Weltkriegs, 1918, die Spanische Grippe aufkam (die bis 1920 mehr Menschen tötete als der Krieg, nämlich geschätzte 50 Millionen), waren die verfeindeten Nationen aus nachvollziehbaren Gründen nicht in der Lage, einander die Wahrheit zu sagen. Um aber daheim den Kriegseinsatz zu stützen, unterschrieb der amerikanische Präsident Woodrow Wilson den «Sedition Act», der «illoyale, profane, skurrile oder missbräuchliche Äußerungen» unter Strafe stellte; das Weiße Haus bat die Bürger, jeden zu melden, der «pessimistische Geschichten verbreitet». Es war eine mörderische Anweisung: Amerikanische Schiffe voller Soldaten kamen zurück und brachten das Virus nach Philadelphia, doch Warnungen und Achtsamkeit waren verboten.

Die USA haben daraus wenig gelernt.

Nach der «State of the Union» und dem gescheiterten Amtsenthebungsverfahren waren der Präsident und seine Lautsprecher in den rechten Medien obenauf. Die Umfragen signalisierten, dass Trumps Beliebtheit groß war, seine Wiederwahl im Herbst realistisch. In diesem Moment brach in die heile Welt der Republikaner ein Fremdkörper ein: SARS-CoV-2.

Rush Limbaugh, frisch dekoriert und von seiner Krankheit gezeichnet, blies zum publizistischen Gegenschlag. «Es sieht danach aus, dass Corona als eine Waffe gegen Donald Trump genutzt wird, um ihn zu stürzen», so Limbaugh in seiner Radioshow Ende Februar. Dann holte er mächtig aus: «Ich werde euch die Wahrheit über Corona sagen:

Corona ist die übliche Erkältung… Es wird völlig übertrieben dargestellt als eine tödliche Pandemie wie Ebola. Nach dem Motto…» Limbaugh verstellte die Stimme zu einem ironisch dramatisierenden Tonfall: «… oh mein Gott, es wird die Nation auslöschen, es wird die Weltbevölkerung auslöschen.» Dann wieder ernst: «Corona ist der Versuch, Trump zu Fall zu bringen. Aber das wird nicht klappen. Es ist der jüngste Versuch in einer langen Reihe von Versuchen der drive-by media *(in Anlehnung an die sogenannten drive-by-killings Limbaughs Wortschöpfung für Journalisten, die angeblich im Vorbeifahren töten)*, zu behaupten, dass Trump und der Kapitalismus Amerika und die Welt zerstören…»

Trump, Kapitalismus, Weltzerstörung – Rush Limbaugh ist in Fahrt. Er bietet seinen Hörern jetzt eine Sicht auf Corona an, die auch Trump in Tweets und Pressekonferenzen pflegt: das China-Virus. Limbaugh: «Denkt immer daran, woher das Coronavirus kommt. Es kommt aus einem Land, das Bernie Sanders als Muster für die künftigen Vereinigten Staaten gilt: dem kommunistischen China. Von dort kommt das Virus. (…) Es wurde nicht von Amerikanern verbreitet. Es stammt aus einem kommunistischen Land. Es hat seine Fühler über die ganze Welt ausgestreckt, in einer sehr überschaubaren Anzahl, obwohl immer das Gegenteil berichtet wird.»

Limbaughs Kolleginnen und Kollegen von Fox machen sich wochenlang über den «Corona-Schwindel» lustig, über die «Corona-Hysterie», sie behaupten, das Virus sei «höchstens so schlimm wie die Grippe». Damit es auch die letzten Zuschauer begreifen, insertiert Fox News noch Ende Februar am unteren Bildrand der Sendung «The Angle» von Laura Ingraham: «Die Linken schüren Panik wegen des Coronavirus» und «Die Corona-Schmierenkampagne der Linken». In Großbuchstaben.

Sean Hannity, jener Fox News-Moderator, der Donald Trump besonders ergeben ist, verkündet: «Ich bin mir sicher, der Medienmob wird neue Verschwörungstheorien hervorbringen, den neuesten Schwindel. Wahrscheinlich werden sie (…) behaupten, dass Präsident Trump und Putin, durchgedrehte Wissenschaftler aus Russland und der Ukraine das Coronavirus absichtlich entwickelt haben, um unschuldige Kinder zu töten. Und um Oma und Opa umzubringen, bevor sie sie über eine

Klippe stoßen und sie Hunden zum Fraß vorwerfen.» Bei seiner fiebrigen Phantasie verstellt Hannity seine Stimme: Er wird ganz schrill, laut und hysterisch – so müssen Demokraten klingen. Ist auch Sean Hannity kein Journalist, bloß ein Entertainer, wie Limbaugh?

Die Lebensläufe von Sean Hannity und Rush Limbaugh ähneln einander stark. Wie Limbaugh fing Hannity als Talk-Radio-Moderator an, sein Weg führte ihn ebenfalls zu WABC in New York. Hannity sorgte mit verletzenden Sprüchen für Aufmerksamkeit und führte seine tägliche Show auf Platz zwei der quotenstärksten Talk-Radio-Sendungen landesweit, hinter der Rush Limbaugh-Show. Er macht noch immer auch Radio: Heute hören ihn 15 Millionen Hörer pro Woche, was auch seine Sendung zur Goldgrube macht; Hetze verkauft sich hervorragend in Amerika. Im Juli 2008 berichtete das *Wall Street Journal*, dass Hannity mit einem Radio-Network einen Vertrag über 100 Millionen Dollar für fünf Jahre unterschrieben hatte; und nebenbei merkte die Zeitung an, dass Rush Limbaugh für acht Jahre 400 Millionen Dollar kassieren würde.

Hannitys Talent war früh auch Roger Ailes aufgefallen, schon 1996 hatte er den aufstrebenden Radio-Star für Fox News engagiert. Längst ist dieser Hannity einer der einflussreichsten Meinungsmacher Amerikas. Und einer der wirkmächtigsten Spalter.

In der Coronakrise verleiten das Herunterspielen von Risiken und das Beleidigen von Kritikern die Bevölkerung dazu, Gefahren falsch einzuschätzen. In den ersten Wochen der Pandemie sind sich Limbaugh, die Fox-News-Moderatoren und der Präsident einig: Die Angst vor Corona ist übertrieben, von Demokraten und liberalen Medien geschürt, um Donald Trump zu schaden. Blame game, as usual. Doch als die Zahlen der Infizierten und der Toten in den USA in die Höhe schnellen, wird der Ton verhalten. Der Präsident wechselt in die Rolle des selbsternannten Kriegspräsidenten. Die «mächtigste Nation der Erde» muss das «China-Virus» mit aller Macht bekämpfen. Kriegsrhetorik, ein neuer Klang.

In der Phase des Übergangs fallen einige Fox-News-Kommentatoren durch Übereifer auf. Trish Regan, die Moderatorin des Schwestersenders Fox Business, schimpft: «Der Hass gegen den Präsidenten wird immer stärker. Die Demokraten werfen dem Präsidenten, und nur ihm, vor, für ein Virus verantwortlich zu sein, das von der anderen Seite der Welt stammt. Das ist ein neuer Versuch des Impeachments gegen den Präsidenten. (…) Die Verluste an der Börse nehmen sie als politische Opfer in Kauf (…) Der Hass ist unerträglich. Viele in den liberalen Medien benutzen, und ich meine das so: sie benutzen Corona, um den Präsidenten zu verteufeln und zu zerstören.» Neben ihr hat die Regie die Tafel «CORONAVIRUS IMPEACHMENT SCAM» insertiert, «Der Corona Impeachment Betrug». Das ist selbst den Fox-Oberen zu viel. Trish Regan wird entlassen.

Präsident Trump hat die Etats für die Erforschung und die Bekämpfung von Pandemien gekürzt, hat Wissenschaftler abgesetzt und sagt doch, alles, was er getan habe, sei perfekt, ideal, phantastisch, schreibt allerdings Corona vorne gerne auch mal mit «a»: «Carona». Oh ja, sagt er dann, die Demokraten und die Medien würden mit ihrer Panikmache, ihrem «Schwindel» die Börsen abstürzen lassen; «sie wollen den Präsidenten stürzen», das sagt sein Stabschef.

Beängstigend wirken in Zeiten von Epidemien Pressekonferenzen, bei denen Wissenschaftler neben dem unfehlbaren Führer stehen und traurig gucken und sich nicht zu sagen trauen, was sie wissen – weil der unfehlbare Führer ein anderes Wissen wünscht.

Am Montagabend vor dem Super Tuesday stand Trump auf der Bühne in Charlotte, North Carolina, und probierte seine neue Taktik aus. «Sie werden ihn in ein Heim stecken», sagte er, «und andere Leute werden das Land regieren. Das werden die super-linken, die radikalen Irren sein.» Er blickt ins Publikum … na? Das Publikum lachte, als er diesen neuen Scherz über Joe Biden im Heim erzählte; das Publikum brüllte, als er vor den Linksradikalen warnte.

Donald Trump kämpft, immer. Kampf ist seine Handlungsweise, seine Strategie, sein Geisteszustand. Dass er nicht anders kann, dass er permanent kämpft, kämpfen muss, das ist Donald Trumps Schwäche, da es natürlich Unsicherheit verrät; seine Stärke ist es jedoch zweifelsfrei auch. Der Präsident ist ständig wachsam, stets im Angriffsmodus.

«Noch nie waren die Demokraten radikaler», sagt Trump, «sie sind wirklich gefährlich, so extrem, sehr, sehr extrem.» Es ist eine Erzählung, die die Republikaner über die Jahrzehnte hinweg immer wieder eingesetzt haben: Sie selbst galten als Patrioten, die Demokraten hingegen als bedrohlich verzaubert von Havanna oder Moskau.

Zerstört diese Sprache die Demokratie? Wird jeglicher zivile Umgang, sowieso jeder Kompromiss unmöglich, wenn es kein rhetorisches Tabu mehr gibt?

Sebastian Gorka, der Radiomann, lacht. «Aber das ist doch der Grund, warum wir ihn gewählt haben», sagt er, «wir haben ihn gewählt, weil er der Erzkommunikator ist. Dies ist nicht einfach ein intelligenter Mann. Auch nicht einfach der Geschäftsmann, der 50 Jahre lang im schwierigsten Markt der Welt, dem New Yorker Immobilienmarkt, unsagbar erfolgreich war. Dieser Mann hatte auch noch die erfolgreichste Reality-TV-Show, nicht für eine oder drei, sondern für 15 Staffeln. Er kommuniziert direkt und spricht nicht die Sprache der Country Clubs, der feinen Restaurants, sondern der Leute, mit denen er gearbeitet hat. Vergesst nicht, er war im Baugewerbe. Er versteht das Rückgrat dieser Nation, das sind die Arbeiter, das ist die Mittelklasse, die dieses Land erschaffen hat.»

Noch einmal: Diffamierungen, Lügen, Denunziationen zerstören aber doch Vertrauen, verhindern Dialog, von Zusammenspiel gar nicht erst zu reden.

Gorka sieht uns an, als träumten wir. Er lacht immer noch. Und dann sagt er: «Er ist eine Marke, er ist ein Genie. Es ist doch tatsächlich sehr komisch, wenn er zum Beispiel Mini-Mike Bloomberg parodiert und hinter dem Podium also immer kleiner wird, bis er weg ist. Dieser über 70-jährige Mann könnte einer der erfolgreichsten Comedians sein, wenn er wollte – und genau darum haben wir Donald Trump gewählt. So ist die amerikanische Kultur, dieser Mann passt perfekt zu den Menschen hier.»

Die Einheit der Nation …

Diesmal können wir nicht ausreden.

«Vereinigt und vereint sind Diktaturen. Politik hat mit Einheit nichts zu tun. In der Politik geht es darum, wer den Ideenwettbewerb gewinnt. In diesem Jahr heißt der Wettbewerb Sozialismus versus Amerika. Einheit? Es geht darum, welche Vision siegt. Ist es die Vision, dass alle gleich sind und alles umsonst kriegen? Oder ist es die Vision von Freiheit und Stärke. Demokratie ist ein Autorennen. Wollen wir doch mal sehen, wer das schnellste Auto hat.»

Donald Trump hatte mit Bernie Sanders als Gegner gerechnet, dann aber, am Super Tuesday, gewann Joe Biden die meisten Delegierten und die meisten Bundesstaaten, und der Wahlkampf ist wieder dort angekommen, wo er begonnen hatte: Biden wird's. Einen Doppelschlag bereitet das Trump-Team vor. Zum einen soll Biden als krank und senil beschrieben werden, immer und immer wieder, mit Hilfe aller unsozialen Medienmacht.

Als Joe Biden in einer Rede den Super Tuesday «Super Thursd...» nannte, vermutlich also «Super-Donnerstag» sagen wollte, musste er über sich selbst lachen und sagte: «Oh, da bin ich der Zeit wohl voraus.» Es war ein Versprecher, wie er uns allen passiert (Trump sowieso, ständig), vor allem war da eine souveräne Selbstironie zu erleben, doch Schnipsel reichen heutzutage: Trump verschweigt Bidens Humor, zitiert den Versprecher; millionenfach werden seither montierte Clips auf Twitter und Facebook ausgespielt, und nun sagt Trump: «Ich fürchte, irgendetwas ist da nicht ganz in Ordnung.»

Mitunter aber gibt es im Leben zwei Wahrheiten, und die zweite schafft es, die erste zu korrigieren. Der *Atlantic* liefert die zweite Wahrheit. Bei der Fernsehdebatte in Detroit war Joe Biden hängen geblieben. Im Original: «We f-f-f-f-further support *(Pause, Augen geschlossen, Augen wieder geöffnet)* the uh-uh-uh-uh *(Kinn sinkt auf die Brust)* the-uh, the ability to buy into the Obamacare plan.» Nach diesem Auftritt hatte sich Biden darauf eingelassen, von einem gleichfalls stotternden Reporter über das Stottern befragt zu werden.

Die größten Schwierigkeiten hatte Biden als Kind mit dem «s». Stottern ist eine neurologische Krankheit, meistens genetisch bedingt:

Bidens Onkel war Stotterer. «Mr. Buh-Buh-Buh-Biden, wie heißt das Wort?», fragte eine Nonne den 13-jährigen Joe vor der ganzen Klasse. Es dauert dann, bis Joe Biden die gesamte Episode erzählt hat.

Sie lasen damals im Unterricht gemeinsam eine Geschichte, einer nach dem anderen trug einen Absatz vor, und Joe Biden konnte immer noch besser auswendig vortragen als vorlesen – dabei verhakte sich nicht so viel in seinem Kopf. Er zählte also ab, wie viele Schüler vor ihm dran waren, rechnete aus, welcher Absatz seiner sein würde und lernte ihn flink: «Sir Walter Raleigh was a gentleman. He laid his cloak upon the muddy road so the lady wouldn't soil her shoes when she entered the carriage.» So verdammt viele «s». Er kam dran, ein Mitschüler stöhnte schon, einer imitierte schon den Stotterer, einige lachten. Biden sagte: «Sir Walter Raleigh was a gentle man who.» Freundlicher Mann also, statt Gentleman. Die Nonne: «Mr. Buh-Buh-Buh-Biden, wie heißt das Wort?»

Donald Trump verspottet Atemschutzmasken, Biden trägt eine. Trump nennt Biden «Sleepy Joe» und «senil» und würde niemals eine Schwäche zugeben. Der Kandidat hingegen werde «Ehre und Effektivität der Präsidentschaft wiederherstellen», sagt uns der frühere Diplomat Nicholas Burns, der Biden berät.

Wir sollten die zweite Wahrheit stets wissen wollen, nicht wahr? Und dann erst urteilen. Joe Biden erzählte dem *Atlantic* noch, dass er als Kind gelernt habe, einfach irgendetwas anderes zu sagen, wenn er hängenblieb. Und natürlich ist es heute viel besser, er ist schließlich Berufspolitiker und sagt, er sei «ehemaliger Stotterer», aber hin und wieder passiert es halt noch.

Außerdem wollen die Republikaner dafür sorgen, dass Vater und Sohn Biden, Joe und Hunter, Vorladungen bekommen, egal von wem, dass sie verhört werden, von irgendwem.

Das Ziel ist kein juristisches, sondern dass irgendetwas hängenbleibt, wir erinnern uns an den Kern des Amtsenthebungsverfahrens gegen Trump: Hunter Biden, heute Maler in den Bergen Hollywoods, war einstmals Berater der ukrainischen Firma Burisma, während sein Vater als Vizepräsident mit der Ukraine zu tun hatte. Wichtig ist nicht, dass am Ende ein Schuldspruch steht; wichtig ist, dass Joe Biden am 3. November 2020 kein Kandidat mit weißer Weste ist.

Aus Sicht des Weißen Hauses begann dieser Wahlkampf bereits am 20. Januar 2017: mit der Amtseinführung. Ehemalige Helfer Trumps berichten uns, dass aus der damaligen Kränkung eine Obsession geworden sei: Weil Trump rund drei Millionen Stimmen weniger als Hillary Clinton gehabt hatte und weil ständig von russischer Wahlhilfe die Rede war, fühlte der Präsident sich gedemütigt. «Sämtliche Konzentration, jeder Tweet und jedes Zitat gelten der Wiederwahl, die triumphal werden muss», sagt ein Helfer von 2016.

In allen Erzählungen aus Trumps Weißem Haus, auch in den diversen Büchern, die seit Anfang 2017 erschienen sind, geht es immer und überall um das Image des Präsidenten. Das ist die triviale, oft komische Seite. Die politische, die professionelle Seite: Die Republikaner und ihr Präsident haben vom ersten Tag an für die nächste Kampagne gesammelt, 263 Millionen Dollar sollen sie bis zu diesem März gebunkert haben (gegenüber 100 Millionen der Demokraten). «2016 hatte Trump eine Handvoll Helfer, keine Strategie, wenig Geld. Diesmal ist er zwar derselbe Kandidat, aber die Partei hat eine monströse Wahlmaschine gebaut. Sie steht geschlossen hinter Trump, hat jede Menge Daten über die Wähler, eine irrwitzige Kriegskasse, und strategisch zielt sie ausschließlich auf ein paar Schlüsselstaaten, die die Wahl entscheiden werden», sagt uns Jenna Johnson von der *Washington Post*.

Im Weißen Haus wird in diesen Tagen aussortiert: Wer nicht loyal ist oder verdächtigt wird, nicht loyal zu sein, wird entsorgt.

Mick Mulvaney, Stabschef, war ein solches Opfer, per Tweet gefeuert. Lange war es noch gar nicht her, dass Trump und die gesamte Trump-Armee eben diesen Mulvaney geschützt und gerettet hatten. Es war glockenklar zu hören gewesen, es war das Geständnis aus dem Zentrum der Macht gewesen. «Wir machen das ständig.», hatte Mick Mulvaney gesagt. Der Stabschef hatte im Herbst 2019 explizit und auf mehrfache Nachfrage gesagt, dass Trumps Regierung fast 400 Millionen Dollar zurückgehalten habe, damit die ukrainische Regierung Ermittlungen gegen Joe Biden, Trumps politischen Gegner, aufnehme.

«Ja», hatte er erneut gesagt, auf die Frage, ob diese Darstellung stimme. Es war deshalb ein Geständnis gewesen, weil genau diese Verknüpfung einer Gegenleistung mit den Dollar-Millionen, «quid pro quo» genannt, das Zentrum der Ukraine-Affäre und des Amtsenthebungsverfahren war. In Washington, D.C., wurde darüber spekuliert, ob dieser Moment das Ende des Spektakels namens «Trump-Präsidentschaft» bedeute.

Doch nein. In den Tagen danach hatte Mulvaney gesagt, er sei falsch gedeutet worden. Diese gemeinen Medien! Diese «Fake News»! Und er war mit dieser billigsten aller Ausreden (was er wirklich gesagt hatte, war von Dutzenden Kameras und Smartphones festgehalten worden) durchgekommen, weil das Bollwerk der schieren Macht Mulvaneys Worte ins politische Bewusstsein gerammt hatte. Der Präsident persönlich. Die Republikanische Partei. Fox News. Und viele, viele Unterstützer in den sozialen Medien. Nichts geschah. Mulvaney blieb im Amt, Trump sowieso.

Nun aber war alles anders: Mulvaney hatte die Medien dafür kritisiert, dass sie immer nur böse Dinge über Trump schrieben, nie etwas Nettes, zum Beispiel über die väterliche Liebe Donald Trumps zu seinem Sohn Barron.

Was für ein fataler, naiver Hinweis: Gerade Berichterstattung über den Jungen und dessen mutmaßliche gesundheitliche Sorgen sind das Allerletzte, was die Trumps wünschen. Im vierten Jahr amtiert nun also der vierte Stabschef, Mark Meadows. Und Hope Hicks ist zurück, einstige Sprecherin Trumps, nun arbeitet sie für dessen Schwiegersohn Jared Kushner.

Sie alle haben in diesen Coronatagen einen Sonderauftrag: Trump muss kompetent wirken. Das ist nicht einfach, da die US-Regierung erklären muss, warum Zehntausende von Amerikanern nicht getestet werden können, warum Etats für Medizin und andere Wissenschaften gestrichen wurden, warum es keinerlei Koordination zwischen Washington und den Bundesstaaten gibt.

Das Virus breitet sich in den USA aus, die Börsen und der Rest der Wirtschaft leiden – es ist keine Frage mehr, dass die Weltkrise auch die Wahl im November beeinflussen und vielleicht entscheiden wird. Vielleicht aber entscheiden Männer wie Brad Parscale auch diese Wahl wieder. Beeinflussen wird er sie gewiss.

Brad Parscale ist einer dieser Männer im Schatten Donald Trumps, die keine Interviews geben, weil sie so wichtig für Trump sind. Parscale, in diesem März 2020 noch Manager von Trumps Wahlkampf, war vor vier Jahren dessen «Direktor für digitale Medien»; «also ja, das ganze verrückte Facebook-Zeug, das war meine Idee», sagt er. Es gibt Videos, in denen dieser Parscale auf Konferenzen zu sehen ist, und ein *New Yorker*-Porträt gab es, obwohl Parscale auch mit dem *New Yorker* nicht sprach, jedenfalls nicht «on the record».

Arena-Auftritte des Präsidenten, Fernsehwerbung und Facebook sollen auch diesmal im Zentrum des Trump-Wahlkampfes stehen. Brad Parscale, der bis 2016 Digitalvermarkter in San Antonio war, hatte die Kraft von Algorithmen und überhaupt von künstlicher Intelligenz früh verstanden und obendrein Gespür bewiesen: Im Februar 2015 baute er für 1500 Dollar eine Website namens DonaldJTrump.com, und vier Monate später, nunmehr für 10 000 Dollar, wurde daraus die offizielle Seite eines Bewerbers um die amerikanische Präsidentschaft; und da Parscale jene unterwürfige Loyalität demonstriert hatte, die Trump schätzt, bekam Parscales kleine Firma zwischen Juni und November 2016 einen Etat von 96 Millionen Dollar, der in Marketing für Trump wandern sollte. Die ganze digitale Denunziation Hillary Clintons, diese tägliche, stündliche, minütliche Zementierung des Spitznamens «Crooked Hillary» («Betrügerische Hillary»), die sogenannten «dark posts» vor allem, nicht-öffentliche, an bisweilen winzige Zielgruppen ausgespielte Werbung, das war Parscales Werk.

Nun geht es wieder los. Die ersten Anzeigen sind bei Facebook bereits aufgetaucht.

Der Täter in der Ukraine-Affäre ist nicht Trump, der Täter ist Joe Biden, das steht da. Bidens Wahlkampfteam bat Facebook, die Kampagne zu stoppen. Das gehe nicht, sagte ein Facebook-Manager, denn Lügen von Politikern seien auf der sozialen Plattform nach wie vor nicht verboten.

Wir fragen bei Jeff Angelo nach, dem Radiomann aus Des Moines in

Iowa, der zwar Republikaner ist, aber trotzdem Fox kritisiert, sogar den Präsidenten, weil er das schmutzige Spiel nicht schätzt. Er sei erschöpft, sagt Jeff, von der eigenen konstanten Traurigkeit und Anspannung. «Wir schaffen das nicht mehr, Parteiidentität aus einer solchen Krise herauszuhalten», sagt er dann, «bei Fox News macht der Präsident alles phantastisch, und bei CNN macht er alles falsch. Mich interessiert eher, ob Schutzmasken wirken und wie wir uns verhalten sollten und was wir tun müssen, wenn im Herbst eine zweite Welle kommt.»

Er glaube übrigens, dass seine Hörer das genauso sähen.

Donald Trump hingegen kümmert sich auch in diesen Zeiten vor allem darum, wie er wirkt. Was Fox News über ihn sagt – oder halt irgendwer. Als *Vanity Fair* am Nachmittag des 11. März 2020 einen kritischen Text veröffentlicht, der fragt, warum die Reaktion der USA auf das Coronavirus so schleppend sei, twittert Trump, dass *Vanity Fair* bald bankrott sei und drittklassige Reporter beschäftige: «Unser Team leistet großartige Arbeit mit dem CoronaVirus.» An jenem Mittwoch um 21 Uhr Ostküstenzeit, zwei Uhr morgens in Berlin, schockieren die USA ihre europäischen Partner mit einem Einreiseverbot; für Konsultationen ist keine Zeit (klar: *Vanity Fair*).

Es ist jene elfminütige Fernsehansprache, die vielleicht das Scheitern dieser Präsidentschaft einleiten wird. Da spricht ein Dilettant, der kein Mitgefühl und keine Wärme zeigen kann, der die Worte, die er vom Teleprompter abliest, nicht begreift (und wie sediert betont), der selbst bei diesem Ablesen Fehler macht, welche die Börsen abstürzen lassen. Trump sagt explizit, dass Frachten und Handelsgüter in das Einreiseverbot eingeschlossen seien, obwohl das Gegenteil richtig ist – hektisch müssen seine Helfer hinterher erklären: nein, nein, der Handel geht weiter, so war das nicht gemeint.

Vor allem spricht da ein Menschenfeind, der in einer globalen Krise immer noch vom «ausländischen Virus» reden muss, da Mauern seine wichtigste Strategie sind.

Alle hätten es vor seiner Wahl wissen müssen und wussten es: die Wähler, die Mitglieder der Republikaner, die Journalisten in den USA und übrigens auch in Deutschland. Es gibt im Leben keine Katastrophen ohne Konsequenzen: Donald Trump kann weder multilateral denken noch Fachleuten vertrauen noch langfristig planen.

Das Weiße Haus, das Trump sich zusammengebaut hat, schaffte es nicht einmal, die Fernsehrede vorab auf sachliche Fehler überprüfen zu lassen, was einen simplen Grund hatte: mangelnde Organisation. Erst am Nachmittag hatten die Mitarbeiter erfahren, dass Trump beschlossen hatte, die Rede zu halten; wer aber ist nach Mulvaneys Abgang wofür zuständig? Jared Kushner, Schwiegersohn, und Stephen Miller, Chefberater des Präsidenten und Verächter jeglicher Einwanderung, setzten sich an die Rede.

Addierte Erfahrung mit Pandemien: null.

Medizinische Kenntnisse: null.

Koordination mit Ministerien, Senat, der EU: null.

42 Stunden später, am 13. März, sind wir dort, im Weißen Haus. Trump hat via Tweet angekündigt, dass er zur Presse reden wolle, und die Journalisten sitzen früh im engen Briefing Room an der Nordseite des Weißen Hauses, reservieren sich Plätze. Draußen, wo die Fernsehsender kleine Studios in Zelten nebeneinander aufgereiht haben – «Pebble Beach» nennen sie diese 50 Meter –, spekulieren Reporterinnen und Reporter, worum es wohl gehen wird. Dann sprechen sich zwei Wörter herum: «Rose Garden».

Der Rose Garden liegt auf der anderen, der südlichen Seite des Weißen Hauses. Blühende Bäume. Duftender Rasen. Eine Kordel schützt das Rednerpult, zwei Meter Sicherheitsabstand sind das Maß der Dinge im Corona-Zeitalter.

In der ersten Reihe: natürlich John Roberts von Fox News, der sagt, dass der Präsident das alles sehr ernst nehme; ein paar Plätze weiter Jim Acosta von CNN, mit Sonnenbrille, die er aber immer abnimmt, wenn er auf Sendung ist. Der Präsident werde einen nationalen Notstand ausrufen, sagt Acosta seinen Zuschauern. Hier im Rose Garden spricht Trump jetzt zu uns, den «Feinden des Volkes», den Journalisten, und ja, er ruft den nationalen Notstand aus, «zwei sehr große Worte», wie er sagt. Gefragt wird er nach seiner Verantwortung. Er sagt: «Yeah, nein, ich übernehme keinerlei Verantwortung.»

Jeff Mason von Reuters fragt den Präsidenten, ob er sich auf das Virus testen lasse, und Trump weicht aus, sagt aber Minuten später: Ja, er werde sich testen lassen.

Gefragt wird er, von der PBS-Reporterin Yamiche Alcindor, warum er das Pandemie-Büro im Weißen Haus weggespart habe. Er sagte, das habe er nicht getan. Alcindor sagt: Doch, unter Obama habe es dieses Büro gegeben, und Trump habe es geschlossen, warum?

Trump sagt, diese Frage sei «gemein», er sagt «nasty», damit bezeichnet er Frauen oft; und nein, er wisse nichts von der Schließung, er könnte sich mal umhören in seiner Administration, solche Sachen passierten eben.

Es ist auch deshalb eine bizarre Veranstaltung, weil Trump ständig nach dem Mikrophon greift, sich ständig ins Gesicht fasst und dann all den Geschäftsleuten, die er um sich herum versammelt hat, die Hand geben will – es ist das Gegenteil jenes Verhaltens, das Mediziner den Bürgerinnen und Bürgern beizubringen versuchen.

Vizepräsident Mike Pence steht hinter Trump. Man glaubt's vermutlich kaum, wenn man es nicht erlebt hat: Dieser Mike Pence sagt keinen Satz, wir schwören es, ohne «Ihre Entschlossenheit, verehrter Herr Präsident», «Ihre weise Voraussicht», «Ihre Führungsstärke» zu preisen.

Hinterher stehen wir mit Jim Acosta vor dem Weißen Haus. Was haben wir da gerade erlebt?

Laut Acosta habe der Präsident «seine sehr desaströse Rede an die Nation» von vor zwei Tagen reparieren wollen. Bei jener Rede hatte es ja zweifellos einige Momente gegeben, in denen «Trump über seine Worte stolperte und die Fakten falsch darstellte», wie Acosta es sagt, «obwohl alles im Teleprompter stand.» Dann nannte er das Virus «ausländisch», als hätte es einen Pass. «Heute im Rose Garden haben wir davon nichts mehr gehört», was vermuten lasse, «dass der Präsident die Bewertungen seiner Fernsehansprache gelesen hat.»

Durch die Erklärung des Notstands seien zudem «nun viele Milliarden Dollar» freigesetzt worden, «um das Virus zu bekämpfen. Wir haben aber noch immer keine Antworten auf viele, viele Fragen.» Die Ankündigung, dass Trump selbst sich einem Test unterziehen würde, so Acosta, sei spektakulär: «Stell dir vor, was es bedeutet, für uns und die ganze Welt, wenn dieser Test positiv ist.»

Präsident Harry Truman übrigens habe einst auf seinem Schreibtisch im Oval Office einen Aufsteller gehabt, auf dem stand: «The buck stops here», was so viel heißt wie: «Ich übernehme die Verantwortung.»

«Das macht Donald Trump nun zweifellos nie», sagt Jim Acosta, «und heute hat er es explizit gesagt.»

Jim muss dann arbeiten gehen, CNN wartet. Hin und wieder übrigens denke er darüber nach, dass es irrwitzig sei, genau in diesen Zeiten genau diesen Posten zu haben, schreibt Acosta in seinem Buch: Im November 2018 hatte ihm die Regierung die Akkreditierung entzogen, sie hatte ein Video gefälscht, um zu belegen, dass Acosta gegen jene Angestellte des Weißen Hauses, die ihm das Mikrofon wegnehmen wollte, handgreiflich geworden sei; ein Gericht zwang das Weiße Haus, die Maßnahme zurückzunehmen und den Presseausweis wieder auszustellen. «Meistens habe ich keine Zeit, darüber nachzudenken, wie groß das Ausmaß der Absurditäten ist», sagt Acosta.

Vor dem Weißen Haus treffen wir Jeff Mason, den Reuters-Reporter. Die Fernsehansprache vor zwei Tagen habe «das Gegenteil dessen bewirkt, was er erreichen wollte», die Finanzmärkte «stürzten am Tag danach um zehn Prozent ab». Dass die eigenen Leute eine Teleprompter-Rede gleich danach korrigieren müssten, sei, na ja, ungewöhnlich. Wieso ein Mensch beim Ablesen mehr Fehler mache als bei freier Rede … Jeff lächelt, «darauf habe ich keine Antwort».

Wie bewerten Sie die Strategie des Weißen Hauses im Kampf gegen das Virus? «Der Präsident hat seinen Werkzeugkasten für Krisen. Er nutzt Twitter intensiv, greift Medien und Demokraten an, und das ist vermutlich keine effektive Waffe gegen ein Virus», so Jeff Mason. Der Mann guckt ernst, Ironie ist in seinem Gesicht nicht zu entdecken.

## Methode Attacke

Die Regierung versucht den Kurs zu verändern, ohne die Kursänderung zu erklären oder öffentlich einzugestehen.

20, 50, dann 100, dann 200 Tote gibt es innerhalb weniger Tage in den USA, Infizierte in allen 50 Bundesstaaten, vor allem eine mutmaßlich enorme Dunkelziffer, da es wochenlang kaum Tests gibt. Und chaotische Auskünfte. Viel zu wenig Krankenhausbetten und Beatmungsgeräte. Die Koordination kann man kaum «Koordination» nennen: Sperrstunden in der einen Stadt, keine Sperrstunden in anderen Städten. Die Methode, mit der Trump seinen Kurswechsel vollzieht, ist die vielfach geübte: Die Regierung greift die Medien an.

«Fake News» heißt nun auch jene Berichterstattung über die ersten sechs Wochen der Coronakrise, in denen Trump das Thema nicht ernst nahm. Ganz egal, dass seine eigenen Zitate belegt sind, egal auch, dass es Videos gibt, Tonaufnahmen, Tweets. Spielt alles keine Rolle.

Im Weißen Haus ist neben dem Kurswechsel eine neue Strategie für die Öffentlichkeitsarbeit ausgetüftelt worden: Das Narrativ ist nun, dass Trump immer schon alles vorausgesehen und entsprechend entschlossen die bedrohte Nation angeführt habe; und dass die Bedrohung von außen komme, aus China, von wo aus der Rest der Welt getäuscht und belogen wurde. «Ich wusste, dass es eine Pandemie würde, lange bevor es Pandemie genannt wurde», sagt Trump, er sagt es oft, er sagt es pausenlos, und er sagt es laut.

In seinen Notizen für die Auftritte vor der Presse hat er das Wort «Corona» mit schwarzem Filzstift durchgestrichen und durch «Chinese» ersetzt: das «Chinesische Virus». Konservative Medien übernehmen den Begriff sofort, so funktioniert Framing. Dazu gehört auch die ständige Klage über Chinas Informationspolitik. «Ich wünschte, China hätte uns viel früher Bescheid gegeben, wir wussten leider nichts», sagt Trump.

Die Regierung in Peking hatte die Weltgesundheitsbehörde WHO am 31. Dezember 2019 über das Virus, das in Wuhan ausgebrochen war, informiert. Die USA reagierten nicht. Während die Krise noch alle

Kraft binden sollte, ist die Regierung bereits mit dem Umschreiben der jüngeren Geschichte beschäftigt. Um besser da zu stehen. Um die Wahl im November zu gewinnen. Einer unserer Gesprächspartner im Weißen Haus sagt uns, dass Trump selbst die neue Strategie vorgegeben habe, nach Gesprächen mit Kushner und den eigenen Söhnen. Würde jetzt, Mitte März, der nächste Präsident gewählt, wäre Trump ein Gescheiterter. Aber das halbe Jahr bis zum November ist eine Menge Zeit in der Politik.

Täglich gibt Trump nun Pressekonferenzen, er will sich als handlungsstark darstellen, aber noch immer stellt er dann mehrere seiner Untergebenen Schulter an Schulter hinter sich auf, und patscht weiterhin mit den Händen auf dem Mikrophon herum – und er kann es sich nicht abgewöhnen, anderen die Hand zu geben.

Biden schüttelt mit dem Lächeln eines geduldigen Kindergärtners den Kopf, wenn er von Trump redet: «Dieser Typ», sagt er.

Doch auch er tut sich schwer in einer veränderten Wirklichkeit. Ende März ist er sechs ewige Tage lang unsichtbar: Alle Veranstaltungen sind nun abgesagt, Biden sitzt in seinem Haus in Wilmington in Delaware. Im Keller. Sein eigenes Wahlkampfteam verkündet dies, «in the basement», und es ist ein taktischer, ein kommunikativer Fehler: Ein Begriff wie «privates Fernsehstudio» oder «mobiles Studio» würde deutlich weniger nach Bunker klingen. Per Live-Stream erklärt nun Joe Biden, Trump sei nicht für Corona verantwortlich, aber für die Antwort auf Corona, und die sei verheerend. Biden steht vor fünf Fahnen, und unter seinem Namen steht das Wörtchen «Präsident».

Donald Trump will wirken, als habe er das Kommando, ohne allerdings das Kommando zu übernehmen. Er arbeitet sich nicht in die Details ein, will keine präzisen Strategien verfertigen, dieser Teil von Führungsaufgaben, «leadership», wie es in den USA heißt, interessiert ihn nicht. Er will wie ein Weltstaatsmann erscheinen, so wahrgenommen werden, ohne die Anstrengung zu ertragen, einer zu sein.

Wieso übertragen Medien seine Pressekonferenzen in den ersten Wochen in voller Länge live, ohne Korrektur der Lügen, ohne Kommentierung? Die Quoten sind hoch, Amerikas Medien machen sich damit zu Komplizen, schon wieder, wie 2016.

Der NBC-Reporter Peter Alexander sitzt in der ersten Reihe und fragt, was Trump dem verängstigten Volk zu sagen habe. Solch eine nette Frage ist eine Einladung, eine Vorlage.

Trump aber sagt: «Ich sage, dass Sie ein schrecklicher Reporter sind, das sage ich. Ich glaube, das ist eine sehr gemeine Frage.»

Viele Menschen in Washington hatten darauf gehofft, dass den USA während der Trump-Jahre eine Weltkrise erspart bleibe. Dass ausgerechnet in die Amtszeit dieses Mannes nun eine Krise fällt, die zugleich Weitsicht, Empathie, Kompetenz verlangt, ist zweifellos eine besondere Gemeinheit der Geschichte.

«Infodemie» ist eines der Wörter dieser neuen Zeiten – so viele Lügen schwirren umher. «Das Fehlen präziser Informationen in den ersten Wochen war der Brennstoff für Fehlinformationen», das sagt Cristina Tardáguila vom International Fact-Checking Network. Die Wissenschaftsreporterin Melissa Bailey rät Journalistinnen und Journalisten auf der Website der Nieman Foundation der Harvard University darum fünf Dinge: die Wiederholung klarer Botschaften; das Nutzen von Graphiken und Tabellen; das Vorausahnen der Lösungsverweigerung (also des Ablehnens unbequemer Konsequenzen) durch das Publikum; darum das Zitieren von Fachleuten; deshalb auch das Offenlegen unserer Arbeitsweise.

## Im Weltkrisenzentrum

Die USA und die gesamte Welt verändern sich in diesen Märzwochen. Covid-19 hat eine Wucht, die wohl niemand für möglich gehalten hatte: Schulen schließen, Restaurants, Museen, alle öffentlichen Orte folgen, dann die Fabriken, und schließlich steht die Welt still.

Der eine Autor dieses Textes darf in diesen Wochen nicht mehr in die USA einreisen, der andere sitzt in den USA fest und darf nicht nach Deutschland fliegen. Das Weltkrisenzentrum heißt New York City.

Wochenlang konnten in New York nur wenige Menschen getestet

werden, wir alle hier hörten den Präsidenten das Virus verspötteln, den Bürgermeister Alarm rufen, sahen den Gouverneur lässige Seriosität demonstrieren. Stringent war nichts, Warnungen erreichten die Stadt nur geraunt, eine strategische Vorbereitung gar nicht. Auf einmal war Covid-19 da.

Gleich hinterher kam die Panik der klaustrophobischen Enge.

New Yorker rumpeln in seit Jahrzehnten renovierungsbedürftigen U-Bahnen durch diese Stadt, Tausende fassen dieselben schmierigen Haltestangen an, es geht nicht anders.

New Yorker wohnen in Hochhäusern mit denselben Lüftungsschächten, denselben Müllschächten, sie drücken dieselben Fahrstuhlknöpfe.

New Yorker konnten einst rasant zu Fuß gehen, elegant einander ausweichen, doch heute gucken alle auf ihre Telefone, während sie rennend essen. Sie stoßen aneinander, permanent. Zwei Meter Abstand? In New York, 2020? Very funny.

New Yorker wissen, dass es hier zu wenig Krankenhausbetten gibt. Im Ernstfall einer Abriegelung gäbe es schnell auch zu wenig Nahrung: Manhattan ist eine Insel.

Oh ja, und wir wissen, dass in Wahrheit unser ganzes System ein Witz ist: Wer krank ist, geht trotzdem arbeiten, was denn sonst, da Kranke hier kein Geld erhalten und die Miete dennoch bezahlt werden muss; 70 000 Obdachlose wiederum gehen zu keinem Test und zu keinem Arzt; und 1,1 Millionen weitere New Yorker haben zwar ein Zuhause, aber keine Krankenversicherung, und wie sollen nun diese einen Arzt bezahlen? Hunderttausende Menschen kommen hinzu, die illegal in der Stadt sind, jene im Schatten: die Kindermädchen, Putzfrauen, Bauarbeiter, die nicht nach Peru oder Guatemala zurückreisen wollen (weil sie nicht wieder einreisen könnten), also ebenfalls nicht zum Arzt gehen, da sie dort registriert würden. Diese Stadt weiß, dass sie miserabel gerüstet ist.

Die Besitzer von Cafés nageln nun Bretter vor ihre Fenster, bald könnten die Plünderungen kommen. New York ist zweite Heimat, und Heimat, das ist ja bereits das Wissen, die Sicherheit nämlich, dass dieser Ort existiert. Ausgerechnet jetzt aber geht das mit der Rückkehr in die erste Heimat nicht.

Da sind die Einreiseverbote. Die gestrichenen Flüge. Die Risiken. Täglich reden wir mit der Familie darüber, via WhatsApp und Telefon, ob wir nach Deutschland reisen sollten; doch die Bewegung als solche und die vielen Begegnungen und folglich die gesamte Reise über den Atlantik wären mutmaßlich noch gefährlicher als dieser Ort hier. Gefangen? Am freiesten Ort der Welt, in New York?

Der Blick wandert aus dem 30. Stock nach Norden. Die Bleecker Street ist verwaist, dahinter der Washington Square Park ebenso, grau ist der Himmel über Manhattan, und auch das ist selten: Das New Yorker Wetter ist an den meisten Tagen extremer als in Deutschland, der Himmel leuchtend tiefblau oder gewitterschwarz.

Während diese Zeilen entstehen, kommt die Meldung, dass Präsident Donald Trump überlege, eine vierzehntägige Quarantäne über New York zu verfügen. Er denke darüber nur nach, vielleicht ja, vielleicht nein; er plappert's so dahin beim Verlassen des Weißen Hauses, und vermutlich hängt seine Entscheidung davon ab, ob unser Gouverneur Andrew Cuomo ihn nun lobt oder nicht. Danach kommt Trumps Tweet: «Ich denke über eine Quarantäne für die ‹hot spots› New York, New Jersey und Connecticut nach. Eine Entscheidung wird bald getroffen werden, so oder so.»

Es werden von Tag zu Tag weniger Lichter dort oben in Midtown Manhattan. Das Empire State Building leuchtet wie die letzte Fackel von New York City.

Von Reportagereisen in Krisengebiete, von fliehenden Menschen, kennen wir diese Seelenlage: dass Menschen nicht zurückreisen können, sich ja sowieso kaum bewegen können, dass sie abhängig sind von anderen, von Zufällen, Stimmungen, dass sie ohnmächtig sind ohne diesen Reisepass der Europäischen Union. Wir Deutschen kennen das kaum. Doch was für eine Illusion war das: zu glauben, jede Bewegung bestimmen zu können. Wir sitzen hier im 30. Stock in der Stadt unserer Träume, und unerreichbar ist sogar diese, die neue Heimat.

New Yorker, so war das in besseren Zeiten, geben manches dafür auf, dass sie New Yorker sein dürfen. Gärten. Platz. Luft. Sie zahlen viel Geld für wenig Raum und erhalten Zutritt zur aufregendsten Spielwiese der Welt. So funktionierte das, damals.

Die letzte Ausstellung, die wir sehen konnten, war Gerhard Richters «Painting after all» in «The Met Breuer». Das letzte Eishockey-Spiel der Rangers, das wir im Madison Square Garden sahen, gewannen wir gegen die Islanders. Das letzte Buch von «The Strand»: *Weather* von Jenny Offill. Die letzte Oper in der Metropolitan Opera, den *Fliegenden Holländer*, sahen wir nicht mehr, wir ließen die Tickets verfallen, am Tag danach schloss die Met. Der Central Park: bedrohlich weit weg. Das ganze wahre New York City, das öffentliche, ist seit Wochen geschlossen und womöglich gestorben.

Am 28. März waren es 26 000 Infizierte und 450 Tote in New York City, 113 000 Infizierte in den USA, mehr als in jedem anderen Land der Welt.

Diese Stadt hatte immer schon beides: Gemeinsinn und Gnadenlosigkeit.

Wir leben hier, weil wir Begegnungen suchen – je älter man wird, desto schwieriger wird es im Leben, neue Erfahrungen zu machen, doch hier passiert täglich irgendetwas zum ersten Mal. Eine Lieblingsszene all der Jahre: Eine alte Dame traute sich während eines Wolkenbruchs nicht über eine Kreuzung; von hinten kam ein junger Mann und griff sich die Frau, trug sie hinüber, stellte sie ab und lief weiter ohne ein Wort.

New York, das ist aber auch die Wall Street, ist Verdrängung, ist eisige Härte. All die Schlaglöcher, der Dampf, der aus dem Asphalt aufsteigt, das passt schon hierher: New York ist ja deshalb der Schauplatz von Katastrophenfilmen und von düsterten Serien wie «Gotham», wo alles zischt und blubbert und niemand mehr solidarisch ist, weil die Filmbilder der Wirklichkeit ähneln.

Corona wird Menschen verändern. David Brooks dachte in der *New York Times* über «Social Distancing» nach, die Frage nämlich, was aus unserem Gemeinsinn wird, wenn wir zwar Hilfe suchen, physisch aber voneinander abrücken müssen, da der Mitmensch der Feind ist – und Brooks erinnerte an die Spanische Grippe von 1918, die deshalb nicht im kollektiven Gedächtnis verankert sei, weil die Menschen danach nicht darüber reden mochten: Sie schämten sich jener Menschen, zu denen sie geworden waren.

Wir blicken aus dem Fenster, das Empire State Building leuchtet noch. Es leuchtete am vergangenen Montag, dem St. Patrick's Day, grün und weiß und orange, das sind die irischen Farben. Es gab keine Parade mehr.

Ja, die grellen Lichter der großen Stadt, «bright lights, big city», wie Jay McInerney schrieb, sie existieren noch, nur die Menschen verbergen sich jetzt, wir auch.

Trump übrigens sagt, er habe New York viele Beatmungsgeräte geschickt, New York habe sie leider verloren. Der Gouverneur Andrew Cuomo sagt, das sei Unsinn, die Regierung schicke noch immer keine Geräte. Unser Freund C., der Chirurg ist, schreibt, vermutlich werde in zwei Wochen in seinem Krankenhaus zu entscheiden sein, wer noch beatmet werden könne und wer nicht – «falls das nicht jetzt schon geschieht». Im Ernstfall der Abriegelung werden rasend schnell andere Probleme kommen: Supermärkte schließen bereits heute, sobald es dort Coronafälle gibt, einer nach dem anderen also. Wie wird Manhattan in zwei, drei Monaten ernährt werden?

«Es klingt apokalyptisch», sagt der Vater am Telefon.

## Der Doktor und die Trump-Show

Im Washington dieser Apriltage ringen Demokraten und Republikaner um ein wirtschaftliches Förderprogramm, aber sie kommen mit den katastrophalen Meldungen aus sämtlichen Bundesstaaten nicht mit. Die USA stehen still. Muss das so sein? In allen freien Gesellschaften der Welt wird diese Debatte geführt: Wie weit dürfen Restriktionen reichen, wie lange darf die Vollbremsung kompletter Nationen erzwungen werden?

Wer entscheidet worüber? Welche Nebenwirkungen werden in Kauf genommen, wie viele Arbeitslose und letztlich, gewiss auch dies: wie viel Einsamkeit, Gewalt, wie viele Suizide? Eine freie Gesellschaft muss solche Debatten austragen, braucht einen moralischen und einen politischen Kompass, aber sie sollte auch die Reife haben, zunächst wissenschaftliche Daten zur Kenntnis zu nehmen und die beschlossene Therapie wirken zu lassen, ehe der Kurs geändert wird.

Die USA hingegen blockieren sich selbst, auch jetzt wieder. Warum schafft diese Nation es nicht, auch nur zu gemeinsamen Diagnosen zu gelangen? Sich zu verständigen über Daten, Fakten, Wahrheiten? Und dann über Strategien? Das Google-Beispiel erklärt so manches.

Bei seiner Pressekonferenz im Rose Garden des Weißen Hauses sagte Trump, dass 1700 Programmierer bei Google daran arbeiteten und «außerordentliche Fortschritte» dabei erzielten, eine Website für Amerikas Kampf gegen Corona zu bauen; «viel, viel schneller als bei anderen Websites» werde Google am Ziel seien, und die Website werde dem gesamten Land bei Recherchen, Fragen, Tests und Logistik helfen.

Wenn's denn gestimmt hätte. Wenigstens ein bisschen.

Aber es gab die 1700 Google-Leute nicht, die Website nicht, das ganze Projekt nicht, nicht einmal die Idee. Die Wahrheit war, dass Verily, eine Google-Tochter, dabei war, eine kleine, lokale Seite für Ärzte und andere Menschen aus dem Gesundheitssystem in zwei Bezirken San Franciscos zu entwickeln. Mehr nicht. Entweder hatte Jared Kushner das alles falsch verstanden; oder aber Trump hatte nicht zugehört, als ihm Kushner von dem kleinen Projekt erzählte.

Wichtiger allerdings ist, was dann geschieht: Bei Google beginnen hektische Versuche, dem zu entsprechen, was der Präsident gesagt hat. «Was für ein Quatsch, wie sinnlos, was für eine irrwitzige Anstrengung aller mit dem absurden Ziel bloßer Gesichtswahrung», sagt uns eine Google-Angestellte vertraulich – offiziell sagt niemand von Google ein kritisches Wort.

Medien berichten, die *Washington Post* vorneweg. Trump sagt: «Fake News. Ich weiß nicht, woher sie diese Geschichten haben.» Er besteht weiterhin auf seiner falschen Erzählung, dass nämlich Google eine nationale Website baue, und berichtet außerdem, dass der Chef des Google-Konzerns Alphabet, Sundar Pichai, ihn angerufen und sich entschuldigt habe. Wofür entschuldigt? «Kein Kommentar», sagt eine Google-Sprecherin.

Was sagt uns nun dies über die USA im Zeitalter von Wahn und vielen, allzu vielen Wahrheiten? Wenn sich nicht einmal mehr Google, mächtigster Konzern der Welt, noch traut, zu sagen, was wirklich geschehen ist, nur um wirtschaftlich-politische Beziehungen nicht zu gefährden: Dann sollten wir an anderen Stellen vermutlich keine Hoffnung mehr haben. Oder … doch?

Anthony Fauci ist der Mann, der schafft, was Google nicht schafft: Fauci hält stand. Bleibt gradlinig. Fauci, Jahrgang 1940, ist seit 1984 der Direktor des «National Institute of Allergy and Infectious Diseases» und hat in den USA jene Rolle übernommen, die in den bizarren Frühlingstagen in Deutschland der Virologe Christian Drosten von der Berliner Charité hat: Die beiden Herren klären ihre Nationen über das Virus auf, erläutern Begriffe wie «Herdenimmunität»; «Ausbruch» und «Basisreproduktionszahl», kurz: R0 (wie viele Menschen steckt ein infizierter Mensch an? Solange R0 größer als 1 ist, breitet sich eine Pandemie aus); und sie tun all dies gleichermaßen selbstbewusst wie zurückhaltend.

Und dezent. Sogar elegant.

Nur manchmal, wenn Trump lügt, hält Fauci sich die Hand vor die Augen. Manchmal schüttelt er auch, kaum merklich, den Kopf, und manchmal lächelt er versonnen, aber auch das nur angedeutet. Seine Leistung ist, dass er der wichtigste Mann des Präsidenten in dieser Krise ist und es zugleich schafft, den Präsidenten nicht zu brüskieren und doch eigenständig und authentisch zu sein.

Trump musste seine Wahlkampfauftritte absagen, vorerst, auch er darf jetzt nicht mehr vor großen Gruppen auftreten. Darum macht er die täglichen Pressekonferenzen zu seinem Wahlkampf, und diese finden meist in dem muffigen, zu kleinen Briefing Room mit den blauen Klappstühlen an der Nordwestseite des Weißen Hauses statt. «Oh, ich habe angefangen, diesen Raum zu mögen», sagt Trump und dehnt seine Auftritte auf bis zu zwei Stunden aus, so lang waren noch vor kurzem seine Reden. Es ist viel zu lang. Es ist viel zu unkoordiniert. Es ist viel zu viel Trump.

Mit dem Zeitpunkt hat er experimentiert, morgens, mittags, abends, aber der Präsident wünscht einen Prime-time-Auftritt, darum beginnen die Pressekonferenzen nun gegen 17.30 Uhr.

An den meisten Tagen trifft sich die Corona-Task-Force des Weißen

Hauses direkt zuvor im Oval Office oder in einem Konferenzraum im West Wing, und anschließend ist der Ablauf dann dieser: Trump liest etwas vor, das ihm irgendwer aufgeschrieben hat: staatstragende Worte, von seinen Helfern «Topper» genannt, das Thema des Tages, Dankesworte an alle Krankenschwestern beispielsweise. Trump allerdings hat diese Worte offenkundig nicht geprobt und zuvor nicht einmal überflogen. Er wirkt abwesend, gefühllos.

Vielleicht ist genau dies ein weiteres seiner Geheimnisse: In den USA werden ja oft jene Kandidaten ins Weiße Haus gewählt, die mehr als alle anderen behaupten, nicht zum Klüngel von Washington, D.C., zu gehören, keine Karrierepolitiker zu sein, nicht zum System und zum Sumpf zu zählen, wie auch immer sie die politische Kaste nennen. Donald Trump war gewiss ein drastisches Beispiel: «Drain the swamp», trockne den Sumpf aus, das war einer seiner Slogans, er versprach Destruktion, die Zerschlagung des alten Washington.

Die meisten Präsidenten, auch die meisten Senatoren zählen irgendwann natürlich doch zur politischen Klasse, das müssen sie ja, wenn sie denn etwas durchsetzen möchten. Trump aber schafft es auch nach drei Jahren noch, so zu wirken, als sei er ein Außenseiter, als habe er mit dem, was im Weißen Haus geschieht, nichts zu tun – erst recht nicht, wenn es etwas Negatives ist. Ein Präsident, der seit über 1000 Tagen regiert und sich von den eigenen Gesetzen und allen Fehlern seiner Regierung freisprechen kann, weil er ja anders ist: Das ist auch schon wieder eine Leistung. In den USA, wo die Verachtung jeglicher Politik in weiten Landesteilen Lebensstil und Lebenshaltung ist, ist es ein Erfolgsmodell.

Anschließend folgt der zweite Teil: Trump spricht nun frei, wie im Wahlkampf, auch ebenso gehässig und sarkastisch grinsend. «Ah, Romney ist in Quarantäne. Oh, das ist sehr traurig.»

Danach kommen kurz die Experten zu Wort, und sie alle loben immer auch die Entschlossenheit und die Führungskraft des Präsidenten; explizit diese beiden Dinge, so sagt es ein ehemaliger Trump-Helfer, höre Trump nun einmal am liebsten, gerade jetzt, da er sich «Kriegspräsident» nennt und als ebensolcher wahrgenommen zu werden wünscht.

Schließlich Frage und Antwort.

Es wird Sonntag in Washington, diesmal wieder im Rose Garden und nicht im Briefing Room, es ist der 29. März 2020. Jenn Pellegrino von «One America News Network» – Sender und Reporterin gelten als durch und durch regierungstreu – hebt die Hand, wird sofort aufgerufen. Sie sagt: «Mr. President, Ihre Zustimmungsraten sind die höchsten Ihrer Amtszeit. Trotzdem sagen nun einige Sender, dass sie darüber beraten, ob sie diese Pressekonferenzen noch live übertragen. Glauben Sie, dass es da einen Zusammenhang gibt?»

«Junge, das ist aber eine nette Frage. Vielen herzlichen Dank.» Er redet ein bisschen vor sich hin, dann ruft er Yamiche Alcindor von PBS auf.

«Ich habe zwei Fragen», sagt sie, «die erste ist diese: Sie haben wiederholt gesagt, dass Gouverneure Ausrüstung bestellen, die sie nicht wirklich benötigen. Sie haben gesagt, dass New York 30 000 Beatmungsgeräte …»

Trump fällt ihr ins Wort: «Das habe ich nicht gesagt.»

Alcindor bleibt ruhig, sie weiß, was sie tut; und dass es die Aufgabe von Journalistinnen und Journalisten ist, Mächtigen Fragen zu stellen, die auch wirkliche Fragen sind, das weiß sie auch. Sie sagt: «Sie haben das bei Sean Hannity auf Fox News gesagt.» Es ist die schlichte Wahrheit: Wenige Tage zuvor klagte Trump, dass der New Yorker Gouverneur Andrew Cuomo 30 000 Beatmungsgeräte geordert habe, diese jedoch nicht benötige.

Nun erwidert Trump: «Kommen Sie, kommen Sie. Warum könnt Ihr Leute nicht ein bisschen positiver sein? Immer geht es um ‹Erwischt! Erwischt!› Und wissen Sie was? Darum vertraut kein Mensch mehr den Medien.» Im Original: «Come on, come on. Why don't you people – why don't you act in a little more positive? It's always ‹get ya, get ya, get ya.› And you know what? That's why nobody trusts the media anymore.»

Dieses «you people» ist das Entscheidende, denn wen meint er: Ihr Frauen? Ihr Schwarzen? Ihr Journalisten?

Alcindor, in Washington seit Jahren eine respektierte Reporterin, da sie als so präzise wie sorgfältig gilt, versucht ihre Frage zu beenden, aber Trump sagt: «Sehen Sie, lassen Sie mich Ihnen etwas erklären. Seien Sie nett. Seien Sie nicht so bedrohlich. Seien Sie nett.» Ein Ordner kommt, gut trainiert und mit Sonnenbrille, und entreißt Alcindor das Mikrophon.

Einige Minuten vergehen, dann ist der CNN-Mann Jeremy Diamond an der Reihe, aber er zeigt seltene journalistische Solidarität, verzichtet auf seine Frage und reicht das Mikrophon an Yamiche Alcindor zurück, damit diese ihre zweite Frage stellen kann: Welche Epidemiologen stützen Trumps Aussage, dass mehr Menschen durch die wirtschaftlichen Folgen des Social Distancing stürben als durch die eigentliche Coronainfektion?

Trump antwortet nicht, ruft aber Jenn Pellegrino noch einmal auf, und wir glauben es kaum: Sie stellt die gleiche Frage wie vorhin noch einmal: Warum wollen manche Sender diese Briefings nicht mehr übertragen, wenn doch die Zustimmungswerte für den Präsidenten so wundervoll hoch sind?

Nun beschimpft Trump die «Fake News», er nennt die *New York Times*, die *Washington Post* und CNN. Er sagt, dass seine Pressekonferenzen sensationelle Einschaltquoten hätten, so sensationell nämlich wie jene von Shows wie «The Bachelor». Und er sagt, dass er gelesen habe, CNN wolle die Pressekonferenzen tatsächlich nicht mehr übertragen, aber «die Quoten sind zu hoch, die Quoten sind ja wie bei ‹Monday Night Football›».

Eine nationale Krise? Eine Weltkrise? Eine Welt, die sich nach amerikanischer Führung, zumindest nach amerikanischer Stabilität sehnt?

Alles nicht so wichtig. Hier geht es um etwas anderes. Alcindor twittert später: «Präsident Trump sagte mir heute im Weißen Haus: Sei nett. Sei nicht bedrohlich. Ich bin nicht der erste Mensch, die erste Frau, die erste Schwarze, die erste Journalistin, der das gesagt wurde. Meine Antwort: Sei beständig. Sei konzentriert. Denk' an deine Aufgabe. Und geh' immer, immer voran.»

Es ist die Rückführung digitaler Politik in die analoge Welt, denn diese Veranstaltungen sind die Verlängerung von Trumps Twitter-Feed im realen Washington. Es ist deshalb so schwer zu ertragen, weil der eigentliche Sinn der Arbeit in diesen Krisentagen ja echte Politik im Sinne politischen Handelns, also schnelle, klare Beschlüsse, die Richtlinienvorgabe und die präzise Koordination der Krisenbewältigung mit den Bundesstaaten sein müsste – wofür aber nicht mehr genug Zeit bleibt, wenn die wichtigste Aufgabe des Präsidententages die Politikdarstellung ist.

Schon klar, dass es bei der Trump-Show viele Beteiligte gibt. Würden Amerikas Sender nicht die kompletten 90 Minuten live übertragen, würde Trump sich kürzer fassen; würden sie gar nicht live übertragen, käme Trump nicht, und die Wissenschaftler könnten den USA das sagen, was nun wichtig wäre. Die Einschaltquoten sind tatsächlich hoch. Die Trump-Show funktioniert, immer noch. Oder schon wieder.

Das alles ist auch deshalb zu viel, weil dem Gerede die Klarheit fehlt. An einem Tag ist Covid-19 banal und bald vorbei, am nächsten ist es der schlimmste aller Feinde, am dritten hat Trump gerade die Nachricht erhalten, dass seine Hotels und Clubs schwere Verluste erleiden, und nun verliert er vermutlich die Geduld, jedenfalls sagt er jetzt, bald müsse die Wirtschaft wieder angeworfen werden, «sehr bald, viel früher als gedacht», bis Ostern, denn die «Medizin darf nicht schlimmer wirken als die Krankheit».

So aber gehe das nicht, das sagt der tapfere Dr. Fauci, es werde alles viel, viel länger dauern.

Wenn Trump dort oben sagt, das Malaria-Medikament Hydroxychloroquin wirke super, wirke wirklich ganz erstaunlich sensationell super gegen das Virus, «ich habe da ein gutes Gefühl», dann sagt Dr. Fauci, es gebe für diese «anekdotische» These keine Beweise; gegen Ebola beispielsweise habe Hydroxychloroquin nicht gewirkt, und Kinder dürften es ohnehin nicht in die Hände bekommen. Und wenn Trump dort oben sagt, ein Impfstoff sei bald fertig, dann lässt Fauci eine halbe Stunde vergehen und sagt irgendwann beiläufig, ach, na ja, ein Impfstoff sei noch sehr weit entfernt.

Dieser Arzt sei «ein echter Fernsehstar», auch das hat Trump gesagt, aber ein solches Lob ist im Weißen Haus gefährlich, denn in einer Präsidentschaft, die deshalb wie eine Reality-Fernsehshow daherkommt, weil der Amtsinhaber sie als ebensolche betrachtet, darf es nur einen Star geben. Eines Morgens kommt Fauci durchs Tor spaziert, und auf dem Weg zum Weißen Haus sagt er uns, sein Trick sei ganz simpel: «Ich will den Präsidenten ja nicht vorführen. Ich will nicht wie ein harter

Kerl auftreten, der sich gegen den Präsidenten durchgesetzt hat. Mir geht es schlicht um die Fakten. Ich muss nicht öffentlich sagen: ‹Sie erzählen Unsinn.› Ich muss mich bloß an Daten und Beweise halten.»

Ende März 2020 gibt er *Science* ein Interview, das gemessen an den Spielregeln der Trump-Welt spektakulär mutig ist. «Ich kann ja nicht vor die Mikrophone springen und ihn niederzustoßen versuchen», sagt er über Trump. Kein anderer Bewohner des Planeten Trump spricht so: «Dinge werden auf eine Weise gesagt, wie ich sie nicht sagen würde, da so nämlich Missverständnisse darüber entstehen, was die Faktenlage ist.» Als Trump mehrfach wiederholte, dass China «drei, vier Monate früher» Details über die Krise in Wuhan hätte mitteilen müssen, da habe halt er, Fauci, «den richtigen Leuten» Bescheid gesagt, die wiederum den Präsidenten gebremst hätten. Und als Trump schließlich sein Außenministerium, das «State Department», zum «Deep State Department», also zum Sumpf, erklärt, da hält sich Fauci die Hand vor den Mund und zuckt; hinterher erklärt er's mit einem Kratzen im Hals.

Ende März beginnt im Weißen Haus das Gerede: Wie lange kann das gut gehen? In Trumps Umfeld sagt uns einer unserer Gesprächspartner: «Wieso gibt der Doktor so viele Interviews?» Da es keine Trump-Welt ohne Machtkämpfe gibt, keine ohne Gerangel um Einfluss, sowieso keine ohne Stimmungsschwankungen und Kurswechsel, da ja eben immer wieder neue Leute Einfluss haben … aus all diesen Gründen geht es auch in den Tagen der Krise hin und her.

Der Präsident hat Covid-19 zu ignorieren versucht, zu Beginn. Dann hat er es kleingeredet: «wir haben das total unter Kontrolle». Es folgten jene Tage, in denen er auf die Epidemiologen hörte und Corona ernst nahm; Fox News machte alle Schwenks mit. Dann wiederum, am 23. März, twittert Trump, dass die «Therapie nicht schlimmer als das Problem» sein dürfe, in Versalien: «WE CANNOT LET THE CURE BE WORSE THAN THE PROBLEM ITSELF.»

Es folgt ein Fox-Interview im Rose Garden, in dem es keine kritische Frage gibt, nur Einigkeit: «Amerika wurde nicht erbaut, um stillgelegt zu werden», sagt Trump. Er wiederholt es: «Dies ist kein Land, das hierfür erbaut wurde; es wurde nicht erbaut, um stillgelegt zu werden.» Amerika werde bald «für Geschäfte offen sein, viel schneller als in jenen drei, vier Monaten, zu denen irgendwer geraten hat, sehr viel schneller», nämlich zu Ostern schon, «ich glaube, das ist möglich, warum nicht?»

Irgendwer, das war Dr. Fauci.

Der wagt sich erneut weit vor und sagt, der Ostertermin sei auf keinen Fall zu halten.

Trump beschimpft jetzt auch wieder die «lamestream media» (ein Wortspiel, das von «mainstream media» abgeleitet ist), die seinen Schwenk für vorschnell halten, da die Opferzahlen ja noch immer rasant steigen, überall im Land; von «einer sehr großen Beschleunigung» in den USA spricht die World Health Organization (WHO).

«Sie wollen meine Wiederwahl verhindern», sagt Trump und meint die Medien.

Aber da ist noch mehr.

Ein derart gespaltenes Land wie die USA ist nicht mehr in der Lage, sich in einer solchen Krise zu versöhnen und, im Leid vereint, die alte Feindschaft zu vergessen. Die wahre Geschichte entwickelt sich andersherum: Die Krise liefert neues Dynamit.

Die Opferzahlen steigen nicht überall im Land gleichermaßen. Sie steigen zunächst besonders an den Küsten, denn dort liegen Städte wie New York und Los Angeles: wenig Raum, viele Menschen, jede Menge Tourismus und Bewegung. Diese Küstenregionen sind an Migration gewöhnt, sie wählen demokratisch.

Die Zahlen steigen in Nebraska, Iowa oder Idaho sehr viel weniger rasant, diese drei Staaten werden von Trump explizit genannt, denn dort regieren republikanische Gouverneure, dort leben Trump-Wähler. Wenn also die Regierung vorschnell alle Regeln des «social distancing» aufhebt, ehe die Ansteckungsraten in New York oder Los Angeles abgeflacht sind, dann ist dies eine Botschaft an diese, seine Wähler: Ich bin für euch da. Es ist natürlich auch eine Botschaft an die anderen, um deren Gesundheit und Überleben es ihm nicht unbedingt geht. Oder auch gar nicht geht.

Viele Amerikaner sagen, twittern oder schreiben auf Facebook, dass sie sich in dieser traurigen, dieser aufreibenden Zeit Einigkeit und

Würde wünschen würden, eine konsequente und kohärente Politik sowieso, aber auch Empathie und Zusammenhalt.

Ein frommer Wunsch.

Mehrfach erscheint in diesen Tagen ausgerechnet Dr. Fauci nicht zu den Pressekonferenzen. «Er ist ein guter Mann», das sagt Trump, als einer der nur noch 14 Journalisten, die in diesen ansteckenden Zeiten im engen Briefing Room sein dürfen, ihn nach Dr. Fauci fragt.

«Soweit ich weiß», das sagt dieser lachend, «bin ich noch nicht gefeuert worden.»

Nicht vielen Menschen im heutigen Amerika gelingt eine solche Souveränität noch; vielleicht muss man ja 79 Jahre alt werden, um derart frei zu sein.

## Bruderliebe

«Was soll das sein, etwa eine moderne darwinistische Theorie natürlicher Selektion?» Das fragt Andrew M. Cuomo, Gouverneur des Bundesstaats New York am 24. März 2020. Cuomo meint die Ankündigung des Weißen Hauses, Amerika wieder «für Geschäfte zu öffnen», und fügt dann an: «Wir werden um jedes einzelne Menschenleben kämpfen, das wir retten können.» Seine Mutter jedenfalls sei gewiss nicht verzichtbar.

Manchmal braucht es nicht viel. Bloß Anstand. Und Mitgefühl. Und Worte, die eindringlich leise sind. Einen Plan natürlich. Schließlich die Disziplin, den Plan durchzuhalten, weil er nur wirken kann, wenn man ihn eben durchhält.

Tag für Tag sagt Cuomo seiner Stadt und seinem Bundesstaat, wie die Lage ist. Tag für Tag streitet er für Militärschiffe, die sich zu Krankenhäusern auf dem Hudson machen lassen, und für Beatmungsgeräte, Masken und Handschuhe. Tag für Tag wirkt er seriös, dabei klar, dabei traurig, dabei kämpferisch.

An einem Donnerstag Ende März sprach Cuomo nach all den Zahlen, nach dem ganzen Alarm, nach der Wiederholung der Warnungen von seinen Töchtern, deren Welt nun erstmals erschüttert ist. Die nicht wissen, in welcher Welt sie in einigen Jahren leben werden. Cuomo sagte: «Wir reden ständig darüber, wir hören einander zu, und letztlich wird es sie stärken. Weil sie wissen werden, was im Leben wichtig ist. Sie werden bessere Bürgerinnen sein.»

New York City, Sehnsuchtsort für seine 8,5 Millionen Einwohner und endlos viele weitere Liebende im Rest der Welt, ist nunmehr der Brennpunkt der Krise, ihr Symbol: Um 18.20 Uhr deutscher Zeit gab es am heutigen 27. März weltweit 566 269 bestätigte Covid-19-Infektionen, davon 92 932 in den USA, rund 44 600 im Bundesstaat New York und exakt 23 112 in New York City. 519 Tote gab es bisher in diesem Bundesstaat, 134 Menschen sind dort in den vergangenen 24 Stunden gestorben. «Es ist immer noch erst der Anfang», sagt Cuomo, «wir müssen uns wappnen für das, was da kommt.»

Es ist eine veränderte Stadt, längst eine verwundete: so leise, so leer. Der ganze Zauber New Yorks ist fort, abgesehen von den erblühenden Parks und dem tiefblauen Himmel über dem Freedom Tower oder Chrysler Building. Die Menschen hier verstecken sich, fürchten sich voreinander, weichen einander in weiten Bögen aus, falls sie denn noch spazieren gehen. Fahrstühle, Lebensmittel, Briefe, das alles kann ansteckend sein: Die Stadt ist eng, sie bedroht sich selbst, New York hat Angst vor New York.

Morgen für Morgen, meist um 11.15 Uhr, tritt der Gouverneur vor die Journalisten. Er zieht das nicht in die Länge, er hat zu arbeiten. Es gibt aber täglich Momente, die hängen bleiben, und eigentlich ist immer einer dieser Momente dabei, in denen Andrew Cuomo seinen Ekel nicht verbergen kann, den Ekel vor Trump.

Am Donnerstag war Donald Trump telefonisch bei Fox News zugeschaltet und sagte dort dem Moderator Sean Hannity, dass der Wunsch der New Yorker, sehr schnell sehr viel mehr Beatmungsgeräte zu bekommen, übertrieben sei. «Weißt du», sagte Trump, «wenn du in ein Krankenhaus gehst, haben sie dort zwei, drei Beatmungsgeräte. Und nun, plötzlich, sagen sie: ‹Können wir 30 000 Beatmungsgeräte bestellen?› Ich glaube nicht, dass 40 000 oder 30 000 Beatmungsgeräte gebraucht werden.»

Cuomo steht nun da, soll Trumps Worte kommentieren und sagt:

«Jeder hat das Recht auf seine eigene Meinung. Aber ich arbeite hier nicht auf der Grundlage von Meinungen. Ich arbeite auf der Grundlage von Fakten, Daten, Zahlen und Prognosen.»

Manchmal ist er auch nett zu Trump, da er diesen und die Regierung braucht; lieber dankt Cuomo sowieso Ärzten, Pflegern, Polizisten, Feuerwehrleuten, all den Männern und Frauen, «die ihre eigene Angst überwinden, um zu helfen – nicht einmal ihrer eigenen Familie, sondern unseren Familien, Ihren Familien, liebe Mitbürgerinnen und Mitbürger». Manchmal weinen die Menschen, die Cuomo zuhören.

Der Mann kommt aus einer Politikerfamilie. Seine Großeltern waren italienische Einwanderer, sein Vater Mario war von 1983 bis 1994 Gouverneur von New York. Dies immerhin verbindet ihn mit Trump: die Einwandererfamilie, der starke Vater, die Heimat New York, sogar der Stadtteil; geboren nämlich wurde Andrew 1957 in Queens. Er studierte Jura, war Bezirksstaatsanwalt in Manhattan, dann Rechtsanwalt, und dann machte Bill Clinton ihn 1997 zum Bauminister.

Andrews Bruder Chris, 1970 geboren, ist CNN-Moderator und tritt mit seiner Show «Prime Time» immer um 21 Uhr gegen den Fox-Star Hannity an. «Let's get after it», das ist Chris' Slogan, und auf Instagram inszeniert sich dieser kleine Bruder ein bisschen spätpubertär: mit engen schwarzen T-Shirts und dicken Oberarmen. Chris musste Ende März seine Sendung aus dem eigenen Keller moderieren, da er infiziert war. «Mein bester Freund», sagte der Gouverneur. «Er wird das schaffen, er ist stark. Allerdings nicht so stark, wie er glaubt.»

Der große Bruder Andrew wurde 2006 New Yorks Attorney General, eine Mischung aus Justizminister und Generalstaatsanwalt, und 2011 Gouverneur. In New York gibt es, anders als in den meisten anderen Bundesstaaten, keine Amtszeitbegrenzung mehr; Cuomo ist bereits zweimal wiedergewählt worden. Er ist nicht ausnahmslos beliebt. Durchaus eitel sei der Mann, das sagen nicht wenige New Yorker. In der Rückschau wird klar werden, dass Tausende Menschen in New Yorks Pflegeheimen starben: Cuomo hatte die überforderten Heime gezwungen, Patienten aufzunehmen. Und es wird klar werden, dass Tausende Menschen in staatlichen Krankenhäusern starben, während private Kliniken Kapazitäten gehabt hätten – der Transfer funktionierte nicht.

Nein, Cuomo ist nicht perfekt, und er wäre im kommenden November auch nicht zwingend der bessere Präsidentschaftskandidat als Joe Biden, da Liberale von der Ostküste im weit entfernten Mittleren Westen nur selten gewinnen können. Aber Cuomo ist in diesen Wochen Amerikas Held, und diese Wochen sind ernst und wichtig und lang.

Es ist der Kontrast.

Der Kontrast zu Trump lässt Andrew Cuomo erstrahlen, lässt auch den Twitter-Hashtag «Cuomo for President» populär werden. Im Weißen Haus in Washington sitzt ein Mann, der die Krise als Wahlkampf begreift, und Wahlkampf kann er gut.

Bundesstaaten, die demokratisch wählen, wie beispielsweise New York oder Maine, bekommen weniger Hilfsgüter von der Regierung Trump, sehr viel weniger sowieso als bestellt; Bundesstaaten, die loyal sind wie Kentucky oder für Trumps Wiederwahl wichtig wie Florida, bekommen mehr als sie bestellt haben.

Gouverneur Cuomo sagt auch: Es sei schwer genug, eine gesamte Gesellschaft zum geduldigen Stillhalten im Sinne des Gemeinwohls zu bewegen, zumal eine zersplitterte wie die amerikanische – wer nun viel zu früh das alles in Frage stelle, weiche den eigenen Beschluss bereits durch die Diskussion auf, weil logischerweise in diesem Moment schon die ersten Bürger denken, okay, nun sei's ja gut.

In die Sendung seines Bruders Chris geht Andrew Cuomo nur selten, aber in diesen gewichtigen Tagen ließ er sich zuschalten.

«Governor», sagte der Kleine, «hm», brummte der Große.

Es wurde Comedy, beste Fernsehunterhaltung, auch so etwas kann das leidende Amerika ganz gut gebrauchen.

«Governor, ich möchte Sie nicht unterbrechen.»

«Warum tust du's dann?»

«Vergiss nicht, Mama anzurufen, dafür muss immer Zeit sein.»

«Habe ich gemacht.»

«Mama sagt etwas anderes. Pass auf dich auf, ich liebe dich.»

«Hm.»

## Besuch bei «The Donald»

Der Präsident sagt von sich selbst, er sei ein «sehr stabiles Genie» und er kenne «die besten, die allerbesten Wörter». Die Comedysendung «The Daily Show» schreibt darum einen Wettbewerb aus und sucht das «beste beste Wort» des Präsidenten. Es konkurrieren Begriffe wie «United Shaysh» (vermutlich gemeint: die USA), «Bipartiss Solucius» (überparteiliche Lösungen?) und «Merry Chrissus Erry» (frohe Weihnachten allerseits?).

Die Zusammenstellung ist zwar verdammt lustig, aber kein Witz: Der Präsident hat das alles tatsächlich exakt so gesagt. Es siegen «The Oranges», da der Präsident ja eben keine Apfelsinen gemeint hatte; er hatte «origins», «Ursprünge», sagen wollen.

Es ist inzwischen über 15 Jahre her, dass wir den damaligen Fernsehmoderator Trump in dessen Firmenzentrale in New York besuchten. Wir begingen damals einen, na ja, nicht ganz kleinen journalistischen Fehler. Wir saßen also in seinem Büro im Trump Tower in der Fifth Avenue in Manhattan, und er redete von sich. Wie außergewöhnlich klug er sei. Wie geschickt in allem, was er tue. Wie supersensationell erfolgreich, das sowieso. Trump, dessen Geld aus Erbschaften stammt, moderierte damals die Fernsehshow «The Apprentice», war zuvor mehrfach pleite gewesen.

Es war klaustrophobisch in jenem Büro, alles so voll gestellt; und an den Wänden überall Trump, grinsend, den Daumen hochhaltend, und da hing auch ein Titelbild von *Time*, ein strahlender Trump, das es nie gegeben hatte – das Cover hatte er sich selbst zusammenkopiert.

Der echte Trump saß uns gegenüber, und er sah absurd aus, so orange im Gesicht, mit diesem lächerlichen Toupet (oder was auch immer das Ding auf seinem Kopf ist) und sagte leider keinen Satz, den wir nicht schon im Archivmaterial gelesen hatten. Nicht einen. Nur Floskeln. Wir würden gern behaupten, dass wir ihn mit unseren Fragen überrascht und aus der Reserve gelockt hätten, aber Fragen interessierten ihn nicht.

Wir würden auch gern behaupten, dass wir seine politische Karriere weise vorausgesehen und also ganz früh über ihn geschrieben hätten, aber wir schrieben über dieses Treffen kein Wort.

«Der hat nichts zu sagen, der trägt keine Geschichte», sagten wir unseren Ressortleitern. Dies war dann wohl eine publizistische Fehleinschätzung.

Rund fünf Jahre später hatten wir Trump am Telefon.

«My friend», so begrüßte er uns, «here is the Donald.» Danach sagte er: «Es geht New York blendend. Wir haben einen glänzenden Polizeichef, einen glänzenden Bürgermeister, wir sind in glänzender Verfassung. Reicht dir das Zitat?» Es war ein bisschen karg, wir fragten ihn, woher eigentlich die Kraft New Yorks komme. Er ging weg, kam zurück und sagte: «This is the Donald. Dies ist die Comeback-Stadt. Jeder Mensch, der denken kann, jeder, der einen Willen hat, will hier leben. Diese Stadt kommt immer zurück, mein Freund, so wie dieses Land immer zurückkommen wird. This is America, my friend, the greatest country on earth, glaubst du, wir sind Schwächlinge, Feiglinge, glaubst du, wir geben in einer kleinen Krise einfach auf? Sorry, ich habe einen Termin, reicht dir das jetzt? Amerika ist großartig, aber es kann noch viel großartiger werden. Wenn du mehr brauchst, deutscher Reporter, lies meine Bücher, sie sind phantastisch.» Weg war er.

Es waren die Monate der Wirtschaftskrise von 2008, und diesmal schrieben wir auf, was er gesagt hatte.

## Säuberung

In den USA wird in den frühen Apriltagen darüber diskutiert, ob in und nach der Ära Trump tatsächlich die Demokratie gefährdet sei. Der Präsident versucht seine Macht zu dehnen, indem er Säuberungswellen durch die Hauptstadt rollen lässt: Kritiker oder Menschen, die einfach nur Regeln und Gesetzen folgen, werden entlassen, Loyalisten befördert.

Medien und Demokraten schreien deswegen auf. «Alle Politiker müssen quasi um die Ecke gucken, da immer die nächste Attacke kommen kann, Trump aber ist extrem paranoid. Er wittert überall Verrat, und tatsächlich sind alle guten Leute längst weg. Die Tochter und der Schwiegersohn sind noch da», sagt der Blogger Judd Legum.

Die Republikaner aber, die es als Einzige stoppen könnten, bleiben still, und Sebastian Gorka, der Radiomann, sagt uns: «Diese Personalentscheidungen müssen sein, sie hätten schon viel früher passieren müssen. Der Sumpf ist real, es gibt ihn wirklich. Seht euch das Amtsenthebungsverfahren an, die Aussage des Lieutenant Colonel Vindman, der im Weißen Haus den Kaffee machen durfte und dann gegen seinen Commander-in-Chief aussagte. Wie bitte? Entschuldigen Sie, Colonel Vindman, wer ist für die Sicherheit des Landes zuständig, der Präsident oder Sie? Dieser Präsident hat das Mandat von 63 Millionen Amerikanern, die Mauer zu bauen, die Wirtschaft zu reparieren, mit China und Russland klarzukommen, den IS zu besiegen, doch wenn wir jene Leute nicht herausfiltern, die ihn dabei sabotieren, kann er seine Agenda nicht umsetzen.»

Der (demokratische) Gouverneur des Bundesstaats Wisconsin will die Vorwahlen wegen Corona verschieben oder per Briefwahl durchführen lassen, aber da es parallel um einen zu besetzenden Richterposten ging, möchten die Republikaner diese Veränderungen nicht zulassen. Die politische Lehre der USA besagt: Je mehr Menschen wählen, desto sicherer sind Siege der Demokraten. Nun müssen die Menschen mitten in einer Pandemie vor Wahllokalen anstehen; der US Supreme Court zwingt sie, weil er den Republikanern von Wisconsin recht gibt.

Zerfällt vor den Augen der Bürgerinnen und Bürger die amerikanische Demokratie? Wird die Verbindung von Trump-Präsidentschaft und Corona-Pandemie dereinst als Tipping Point verstanden werden, als jener Moment, von dem an eine Rückkehr zu demokratischen Regeln oder auch zu schlichtem Respekt vor Gesetzen und Gewaltenteilung nicht mehr möglich war? Wohin steuert dieses weltmächtige und doch so zerzauste Land?

Die aggressiven und zugleich verschreckten USA von 2020 sind so etwas wie ein Paddelboot im perfekten Sturm. Sie waren nicht vorbereitet auf die Covid-19-Pandemie, und dann haben sie zu spät reagiert.

Noch Monate nach Beginn der Krise sind sie sich nicht einig darüber, was da nun eigentlich mit ihnen geschieht und was es zu bedeuten hat; sie streiten über Wahrheit, Wirklichkeiten und deren Deutung; und sie finden keine Strategie. Sie halten die Beschlüsse von gestern schon heute nicht mehr durch, weil ihr Präsident heute leider so ganz anderer Stimmung als gestern ist. Darum stimmt die gerade erst verwendete Metapher nicht ganz: Die USA von 2020 sind nicht lediglich ein Paddelboot auf hoher See. Es ist trauriger: Die USA sorgen selbst dafür, dass aus Unwettern perfekte Stürme werden.

Weltweit gibt es bis um elf Uhr Ostküstenzeit am Karsamstag, dem 11. April 2020, genau 1 732 314 dokumentierte Covid-19-Fälle und 106 347 Todesopfer. Die USA liegen mit gewaltigem Abstand inzwischen auf dem ersten Platz aller Statistiken, denn hier sind es 553 837 Infizierte und 22 171 Tote; der Bundesstaat New York (mit 172 358 Infektionen und 8627 Toten) läge auf Rang fünf in dieser trostlosen Nationenwertung. SARS-CoV-2 hat etwas offengelegt. Das Gerede vom «großartigsten Land der Menschheitsgeschichte» (Donald Trump), diese ganze amerikanische Autosuggestion ist Selbstbetrug. Glatt gelogen. Es ist die größte Lüge in dieser an Lügen nicht armen Präsidentschaft.

Denn die USA sind in entscheidenden Momenten bereits seit vielen Jahren eine dysfunktionale Nation. Sie kommen zu keinen Einigungen mehr, nicht einmal einer Verständigung über Zahlen und andere Wahrheiten; und sie sind politisch scheintot, nicht mehr handlungsfähig, da sie sich selbst ihre Kraft geraubt haben.

Die Vereinigten Staaten waren schon nach den Anschlägen des 11. September 2001 hilflos wahnhaft, als sie eine falsche Konsequenz nach der nächsten zogen, die Welt belogen, in Afghanistan und Irak viele Tausend Menschen sinnfrei sterben ließen, ebenso sinnfrei Hunderte Milliarden Dollar verbrannten und bis heute außer einer Destabilisierung des Mittleren Ostens nichts erreicht haben.

Hilflos verblendet waren sie auch vor und nach dem Hurrikan Katrina, 2005, als sie zunächst wissenschaftliche Erkenntnisse ignorierten und dann die Nothilfe nicht organisieren konnten. Sie waren es vor und nach der hausgemachten Wirtschaftskrise von 2008, als sie große Teile des eigenen Volkes in die Armut trieben. Sie sind es in Wahrheit vor und nach jedem Hurrikan an der Ostküste, in jedem Jahr; und vor und nach all den Waldbränden an der Westküste ebenso, gleichfalls im Jahrestakt. Darum, leider: eine ohnmächtige Nation im perfekten Sturm namens Covid-19.

Der perfekte Sturm, meteorologisch, ist mehr als Wind, der perfekte Sturm ist ein Jahrhundertbegriff. Bei jenem Wetterphänomen, das der Autor Sebastian Junger auf den Terminus brachte, kamen ein Hoch aus Kanada, ein nach Osten wanderndes Tief aus den USA und der Hurrikan «Grace» aus der Karibik zusammen und formten auf dem Atlantik Wind von nicht mehr vorstellbaren 104 Knoten Geschwindigkeit und hochhausriesige Wellen. Auf dramatische Weise wurde dieser perfekte Sturm tödlich, 1991 war das. Junger erzählte die Geschichte der Katastrophe am Beispiel des Fischkutters «Andrea Gail» aus Gloucester an der Atlantikküste von Massachusetts. Weil der letzte Fang so miserabel gewesen war, überredete der Kapitän die Crew, erneut hinauszufahren; er kannte die Vorhersagen, aber er hielt sich selbst für schlauer als die Natur. Alle sechs Männer starben wegen einer unbedachten Entscheidung.

Was die USA von heute anrichten, richten sie permanent an, sehend und eigentlich sogar wissend, und sie tun es doch alle paar Jahre aufs Neue. Weil ihre Fehler und Schwächen systemisch sind. Weil sie nicht mehr in der Lage sind, daraus zu lernen.

Vor allem, ganz und gar tiefgreifend, sind da diese zwei Ursachen:

Riesige Gruppen in der Bevölkerung der USA und wichtige Akteure wie Fox News oder die Republikanische Partei haben, erstens, die Verachtung von Wissenschaft und überhaupt Bildung zur Leitlinie, zur Ideologie erklärt. Solch eine Verschiebung aller Parameter demokratischer Debatte lässt sich für eine Weile kaschieren, da Universitäten und gute Medien als geschlossene Welten funktionieren; aber eben auch nicht länger als für eine Weile. Wenn sich erst einmal flächendeckend die Überzeugung in eine Gesellschaft hineingefressen hat, dass Wissenschaftler und Medien sowieso lögen, dass es viele, also immer auch alternative Wahrheiten gebe, dann gibt es gar keine Wahrheit mehr – und dann lassen sich real existierende Wirklichkeiten nicht mehr erkennen, selbst wenn sie noch so bedrohlich sind.

Dann glaubt eine Gesellschaft den eigenen Experten und Institutionen nicht mehr, sieht nur noch Feinde und Intrige, jede Antithese ist Hochverrat, und natürlich ist darum auch alles Machtpolitik, also persönlich.

Und zweitens: Riesige Gruppen der Bevölkerung der USA sowie wichtige Akteure wie Fox News, radikale Radiomoderatoren und die Republikaner verachten Politik im Sinne von Steuerung oder Gestaltung eines Staates. Sie erklären ja ohnehin alle politischen Gegner für korrupt, für unfähig, für egozentrisch und bösartig.

Die Freiheit der vielen Einzelnen und ihre Unabhängigkeit werden vor allem im Landesinnern der USA gleichsam religiös verklärt, und darum müssen Kandidaten, die die Präsidentschaft anstreben, in diesem Land stets sagen, dass sie eigentlich gar keine Politiker seien. Dass sie mit Washington nichts zu tun hätten. Dass sie alles anders machen würden als das Establishment, dass sie den «Sumpf» austrocknen würden, wie Donald Trump es nannte.

Dafür und darum wurde Trump gewählt, der ultimative Zerstörer und Außenseiter. Darum scheitern die USA nun natürlich auch an der Weltkrise: Wer die eigenen Experten verachtet und wer zugleich Politik und staatliches Handeln verdammt, kann in einer Krise wie der gegenwärtigen nicht bestehen. Weil die Voraussetzungen fehlen. Wieso sollte dieses komplexe, so riesige Land ausgerechnet unter Stress besser funktionieren als im Wahnsinn seines Alltags?

In Amerika kommen viele weitere Dinge hinzu, die eine Krise wie die aktuelle verschärfen.

Das Sozialsystem verdient nicht den Namen: Selbst 2018, als die Börsenkurse stiegen und die Arbeitslosigkeit minimal war, hatten 27,5 Millionen Menschen keine Krankenversicherung; nun steigt diese Zahl rasant an, da die Arbeitslosenquote (im Oktober 2019 lag sie bei nur 3,6 Prozent) sprunghaft ansteigt.

Die Ungleichheit ist in den USA extrem ausgeprägt, schärfer als in den sechs übrigen G7-Staaten: 20 Prozent der Amerikaner bekommen 52 Prozent der ausgezahlten Gehälter; und der Unterschied im Einkommen zwischen Weißen und Afroamerikanern betrug 2019 im Mittel

26,5 Prozent. Für jede Gesellschaft der Welt wäre diese Kombination in den gegenwärtigen Wochen toxisch.

Viele der Armen Amerikas haben Vorerkrankungen wie Diabetes und sind miserabel oder gar nicht betreut worden. Sie sind verletzlich, und sie leben in Gegenden wie der Bronx in New York, also beengt, angewiesen auf öffentlichen Nahverkehr; ihr Alltag ist von mangelhafter Hygiene, Bildung und Ernährung gekennzeichnet.

Da die im Senat und im Weißen Haus regierenden Republikaner eine Partei des weißen Amerika sind, auch eine Partei der Wohlhabenden, hat diese Krise jede Menge destruktives Potenzial. Sie verstärkt Vorurteile gegen Afroamerikaner, verstärkt auch die Abschottung der weißen Oberschicht gegenüber Asiaten und in Wahrheit ja allen Fremden, verstärkt damit vieles, was das Land sowieso und seit langem schon krank macht. Sie sorgt für das Gegenteil von konstruktiver Effektivität, denn auch an internationalem Zusammenspiel ist das heutige «America first»-Amerika nicht interessiert. Allein geht es aber nun einmal nicht, wenn der Gegner ein Virus ist.

Es gab und gibt viel zu wenige Tests in den USA. Darum keine Isolierung von Kranken. Darum so hohe Infektionsraten. Darum so viele Tote.

Kommen wir deshalb noch einmal zu den zwei zentralen Problemen, der Verhinderung politischen Handelns und dem Verdrehen von Fakten und Wahrheit.

Trump hat eine Task-Force eingerichtet, die sein Vizepräsident Mike Pence leitet, dann eine geheime zweite, die sein Schwiegersohn Jared Kushner leitet; eine offizielle zweite, für den Neustart der Wirtschaft, sollte nach Ostern benannt werden. Die bisherigen zwei Teams reden wenig miteinander, ihre Mitglieder können nicht erklären, worin sich die Aufträge unterscheiden. Und wieso Kushner?

Der Schwiegersohn qualifiziert sich durch seine Ehefrau, Ivanka Trump, für hohe Aufgaben und nicht durch Leistung. Durch gewaltige Spenden kaufte Vater Kushner seinem Sohn Jared einst einen Studienplatz in Harvard. Dann versenkte Jared große Teile des Familienvermögens, als er Immobilien zu Rekordpreisen erwarb. Im Weißen Haus hatte er, ehe das Virus kam, unter anderem den Spezialauftrag «Frieden in Nahost» übernommen, mit überschaubarem Resultat, und gesagt hatte er, dass er zur Vorbereitung «25 Bücher über den Konflikt gelesen» habe; er war ernsthaft stolz darauf. Nun also soll «the son-in-law», wie Kushner in Washington spöttelnd-verniedlichend genannt wird, die Nation vor der Pandemie schützen – wie zynisch eigentlich kann eine Regierung sein?

Ist es übertrieben zu behaupten, dass die Inkompetenz von Schwiegervater und Schwiegersohn Menschen tötet?

Seit das Virus in Amerika ist und sich ausbreitet, warten die Bürgerinnen und Bürger im ganzen Land, in allen 50 Bundesstaaten, auf Hilfe aus Washington, D.C., denn so ist das Land gebaut: Die Regierung, «the federal government», hat die Kommissionen, das Geld, (meistens) die Kompetenz und (immer) die Macht für solche Einsätze; die Gouverneure sind darauf angewiesen.

Doch die Gouverneure warten. Sie klagen, dass es zu wenige Tests gebe, zu wenige Krankenhausbetten, Schutzmasken, vor allem viel zu wenige Beatmungsgeräte. Trump schimpft, sie seien nicht nett zu ihm, nicht respektvoll genug.

Knappe drei Wochen lang hören die Gouverneure bei jedem Anruf und jedem Mailwechsel, dass Trump demnächst die FEMA einsetzen werde, die «Federal Emergency Management Agency», die das Material verteilen würde. Die Fallzahlen steigen, die ersten Menschen sterben. Auch die FEMA hat weniger Geld und weniger Personal als in früheren Jahren – alles gestrichen oder nicht nachbesetzt, denn Trump verachtet ja den «deep state», all diese Fachidioten. Niemand bestellt Masken. Niemand verteilt Beatmungsgeräte. Die FEMA tut nichts.

Nach all den Wochen kommt Kushner in die tägliche Pressekonferenz, in die Trump-Show, und sagt: Nein, nein, das sei alles ein Missverständnis, die Bundesstaaten müssten sich schon selbst um ihre Vorräte kümmern, «die nationalen Lagerbestände gehören uns».

Das stimme, «wir sind nur die Unterstützung», sagt Trump, «wir sind ja keine Bestellbehörde».

So ist Amerika 2020. So wird es geführt, so verwüstet es sich selbst.

Der *New Yorker* beobachtet Krankenpfleger, die sich Plastiktüten über den Kopf ziehen, um sich ein bisschen zu schützen. Die 50 Bundesstaaten miteinander in den Wettstreit treten zu lassen, statt politische Verantwortung zu übernehmen, das sei «schlichter Wahnsinn», sagt New Yorks Gouverneur Andrew Cuomo.

Die Republikaner haben dann aber doch noch eine politische Idee, denn sie möchten natürlich gern an der Macht bleiben, wenn im November gewählt wird. Darum sagen plötzlich Trump und der Mehrheitsführer im Senat, Mitch McConnell, dass das Amtsenthebungsverfahren gegen Trump schuld daran sei, dass die Regierung sich nur bedingt auf Corona habe konzentrieren können. McConnell erklärt im Gespräch mit dem Radiomoderator Hugh Hewitt: «Das Virus kam hoch, während wir durch das Verfahren festgebunden waren. Ich glaube, das Verfahren hat die Aufmerksamkeit der Regierung abgelenkt.»

Gleichzeitig schimpft Trump, bei Fox News, über die Demokratin Nancy Pelosi: «Alles, was sie tat, war Amtsenthebung. Sie achtete auf nichts, was mit Pandemien zu tun hatte – nur Amtsenthebung.» Das Amtsenthebungsverfahren endete offiziell am 5. Februar, was reichlich Zeit ließ, und de facto, nämlich im Repräsentantenhaus, endete es bereits Mitte Januar; was danach kam, im Trump ergebenen Senat, war aus Sicht der Regierung Routine, Sache der Anwälte, bloßes Abblocken.

Mal abgesehen davon, dass eine Regierung das Wort «Multitasking» kennen sollte: Trump flog im Januar und Februar gleich viermal nach Mar-a-Lago in Florida, um im eigenen Resort Golf zu spielen, und während der Impeachment-Tage fand er die Zeit, fünf Wahlkampfreden zu halten, weit verstreut im Land.

Abgelenkt von Corona? Vermutlich, ja. Durch das Amtsenthebungsverfahren? Unsinn.

Die Wahrheit ist: Amerikas Geheimdienste versuchten das Weiße Haus zu warnen. Trumps Berater fertigten Vermerke an, warnten vor medizinischen und wirtschaftlichen Katastrophen, doch der Präsident sagte am 22. Januar: «Wir haben es total im Griff.» Am 23. Januar wurde er durch seine eigenen Geheimdienste gebrieft, auch wenn er

Monate später sagt: «Das war eher beiläufig. Sie sagten ‹it's not a big deal›.» Am 26. Januar bat Charles Schumer, demokratischer Minderheitsführer im Senat, die Regierung darum, einen «nationalen gesundheitlichen Notstand auszurufen», vergeblich. Am 27. Januar veröffentlichte Joe Biden einen Meinungsbeitrag in *USA Today*, in dem er Trump den «schlechtestmöglichen Anführer» nennt, «um mit dem Coronavirus umzugehen». Am 2. Februar behauptete Trump: «Wir haben es ausgesperrt.»

Als Trump nach dem offiziellen Ende des Amtsenthebungsverfahrens am 6. Februar im Weißen Haus eine Wut- und Dankesrede hält, sagt er von Corona kein Wort.

Aber die Wahrheit ist, wie so oft, in den USA von 2020 nicht so wichtig. Wuchtige Lügen haben mehr Kraft. Die neue Erzählung ist kraftvoll, weil sie jene vom «impeachment hoax», dem «Schwindel des Amtsenthebungsverfahrens», noch verstärkt: Die Hexenjagd dieser wahnsinnigen Demokraten hat tödliche Folgen!

Es ist, taktisch, ein nicht ungeschickter Doppelschlag: Wir haben nichts falsch gemacht, wir waren immer entschlossen und wach, wir sind die großartigste Nation der Welt, das sagt die Regierung. Falls wir allerdings doch ein winziges bisschen falsch gemacht haben sollten, dann waren wir's gar nicht – dann war's die Schuld der Demokraten.

## Freiheitskämpfer

Das Land hätte vorbereitet sein können, allemal gewarnt. Seit drei Jahren starren die USA nun gleichermaßen hypnotisiert wie hysterisch auf ihren Präsidenten, und jedes Wort dieses Mannes wird gedreht und gedeutet, jeder Tweet zitiert. Dass der Präsident wüst und sprunghaft ist, kleingeistig und eitel, rachsüchtig und fremdenfeindlich, das weiß das Land längst, das wusste es ja bereits, ehe es ihn wählte. Dass er eine rohe, etwas plumpe Sprache spricht, dass er Wissenschaft verachtet, sogar Politik verachtet: Das alles ist keine Überraschung mehr, genau deshalb ist Donald Trump gewählt worden.

Aber das Land ist doch verblüfft. Schockiert. Auf allen Fernsehkanälen, auf Twitter, in sämtlichen Radiosendungen werden drei kurze Wortmeldungen diskutiert.

Ist dies nun der Moment, der in der Rückschau das Scheitern der USA in der Coronakrise markieren wird? Das Ende aller Strategien? Die Kapitulation? «In diesem Moment kapitulierte Trump. Vielleicht war er gelangweilt, vielleicht ungeduldig, weil die Krise so komplex ist», sagt uns Susan Glasser vom *New Yorker*.

Der Präsident schreibt am 17. April, von 8.21 Uhr bis 8.25 Uhr, drei Tweets, allesamt in Versalien: «Befreit Minnesota!», «Befreit Michigan!», «Befreit Virginia, und rettet unseren großartigen zweiten Verfassungszusatz, der attackiert wird!» Trump ist noch in seinem Schlafzimmer, und von dort aus ruft er nun also zum Widerstand gegen die eigene Politik auf, vor allem aber natürlich gegen drei demokratische Gouverneure und deren Regeln, gegen die Schließung von Geschäften, Parks, Restaurants; und dass nun ausgerechnet der Präsident jenes «Second Amendment» ins Spiel bringt, welches das Recht garantiert, Waffen zu tragen, lässt nicht wenige Menschen in den USA an einen heraufziehenden Bürgerkrieg denken.

Es ist zu früh dafür, bereits jetzt, im April 2020, ein Scheitern der gesamten Vereinigten Staaten in dieser Krise zu diagnostizieren. Es gibt ja viele Pflegekräfte, Ärzte, Forscher, auch Politiker in den USA und sowieso Bürgerinnen und Bürger, die mit größter Ernsthaftigkeit gegen Covid-19 kämpfen; das Land ist so riesig wie vielschichtig, die USA waren immer schon mehr als ihre Regierung.

Aber es gibt weiterhin nur 100 000 Corona-Tests pro Tag in den USA, und das Vierfache wäre nötig, um die Ausbreitung zu verstehen und präventiv handeln zu können. 745 134 Infizierte und 35 462 Tote werden es an diesem 17. April um 19 Uhr sein, offiziell. Die Tweets des Präsidenten sorgen dafür, dass viele Millionen Menschen nun die soziale Distanz, die Schutzmasken und vor allem die Selbstisolierung aufgeben, ehe also ein funktionierendes Test- und Behandlungssystem aufgebaut ist.

Das Scheitern der USA an dem Virus wird realistisch, wird wahrscheinlich. Möglich ist inzwischen, dass die USA durch ihre permanenten Kurswechsel diesmal tatsächlich entgleisen; dass SARS-CoV-2 immer wieder neue Heimaten und eine sich selbst erneuernde Verbreitung findet, Welle auf Welle.

Möglich auch, dass die USA aus der Ferne erleben müssen, mutmaßlich beschämt, wie Deutschland, Frankreich, Österreich und die Schweiz, natürlich Südkorea (das zeitgleich mit den USA ereilt wurde, aber schnell reagierte), auch Spanien und Italien mit stringenter Politik und disziplinierter Solidarität Monate des Ausnahmezustands durchstehen – und danach wieder so etwas wie ein gesellschaftliches Leben in Gang bringen.

Möglich ist schließlich, dass die Lärmenden, die Hetzenden, die Lügenden selbst daraus nicht lernen werden, sondern lediglich umso erbitterter weitermachen werden mit ihrer geradezu manischen Suche nach Schuldigen. Dies nämlich scheinen sie obsessiv zu benötigen: einen Täter, dem sie die alleinige Schuld geben und den sie folglich mit Wucht verdammen können. Die Weltgesundheitsorganisation! China! Die Demokraten! Ein «Wanted»-Plakat am Saloon, der Täter wird gejagt, der Täter wird zur Strecke gebracht und gehenkt … Problem gelöst?

Das Land ist auch in dieser Krise wieder so gespalten wie zuletzt während des Amtsenthebungsverfahrens gegen Trump. Es gibt in den USA keine nationale Einheit mehr, auch nicht in diesen so gewichtigen, zutiefst ernsten Monaten. Es gibt keine amerikanische Strategie (von amerikanischer Führung redet in dieser Weltkrise sowieso niemand). Die Menschen in den USA wissen: Sie sind auf sich gestellt, auf die Regierung können sie nicht bauen. Es ist ein Experiment, ein Menschenversuch: Wer wird durchkommen?

Das Scheitern der amerikanischen Politik ist damit tatsächlich herbeigeführt, das Scheitern der Regierung Trump sowieso. Donald Trump und seine Republikaner haben sich in den eigenen Widersprüchen verstrickt, und sie zeigen, noch immer, keinerlei Wärme, kein Mitgefühl mit trauernden Familien; und im inzwischen vierten Monat dieses Dramas wird das alles von Tag zu Tag immer noch ein bisschen schlimmer.

Am 13. März sagte Trump, er übernehme keinerlei Verantwortung.

Am 10. April sagt er, die Entscheidung, wann und wie er das Land wieder öffne, werde die schwierigste seines Lebens.

Am 13. April sagt er, er allein mache die Ansagen, er habe die «totale Autorität».

Am 16. April paddelt er zurück und sagt, nicht er, sondern die Gouverneure seien zuständig für die Wiedereröffnung des Landes, für Tests, eigentlich für alles. Dass eine Regierung in Washington, D.C., auf eine nationale Notlage mit Dezentralisierung und Deregulierung antwortet, ist wie so vieles in dieser Präsidentschaft eine amerikanische Premiere.

Am 17. April aber sagt Trump eben jenen Gouverneuren, vor allem den drei demokratischen in Minnesota, Michigan und Virginia, wieder den Kampf an, stellt sich mit seinen «Liberate!»-Tweets auf die Seite rechter Demonstranten, zerstört den Rest des Zusammenhalts und sowieso jegliche kommunikative Klarheit.

Wir reisen nach Richmond, Hauptstadt des Bundesstaats Virginia, um uns die Demonstrationen anzusehen. Mit ihren SUVs und Pick-up-Trucks fahren die Kämpfer für Amerikas Freiheit den viereckigen Block um das Kapitol ab, hupend, Flaggen schwenkend. «Lieber sterben als Masken tragen», rufen sie, «meine Verfassungsrechte sind kostbar», steht auf ihren Plakaten. In Gesprächen sind sie allesamt zugewandt – und dies ist nun wieder exakt jenes Amerika, das uns Europäern oft so fremd ist: nette Menschen … warum aber zugleich die selbstzerstörerische Wut, dieser Waffenkult? Wieso dieses Beharren auf individueller Freiheit, wenn es lediglich die Freiheit ist, maximal dumm zu handeln? Warum diese manische Fixierung auf den Kampf gegen Abtreibung, während die Gesellschaft geborene Kinder geringschätzig behandelt, sie ja an der mexikanischen Grenze noch immer einsperrt, noch immer getrennt von den Eltern, und im ganzen Land noch immer so wenig Geld in Bildung investiert? «Enorme Parteilichkeit in den USA dürfte das größte Hindernis bei jenem social distancing sein, das die meisten Experten für kritisch halten, wenn es um die Einschränkung der Covid-19-Epidemie geht», folgern der Politologe Joshua Clinton und drei Kollegen in einer ersten Studie. Nein, von Vernunft werden die modernen USA wahrlich nicht immer geleitet.

In Florida werden zeitgleich Profi-Ringkämpfe zum «essenziellen Geschäft» erklärt, dürfen also weitergehen (Trump und Gouverneur Ron DeSantis haben hohe Spenden vom Wrestling-Verband erhalten). Auch Strände öffnen wieder und sind sofort bevölkert: »#FloridaMorons» wird zum Twitter-Trend. Zu den Demonstrationen in Minnesota bringen die Freiheitskämpfer schwere Gewehre mit. Dann Hakenkreuze. Es folgen Demonstrationen in Texas, Kalifornien, bald im ganzen Land, und die meisten Demonstranten tragen keine Atemschutzmasken, gehen und stehen nahe beieinander, schleifen die eigenen Kinder durch das Menschengewühl, rufen in die Kameras: «Ich bin stärker als das Virus.»

So dumm können die USA, dieses Land freier Denkerinnen und Denker, mutiger Universitäten, findiger Konzerne, nur deshalb sein, weil sie die Wissenschaften nicht ernst nehmen und seit Jahrzehnten daran gewöhnt sind, Studien zu verdrehen und zu politisieren: So war es beim Ozonloch und bei der Entdeckung von Quecksilber in Fischen, so war und ist es beim Klimawandel, so ist es jetzt bei Corona.

Sie können deshalb so dumm sein, weil sie sich nicht nur im Kampf gegen das Coronavirus, sondern parallel im Wahlkampf befinden: Trump dementiert die eigenen, dokumentierten Worte vom Jahresbeginn und gibt sich Mitte März selbst «10 von 10» möglichen Punkten für seine Leistung; «wir haben keinerlei Fehler gemacht», das sagt er auch. Fox News und *Breitbart* und die meisten konservativen Plattformen stützen dieses Narrativ, verstärken also, mutmaßlich wissentlich, die Unwahrheiten. «Tyrannei der ‹Experten›», twittert die Fox-Moderatorin Laura Ingraham.

Das ganze Spektakel der Trump-Show, dieser täglichen Pressekonferenzen und ihrer Interpretationen in allen Sendern, ist vor allem zweierlei: viel zu laut und ganz und gar durcheinander. Knappe, klare Botschaften und Regeln, welche die Bevölkerung verstehen und 14 Tage lang befolgen könnte, um dann zu sehen, ob sie einen Effekt haben, erleben die USA schon lange nicht mehr – und jetzt, in der Krise, noch immer nicht.

Stattdessen erleben sie die Herren Jones und Kirk.

Alex Jones, ein bulliger Typ mit Glatze, Bart und üppigen Oberarmen, ist Amerikas führender Konspirationstheoretiker; seine Firma heißt «Infowars». Jones macht Radio und schreibt, immer wieder mal ist Alex Jones auf Facebook und Twitter gesperrt, aber einen echten Konspirationstheoretiker bestärken solche Strafen nur in seinen Theorien.

Sein zynisches Meisterstück lieferte Alex Jones 2012, nach dem Massaker an der Sandy-Hook-Grundschule von Newtown, bei dem 26 Menschen, darunter 20 Kinder zwischen sechs und acht Jahren, ermordet worden waren. «Keiner ist gestorben», sagte Jones damals, «das waren Kinderschauspieler.» Man mag kaum glauben, dass irgendwer irgendwo mit solch einer Geschichte Erfolg haben kann, aber in Amerika geht das. Jones sagte, dass liberale Demokraten das Schulmassaker, das angebliche, erfunden hätten, um gegen das Recht auf Schusswaffen und die National Rifle Association zu agitieren. Das Echo war gewaltig. Jones trieb seine Geschichte so weit, dass Eltern der ermordeten Kinder angepöbelt wurden und beweisen mussten, dass ihr Sohn oder ihre Tochter tatsächlich tot sei. Dann zogen sie weg, die armen Eltern.

Dieser Mann verdient heute sein Geld mit Nahrungsergänzungsmitteln. Eigentlich, in normalen Zeiten, verspricht er dicke Muskeln; jetzt verspricht er, dass seine Präparate gegen das Coronavirus helfen.

Nun führt Alex Jones Demonstrationen in Austin, Texas, an, verlangt die Wiedereröffnung Amerikas und «den Kampf gegen die Tyrannen»; er nennt das Virus via Megaphon einen Schwindel, lässt sich umarmen, schüttelt Hände. «Fire Fauci», ruft Jones schließlich, denn der Epidemiologe Anthony Fauci, der das Land noch immer um Vorsicht und soziale Distanz bittet, ist das Feindbild der texanischen Freiheitskämpfer geworden.

Da ist Charlie Kirk, erst 26 Jahre alt, Gründer der Website «Turning Point USA» und längst ein Star der rechten Szene. «Mehr denn je brauchen wir die Mauer. Wenn das China-Virus um die Erde wandert, haben die USA nur eine Chance, wenn sie ihre Grenzen schützen», twittert Kirk, «Präsident Trump sorgt dafür, dass es geschieht.»

Kirk tauchte nach der Wahl von 2016 im politischen Amerika auf, zunächst als konservativer Kommentator, dann mit Denunziationen und glatten Lügen über Nancy Pelosi oder Hillary Clinton. Er reiste mit Donald Trump Jr., dem Sohn, durchs Land, trug dessen Koffer, buchte dessen Flüge.

Mitte April 2020 las der Präsident abends das Tagewerk des jungen Charlie Kirk. So schlimm ist das Virus nicht! Trump ist ein großer Präsident! «Öffnet Amerika wieder!»

Gleich elfmal klickte Donald Trump auf «Retweet».

## Das Netzwerk

Die amerikanischen Zahlen am Samstag, den 25. April 2020: 882 401 bestätigte Covid-19-Infektionen und 49 885 Todesfälle; und im Bundesstaat New York über 250 000 Infektionen und über 15 000 Todesfälle.

Der Kollege George Packer beginnt einen schauderhaft meisterlichen, weil so durchdachten wie wahrhaftigen Essay im *Atlantic* so: «Als das Virus hierher kam, fand es ein Land mit ernsthaften Vorerkrankungen vor, und diese nutzte es gnadenlos aus. Chronische Krankheiten – eine korrupte politische Klasse, eine erstarrte Bürokratie, eine herzlose Wirtschaft, eine gespaltene und abgelenkte Öffentlichkeit – waren jahrelang unbehandelt geblieben.»

Die USA sind eine Weltmacht, die jene Disziplin und Solidarität eben nicht aufbringt, die nötig wären, um eine komplexe Krise wie diese zu bewältigen. Dieses Land bekämpft Symptome, nie die Ursachen, darum sucht es Schuldige, die nichts als Sündenböcke sein können. Wie kann irgendein Staatschef mitten in einer Pandemie ausgerechnet der Weltgesundheitsorganisation die Finanzierung entziehen? Donald Trump tat es, weil es für einen Moment von ihm selbst ablenkte.

Trump hat gesagt, die Gouverneure sollten selbst entscheiden, wann die Bundesstaaten Geschäfte und Schulen, Strände und Fitnessclubs wieder öffnen. Also beschließt der Gouverneur von Georgia, Brian Kemp, ein Trump-Getreuer, seinen Staat wieder aufzuschließen, inklusive Friseursalons und Nagelstudios. Trumps Epidemiologen sagen, das sei verfrüht, riskant, weshalb Trump sagt, er sei nicht einverstanden, Kemp mache da einen Fehler. «Das geht zu weit.» Was zu einem kollektiven Wutausbruch in Georgia führt, Trump-Fans gegen den republikanischen Gouverneur. Der irritiert ist und Vertrauten sagt, politische Führung benötige klare Kommunikation.

Also schließen mehrere demokratische Gouverneure sich zusammen, sechs Staaten an der Ostküste und drei an der Westküste koordinieren ihre Strategie und beschließen, an den strikten Maßnahmen festzuhalten, aber das ist dem Präsidenten auch wieder nicht recht, weil seine Position nun exakt wie jene Machtlosigkeit aussieht, die er sich gerade selbst gewünscht hat.

Also hetzt er Demonstranten auf, die sich gegen die eigenen Gouverneure stellen; Demonstranten, die «Lieber tot als unfrei» grölen, sich unterhaken, sich und andere gefährden, aber das kümmert sie nicht. Viele Zehntausend Menschen denken seit Trumps «Liberate»-Tweets, laut Umfragen, dass die ganzen Regelungen zu strikt seien; dass Amerika «back to business» marschieren müsse, heute, sofort. Und die Demonstrationen in anderen Bundesstaaten beginnen.

So ist dieses Land. Und so ahnungslos. Oder eher: so durchtrieben.

Denn der Widerstand gegen die Schutzmaßnahmen ist nicht einfach nur emotional, ist nicht bloße Angst vor Armut, Arbeitslosigkeit, Verlusten. Es ist auch nicht einfach Wut. Dahinter steht ein Netzwerk, das alles ist choreographiert.

Im Hintergrund agieren eine Organisation namens «Citizens for Self-Governance» und deren Tochterfirma «Convention of States», die mit vielen Millionen Dollar des Hedge-Fund-Managers Robert Mercer ins Leben gerufen wurden. Mercer ist Unterstützer Trumps, war Unterstützer von Trumps Berater Steve Bannon, und sein wesentliches Ziel sind immer weitere Steuererleichterungen und eine immer schwächere Regierung in Washington, also möglichst wenig Staat. Mercer nennt das nicht Verfall, er nennt es Freiheit.

«Convention of States» organisiert Kampagnen über die sogenannten sozialen Medien, auch via Twitter, vor allem via Facebook: «Das Volk erhebt sich gegen den kranken Shutdown!» «Convention of States» sorgt dafür, dass diese Posts millionenfach geteilt werden. Laut Umfragen ist die Unterstützung für die Bewegung noch nicht besonders groß, eigentlich, denn die meisten Amerikaner sorgen sich um ihre Gesundheit, fürchten Corona, fürchten die zweite und dritte Welle.

Aber «Convention of States» lässt den Widerstand epochal und gewaltig aussehen. «Übergriffige Regierungsregelungen, die unsere wesentlichen Freiheiten einschränken, werden mehr Schaden anrichten als Gutes tun», steht in einem massenhaft geteilten Facebook-Post; «Öffnet die Bundesstaaten!», so nennen die Organisatoren die eigene Online-Kampagne. Viele Medien fallen darauf herein: Die Fernsehbilder aus diversen Bundesstaaten, wieder und wieder ausgestrahlt, lassen 50, 60 Wütende wie Volksstürme aussehen, wie Massenbewegungen, so funktioniert die Wucht der Bilder. All diese Männer mit all den Gewehren! Da steht nun wirklich «Gebt mir Freiheit oder gebt mir Covid-19» auf den Transparenten.

Ben Carson, in der Trump-Regierung Minister für Stadtentwicklung, unterstützt «Convention of States»; das Gleiche gilt für den Gouverneur Floridas Ron DeSantis. «Wir stellen nur eine digitale Plattform für die Koordination zur Verfügung», sagte Eric O'Keefe der *Washington Post*; dieser O'Keefe spricht für «Citizens for Self-Governance», also die Mutterorganisation von «Convention of States». Bei diesen «Citizens» ist nun auch Mark Meckler wieder dabei, der schon 2009 die rechte bis rechtsextreme «Tea Party»-Bewegung gegen Barack Obama in Bewegung brachte.

Es ist ein Netzwerk im amerikanischen Untergrund – gegen Politik an und für sich, gegen Gesetzgebung aller Art. «Dies sind rechtsextreme Bestrebungen, die Regierung zu delegitimieren, ein Anti-Regierungs-Kreuzzug», das sagt Robert J. Brulle, Soziologe der Drexel University, der *Washington Post*. Dass Donald Trump die Kreuzzügler unterstützt, ist aus seiner Sicht nicht absurd; nur mit der Hilfe dieser Leute kann er am 3. November wiedergewählt werden. Es ist dennoch zynisch, denn so wird kollektives Handeln sabotiert.

Es wird Menschenleben kosten, weil zu diesen Demonstrationen ganz wesentlich die ständig gestreuten Zweifel am Sinn «sozialer Distanz» zählen.

Dann reisen die Demonstranten von Staat zu Staat.

## Führungskraft

Nach dem Vermummungsverbot nun die Maskenpflicht, und diese verändert gleichfalls das Zusammenleben. Lächelt das Gegenüber? Wie überzeugen und wie bluffen wir, wie flirten, wie begrüßen, wie verabschieden wir uns? Früher hätte ein Maskierter am Union Square eine Gefahr sein können, jetzt ist es eher der unmaskierte Jogger, der keucht und keinen Zentimeter ausweicht.

Donald Trump sagt, er empfehle die Maske, werde selbst aber keine tragen. Der Präsident lebt davon, als Zerstörer jenes Amtes verehrt zu werden, das er selbst besetzt. In Deutschland sind die meisten Zweifler weniger destruktiv, sabotieren nicht gleich die gesamte gesellschaftliche Anstrengung, aber intelligente Begründungen dafür, dass der Wert von Leben so gering sein soll, gibt es auch dort nicht.

Dass der amerikanische Präsident so unwissend ist, dass er Covid-19 durch Licht und die Injektion von Desinfektionsmitteln heilen möchte, ist die Nachricht des 23. April.

Auf Trumps täglicher Pressekonferenz erzählt William Bryan vom Heimatschutzministerium in einem eher orientierungslosen Vortrag, dass Bleich- und Desinfektionsmittel den Erreger SARS-CoV-2 auf trockenen und metallischen Flächen flink töteten. Trump lauscht konzentriert und hat offenbar eine Idee. Er sagt: «Gibt es einen Weg, wie wir so etwas machen könnten – durch spritzen oder beinahe säubern … wäre doch interessant, das zu prüfen.» Natürlich müssten Ärzte diese Aufgabe übernehmen. «Aber das klingt für mich interessant.»

Auch Bryans Satz, dass das Coronavirus durch direkte Sonnenlichtbestrahlung abgetötet werden könne, bringt Trump auf eine Idee: «Nehmen wir mal an, wir behandeln den Körper mit einer enormen Menge ultravioletten oder starken Lichts. Wenn man dieses Licht in den Körper bringen könnte, durch die Haut oder auf einem anderen Weg … das wäre ziemlich gewaltig!» Er erteilt sogleich einen Auftrag: Seine Forscher sollten diese Möglichkeit prüfen. Dr. Fauci ist nicht im Raum, und Dr. Deborah Birx, Faucis Mitstreiterin, sieht so aus, als wisse sie nicht, ob sie nun kichern oder heulen solle, wahrt nach einigen Zuckungen indes die Contenance.

Joe Biden twittert sofort: «Ich kann nicht glauben, dass ich das sagen muss, aber trinken Sie keine Bleiche.» Die Katastrophenschutzbehörde des Bundesstaates Washington warnt ebenso wie jene aus Maryland ihre Bürger vor der Einnahme von Reinigungs- oder Desinfektionsmitteln. Der Konzern Reckitt Benckiser, zu dessen Marken Sagrotan gehört, erklärt, «unter gar keinen Umständen» dürften Desinfektionsmittel eingenommen oder verabreicht werden.

Schwer zu sagen, ob nun dies der Tiefpunkt dieser Ära ist; es gab ja durchaus diverse. Aber unseren Gesprächspartnern im Weißen Haus, allen Beobachtern dort, auch den republikanischen Senatoren in Washington, die im Wahlkampf um ihre Mehrheit fürchten, ist in wenigen Sekunden klar, dass diese Zitate bleiben werden. Dass sie Dummheit, schiere Inkompetenz, Geltungssucht offenlegen. Dass sie obendrein die Wahlkampfstrategie, Joe Biden als rhetorisch ungeschickt darzustellen, nahezu unmöglich machen.

Am Tag danach versuchen Trumps Leute, den schrecklichen Moment irgendwie kleinzureden. «Aus dem Zusammenhang gerissen» … «Medien, die immer nur das Negative suchen» … es sind jene Sprüche, mit denen Pressesprecher dann anrücken, wenn sie sachlich, fachlich nicht kontern können. Aber Trump macht auch diesen Versuch der eigenen Leute kaputt, denn er sitzt im Oval Office und wird natürlich auf seine Sätze von gestern angesprochen und sagt: «Ich habe Reportern sarkastisch eine Frage gestellt, nur um zu sehen, was passieren würde.»

Mal davon abgesehen, dass es nicht stimmt, denn er sprach am Vortag ganz und gar ernsthaft mit seinen eigenen Experten: Sarkasmus? Ausgerechnet?

Es gibt am letzten Aprilwochenende knapp 50 000 an oder mit Corona gestorbene Amerikaner, bald werden es mehr als im Vietnamkrieg

(58 000) sein. Der Präsident erwähnt die Toten nur in den nuschelnd abgelesenen Passagen seiner Auftritte, er lässt keine Flaggen auf Halbmast setzen – und hält also Sarkasmus für eine der Lage angemessene Form des Dialogs.

Zur selben Zeit, als sich über 900 000 Amerikaner infiziert haben, behauptet Sean Hannity: «Die Demokraten und ihre Verbündeten, ihr staatliches Fernsehen, der Medien-Mob versuchen voller Schadenfreude, Präsident Trump niederzuknüppeln. Einige von den Linken nutzen den nationalen Notstand und die Pandemie als Gelegenheit, Amerika in ein linksextremes, sozialistisches Green-New-Deal-Utopia zu verwandeln.»

Donald Trump wird es gefallen haben. Aber auf Twitter schreibt er später: «Fox News tut nichts, um den Republikanern und mir dabei zu helfen, am 3. November wiedergewählt zu werden.» Trump heuchelt nicht, versteckt die eigenen Erwartungen nicht. Er will, er fordert Wahlkampfhilfe.

Ein Disput um das Medikament Hydroxychloroquin ist seinem Tweet vorausgegangen. Vor laufenden Kameras erzählt Trump am 18. Mai, dass er Hydroxychloroquin seit einigen Tagen selbst einnehme. Die Nachricht landet auf dem Tisch des Fox-Moderators Neil Cavuto, es ist 16 Uhr, und Cavutos Sendung hat gerade begonnen.

Der Moderator gehört zu einer Risikogruppe, vor Jahren nämlich ist er an Krebs erkrankt, mittlerweile leidet er unter Multipler Sklerose. Cavuto zitiert Studien: Hydroxychloroquin zeige bei Covid-19-Patienten keinerlei Wirkung, habe bei Risikopatienten jedoch höchst gefährliche Nebenwirkungen. Cavuto wird eindringlich, richtet sich direkt an die Zuschauer: «Wenn Sie zu einer Risikogruppe gehören und das Mittel zur Prävention nehmen oder wenn Sie bereits erkrankt sind, wird es Sie umbringen. Ich kann es nicht genug betonen: Es wird Sie umbringen!»

Das Ganze live, auf Fox News. Es ist unerhört.

Trumps Antwort: «Fox News ist nicht mehr wie früher. Wir vermissen den großen Roger Ailes. Ihr habt weitaus mehr Anti-Trump-Leute als jemals zuvor. Ich werde mir einen neuen Sender suchen.» Fast 30 000 Follower retweeten die Sätze, 86 000 Follower klicken auf «♥». Trump vermisst also Ailes, und gewiss hat er recht: Der treue Produzent von Rush Limbaugh und Fox News hätte eine solche Kritik vermutlich nicht zugelassen. Aber «der große» Ailes ist vor vier Jahren unehrenhaft entlassen worden: Mehrere Frauen, sogar der Superstar Megyn Kelly, haben ihm vorgeworfen, sie sexuell belästigt zu haben. Kurz danach starb er.

Jacinda Ardern, Neuseelands Premierministerin, ist entschlossen und mitfühlend. «Bitte seien Sie stark, freundlich und vereint im Kampf gegen Covid-19», sagte sie und verkündete früh, am 21. März (als es im Land erst 52 Fälle gab), Einreise- und Quarantäne-Maßnahmen sowie flächendeckende Tests. Neuseeland hat den Kampf früh gewonnen; lässt sich also bereits sagen, welche Art von Führung gegen das Virus nützlich ist?

Ja: exakte Analyse von Daten, flink getroffene und durchgehaltene Entscheidungen, angstfreie Kommunikation, Empathie. Donald Trumps USA tun auf allen vier Ebenen leider das Gegenteil, aber Island scheint so wie Neuseeland durch die Krise zu kommen, ebenfalls Südkorea, Taiwan, verblüffenderweise Griechenland, schließlich Deutschland.

Diktaturen wie China setzen beschlossene Maßnahmen rigide durch und können sie vergleichsweise früh wieder lockern. Unsere Freundin Wu Nan, Technologie-Journalistin in Peking, kam aus Südostasien nach Hause und schwärmt heute von der Quarantäne-Logistik: wie sie schon am Flughafen empfangen und befragt, dann überwacht wurde (mit Kamera im Flur), wie ihr aber auch Essen gebracht wurde; «Quarantäne ist der Schlüssel», schreibt sie.

China hatte allerdings auch versagt, zuvor. Als das Virus in Wuhan noch einzufangen gewesen wäre, durften die Ärzte dort nicht darüber reden; dann wurde die Welt belogen; Journalisten, die beschreiben wollten, was war, wurden ausgewiesen; bis heute können wir den Zahlen aus Peking nicht trauen.

Wie handlungsmächtig westliche Gesellschaften sein können, wenn sie die Bedrohung spüren, erleben wir in diesen Wochen. Was wir noch nicht wissen: welche Staats- und Regierungsform langfristig am besten mit dieser Krise fertig werden wird – und dann natürlich mit künftigen Krisen. Klimaforscher sprechen von der «Tragödie des Horizonts»: Wird die Demokratie ähnlich fulminant gegen eine Gefahr angehen können, die hinterm Horizont liegt?

## — Wahn und Wahrheit (8.) —

Die Historikerin Ruth Ben-Ghiat sagt: Der Autokrat werfe den Medien vor, zu lügen und zu phantasieren, während er allein große Opfer im Dienste des Volkes auf sich nehme, um als Einziger die Wahrheit auszusprechen. Und darum, so sagt es Ruth Ben-Ghiat (die Professorin an der New York University ist), «gehen das Ende der Wahrheit und das Ende der Demokratie Hand in Hand». Journalisten die Glaubwürdigkeit zu entziehen sei für den Autokraten eine Art Versicherungspolitik: In dem Moment, wenn die Journalisten die Korruption des Autokraten enthüllen, darf das Volk den Journalisten nicht glauben.

Jay Rosen ist Journalist und Wissenschaftler, er lehrt Journalismus an der NYU. Jay Rosen stellt vier Thesen auf und sagt einleitend: «Donald Trumps Versuch, Journalisten zu Feindbildern zu machen, passt zu anderen Aspekten seiner Politik.»

Erstens: Medien als Feindbild erfüllten ein Wahlversprechen, «das für Trump längst ein Markenversprechen geworden ist: ‹Ich mache diese Leute für euch klein. Ich behandle sie mit genau dem Ekel, den ihr für sie fühlt.›» Wir erlebten die Umsetzung von Grollpolitik – der Groll richte sich gegen die Eliten der USA. «Trump konnte vieles nicht liefern. Er konnte die Mauer nicht bauen, den Sumpf nicht trocken legen, er hatte nie die Absicht, soziale Gerechtigkeit herzustellen. Journalisten zu erniedrigen, das kann er liefern, täglich.»

Zweitens: «Medien zu Hassobjekten zu machen lehrt die Anhänger, prophylaktisch alle Berichterstattung abzulehnen, die kommen wird.» Alles, was die Fake-News-Medien melden werden, sei per definitionem falsch; je wahnwitziger Trump also agiere, desto mehr glaubten seine Anhänger, dass ehrenhafte Journalisten den Präsidenten zur Strecke bringen wollten. Dadurch erzeuge Trump für sich «a freedom from facts», eine «Freiheit von Fakten».

Drittens: Parallel dazu kultiviere der Präsident die Ablehnung anderer Einrichtungen, die einstmals Verlässlichkeit herstellten – Jay Rosen meint damit

Trumps Ablehnung des morgendlichen Sicherheitsbriefings, sämtlicher Geheimdienste, sämtlicher Diplomaten (die Erfahrung und Wissen repräsentieren), sämtlicher Wissenschaftler, sämtlicher unabhängigen Generalinspektoren Washingtons und natürlich der Aufsicht durch den Kongress.

Viertens: «Dadurch werden seine Anhänger abhängiger von Fox News oder Trump selbst, wenn sie denn etwas über Trump erfahren wollen.» Und das, so Jay Rosen, führe zu «post-wahrhaftiger Politik».

# 9.

# TRAUMA

## Im Weltkrisenzentrum II.

Die Stadt ist stolz, neun Wochen Isolation lohnen sich: Die berühmte Kurve ist flach. Die Ärzte und Ärztinnen haben verstanden, welches Symptom wie zu behandeln ist, haben Sicherheit gefunden. Wenn man nun krank würde, wäre es nicht mehr apokalyptisch: Es gibt Betten, Beatmungsgeräte in New York.

Blühende Stadt, der Mai ist stets der leuchtende Monat in Manhattan. Diesmal passen die New Yorker auf, halten Abstand, tragen Masken, aber sie gehen in die Parks, begegnen einander staunend, man kann schon auch nur mit den Augen lächeln. Am Washington Square zerstreuen Polizisten Picknick-Gruppen; Zwanzigjährige halten sich für unverwundbar. Was fehlt: das Gehupe, die Wutschreie, das Gerempel, die Klaustrophobie der U-Bahn. Sind dies nun Übergangstage? Die Stunde Null? Die Nachrufe erinnern daran, was geschehen ist und weiterhin geschieht.

## ...-gate

Das Weiße Haus erwähnt die Toten nicht, will das Virus ignorieren, will das Land aufsperren, obwohl jene Kriterien, die es selbst formuliert hat, nirgendwo erfüllt sind. Es ist in Demokratien selten, dass eine Regierung eine fürchterliche Wirklichkeit durch eine alternative Wirklichkeit, nämlich die Erfindung von Sieg und Triumph, zu ersetzen versucht, während die fürchterliche Wirklichkeit noch da ist; selten auch, dass eine Regierung in einer Krise nicht vereinen, sondern spalten möchte.

Trump twittert nun, es ist der 12. Mai, «Obamagate» und kann das Verbrechen seines Vorgängers, welches «das schlimmste in der Geschichte der USA» sein soll, auf Nachfrage nicht erklären; manchmal sagt er, Obama habe gegen ihn spioniert, ohne dass Trump dies belegen könnte, und manchmal sagt der Präsident, die Obama-Leute hätten gegen Michael Flynn intrigiert, der in der Übergangsphase zwischen den zwei Präsidentschaften unerlaubte Gespräche mit dem russischen Botschafter führte.

Obamagate? Es ist nicht weiter wichtig, was das sein soll. 2016 gab es in der amerikanischen Wirklichkeit ja auch keinen Kinderprostitutions-Ring, und weil es ihn nicht gab, wurde er nicht durch Hillary Clinton von der Pizzeria «Comet Ping Pong» aus geführt – und trotzdem entstand diese Geschichte in den Foren von «4chan» und «Reddit»: «Pizzagate». Trump retweetete den Begriff. Das rechte Amerika nahm ihn auf, und wenn Clintons Wahlkampfchef John Podesta sich etwas zu essen bestellte, galt dies als Bestätigung: «Hot dog» musste das Codewort für «Junge» sein, «sauce» musste «Orgie» bedeuten, was denn auch sonst.

«Pizzagate» wurde ein gewaltiges Thema in der digitalen Welt, und dann wurde es eines in der realen: Ein selbsternannter Beschützer stürmte schwerbewaffnet in ebenjene Pizzeria, da er die Kinder aus dem Keller, den es dort gar nicht gibt, befreien wollte. Es gab einen Großeinsatz der Polizei, und auch vier Jahre später lebt «Pizzagate» noch, inzwischen vor allem auf Instagram und TikTok. Im Mai 2020 stellt der Popmusiker Justin Bieber einen Livestream online, Bieber hat auf Instagram 143 Millionen Follower. Nach vier Minuten beugt er sich vor und berührt seine Strickmütze.

Das ist es! Das Signal! Der Beweis!

Denn in irgendeinem Online-Kommentar hatte irgendein Nutzer zuvor angekündigt, dass Bieber seine Mütze berühren würde, wenn er ein Opfer von «Pizzagate» sei. Nach allem, was hinterher zu erfahren ist, hat Justin Bieber diesen Kommentar nie gesehen. Aber egal. Der Beweis ist erbracht. Tausende, Abertausende von Verschwörungstheoretikern haben nun neue Nahrung, fragen Bieber über die sozialen Medien, ob er denn inzwischen in Sicherheit sei. #savebieber wird ein Twitter-Trend,

«Justin und Pizzagate» wird einer der meistgesuchten Begriffe auf Google, und auf TikTok sehen 82 Millionen Menschen Posts unter dem Hashtag «Pizzagate». Die Verschwörungstheoretiker von QAnon forcieren diese Entwicklung und setzen sogenannte «deepfakes» ein, Clips, die mithilfe Künstlicher Intelligenz hergestellt werden und in denen politische Gegner dann Dinge zu sagen scheinen, die sie in der irdischen Wirklichkeit nie gesagt haben – «synthetische Medien», das ist ein anderer Begriff für diese Fälschungen. Ermittler fürchten sich vor dieser nun beginnenden Zukunft, denn bei bisherigen Tests konnten sie nur rund 50 Prozent der «deepfakes» enttarnen: Mit einer solchen Trefferquote könnte man auch Stöckchen ziehen oder eine Münze werfen.

Immerhin: Facebook und Twitter erschweren die Suche nach «Pizzagate». Doch ein ehemaliger Stuntman macht einen Film, nennt ihn «Dokumentation», tauft ihn «Out of Shadows» und legt dar, dass «Pizzagate» real sei, und erreicht 15 Millionen Zuschauer auf YouTube – «Pizzagate» kann weitergehen, inzwischen soll natürlich auch Bill Gates zu den Tätern zählen, dessen Verbrechen darin besteht, bereits 2014 vor Viren und Pandemien gewarnt zu haben.

«Pizzagate» war und ist Denunziation – nun also folgt «Obamagate». Barack Obama kommentiert es mit einem Wort: «Wählt.»

Die chinesische Schriftstellerin Fang Fang lebt im Zentrum Wuhans, und ihr Tagebuch der Krise tröstet Millionen. In *Wuhan Diary*, der englischen Ausgabe, schreibt sie: «Es muss einen Weg in die Zukunft geben, den nur noch niemand gefunden hat.» Fang Fang sei eine Verräterin, schwäche Partei und Nation, stärke den Feind, der Amerika heißt, das steht nun in Hunderten von Kommentaren zu ihren Texten; die Zensoren schreiten zur Tat. Identitätspolitik, Abgrenzung, Polarisierung: dort, hier, wo nicht?

Wir rufen den Schriftsteller Paul Auster an. Auster, Jahrgang 1947, lebt mit seiner Ehefrau Siri Hustvedt am Prospect Park in Brooklyn, wo er in den Monaten der Isolation Netflix entdeckte: «Mindhunter» von David Fincher ist seine Lieblingsserie. Am Muttertag konnte erstmals wieder Tochter Sophie Auster zu Besuch kommen, die Sängerin. Die

Regierung löse «diese Wutwellen bei mir aus, einen permanenten Ärger», sagt er zu Beginn und fügt hinzu: «Wir erleben das Ergebnis eines 50-jährigen Rechtsrucks: Jede Handlung der Regierung wird als nutzlos, sogar als teuflisch verstanden, als Betrug an den eigenen Prinzipien. Also verweigert die Regierung der Nation die Hilfe.»

Wir diskutieren die Frage, ob Amerika aus Covid-19 lernen kann oder nicht. «Wenn nicht», sagt Paul Auster, «wird sich die Krise ohne jede Frage wiederholen. Gehälter, Bildung, medizinische Versorgung sind eng miteinander verwoben – in Amerika können viele, viele Menschen kaum lesen. Eine Demokratie leidet, wenn ihre Bürger unwissend sind, verwundbar und empfänglich für Demagogen, die nur die Gefühle ansprechen. Viele Menschen hier lernen nicht das, was sie bräuchten, um zu analysieren, was sie hören. Bitte verstehen Sie mich richtig: Ich möchte nicht herabschauen auf andere Menschen. Aber Amerika hat die Gehirne vieler Menschen verarmen lassen. Und diese wollen dann einfache Antworten auf komplexeste Fragen haben.»

Der Radiomann Jeremy Hobson, Moderator bei NPR, dem öffentlich-rechtlichen Rundfunk, sagt uns, dass es zwei Wege gebe. Erstens: das gegenwärtige Amerika werde «the new normal», die neue Normalität, inklusive Rassismus, Misogynie und ständiger Beleidigungen. Und da Gesellschaften niemals stehen bleiben, wird auch diese Entwicklung dann natürlich weitergehen, gesteigert werden. Oder aber, zweitens: Amerika hat sich schon oft neu erfunden, das könne es auch schaffen, «und dann werden wir wieder netter zueinander sein. Freundlicher».

Er lächelt.

## «Sie waren wir»

100 000 Tote in den USA. Die *New York Times* bewegt an diesem 24. Mai mit einer auf stille Weise wuchtigen Seite Eins die politische Welt: die Namen von 1000 der Toten, mehr nicht, nur eine knappe Schlagzeile, dann die einleitenden Worte «they were us». In den USA war Memorial Day, der Tag der Erinnerung an die Gefallenen vergangener Kriege:

Trump legte ohne Atemschutzmaske einen Kranz nieder, Joe Biden trug eine Maske. «Dieser Machokram», sagte Biden über Trump, «kostet Leben.»

Nun, am 26. Mai 2020, steht Jeff Mason, der Reuters-Reporter, im Rose Garden auf und möchte Trump eine Frage stellen. Mason trägt ein schützendes Tuch im Gesicht.

Trump: «Können Sie das abnehmen? Ich kann Sie nicht hören.»

Mason: «Ich spreche einfach lauter, Sir.»

Trump: «Okay, Sie wollen politisch korrekt sein.»

Ein «Kulturkrieg um die Maske» sei entbrannt, das sagt Jim Acosta in seinem Bericht für CNN. 78 Prozent der Anhänger der Demokraten tragen eine, aber nur 45 Prozent der Anhänger der Republikaner.

Es scheint längst ein Kulturkrieg um alles zu sein, um welches Thema denn eigentlich nicht; was wird in diesen USA nicht zum Gegenstand von Identitätspolitik, von Ausgrenzung?

Wegen der Corona-Pandemie wird diskutiert, mehr Menschen die Möglichkeit zur Briefwahl einzuräumen. Eine Schutzmaßnahme. Der Präsident aber wittert einen Nachteil und warnt tagelang vor Betrügereien. Via Twitter behauptet er, in Kalifornien würden Millionen Stimmzettel an Menschen verschickt, die gar nicht wählen dürften. Twitter versieht den Tweet des Präsidenten mit einer Warnung: «Diese Behauptungen haben laut CNN, *Washington Post* und anderen keine Grundlage. Experten sagen, bei einer Briefwahl wird sehr selten betrogen».

Ein Warnhinweis unter einer Wortmeldung des Präsidenten – das gab es noch nie.

Damit hat Twitter sich also endlich dazu durchgerungen, eine Lüge als solche zu kennzeichnen. Nach vielen Tausend vergleichbaren und sehr viel schlimmeren Tweets scheint Twitter nicht länger bereit zu sein, sich als Plattform für Lügen und Verschwörungstheorien missbrauchen zu lassen.

Trump tobt, erneut. Es ist ja nicht nur die Korrektur. Dass Twitter ausgerechnet auf CNN und die *Washington Post* als Quellen verweist, treibt den Präsidenten zur Weißglut. Er kündigt scharfe Sanktionen gegen soziale Medien an («Big Action to follow!»), und diese Drohung gegen Twitter veröffentlicht er auf Twitter. Tatsächlich kündigt er einen Tag später per Dekret an, dass die Haftungsregeln für soziale Medien wie Facebook, Twitter und YouTube geprüft werden sollen. Trump zielt auf jene «Section 230», die die Plattformen vor Klagen schützt und ihnen seit langem große Geschäfte ermöglicht. So richtig versteht niemand, was Trump erreichen will: Wenn er jetzt, im Wahlkampf, Twitter abschalten wollte, würde er sich selbst abschalten. Wenn er Twitter allen Ernstes zerschlagen wollte, würde er sich immerhin noch das Megaphon nehmen. Aber vielleicht ist es auch einfach wie meistens: zuerst der Lärm. Der Streit. Ein Zeichen gegen Twitter. Ein Zeichen für Trumps Anhänger. Alle reden über das Thema, über das sie reden sollen, und weniger über dieses Virus. Trump verhält sich lediglich so, wie wir es aus vielen Diskussionsforen im Internet kennen: Trolle sind laut und übergriffig, doch sobald die Administratoren nur ein wenig moderieren, erklären sich die Trolle zu Opfern und rufen «Betrug». Es geht, natürlich, um Macht. Wir befinden uns in einem Kulturkrieg, mit vielen, vielen Fronten.

Die Mediziner in der Task-Force des Weißen Hauses, Deborah Birx und Anthony Fauci, verlieren ihre Kraft, nämlich allen Einfluss und dann auch gleich die Integrität. Die beiden waren zu nett, zu diplomatisch. Sie hatten vermutlich gedacht, im Zentrum der Macht am meisten erreichen zu können. So etwas widerfuhr, historisch betrachtet, schon oft den letzten Demokraten in Diktaturen: Man hofft halt, den Machthaber irgendwie beeinflussen zu können, aber dann wird man doch nur benutzt, verbraucht, verstoßen.

Mit Zahlen argumentierten Birx und Fauci. Wenn der Präsident vorschlug, Desinfektionsmittel in den Körper einzuführen, sagten sie so leise wie tapfer, das sei gefährlich. Nach und nach aber griffen rechte Konspirationstheoretiker die beiden an und unterstellten, sie wollten Trump stürzen. Dann äußerte Trump Zweifel an den Einschätzungen seiner Fachleute. Dann sagte Trump, er wolle die Task-Force auflösen. Ach nein, das mache er doch nicht, die Task-Force sei ja so «populär», und auch auf solche Weise wird Macht dargestellt. Schließlich behauptete Trump, dass Fauci ihm nie Dramatisches über Corona gesagt habe;

es werde alles nicht so schlimm werden, das habe Fauci gesagt. «Hängt Fauci» wird zum Twitter-Hashtag. Der Mann ist verheizt worden.

«Auf gewisse Weise», so sieht der Präsident die Lage des Landes, «lassen wir uns mit diesen ganzen Tests selbst schlecht aussehen.»

## «I can't breathe»

Rassismus ist das amerikanische Trauma, Rassismus ist Amerikas ewiges Thema. Das hört nicht auf, wie denn auch? Es bräuchte ja erstens ein Ende des alltäglichen Rassismus und ein Ende der Ungleichheit, zweitens eine Aufarbeitung der Vergangenheit, drittens eine versöhnende und gerechte Politik für die Zukunft. Wenig bis nichts davon gibt es.

Stattdessen schreibt sich Amerikas rassistische Geschichte in der Gegenwart fort, was Aufarbeitung und Aufbruch immer wieder aufs Neue verhindert.

Zwei Angestellte eines Lebensmittelladens rufen am 25. Mai 2020 in Minneapolis die Polizei, da ein Kunde mit einem mutmaßlich gefälschten Zwanzigdollarschein bezahlen will. Die Cops kommen, legen dem 46-jährigen George Floyd Handschellen an, drücken ihn zu Boden, einer rammt ihm sein Knie in den Nacken, und obwohl Floyd unbewaffnet ist und «I can't breathe» ruft, «ich kann nicht atmen», machen sie weiter; dieser Satz wirkt bereits Minuten später wie ein Mahnmal, da ja auch Eric Garner diese Worte rief, 2014 in Staten Island, New York.

«Ich sterbe», ruft George Floyd dann, «I'm about to die.» Er ruft nach seiner Mutter. Doch 8:46 Minuten lang pressten ihn die Polizisten gegen den Boden. George Floyd stirbt im Krankenhaus.

Müssen wir erwähnen, dass der fünffache Vater Afroamerikaner war, «black» also, wie es in Amerika heißt? Müssen wir erwähnen, dass einem 46-jährigen Weißen, selbst wenn er mit Falschgeld an der Kasse erschiene, in den USA nicht das Gleiche wiederführe wie George Floyd? Was, so ähnlich, natürlich auch für die anderen Fälle dieser Tage gilt.

Denn derart hitzig, derart hasserfüllt ist das Klima, dass bei Demonstrationen gegen die Corona-Schutzmaßnahmen ständig die Konföderierten-Flagge der alten Südstaaten zu sehen ist; dass der Präsident Tweets rassistischer Gruppierungen retweetet, jener Präsident, der schon 2017 rassistische Demonstranten in Charlottesville «sehr anständige Menschen» («very fine people») nannte; und dass nun auch das Thema Covid-19 unter dem Gesichtspunkt «Rassismus» betrachtet werden muss. Eine der perfidesten Tücken dieser Krankheit ist, dass sie die dünn besiedelten Landstriche der USA, in denen Republikaner gewählt werden, vergleichsweise unversehrt lässt, während sie in den Großstädten zuschlägt – und dort besonders in den Vierteln, in denen die Schwächeren leben, die mit den niedrigeren Gehältern, der schlechteren Gesundheitsversorgung, den Vorerkrankungen.

Sind die viel zu vielen Toten der USA wirklich Tote, um die das gesamte Land trauert?

Im Weißen Haus jedenfalls ist von Empathie und Trauer weiterhin nichts zu spüren. Doch wie manisch und zugleich hypnotisiert registriert der Rest der Nation die neue Häufung rassistischer Vorfälle.

Im New Yorker Central Park ging der Schwarze Christian Cooper dem friedlichsten aller Hobbys nach, dem Beobachten von Vögeln («Birdwatching» ist zwar nicht spannender als Baseball, aber in diesem seltsamen Land beinahe ähnlich beliebt), als er auf Amy Cooper traf (die identischen Nachnamen sind Zufall). Er bat sie, ihren Hund anzuleinen, so wie es vorgeschrieben ist, in Zeiten des Abstandhaltens sowieso. Sie antwortete, sie werde jetzt den Polizeinotruf 911 anrufen und sagen, dass ein afroamerikanischer Mann ihr Leben bedrohe. Christian Cooper filmte die Szene, so wie Passanten auch den Tod George Floyds in Minneapolis filmten; und so wie am 23. Februar die Ermordung des Joggers Ahmaud Arbery durch die beiden Weißen Gregory McMichael und Travis McMichael, Vater und Sohn, in Brunswick, Georgia, gefilmt wurde.

Die Polizei von Brunswick stellte die Ermittlungen schnell ein, mit der sagenhaften Begründung, dass das unbewaffnete Opfer nach der Waffe der Täter gegriffen habe, weshalb diese das Recht zur Selbstverteidigung gehabt hätten. Erst Monate später wurde daraus ein Skandal – Gregory McMichael war ehemaliger Kollege der ermittelnden Cops.

So, exakt so ist Amerikas Rassismus: so gewalttätig, alltäglich, darum allgegenwärtig. So systemisch auch, nämlich durch wesentliche Teile der Gesellschaft und die Regierung gerechtfertigt und institutionalisiert, darum immer wieder neu befördert und verstärkt.

Das heißt nicht, dass im Jahr 2020 alles schlimmer als je zuvor oder auch nur genauso schlimm sei wie in Amerikas gewalttätiger Vergangenheit. Das ist es nicht.

In den USA gilt, offiziell jedenfalls, endlich gleiches Recht für alle. Schwarze dürfen alles, was Weiße dürfen, und Schwarze und Weiße dürfen längst auch gemeinsam leben, sich lieben. In vielen Vierteln New Yorks oder San Franciscos wirkt es inzwischen tatsächlich so, dass da Menschen einander helfen, einander anlächeln und miteinander arbeiten oder feiern, ohne dass die Hautfarbe eine Rolle spielte. Der Schriftsteller Ta-Nehisi Coates allerdings sagte uns vor einigen Jahren, dass Weiße leicht von Normalisierung reden könnten – kein Schwarzer würde in den USA jemals die eigene Hautfarbe vergessen.

Die Sklaverei ist seit 1865, seit dem Ende des Bürgerkriegs, abgeschafft. Noch 1944 wurde in Clarendon County, South Carolina, aber etwa der gerade vierzehnjährige Schwarze George Junius Stinney Junior auf dem elektrischen Stuhl hingerichtet: Zwei weiße Mädchen waren ermordet worden, Stinney wurde einen Tag später aufgegriffen, zehn Tage später vor Gericht gestellt; der Prozess dauerte fünf Stunden und die Besprechung der ausschließlich weißen Geschworenen zehn Minuten. Es war ein Fehlurteil, das 2014 aufgehoben wurde. Es war eines von Hunderten von Fehlurteilen, Harper Lees *To Kill a Mockingbird* machte Amerikas Rassismus zu großer Literatur.

Einen der fürchterlichsten Momente der nordamerikanischen Geschichte erlebte am 15. September 1963 die 16th Street Baptist Church in Birmingham, Alabama: Vier Männer des Ku-Klux-Klans platzierten eine Bombe mit Zeitzünder vor der Kirche. Vier junge Mädchen – Addie Mae Collins, Cynthia Wesley, Carole Robertson und Carol Denise McNair – starben. Es war ein Sonntagmorgen, 10.22 Uhr, und es war «eines der bösartigsten und tragischsten Verbrechen, die jemals gegen die Menschheit verübt wurden», so sagte es Martin Luther King. Obwohl alles bewiesen war, dauerte es doch bis 1971, bis erneut intensive Ermittlungen aufgenommen wurden.

So war es früher, und die Bürgerrechtsbewegung musste in jenen sechziger Jahren des 20. Jahrhunderts bitterlich um Selbstverständliches wie das längst zugesagte Wahlrecht in Alabama kämpfen. Aber sie siegte.

Man konnte, in Covid-19-freien Zeiten, durch die Südstaaten der USA fahren und Geschichten des Mutes und der Veränderung erfahren. Jene von Rosa Parks beispielsweise, die eine schmale, zarte Frau in Montgomery, Alabama war; am 1. Dezember 1955 war sie 42 Jahre alt und stieg in einen gelb-grün-silbrigen Bus, setzte sich in den für Schwarze reservierten Bereich. Dann füllte sich der Bus, Weiße stiegen zu und mussten stehen. Der Busfahrer, James Blake, kam nach hinten und verlangte, dass Rosa ihren Sitzplatz räume.

«No.»

«Well, I'm going to have you arrested.»

«You may do so.»

Zwei Polizisten führten Rosa Parks ab, sperrten sie weg, und in jener Nacht begann die Veränderung Amerikas, denn Rosa Parks' Mut führte zum Busboykott von Montgomery, organisiert von Martin Luther King; 40 000 Schwarze fuhren nicht mehr Bus, brachten sich gegenseitig zur Arbeit, und viele von ihnen wurden entlassen. Aber sie gewannen.

Denn ja, natürlich, die USA von 2020 sind nicht mehr die von 1950. Was aber meint der Präsident von 2020 wirklich, wenn er dieses Land «great again» machen möchte?

Es ist ja eben kein Zufall, dass nach Obama, dem ersten schwarzen Präsidenten der USA, Trump gewählt wurde. Dessen politische Karriere begann, wie beschrieben, mit den rassistischen Sprüchen von Rush Limbaugh und der «Birther»-Bewegung: Immer wieder, jahrelang, behauptete Trump, Obama sei nicht in den USA geboren. Das war frei erfunden, aber die Behauptung hielt sich und wurde größer, bis sie von 40 Prozent aller Amerikaner geglaubt wurde. Wer heute sagt, das seien doch nur Tweets gewesen, nicht mehr als eine etwas grobe Spielerei, der unterschätzt Trump noch immer: Die Birther-Bewegung zweifelte Obamas Legitimität an, wollte den Schwarzen aus dem Weißen Haus weghaben und bereitete vor, was Trump seit seinem Wahlsieg exekutiert: die Nivellierung aller Gesetze, die Obama durchbrachte.

Dieser Kampf ist für Trump und die Seinen ein Kampf um Machterhalt. Schon klar, dass die Behauptung, alle Trump-Wähler seien Rassisten, unlauter und falsch wäre. Dass sie alle aber wissen, welche Bewegung sie da stützen, das darf angenommen werden.

Der Kandidat Joe Biden verdammt die Tat von Minneapolis sofort und scharf, verlangt Aufklärung, mahnt alle Wütenden zur Besonnenheit und spricht den Angehörigen sein Mitgefühl aus. Präsident Trump braucht drei Tage, sagt dann aber auch, dass der Tod George Floyds «ein sehr, sehr trauriger Anlass» sei.

Dann twittert Trump: «Wenn the looting starts the shooting starts», mit den Plünderungen also kämen die Schüsse. Dies ist ein Zitat, ein belastetes: 1967, während der Civil-Rights-Auseinandersetzungen, erklärte der Polizeichef von Miami, Walter Headley, militanten Demonstranten «den Krieg»; er wolle, dass seine Ankündigung ankomme: «When the looting starts, the shooting starts.» Headley war damals offen rassistisch: Da er gesetzlich gezwungen war, auch Schwarze einzustellen, machte er diese zu Hilfspolizisten und nannte sie «Patrolmen», da nur Weiße «Policemen» sein konnten.

Twitter versieht diesen Tweet Trumps mit dem Warnhinweis, dass er Gewalt verherrliche. Wenn die USA aber ihren über so viele Generationen vererbten Rassismus jemals überwinden wollen, wird es vermutlich ohne Verzeihen und eine mildere, weniger hasserfüllte Sprache nicht gehen und ganz gewiss nicht ohne strukturelle Reformen.

Ist das nun eine Wende? Die Spielplattform Twitch schließt den offiziellen Account des Präsidenten wegen «hasserfüllten Verhaltens». Und Reddit verbannt gleich Tausende rechtsradikaler Foren, darunter das größte Pro-Trump-Forum des gesamten Internets; als er Reddit vor 15 Jahren gründete, sagt Steve Huffman, «glaubte ich an freie Rede, und jetzt weiß ich, dass Hass und Einschüchterung viele vom Reden abhalten».

Die Republikaner halten Donald Trumps Wortgeschöpf «Obamagate» im Gespräch. Zwar können sie weiterhin nicht erklären, worin Obamas

Verbrechen besteht. Ein Gate aber ist ein Tor, und die Welt auf der anderen Seite ist endlos. Politische Denunziation funktioniert über Imagination, ist ein Wunderland: Jedes Dementi weist in neue Richtungen einer allumfassenden Schuld.

Der 28. Mai: über 100 000 Corona-Tote in den USA. In Südkorea, wo das Virus zeitgleich ankam, begannen sofort Tests, Quarantäne und Abstandhalten; dort sind es heute über 300 Tote. Die Modelle diverser Universitäten belegen: Wenn die US-Regierung 14 Tage früher reagiert hätte, wären 84 Prozent der Todesfälle zu verhindern gewesen.

Überschrift der Woche: «If Trump had been in charge during World War II, this column would be in German» (*Washington Post*).

Es gibt die kleine Chance, immerhin, dass ihm die historischen Parallelen gar nicht bewusst sind. Schließlich ist Donald Trump jener Präsident, der vor einer Reise nach Pearl Harbor, Hawaii, sich nicht so richtig viel mit dem japanischen Angriff auf Amerikas Pazifikflotte von 1941 beschäftigt hatte und darum seine Begleiter fragte: «Was zur Hölle ist hier noch mal passiert?» Es ist folglich möglich, dass Trump nicht wusste, dass sein Tweet, in dem er das Zitat des einstigen Polizeichefs von Miami aufgriff («Wenn die Plünderungen beginnen, beginnt das Schießen»), eben diese Vorgeschichte hatte. Möglich sogar, dass sein Tweet, dass nun «ANTIFA» (die Versalien gehören immer dazu, wenn man Trump zitiert) als terroristische Vereinigung eingestuft werde, im geschichtlichen Sinne unschuldig war: dass Trump wenig oder sogar keine Ahnung vom Faschismus in der ersten Hälfte des 20. Jahrhunderts in Europa hatte, und dass «Antifa» die Abkürzung von «Antifaschismus» ist; und dass es deshalb auf die bizarrste Weise heikel ist, wenn jetzt ausgerechnet der weiße Präsident der USA nach der Ermordung eines Schwarzen durch weiße Polizisten auf Antifaschisten schimpft.

Was für eine trostlose Unschuldsvermutung, nicht wahr?

Was kann diese Gesellschaft noch aushalten, ehe sie tatsächlich auseinanderbricht? Wie robust, wie zäh kann sie jetzt sein, nachdem sie sich jahrelang alle Solidarität abtrainiert und ihre Klassenunterschiede durch immer noch eine Steuersenkung für Reiche vergrößert hat?

Der Präsident jedenfalls heilt nichts. Moderiert nichts. Zündelt nur.

Man hätte es sich ja nicht destruktiver und dramatischer, im zynischen Sinne passender ausdenken können: Was fehlte eigentlich noch, um diesem von Covid-19 und weit über 100 000 Todesopfern sowie vielen, vielen Millionen Arbeitslosen erschütterten und in keiner Sekunde mit Ernsthaftigkeit geführten Land den Rest zu geben? Antwort: ein neuer Konflikt zwischen Weißen und Schwarzen, ausgelöst durch einen Mord – durch vier weiße Cops an einem unbewaffneten Schwarzen und gefilmt durch eine Passantin und deshalb in aller Grausamkeit wieder und wieder im ganzen Land ausgestrahlt.

Es gibt Anfang Juni in 150 amerikanischen Städten Demonstrationen. Wüst und gnadenlos sind die Szenen aus Minneapolis, wo George Floyd zu Tode kam, aber Atlanta, Washington, New York, Los Angeles, Chicago, Detroit, nahezu alle Städte erleben weitgehend friedliche Großdemonstrationen, hören den Ruf «No justice, no peace» («Keine Gerechtigkeit, kein Frieden»). Zur amerikanischen Kultur gehört Stilvolles: Die Geschichten der Opfer werden in den USA zu Ende erzählt.

George Floyd, geboren in Fayetteville, North Carolina, wuchs ohne Vater auf; seine Mutter zog mit ihm nach Houston, Texas, wo er in den Wohnblöcken von Cuney Homes groß wurde, einem «project», wie ärmste Wohnverhältnisse verniedlichend heißen. Seine Grundschullehrerin Waynel Sexton erzählt, dass der kleine George im «Black History Month» einst geschrieben habe: «Wenn ich erwachsen bin, werde ich Richter beim Supreme Court. Ich werde mit dem Hammer auf den Tisch hauen, und alle werden still sein.» George Floyd wurde zwei Meter groß, spielte Basketball und Football, beides gut, hoffte auf eine Karriere, aber dafür muss man in den USA den Weg in College-Teams finden, was er zweimal probierte. Als er wieder in Houston war, wurde er Hip-Hopper und nannte sich «Big Floyd».

Dann kam der Ärger. Ein Diebstahl. Die Drogen. So kommt es leider oft in den projects; und einfach ist es gewiss nicht, sich davon fernzuhalten. Für vier Jahre musste er nach einem bewaffneten Raubüberfall ins Gefängnis, dann aber wurde er friedlich. Wurde fünffacher Vater. Wurde

Sozialarbeiter in einer Kirchengemeinde namens «Resurrection Houston». Zog nach Minneapolis, wo er als Wachmann für das «Conga Latin Bistro» arbeitete und als fleißig galt. Dann kam Corona, und George Floyd wurde zusammen mit 40 Millionen Amerikanern arbeitslos. Und dann kam der 25. Mai, und George Floyd versuchte bei «Cup Foods» mit dieser Zwanzig-Dollar-Note zu bezahlen.

Wenn man sich den Film ansieht, wieder und wieder, wenn man in den Wochen danach dann die Gerichtsprotokolle liest, erträgt man es kaum. Ja, Floyd zappelt, wehrt sich ein wenig. Und ja, er ist muskulös in seinem schwarzen Unterhemd. Aber es sind vier bewaffnete Polizisten. Sie schleppen ihn zu ihrem Einsatzfahrzeug, zwingen ihn hinein, und warum man ihn wieder aus dem Auto herauszerrt, warum der Polizist Derek Chauvin Floyd mit dem Gesicht nach unten auf den Asphalt drückt, warum Chauvin sein Knie in Floyds Nacken rammt, warum seine Kollegen zusehen und mitmachen, in keiner Sekunde einschreiten, bloß die aufgebrachten Passanten abhalten, warum diese drei Kollegen zu (mutmaßlichen) Mittätern werden, all das erschließt sich in keiner Sekunde.

Gruppendruck, Corpsgeist? Vielleicht. Überzeugung? Vermutlich. Arroganz? Zweifellos. Das Resultat ist schiere Brutalität als Ausdruck von Macht.

«I can't breathe», ruft George Floyd, über 20 Mal. «Mama», ruft er, «sie bringen mich um, sie bringen mich um.» «Hör auf zu reden, hör auf zu schreien, das verbraucht viel Sauerstoff», sagt Derek Chauvin. George Floyd ruft: «Mama, ich liebe dich. Sag meinen Kindern, dass ich sie liebe. Ich bin tot.»

«Entspann dich», sagt der Polizist Tou Thao.

«Ich kann nicht atmen.»

«Dir geht es gut, du kannst bestens reden», sagt der Polizist J. Alexander Kueng.

«Tief atmen», sagt der Polizist Thomas Lane.

Passanten rufen: «Ihr bringt ihn um.» «Er atmet nicht mehr, Bro, glaubt ihr, das ist cool?» «Hat er noch Puls?» «Findest du seinen Puls?», fragt Lane. «Ich kann keinen finden», sagt Kung. «Huh?», sagt Chauvin, und trotzdem bleibt er noch über zwei Minuten lang in derselben Position, sein Knie auf dem Hals des Opfers.

Der Mord an George Floyd ist der eine Vorfall, der eine Tod zu viel.

Eine Systemfrage? Dass Polizeigewalt gegen Schwarze System hat, kann nach all den Morden all der Jahrzehnte kaum ein denkender Mensch mehr leugnen. Derek Chauvin hat am Tag der Tat in 19 Jahren bei der Polizei 18 Dienstbeschwerden zusammengesammelt, dreimal war er in Schießereien verwickelt, eine davon endete tödlich.

Eine Kulturfrage? Selbstverständlich auch. Aggression gegen Volksgruppen gehört zu den USA, Gewalt gehört zu den USA.

Tausendfach wird nun «I can't breathe» an Amerikas Hauswände gesprüht, tausendfach auf Plakate gemalt, der Basketballer LeBron James trägt ein T-Shirt mit diesen Worten. Denn alle, die aufmerksam in diesem Land leben, wissen ja, dass die Vereinigten Staaten zwar Völkermord und Sklaverei überwunden haben, dass sie aber noch immer systemisch ungerecht sind: Viele Afroamerikaner sehen in ihrem eigenen Präsidenten den ersten Rassisten des Landes und verstehen dessen Slogan «Make America Great Again» revisionistisch: Ach, wie schön war es doch im Zeitalter der Lynchmorde.

Die Gegenwart ist milder und traurig genug. Afroamerikaner verdienen weniger als weiße Amerikaner. Ihre Lebenserwartung ist geringer. Sie gehen auf schlechtere Schulen, sowieso auf schlechtere Universitäten. Sie werden häufiger und länger inhaftiert, öfter hingerichtet.

Martin Luther King sagte 1967: «Ausschreitungen sind die Sprache der Ungehörten.» Was im Original poetischer klingt: «A riot is the language of the unheard.» Atlantas Polizeichefin Erika Shields sagt: «Die Menschen sind nachvollziehbarerweise wütend. Schwarze Männer werden routinemäßig getötet. Ob es nun durch die Polizei oder durch andere Individuen geschieht, die Wahrheit ist, dass wir ihr Leben entwertet haben.» «Mit der Art und Weise unseres Polizeitrainings, unserer Polizeikultur, unserer Polizeiorganisation ist etwas fundamental falsch», das sagt der Harvard-Soziologe Orlando Patterson, denn die Polizei sehe «ganze Gemeinschaften als Feinde.»

Seine Helfer führen Trump am 29. Mai in den Bunker des Weißen

Hauses, da es draußen vor der Tür bedrohlich zu werden scheint. Trump möge aufhören zu twittern, das raten ihm die Helfer. Aber das kann er nicht. Der Präsident beschimpft demokratische Bürgermeister, die er für «weich» und «schwach» hält. Er beschimpft die Demonstranten als «thugs» (Schläger), was ein rassistisch aufgeladenes Wort ist, beschimpft die Demokratische Partei und sagt, dass diese die kommenden Wahlen manipulieren werde, und retweetet schließlich die Botschaft, dass «nur ein toter Demokrat ein guter Demokrat» sei.

«Dunkler, manischer und verlogener» seien Trumps Tweets in den Monaten der Pandemie geworden, schreibt der *New Yorker*. «Das sind ohne Frage keine konstruktiven Tweets», sagt Tim Scott aus South Carolina, der einzige schwarze Republikaner im Senat.

Das doppelte Kalkül, so erzählten es Leute aus dem Weißen Haus dem Fernsehsender PBS und der *New York Times*, sei, dass die Ausschreitungen die Nation nun endlich von Covid-19 ablenkten; und dass die Sorge um ihre Sicherheit vor allem die älteren Wählerinnen und Wähler zu Trump und den Republikanern führen werde.

Während der Lektüre all der Analysen, während des Beobachtens der «Black Lives Matter» rufenden Demonstranten am Madison Square Park in New York und dann beim Schreiben dieser Sätze fällt uns auf, was das Traurigste an all dem ist, was in diesen Tagen im Weißen Haus geschieht: das nämlich, was nicht geschieht, das, was fehlt.

Beileid. Trauer. Ein kluger Satz des Präsidenten. Auf eine große Geste oder eine ganze kluge Rede wagen wir nicht mehr zu hoffen.

Was wird kommen? Und was wird bleiben? Viele Menschen in Washington und im restlichen Amerika fragen sich das. Unser Ritter der Medienmoderne, Judd Legum, hat einige Antworten. Er hält Trump und dessen Anhänger nicht für ein kurzlebiges Phänomen. Es hatte sich lange angekündigt, sagt Legum, denn das Realeinkommen der meisten Amerikaner sei seit 40 Jahren nicht gestiegen, und das mache sie unzufrieden und verführbar. Die Tea-Party-Bewegung, die gegen Barack Obama und gegen Migration, gegen China, gegen alles Fremde gerichtet war, habe die Trump-Bewegung vorbereitet.

«Und jetzt ist sie hier, um zu bleiben. Donald Trump wird die dominante Kraft der Republikaner bleiben, und auch seine Taktik wird dominant bleiben. Einwanderungsreformen wie von John McCain erdachte und mitfühlenden Konservatismus wie unter George W. Bush werden wir lange nicht erleben; weiße Klagen, weiße Wut sind die moderne Strategie. Irgendwann wird sie von der Demographie unmöglich gemacht werden, doch das dauert noch.»

Legum glaubt, dunklere Tage kämen erst. «Die Menschen vertrauen Medien nicht mehr, das ist vorbei. 40 Prozent unserer Bevölkerung sind bereit, alles zu glauben, jede Verschwörungstheorie. Auch die vielen Richter, die die Trump-Regierung eingesetzt hat, sind gekommen, um zu bleiben. Sie werden das Land verwandeln.» Er lächelt. «Klinge ich eigentlich negativ? Verdammt, ich will nicht so negativ klingen.»

Tiefe Wunden müssen behandelt werden, sie heilen ja nicht einfach so. Deutsche wissen das, und Deutsche hören in diesen Tagen in den USA verstörend oft einen vergleichenden Satz: «Ihr habt das besser gemacht.» Gemeint sind Erinnerungskultur, das Berliner Holocaust-Mahnmal und ernsthafte Demut. Wohl wahr: Auschwitz und die Schoah sind mit nichts zu vergleichen, auch nicht mit vermutlich 40 Millionen verschleppten Afrikanerinnen und Afrikanern und drei Jahrhunderten der Sklaverei, aber die Gesprächspartner in Washington, Boston oder New York möchten auf etwas Spezifisches hinaus.

Die USA haben ihre Geschichte des Rassismus manchmal zurechtgebogen und manchmal ignoriert und dadurch zur Gegenwart gemacht. Sie haben die Sklaverei mit dem Ende ihres Bürgerkriegs, 1865, zwar abgeschafft, haben jedoch nie gemeinsam getrauert, nicht als Nation. Demut der Täter gab es nicht, Reparationen, Reue sowieso nicht. Amerikas Rassismus ist präsent und mit ihm seine ganz spezielle Ausprägung, diese ewige Gewalt der Polizei gegen Afroamerikaner.

Michael Brown in Ferguson (2014), Eric Garner in New York City (2014), Freddie Gray in Baltimore (2015), das waren die berühmt gewordenen unter vielen weiteren, namenlos gebliebenen Opfern der vergangenen Jahre. Mit Garner wurde «I can't breathe» zum zentralen Satz der

«Black Lives Matter»-Bewegung; der ehemalige Quarterback der San Francisco 49ers, Colin Kaepernick, ging wegen Brown, Garner und Gray während der Nationalhymne in die Knie und wurde dafür von Präsident Trump «son of a bitch», Hurensohn, genannt.

Aggression und Gewalt gehören zu den USA, zu deren Idee und ihrem Ruhm. Es ist eine Gewalt durch Weiße, gegen andere Weiße, Native Americans und Afroamerikaner gerichtet; wenn Afroamerikaner demonstrieren oder sich ihr Recht durch Gewalt holen wollen, dann bestimmen Weiße, was unangemessen ist. Der Präsident droht auch 2020 noch mit «vicious dogs», scharfen Hunden.

Es gab, bei diesen Demonstrationen, zärtliche Szenen: Polizisten, die ihre Helme ablegten und lieber mitdemonstrierten, Polizisten und Demonstranten, die gemeinsam sangen, die Polizeichefin von Atlanta, die stundenlang diskutierte, warmherzig blieb, geduldig. Meistens übrigens, das sagen Soziologen, die sich mit Amerikas Polizei befassen, geben wenige oberste Chefs das Klima und damit die Haltung vor: die Bürgermeisterin, der Generalstaatsanwalt, die Polizeichefin – und darum lasse sich Amerikas Polizei leicht reformieren, wenn dies denn gewollt sei. Diese These hat auch einen Nachteil: Die Truppe lasse sich natürlich ebenso leicht vergiften und weiter ins Diabolische drehen.

Der Präsident will von seiner Kernwählerschaft, weißen Konservativen, nun als harter Hüter der inneren Sicherheit bestätigt werden. «RECHT UND ORDNUNG!», twittert er, immer wieder diese drei Wörter. Er behauptet, die «silent majority», die schweigende Mehrheit, stünde hinter ihm. Wie Nixon während des Vietnamkriegs.

Zu einer ehrlichen Auseinandersetzung mit dieser Polizeigewalt gehört, dass gesellschaftliche Wahrheiten selten unterkomplex sind: Da Schwarze in den Vereinigten Staaten seit Jahrhunderten weniger Bildungs- und Aufstiegschancen, natürlich auch weniger Geld und darum schwächere Sicherungssysteme haben, leben viele in sozialen Brennpunkten. Wo es zu mehr Straftaten kommt. Der Satz, dass die Bronx gefährlicher ist als Manhattan, mag für manche Afroamerikaner bereits rassistisch klingen, wahr ist er trotzdem, für Schwarze wie Weiße.

Entscheidend dürfte aber etwas anderes sein. So wie Derek Chauvin beispielhaft für etwas Größeres, nämlich für ein Polizeisystem steht, so ist auch Amerikas Polizeigewalt ein Teil von etwas noch Größerem.

«Derselbe weitreichende, strukturelle Rassismus, der Polizeibrutalität gegen schwarze Amerikaner ermöglicht, ist verantwortlich für die höhere Sterblichkeitsrate schwarzer Amerikaner durch Covid-19», sagt Maimuna Majumder, Epidemiologe in Harvard. «Polizeigewalt ist eine Reflexion des amerikanischen Erbes des Rassismus – eines Systems, das Werte zuteilt und Möglichkeiten strukturiert, während es einige Menschen auf unfaire Weise bevorzugt und andere aufgrund ihrer Hautfarbe benachteiligt», das schreiben Jesse Ehrenfeld und Patrice Harris von der «American Medical Association».

In Minneapolis, der Heimat von George Floyd, wird im April 2021 Derek Chauvin in allen drei Anklagepunkten schuldig gesprochen werden, Präsident Biden wird von einem ersten Schritt sprechen, von Gerechtigkeit, «endlich», wird er sagen.

Dort, in Minneapolis, verdient eine durchschnittliche schwarze Familie weniger als die Hälfte des Einkommens einer weißen Familie.

Afroamerikaner machen dort 20 Prozent der Bevölkerung aus, aber 60 Prozent der Opfer von Polizeigewalt; und getötet werden Schwarze dabei dreizehnmal so oft wie Weiße. Und im gesamten Bundesstaat Minnesota sind nur sechs Prozent der Bevölkerung schwarz, aber 16 Prozent der Opfer von Covid-19 sind Afroamerikaner.

## Das Schlachtfeld

In Washington ist der Präsident sauer darüber, dass berichtet wurde, er habe sich neulich im Bunker versteckt. Am 1. Juni lädt er in den Rose Garden und erklärt sich wieder zum Kriegspräsidenten. Er verlässt das Weiße Haus und geht zu Fuß zur St. John's Church, gefolgt von Ministern, Tochter, Schwiegersohn und Offizieren in Uniform, und dort vor der Kirche stellt er sich hin und lässt sich mit der Bibel in der Hand fotografieren.

Ein Zeichen der Stärke, wie seine Anhänger rufen und schreiben?

Ein absurdes Symbol, zum Lachen? (Gebetet wird nicht, es geht nur um das Bild.)

Oder mehr: ein undemokratischer, ein autokratischer Vorgang? William Barr nämlich, der Attorney General, hat persönlich den Befehl gegeben, den Park, durch welchen Trump schreiten möchte, von Demonstranten räumen zu lassen; Tränengas wurde eingesetzt, gegen friedliche, nicht vorgewarnte Demonstranten. Was eigentlich würde eine amerikanische Regierung über eine ausländische Nation sagen, deren Regierungschef sich so inszenierte?

Trump verlangt, dass Polizei oder auch Militär «die Straßen dominieren» müssen. Sein Verteidigungsminister Mark T. Esper sagt Gouverneuren, sie müssten «das Schlachtfeld dominieren». Trump twittert: «New York City, RUF DIE NATIONAL GUARD! Minderwertige Lebewesen und Verlierer reißen dich in Stücke.» Er sagt wirklich «lowlifes», mitten in der Anti-Rassismus-Debatte. «Die Worte eines Diktators», sagt die Senatorin Kamala Harris.

Selten zuvor haben die USA ihr historisches, ihr fundamentales Problem so offen ausgestellt wie in diesem schonungslosen Sommer von 2020.

Zwei Methoden, die eine Demokratie vergiften können, gehören mittlerweile zum Standardprogramm politischer Techniken.

In den hitzigen Debatten unserer Tage, digital wie auch sonstwie, wäre es ja ratsam, ein Grundschema zu respektieren, also zu wissen, wovon wir ausgehen und worüber wir anschließend streiten; es gäbe dann ein ebenerdiges Spielfeld und immerhin so etwas wie ein Regelbuch. Der Senator Daniel Patrick Moynihan (1927–2003) schrieb 1983 in der *Washington Post*, dass jeder Mensch «ein Recht auf seine eigene Meinung, aber nicht auf seine eigenen Fakten» habe. Wohl wahr, Aufklärung funktionierte nicht immer: Mit Verdrehungen und Propaganda begannen zwei Weltkriege. Die jüngere Geschichte Europas und der westlichen Demokratie ist dennoch eine Geschichte rationalen Denkens und friedlichen Fortschritts.

Die erste Methode, die wir meinen, ist die Erosion der Verständigung darüber, was erwiesen und wahr ist – durch Fälschungen, Erfindungen,

Lügen und natürlich die Leugnung von Daten und anderen Tatsachen. «Fake News sind das neue Giftgas. Die anderen verwenden es, also verwenden wir's auch», sagt ein Politikberater in Andrew Rossis Dokumentarfilm *After Truth*. Die zweite Methode ist die Umkehrung der Rollen: Der Angreifer erkärt sich zum Opfer und macht die Angegriffenen zu Tätern (was logischerweise die Angriffe rechtfertigt). Auch jetzt wieder, in die Trauer von Minneapolis und soziale Unruhen hinein, bezeichnet Trump Medien als «Volksfeinde», die zusammen mit einer «radikalen Linken» Jagd auf ihn machten. Dieses Szenario existiert in der Wirklichkeit nicht, doch sobald es etabliert ist, passt manches Detail dazu.

Würde an diesem 15. Juni gewählt, wäre die Sache entschieden. Präsident Trump würde abgewählt werden, abgestraft für den Zustand der Wirtschaft mit über 40 Millionen Arbeitslosen, für die nunmehr 118 000 amerikanischen Todesopfer der Covid-19-Pandemie und für jene Polarisierung der USA, die geradewegs in die neue Rassismus-Debatte hineinführte. Joe Biden würde der 46. Präsident der USA werden, denn in allen Umfragen führt er eindeutig, mit acht, zehn, zwölf Prozentpunkten Vorsprung. Er führt auch in jenen Bundesstaaten, in denen Hillary Clinton 2016 die Wahl verlor: Michigan, Wisconsin, Pennsylvania; und Biden hält sogar dort bestens mit, wo Trump siegen muss, um überhaupt eine Chance zu haben, in Texas oder Florida.

Für den Kandidaten Biden geht es darum, den Vorsprung, den er in allen Umfragen hat, ins Ziel zu bringen; aber er weiß und spricht es auch aus, dass er nicht einfach abwarten und stillhalten kann. Bislang genügte es, dass er nicht Trump ist: Er versprach verlässliche Staaten von Amerika, die wieder Verträge einhalten, wieder die Wissenschaft achten, wieder Justiz und Presse und die eigenen Bürgerinnen und Bürger respektieren werden. Was aber will er genau? Welche Reform der Polizei strebt er an, welche Gesundheitspolitik? Welche politischen Konzepte und Gesetze bereitet er vor? «Wir werden unsere Pläne beizeiten erklären», sagt uns die Biden-Kampagne auf Anfrage, ansonsten ist sie wortkarg. Der Moment wird kommen und ist womöglich bereits da, in welchem dieser Joe Biden selbst attackieren muss, besser noch: glänzen und führen sollte. Kann er das? Will er?

Nicholas Burns ist seit 15 Monaten einer der engen Berater Joe Bidens, ein gewiefter Außenpolitiker, der in Washington schon viele Rollen hatte und nun in Harvard lehrt; und Burns sagt uns: «Joe Biden hat die Erfahrung im Regieren, die wir jetzt brauchen. Und er hat einen guten und starken Charakter. Wir benötigen dringend einen solchen Anführer, der Trump schlagen und die Effektivität und Ehre der Präsidentschaft wiederherstellen wird.»

Elegant war Bidens Start in die entscheidenden Monate nicht. Ein holpriger Podcast, ebenso holprige digitale Wahlkampfveranstaltungen, ansonsten wenig Präsenz – Covid-19 hatte Trump das Forum täglicher Pressekonferenzen gegeben und Biden die Bühnen des Landes geraubt. Jenes Bild, «Biden hockt in seinem Keller», setzte sich fest.

Als dann Tara Reade, ehemalige Helferin seines Senatsbüros, ihn einer fast 30 Jahre zurückliegenden Vergewaltigung beschuldigte, war Biden eine ganze Woche lang sprachlos schockiert; es war, politisch und aus seiner Perspektive betrachtet, schlichtes Glück, dass Reade sich in allerlei Lügen verstrickte und nicht mehr als glaubwürdig gilt.

In diesen Sommerwochen macht Biden einen bisweilen noch trägen, zugleich aber schlaueren Eindruck. Die Trump-Kampagne wollte ihn in die Falle locken und sagte, Biden unterstütze jene Demonstranten, die nach dem Mord an George Floyd der Polizei das Geld entziehen wollten («Defund the Police!») – daraus hätte sich ein für die Republikaner perfekter Imagewahlkampf stricken lassen: der konservative Recht-und-Ordnung-Präsident Trump gegen den Anarcho-Freund Biden, der die Vorstädte Amerikas gefährde. Es wäre ein heikles Spiel gewesen, durchaus gewinnbar für Trump. Doch Biden reagierte gewieft, stieg nicht in den Ring, ließ bloß einen Sprecher sagen, dass er natürlich das Anliegen der Afroamerikaner und die Bürgerrechte und Deeskalationstraining für Polizisten unterstütze, nicht aber die Zerschlagung der Polizei.

Als wir Kinder waren, vor über 40 Jahren, war das Wort «Neger» in Deutschland üblich. (1968 hatte selbst Martin Luther King noch vom «negro» gesprochen.) Dass die «zehn kleinen Negerlein» weniger wurden, bis sie alle tot waren, sangen deutsche Kinder mit; vorm «schwarzen Mann» fürchteten wir uns erziehungsgemäß; wer beim «Schwarzfahren» erwischt wurde, hatte den «schwarzen Peter» und keine «weiße Weste» mehr.

Sprache definiert und weist Platz und Rang zu, grenzt aus. «Niemand hat jemals so viel für Afroamerikaner getan wie Trump.» Das sagt Trump am 5. Juni im Rose Garden. Er sagt auch, wegen leicht gesunkener Arbeitslosenzahlen: «Hoffentlich schaut George *(Floyd)* jetzt gerade herunter und sagt, dass das eine großartige Sache ist, die in unserem Land geschieht. Dass es ein großartiger Tag für ihn ist, dass es ein großartiger Tag für alle ist.» Ansonsten spricht der Präsident von Ausschreitungen und «law and order», «Black Lives Matter» erwähnt er nicht.

Sprache wandelt sich, da sich mitunter die Machtverhältnisse wandeln und auch die Kultur.

Um welche Abgründe es in den USA geht, das macht die Geschichte des genannten Kinderliedchens deutlich: Einst hieß es «ten little niggers», davor «ten little Injuns», was eine Spielerei mit dem Begriff «Indianer» war, welcher wiederum eine Herabsetzung der Ureinwohner Amerikas bedeutete – und da wir gerade zufällig an dieser Stelle der amerikanischen Geschichte vorbeikommen: Wieso eigentlich konnte sich der Begriff «Indianer» seit 1492 halten, obwohl Kolumbus nie in Indien war, und wieso eigentlich sprechen wir noch heute von einer «Entdeckung» eines Kontinents, der längst entdeckt und besiedelt war? (Warum, bitte, dürfen die Cleveland Indians noch immer so heißen?)

Abgründe … Wir weißen Deutschen sagen recht gern, wir seien gegen Rassismus. Doch mit Begriffen wie «Krebsgeschwür» waren einst Juden gemeint, und als «Kanaken» und «Spaghettifresser» bezeichneten wir Gastarbeiter aus der Türkei und Italien. Wieso warnte der *Spiegel* vor der «Gelben Gefahr», China meinend?

Seine «MAGA-Bewegung» habe «nichts gegen Schwarze», und damit sagt Trump doch auch: Die sind dort, und wir sind hier.

Wenn wir die Tatsache voraussetzen, dass es im biologischen Sinne mehrere menschliche Rassen nicht gibt (weshalb schon Begriffe wie

«Rassenunruhen» und «Rassenkonflikt» bösartig sind), geht es bei allem Genannten um Identitätspolitik, um Herabsetzung und, mitunter, um Entmenschlichung. Wo auf der Welt ist es anders? In der Schweiz kommt neben dem Samichlaus (Nikolaus) der Schmutzli – während der Meister einen prächtigen weißen Bart trägt, hat sein dämonischer Helfer ein schwarzes Gesicht. Die Erfindung des Begriffs «Rasse» ging mit europäischer Expansion und der Kolonialisierung einher; Shakespeare und Kant machten das Wort bekannt. Der Publizist und Sexualforscher Magnus Hirschfeld verwendete 1933 den Begriff «Rassismus» und widerlegte die Rassenlehre der Nazis.

Mit der liberalen Demokratie kam eine Aufmerksamkeit für Fairness und Kränkung, deshalb eine präzisere Sprache. Die rechtspopulistische Gegenbewegung möchte Rassismus enttabuisieren und behauptet darum, dass politische Korrektheit die Redefreiheit ersticke.

Es bleibt aber so einfach, wie es immer schon hätte sein können: Fühlt sich die oder der Andere gekränkt, braucht es ein besseres Wort.

Joe Biden trägt in diesen Wochen Atemschutzmaske, kniet mit Demonstranten und Trauernden nieder, besucht die Angehörigen von Opfern und sieht so aus, also höre er hin. Er sagt fehlerfrei «Black Lives Matter». Im Moment scheint es deshalb, als spreche der Präsident nur noch seine rechte, männliche Kernwählerschaft und ansonsten niemanden mehr an, während Biden den Mainstream der USA trifft.

Bidens Nachteile? Die Sicherheitsexpertin Constanze Stelzenmüller, die bei der Brookings Institution arbeitet, zählt diese auf: «Dass er aus seinem Haus an die Nation reden muss; sein Alter; und die Tatsache, dass er so erkennbar einer gestrigen Generation angehört.» Bidens Vorteile jedoch: «Sein empathisches, menschenfreundliches Naturell; und dass die Demokraten inzwischen verzweifelt genug sind, sich zu disziplinieren und ihn zu unterstützen», so Stelzenmüller.

Den Helferinnen und Helfern, die für Biden arbeiten und in diesen Tagen ansprechbar sind, ist klar, dass Vor- und Nachteile dieses Kandidaten ineinander übergehen: Amerika kennt diesen Mann, der von 1973 bis 2009 Senator und von 2009 bis 2017 Obamas Vizepräsident war; Amerika hat mit ihm gelitten, als 1972 seine Ehefrau Neilia und seine Tochter Naomi bei einem Autounfall starben, und noch einmal 2015, als sein Sohn Beau an einem Hirntumor starb. Amerika weiß aber auch, dass Biden manchmal vergisst, was er gerade noch hatte sagen wollen.

Nicholas Burns sagt uns: «Trotz all der Probleme und Sorgen, unter denen wir gelitten haben, trotz der hohen Infektions- und Todesraten und der schlechten Versorgungslage in den Kliniken bin ich immer noch zuversichtlich, wenn ich an unser Land denke.» Die meisten Menschen seien in den vergangenen schweren Monaten diszipliniert gewesen, «vor allem höflich, umsichtig und widerstandsfähig. Wir haben schon größere Krisen überstanden, den Bürgerkrieg oder die Große Depression und den Zweiten Weltkrieg.»

Es ist ein optimistischer und darum schwer amerikanischer Satz, mit dem Nicholas Burns schließt: «Wir werden nach dieser Krise stärker sein als zuvor – wenn wir im November eine neue Führung wählen.»

Laura Ingraham erklärt in ihrer Fox-Sendung am 11. Juni: «Wenn Sie ein Haus besitzen oder eines Tages ein Haus besitzen wollen, wenn Sie sichere Straßen wollen und wollen, dass die Polizei, gute Polizei natürlich, patrouilliert, wenn Sie sie brauchen – dann erwarten Sie nicht, dass Joe Biden in der Lage sein wird, Ihnen zu helfen. Wenn Joe Biden im November gewinnt, wird die Antifa-Menge durch ihn hindurchgehen wie ein heißes Messer durch Butter.»

Als Justin Trudeau, Kanadas Premierminister, nach dem Rassismus in den USA und nach deren Präsident gefragt wird, sagt er nichts. Er macht das nicht perfekt: Trudeau schmatzt ein wenig, sagt einmal Äh; und der Bart steht ihm auch nicht, die Haare sind zu lang. Aber es sind 21 Sekunden Schweigen, es ist die Meisterrede dieses Sommers.

## Kollaborateure

Was für ein feiges, dümmliches Buch. So devot und eitel; und unpolitisch, so verblüffend unhistorisch und unintelligent. Dieses Buch ist ziellos und zu lang, selbstgerecht und kein bisschen neugierig, unstrukturiert ist es auch, geldgierig sowieso, denn deshalb existiert es: wegen des Vorschusses, zwei Millionen Dollar.

Zwei, drei wichtige Nachrichten stehen zwar drin, der Rest des Buches ist sinn- und nutzlos, abgesehen von einem mutmaßlich nicht beabsichtigten Aspekt: Wir lernen eine Menge über die Republikanische Partei.

Der Republikaner John Bolton, Jahrgang 1948, ehemaliger Botschafter der USA bei den Vereinten Nationen und 2018/19 für 17 Monate Sicherheitsberater der Regierung Donald Trump, gilt seit inzwischen drei Jahrzehnten als Falke in Washington. Er differenzierte nicht besonders feinsinnig: Militärschläge wünschte er sich, bevorzugt in komplexen Staaten wie Iran oder Syrien, und Regimewechsel wollte er herbeiführen, im Jemen, in Libyen, Syrien, eigentlich überall und im Lieblingsfeindesland Iran sowieso. Komplexer war Boltons Strategie selten. Am 23. Juni wird *The Room Where It Happened* veröffentlicht, und mit dem Raum, wo's geschah, soll das Oval Office gemeint sein.

John Bolton möchte seiner Leserschaft sehr dringend beweisen, dass er viel klüger sei als Trump; und dass Trump nicht wusste, dass Finnland gar nicht zu Russland gehört oder dass Großbritannien Atommacht ist, berichtet Bolton entsprechend gehässig. Zugleich aber ist Trump die Nummer eins der Partei, weshalb Bolton seiner Leserschaft ebenso dringend mitteilen muss, wenn Trump ihn lobt. Nun ruft zufällig Jared Kushner, der Schwiegersohn, an und sagt: «Donald ist ein großer Fan von dir, wie wir alle.»

Gibt es unangenehmere Menschen als unterwürfige Intriganten? Was sagt das alles nun über die Republikaner?

Dass der gleichfalls devote Außenminister Mike Pompeo über Trump schimpft, wenn Trump nicht da ist, erfahren wir auch, hatten wir allerdings schon geahnt.

Im Washington dieser Tage hat Bolton nicht viele Freunde. «He's dining alone», ist ein Satz, der oft fällt, der arme Kerl muss jetzt alleine essen. Die Demokraten nehmen ihm übel, dass er im Amtsenthebungsverfahren des vergangenen Winters nicht aussagte, jetzt aber in Sachen Amtsenthebung den Besserwisser gibt («hastiges Vorgehen, kombiniert mit hysterischer Stimmung»); die Republikaner wiederum nehmen ihm den Verrat im Wahlkampf übel.

Sie sind die Siegerpartei, so sehen sie sich selbst. Die Pragmatiker. Die Zusammenhaltenden. Die Republikaner hüten und heroisieren dieses Bild: dass die Anderen, die Demokraten, unseriös agierten, radikal, sozialistisch, während sie selbst die Vernünftigen seien, die Erwachsenen.

Trump eroberte diese Partei 2016, er überwältigte sie. Vor 1972 kam kein Außenseiter, kein Populist auch nur in die Nähe der Präsidentschaft, da die Parteien kontrollierten, wen sie nominierten: Klüngel wäre der negative Begriff dafür, «Gatekeeping» und damit die Kontrolle durch Wachleute ist der positive Terminus. Gatekeeping durch verantwortungsbewusste Parteien schützt die Demokratie vor Despoten, Gatekeeping verhinderte die Kandidatur von Rassisten und/oder Antisemiten wie George Wallace (in den sechziger und siebziger Jahren) oder Henry Ford (in den Zwanzigern). 1972 aber wurden die Statuten geändert, seither müssen die Ergebnisse der Vorwahlen von den Parteien übernommen werden. Und nach der Jahrtausendwende wurde die Wahlkampffinanzierung dereguliert: Seither ist die ganz legale Machtergreifung durch Populisten und Autokràten möglich.

Viele Mitglieder der republikanischen Grand Ol' Party (GOP) sagen heute, dass sie den entscheidenden Moment 2016 verpasst hätten. Nur wenige (wie Anthony Scaramucci) stehen namentlich dazu, die meisten reden off the record; es geht in diesem Text um Mut, nicht wahr?

Damit, dass Trump 15 etablierte Leute wie Jeb Bush oder Marco Rubio im Vorwahlkampf schlagen würde, hatten sie nicht gerechnet. Im Sommer 2016 aber wussten sie alles, was sie wissen mussten: Der Kandidat war xenophob, rassistisch, frauenfeindlich, ungebildet, launisch, egozentrisch und für das Amt, um das es ging, nicht geeignet. (John Bolton wusste das alles auch, schreibt er, welche Überraschung.)

Aber sie alle lauerten auf die jeweils anderen. Keiner wagte es dann: Kein einziger republikanischer Amtsträger sagte, dass er Trump nicht wählen und stattdessen Hillary Clinton unterstützen würde.

Es wäre ja sehr viel leichter, den eigenen Chef zu kritisieren, damit eigenständig und souverän zu bleiben, falls es diverse andere Parteien gäbe, Gruppen auch, die sich je nach Thema und Interessen neu mischten; falls man sich also durch Integrität und Autonomie nicht automatisch selbst isolieren würde. Wenn jemand wie der Senator Mitt Romney aber im Amtsenthebungsverfahren in einem Punkt nicht nach Parteilinie abstimmt, dann schreien Trumps Söhne Eric und Don Jr. sogleich: «Schließt ihn aus der Partei aus. Er ist ein radikaler Linker.» Und Fox News und *Breitbart* und der Radiomoderator Rush Limbaugh schreiten zur verbalen Hinrichtung Romneys.

Die Klügeren unter den Republikanern wissen, dass sie längst die eigenen Prinzipien verraten haben: diese Nähe zu Diktatoren und ganz besonders Wladimir Putin, der Verzicht auf außenpolitischen Einfluss, diese absurd hohen Schulden, das ganze Persönliche natürlich auch, die Schweigegelder für Pornostars, die 20 000 Lügen im Amt – nein, die Partei ist nicht stolz auf Trump. Aber sie zittert vor ihm: vor seinen Tweets, vor dem Gunstentzug. Allesamt Feiglinge?

Scaramucci, der exakt elf Tage lang Trumps Sprecher war, zittert nicht: Er wird Wahlkampf für Joe Biden machen, mit dem Ziel, in den mutmaßlich entscheidenden Bundesstaaten Michigan, Pennsylvania und Wisconsin die entscheidenden Stimmen von Trump zu Biden zu lenken. «Ich bin ein ‹Republikaner für Biden›», sagt Scaramucci, «ich will die politische Karriere des jetzigen Präsidenten beenden und diesen absurden Kult um seine Person, damit wir die Partei wiederbeleben und demographisch öffnen können, um wieder konkurrenzfähig zu werden.»

Für einen seiner Parteifreunde lässt Scaramucci das Attribut «Feigling» gleichfalls nicht gelten: John Bolton. Der, das sagte uns Scaramucci, hätte zwar selbstverständlich auch während des Amtsenthebungsverfahrens aussagen können, aber damals hätte es keinen Unterschied gemacht: «Trump hätte tatsächlich diesen sprichwörtlichen Mord auf der Fifth

Avenue begehen können – 52 oder 53 republikanische Senatoren hätten für Trump gestimmt». Jetzt hingegen, im Wahlkampf, «kann die eine Cruise Missile, die John feuern konnte, eine Wirkung haben».

## — Wahn und Wahrheit (9.) —

Warum machen die meisten mit und nur wenige nicht? Der Senator Lindsey Graham nannte Donald Trump vor dessen Wahl «jackass», was grob übersetzt «Arschloch» bedeutet; und außerdem sei Trump rassistisch, xenophob und im religiösen Sinne bigott. Nach der Wahl wurde Graham zum treuen Ermöglicher und Rechtfertiger Trumps, belohnt mit Golf-Runden und ständigem Zugang zum Oval Office – diese «mystische Anziehungskraft der Nähe zu Macht», schreibt Anne Applebaum.

«Ich habe den Tweet nicht gesehen» oder «Ich habe eine dringende Verabredung», das sind dann die Sätze, mit denen sich Republikaner wie Graham davor drücken, Tabu- und Rechtsbrüche der eigenen Regierung zu kommentieren.

Die Historikerin Applebaum, Professorin an der London School of Economics und *Atlantic*-Autorin, zitiert zunächst den Harvard-Kollegen Stanley Hoffmann, der Kollaborateure in zwei Kategorien unterteilte: Freiwillige und Unfreiwillige. Die Freiwilligen wiederum seien ebenfalls in zwei Gruppen zu unterteilen, das beschrieb Hoffmann am Beispiel französischer Unterstützung für die Nazis: Die eine Gruppe rationalisiere die eigene Anpassung an den Feind als sinnvoll, «im nationalen Interesse» für Wirtschaft und Kultur, und die andere Gruppe sei ideologisch begeistert, befürworte Strenge und Härte.

Dann nennt Anne Applebaum den weltberühmten Essay *The Captive Mind* des polnischen Literatur-Nobelpreisträgers Czesław Miłosz. Darin beschreibt Miłosz, wie erleichternd es für Kollaborateure sei, Teil der Masse zu werden und nicht länger mit dem Staat zu ringen; plötzlich verspürten sie einen inneren Frieden, eine Sicherheit, und das Herz werde leicht. Die «Freude der Konformität» ist ein Miłosz-Begriff.

Außerdem, das sagt Applebaum, stürze eine Demokratie selten brachial ein, sie sacke ganz langsam in sich zusammen. Trump und sein Sprecher Sean Spicer sagten, die Menschenmenge bei Trumps Amtseinführung sei die größte aller Zeiten: Das war die erste Lüge, und Applebaum fühlt sich an sowjetische

Regime erinnert, die mit solchen Verdrehungen gar nicht so sehr darauf gezielt hätten, dass alle Bürger den verordneten Unfug glaubten; sondern die Botschaft sei: Wir können das. Und ihr solltet jene fürchten, die diese Macht haben.

Dann komme eine nächste Lüge, eine nächste Unterhöhlung von Gerichten, ein nächster Fall von Nepotismus, und eines nach dem anderen werde vom Volk rationalisiert, «und wenn ein Verhalten erst normal wird, hören die Menschen auf, es falsch zu finden».

Washingtons Republikaner würden sich selbst noch immer als Amerikas Patrioten, als kompetente Regierende, als loyale Parteimitglieder sehen, das schreibt Applebaum, und dieses Selbstbild habe die Partei blind gemacht für die scheinbaren Trivialitäten der Realität: Ach, die Lügen, na ja, das reichste Kabinett der amerikanischen Geschichte, hm, so viele Lobbyisten, och, die Tochter und der Schwiegersohn im Weißen Haus, und dann nutzt die Tochter ein privates E-Mail-Konto, und nun ja, dafür wollten wir Hillary Clinton zwar einsperren, aber nein, das hier ist ja etwas ganz und gar anderes. Die Wahrheit, das sagt Applebaum, liege offen da: Trump hat eine Regierung gebaut, die «seinen eigenen psychologischen Bedürfnissen und den Interessen seiner Freunde von Wall Street und natürlich denen seiner Familie dient»; diese Regierung sei nicht nur korrupt, sondern feindselig gegenüber Gewaltenteilung und Gesetz, ein proto-autoritärer Personenkult.

Letztlich, sagt Anne Applebaum, sei ein wesentliches Motiv aller Kollaborateure die Angst vor Einsamkeit, vor dem Verlust von Freunden und Gruppenwärme und Privilegien.

Allerdings: Der Dichter Miłosz musste ins Exil gehen. In Stalins Russland wurden Regimegegner erschossen oder lebenslang verbannt. Und die Nazis exekutierten Wehrmachtsoffiziere, die nicht alles mitmachten, durch besonders langsame Strangulierung.

Was eigentlich hätten Republikaner zu fürchten, die Amerikas Demokratie verteidigten? Ohje, sie könnten also tatsächlich ihren Sitz im Senat verlieren und müssten dann für ein Millionengehalt an die Harvard Kennedy School gehen. Die Ärmsten.

Anne Applebaum spricht das Wort nicht aus, aber sie meint: was für ein Haufen Feiglinge.

# 10.
# DUELL

## Aufmacher

Marty Baron erlebt die Attacken täglich, steckt ja nun zweifellos mittendrin in Amerikas neuem Bürgerkrieg. Manchmal ruft der Präsident ihn an und schimpft, meist twittert Trump, und obwohl Marty Baron sich an all das gewöhnt hat, staunt er zugleich. Immer noch. «Wir haben einen Präsidenten, der es liebt, Individuen zu attackieren, die Medien, Demokraten, jeden, der nicht treu auf seiner Seite ist», sagt Marty Baron im Redaktions-Großraum der *Washington Post.* «Das ist sein Charakter. Er war ein Raufbold, seit er ein Kind war, darum haben ihn ja damals seine Eltern auf die Militärschule geschickt. Er glaubt, dass die Welt in Sieger und Verlierer aufgeteilt ist, und er will immer, unbedingt auf der Seite der Sieger sein, weshalb es immer bis zum bitteren Ende geht, mit jeder verfügbaren Waffe.»

Marty Baron, Jahrgang 1954, hat Strubbellöckchen, Bart, ein schmales Kinn, runde Wangen. Er trägt Nickelbrille, und stets sind die Augen ganz schmal. All das lässt ihn etwas verträumt wirken, ruhig und gedämpft ist seine Stimme, dieser Chefredakteur hat etwas Zerknautschtes. Man unterschätzt ihn leicht. «Ich bin geduldig», so etwas sagt er beiläufig, «wir tun halt alles, um die Wahrheit herauszufinden.»

Baron war beim *Miami Herald*, bei der *Los Angeles Times* und auch noch bei der *New York Times*, ehe er 2001 nach Boston ging und Chefredakteur des *Globe* wurde. Es waren harte Jahre für die Medienbranche, der Strukturwandel war wuchtig, doch dem *Boston Globe* gelang das, wonach damals alle ehrgeizigen Redaktionen strebten: die Kombination von Sparsamkeit und konzentriertem Journalismus. Barons *Globe* enthüllte systematischen sexuellen Missbrauch in der römisch-katholischen

Diözese Bostons, und daraus wurde 2015 die wundervolle Journalisten-Erzählung *Spotlight*, die zwei Oscars gewann; Liev Schreiber spielt im Film Marty Baron. Den Pulitzer-Preis gab es sowieso.

2013 ging die *Washington Post* für 250 Millionen Dollar an Jeff Bezos, den Amazon-Gründer. Aus einem defizitären Blatt, das sich kaputtgespart hatte, wurde ein Technologieunternehmen, ein modernes Medium. Junge Leute fanden es auf einmal cool, zur *Post* zu gehen (es ist ein Problem der meisten Verlage, auch in Deutschland, dass die besten Programmierer und Ökonomen schon lange nicht mehr zu ihnen wechseln wollen); und auch Marty Baron ging nun nach Washington und wurde *Post*-Chefredakteur.

Wie fühlt sich das an, dort nun täglich als Volksfeind beschimpft zu werden? «Es macht nichts mit mir», sagt Baron, «es bringt mich nicht um den Schlaf.» Aber hat es Konsequenzen? «Nun, zuallererst ist es destruktiv», sagt Baron, «es wirkt korrosiv auf das demokratische System der USA. Wir haben in diesem Land eine freie und unabhängige Presse, die von der Verfassung garantiert wird. Der Präsident schwört einen Eid auf diese Verfassung, er verspricht sie zu verteidigen. Dieser Präsident denkt offensichtlich, dass die einzige faire Presse eine servile ist, die ihn zu 100 Prozent unterstützt. So aber funktionieren Freiheit und Unabhängigkeit nicht, nicht einmal Fairness. Sein Ziel scheint zu sein, die Presse als unabhängigen Überbringer der Wahrheit zu zerstören.»

All das reicht noch sehr viel weiter, nicht wahr? Baron nickt. «Er will erreichen, dass die Menschen ihm glauben, zu 100 Prozent, immer. Also will er nicht nur die Presse disqualifizieren, sondern auch die Gerichte, die Historiker, die Wissenschaftler. Wenn du nicht zu 100 Prozent hinter ihm stehst, bist du sein Gegner. Unsere Rolle ist aber nicht, ihn zu unterstützen oder seine Opposition zu sein, wir haben die Fakten zu finden.»

Marty Baron sagt dann, dass es Ähnliches in den USA schon mehrfach gegeben habe, «auch Nixon hat die Medien attackiert», niemand allerdings in einem ähnlichen Ausmaß wie Trump. Es bestärke ihn, es bestärke seine Redaktion: «Wir haben einen Auftrag, wir haben einen Job zu erfüllen.» Die *Washington Post* verstehe sich nicht als Kriegspartei, achte darauf, nicht beleidigt, also überlaut auf all die Attacken zu reagieren, und sie sei auch nicht leicht einzuschüchtern. «Unsere Leser erwarten von uns, dass wir weitermachen. Und, ehrlich gesagt, manchmal verlangt die Demokratie das eben von uns.»

Beide großen Blätter, *New York Times* und *Washington Post*, haben 2016 heftige Fehler gemacht. Sie schrieben ständig über die sogenannte E-Mail-Affäre Hillary Clintons, ständig auf Aufmacher-Flughöhe; und machten auch dann noch weiter, als die Ermittlungen längst eingestellt waren, weil erwiesen war, dass Clinton als Außenministerin zwar vertrauliche Mails auf einem privaten Server liegen hatte, aber eben auch nicht mehr als das. Es war das Trump-Lager, das daraus einen epochalen Skandal machen wollte, was im Wahlkampf nachvollziehbar ist, aber warum müssen Medien darauf hereinfallen? Beide Blätter gaben Trump absurd viel Raum, bestaunten, bewunderten das Ereignis. Um Trumps Steuerhinterziehung oder -vermeidung, um seine seltsame Stiftung, um Korruption im familiären Firmengeflecht, um seine Moskau-Verbindungen kümmerten sie sich spät.

Heute wirbt die *Post* mit dem Slogan «Democracy dies in darkness» für sich. Der ganze Schlachtenlärm hat auch, wirtschaftlich, einen Vorteil: steigende Auflagen. «Viele Leser wünschen, dass wir den Auftrag, der uns im ersten Verfassungszusatz gegeben wird, erfüllen: die Kontrolle der Mächtigen. Die aktuelle Entwicklung ist aber nicht gut für die Demokratie, gewiss nicht», sagt der Chefredakteur.

Baron weiß natürlich, dass Medien für Trump ein bequemer Gegner sind, weil Medien, vor allem die unabhängigen und furchtlosen, viele Menschen verstören, also nur begrenzt beliebt sind; das Vertrauen in Medien hat in den USA zuletzt jahrzehntelang abgenommen. Gegenwärtig ist das anders, da demokratische und unabhängige Wähler den Medien laut Umfragen sogar stärker vertrauen als in früheren Jahren, aber republikanische Wähler wenden sich ab, wenn sie nicht längst in unerreichbarer Ferne sind. Was Baron darum betrübt und ernsthaft sorgt: «Das alles ist höchst polarisiert. Es ist nicht gut für eine Demokratie, wenn Menschen mit unterschiedlicher politischer Haltung die gesamte Welt komplett unterschiedlich wahrnehmen. Wir müssten eine

Grundlage gemeinsamer Fakten haben und von dort aus streiten. Viele Menschen glauben heute, sie hätten ein Recht auf eigene Fakten.»

Glauben Sie noch an Wahrheit? In all dem Wahn, all dem Lärm?

Marty Baron guckt ein bisschen irritiert, lächelt dann, sagt: «Natürlich. Die Wahrheit mag schwer fassbar sein. Manchmal ist sie auch ein Prozess. Aber Wahrheit existiert – unabhängig von irgendwelchen Meinungen. Wahrheit hat nichts damit zu tun, wer die meiste Macht hat, wer am populärsten ist, wer das größte Megaphon hat.»

Das Land sei übrigens nie gänzlich geeint gewesen. Er erinnert an die Vertreibung und Ermordung der Ureinwohner, den Bürgerkrieg, an die sechziger Jahre mit den Verwerfungen wegen des Vietnamkrieges und der Konflikte um die Bürgerrechtsbewegung. «Wir hatten immer scharfe Trennungen, das scheint unsere Natur zu sein, und wir haben schon vieles überwunden. Das wirkliche Problem der Gegenwart ist die Dämonisierung des politischen Gegners, den wir heute als Feind wahrnehmen, der zerstört werden muss. Können wir auch dies überwinden?»

Er zieht die Antwort ziemlich lang: «Vermutlich … ja.»

Sie sind nur zwei Medien in einer Mediengesellschaft, zwei von sehr vielen. Aber sie sind aufeinander fixiert, belauern einander, gönnen einander wenig, freuen sich, wenn die anderen etwas verpasst haben und zu spät dran sind, freuen sich noch mehr, wenn sie drei Pulitzer-Preise gewinnen, während die anderen leer ausgehen.

Die Konkurrenz zwischen *Washington Post* und *New York Times* hat historische Gründe: Beide schreiben seit ihrer Gründung über die große nationale und internationale Politik – die *Times*, weil sie den Anspruch hat, die führende Zeitung der Welt zu sein, und die kleinere *Post*, weil sie in Washington sitzt, dem politischen Zentrum der USA. Über all die Jahrzehnte war die *Times* konstanter und stärker. Aber im entscheidenden Moment, als die amerikanische Demokratie auf der Kippe steht, siegte die *Post* gleich zweimal. Für Watergate, die berühmteste Enthüllung aller Zeiten, sorgten von 1972 bis 1974 mit Carl Bernstein und Bob Woodward zwei Journalisten der *Post*. Zuvor legten die «Pentagon Papers» die Lügen der amerikanischen Regierung im Vietnamkrieg offen.

Sie waren der *Times* angeboten worden, die aber zögerte, da sie den Vorwurf des Verrats von Staatsgeheimnissen fürchtete. Die *Post* druckte alles und siegte 1971 vor dem Supreme Court (was in Steven Spielbergs Film *The Post* gefeiert wird).

Die Digitalisierung traf die gesamte Medienwelt hart. Beide wankten. Die *Times* war hoch verschuldet, die *Post* ein alterndes Provinzblatt. Doch dann wandelte sich die *Times* aus eigener Kraft zum fortschrittlichen Digitalmedium; und die *Post* wurde durch eine semifreundliche Übernahme auf Vordermann gebracht – durch Bezos. Da sind wir nun, kurz vor der Gegenwart: Beide werden von der eigenen Regierung angegriffen, aber sind weiterhin Konkurrenten, die sich gegenseitig nur unter Qualen zitieren.

Baron soll im Ernstfall laut werden und Dean Baquet, sein Pendant bei der *Times*, schon mal sarkastisch. Doch die zwei Chefredakteure, die einander schätzen, wirken recht gelassen. Einst waren beide schnelle, präzise Reporter.

Baquet, Jahrgang 1956, schrieb zuerst für *The Times-Picayune* in seiner Geburtsstadt New Orleans und dann für die *Chicago Tribune*, die *New York Times* und die *Los Angeles Times*, ehe er 2007 nach New York zurückkehrte. Er ist der erste Afroamerikaner, der Chefredakteur der *Times* wurde, und er saß in einem vollgestellten Büro mit kreolischen Vasen, schwarzen Möbeln und abstrakten Bildern aus dem French Quarter von New Orleans, als wir uns erstmals begegneten.

Baquet sagt uns: «Was wir vor allem leisten müssen, ist exklusiver, relevanter Investigativ-Journalismus, alle digitalen Versuche führen nirgendwohin, wenn sie nicht auf diesem Journalismus gründen.» Judd Legum, der beobachtende Blogger, sagt: «Die *Times* hat eine wesentliche Rolle bei der Wahl Trumps gespielt. Sie hat sich auf Clinton und deren E-Mails fokussiert und alle Skandale Trumps heruntergespielt.»

Im Großraum der *Post* treffen wir Jenna Johnson, die Reporterin. Sie sagt, sie spüre noch immer, wie außergewöhnlich diese amerikanische Gegenwart sei, mit der sie sich da zu befassen hat: «Dies ist der erste Präsident, der seine Steuererklärungen nicht offen legt. Ein Präsident auch, der Stabschefs und sonstige Offizielle in einem Tempo ersetzt, wie wir es noch nie erlebt haben. Der erste, natürlich, der uns Medien regelmäßig Volksfeinde nennt und zugleich Verschwörungstheorien und Lügen in historisch hoher Zahl verkündet. Alle Politiker dehnen die Wahrheit, alle sagen mal etwas, das nicht exakt zum Kontext passt. Dieser aber ist der erste, der kein Problem damit hat, Dinge zu sagen, die nachprüfbar falsch sind. Und die Liste ist endlos.»

Nur eines könnten Medien dem entgegensetzen, sagt Jenna: «Integrität. Wir müssen so sauber arbeiten, so nachprüfbar, wie es nur eben geht.»

Jenna hat schulterlange braune Haare, sie kommt aus der Nähe von Iowa City im Bundesstaat Iowa, wo ihre Eltern eine kleine Wochenzeitung führen, die *Kalona News*: «Von ihnen habe ich gelernt, wie wichtig es ist, diesen Beruf ernst zu nehmen, genau zu sein, zu erklären, warum wir zu welcher Einschätzung kommen. Wir dokumentieren Geschichte, wir kontrollieren die Mächtigen.» Jenna studierte an der University of Nebraska in Lincoln und durfte 2007 ein Praktikum bei der *Post* machen – sie nutzte ihre Chance, anders lässt es sich nicht sagen.

Es ist schön, einer Reporterin wie dieser zuzuhören, es tut sogar gut. Eine Idealistin ist sie. Eine Träumerin? Oder eher eine Kämpferin? Sie sagt, sie habe schon viele Trump-Wähler befragt, wütende Leute, aber in jedem dieser Interviews und in jedem ihrer Texte habe sie zu beweisen versucht, dass sie zuhören und verstehen wolle.

«Und vielleicht vertrauen uns diese Menschen ja hinterher ein kleines bisschen mehr», sagt Jenna Johnson.

## Lähmungszustände

Doch dann geht es schief, hier wie dort. Aus unterschiedlichen und zugleich ähnlichen Gründen. Der Stress dieser Zeiten. Diese ständige Anforderung, in alle Richtungen wachsam sein zu müssen. Dieser permanente Druck, keine Fehler machen zu dürfen.

Die *Times* druckt im Mai 2020 einen Meinungstext des Senators Tom Cotton – und hätte ihn schon in der nächsten Sekunde lieber nicht gedruckt. Distanziert sich öffentlich von dem Text. Macht alles falsch und nichts richtig. Cotton, Republikaner aus Arkansas, fordert in seinem Text, dass die Regierung das Militär in Amerikas Städte schicken solle, um «die Ordnung wiederherzustellen»; er plädiert für «eine überwältigende Demonstration der Stärke».

Der Ton des Textes ist scharf, sarkastisch, aber die Argumente sind dürftig (Ausschreitungen gab es nur zu Beginn der Demonstrationen, direkt nach dem Tod George Floyds; und Amerikas Armeen sind explizit für Auslandseinsätze vorgesehen). Dennoch ist der Text als Gastbeitrag gekennzeichnet und steht auf der Meinungsseite – und wenn man bedenkt, dass Cottons Haltung von 52 Prozent der Bevölkerung geteilt wird, ist der Text zweifellos relevant. Wo also liegt das Problem?

Es gibt gleich deren sechs:

1. *Times*-Redakteure rebellieren, afroamerikanische vor allem. Sagen, dass er zündelnd sei. Cotton sei «gefährlich autoritär», das schreibt die Kolumnistin Michelle Goldberg. Ein Bekannter, Redakteur der *Times*, sagt uns, die Redaktion habe tagelang über nichts anderes geredet.

2. Der Zeitpunkt ist fraglos heikel: Das Land ist verwundet.

3. Es hätte also gute Gründe gegeben, den Senator beispielsweise per Interview oder mit Zitaten in einer Geschichte ins Blatt zu hieven, ihn aber nicht gleich als Autor zu adeln. Redaktionen müssen sich ständig entscheiden, und dann sollten sie zum eigenen Beschluss stehen.

4. Die *Times* aber schämt sich sofort und stellt einen Entschuldigungstext, im Nachhinein, digital also, vor Cottons Beitrag.

5. Und sie wirft James Bennet raus, den Leiter der Meinungsseite (offiziell kündigt Bennet), der gerade noch einer der Kandidaten für die Nachfolge Dean Baquets war. Bennet gibt zu, den Cotton-Text gar nicht gelesen zu haben.

6. Ach ja: Wo ist eigentlich der Chefredakteur?

«Intellektuelle Feigheit» wirft der konservative Kolumnist Bret Stephens dem eigenen Blatt vor. Eine gute Zeitung, das habe Arthur Miller gesagt, sei wie eine Nation, die mit sich selbst diskutiere. «Was für eine Zeitung aber», schreibt nun Stephens, «wird die *Times* sein, wenn die Hälfte der Bevölkerung nicht mal sporadisch am Gespräch teilnimmt?»

Gewonnen hat nur einer: Tom Cotton.

Was die «Posties» (wie *Washington Post*-Leute sich selbst nennen) erleben, reicht noch ein bisschen tiefer. Es gibt den einen Anlass nicht, es gibt viele kleine Anlässe. Das Überthema dieser Tage ist fatalerweise zum Problem der *Post* geworden. Nein, niemand hier im Newsroom nennt die *Post*, diese liberale Bastion mit transparenten Regeln für faire Bezahlung, rassistisch. Den Chefredakteur: auch nicht.

Aber da sind doch die vielen kleinen Anlässe.

Marty Baron mag es nicht, wenn seine Leute sich über die sozialen Medien ins Schlachtengetümmel stürzen; sie sollen die *Post* ernst und wichtig finden, nicht sich selbst. «Die *Post* ist mehr als eine Ansammlung von Individuen, die sich gern ausdrücken möchten», schrieb Baron in einer hausinternen Mitteilung, «die Reputation der *Post* muss Vorrang haben.» In einem gleichfalls internen Bericht schreibt Steven Ginsberg, Leitender Redakteur der Inlandsseiten, dass die Zeitung «schlecht darauf vorbereitet ist, mit den sozialen Medien der modernen Ära umzugehen», und, vor allem, dass die Zeitung weißen Männern und den Stars des Hauses mehr verzeihe «als Frauen, Minderheiten und weniger berühmten Reportern». Auf 32 Seiten hat der Betriebsrat die Beschwerden afroamerikanischer Kolleginnen und Kollegen gesammelt.

Viele haben gekündigt. Kevin Merida war ein Star und ist nun bei ESPN, Kimbriell Kelly ist zur *Los Angeles Times* gewechselt und sagt, dass für sie andere Regeln gegolten hätten als für weiße Investigativreporter. Die junge Kulturreporterin Soraya Nadia McDonald ging schon 2016, wurde für den Pulitzer-Preis nominiert und fällt das harsche Urteil: «Dieser Ort vertreibt seine Besten.»

Redaktionen leben vom Widerspruch, auch vom Streit, sie leben von der eigenen Lebendigkeit. Gerade exzellente Redaktionen können sich darum schnell selbst lähmen.

Nicht alle Reflexe aber sind gelähmt. Als Enthüllungsmedien funktionieren *New York Times* und *Washington Post* weiterhin: Während die *Post* den Streit innerhalb der *Times* nach dem Cotton-Essay offenlegt, dokumentiert die *Times* die Schwarz-Weiß-Debatte der lieben Kollegen.

## — Wahn und Wahrheit (10.) —

Daniel Kahneman, 1934 in Tel Aviv geboren, ist ein vergnügter Mann, ein optimistischer auch, was durchaus überrascht, da sein Menschenbild eher desillusioniert ist. Wie dumm wir sind. So plump und kinderleicht zu täuschen.

Thinking, fast and slow ist das Buch, das Kahnemans Lebenswerk zusammenfasst, eine Geschichte der zwei Systeme menschlichen Denkens: System Eins ist emotional, instinktiv, schnell, während System Zwei analytisch, logisch, langsam vorgeht. Man sollte nun meinen, dass wir Menschen uns dadurch von anderen Lebewesen unterschieden, dass wir System Zwei die Arbeit machen ließen, aber das ist so nicht: Wir sind denkfaul.

Kahneman hat belegt, dass wir uns von Vorurteilen und ersten Eindrücken lenken lassen. Wenn ein Problem komplex ist (Klimawandel), schieben wir es zur Seite, indem wir eine einfachere Frage viel wichtiger finden (nehme ich heute das Auto oder das Fahrrad?); Kahneman nennt das «substitution».

Sobald wir uns eine traurige Konsequenz vorstellen können (der FC St. Pauli steigt ab), vielleicht weil wir sie schon mehrfach erlebt haben, neigen wir dazu, das dazugehörige Problem ernster zu nehmen, als wenn wir keine Vorstellung von den Folgen eines Problems haben (Klimawandel); diese Selbsttäuschung heißt «availability heuristic».

Zudem: Wir überschätzen uns und unsere Intelligenz. Und: Wir lassen uns durch Framing verführen. Als Kahneman seine Versuchspersonen fragte, ob sie sich eher auf eine Operation einlassen würden, bei der die Überlebenswahrscheinlichkeit bei 90 Prozent liege, oder auf eine mit einer Todesrate von 10 Prozent, waren sehr viel mehr für Variante Eins.

System Zwei könnte uns vor Populisten schützen, System Eins allerdings verlangt nach Populisten. Der Philosoph Philip Kitcher spricht deshalb von «vulgärer Demokratie»: Die meisten Menschen haben keine Ahnung, worüber sie eigentlich abstimmen – eine «Tyrannei der Ignoranten».

# 11.

# WENN DEMOKRATIEN STERBEN

## Unabhängigkeitstag

Der 4. Juli ist der Tag, an dem Amerikaner grillen, bisweilen auch singen, jedenfalls feiern. Amerikanische Politiker reden am 4. Juli von der Einheit des Landes und seinen ruhmreichen Triumphen, in Wahljahren ganz besonders pathetisch. Am 4. Juli 1776 erklärten die bis dahin britischen 13 Kolonien ihre Unabhängigkeit, an jenem Tag verwendeten sie zum ersten Mal den Namen «Vereinigte Staaten von Amerika»; damals wurden 13 Salutschüsse abgefeuert, für jede Kolonie einer, und 1778 feierte der erste Präsident George Washington den Independence Day mit einer doppelten Ration Rum für alle Soldaten.

Diesmal fliegt der Präsident nach Mount Rushmore in South Dakota, wo vier seiner Vorgänger in den Fels gemeißelt sind: George Washington, Thomas Jefferson, Theodore Roosevelt und Abraham Lincoln, jeweils 18 Meter groß; wo in Alfred Hitchcocks *Der unsichtbare Dritte* Eva Marie Saint und Cary Grant um ihr Leben klettern; wo aber auch die Nation an sich selbst leidet, denn die Ureinwohner vom Stamm der Lakota halten dieses Denkmal für eine Entweihung ihres heiligen Berges, den sie «Die sechs Großväter» nennen.

Es passt also: eine spaltende, eine hetzende Rede an diesem Ort.

Der Wahlkampf hat seine mutmaßlich entscheidende Wendung genommen. Die Regierung hat sich entschieden, das Coronavirus zu ignorieren und, wenn möglich, nicht mehr anzusprechen; «wir müssen damit leben», sagt Trump, wenn er gefragt wird.

120 000, 125 000, nunmehr 130 000 Tote: damit leben? In den Worten der Fox-Moderatorin Laura Ingraham: «Der Präsident und seine Kampagne sollten künftig auf das alarmistische Covid-Geschwafel einfach

nicht mehr reagieren. Niemand von diesen Leuten, leider auch Dr. Fauci, kann mehr ernst genommen werden, angesichts dessen, was wir erlebt haben. Weil die Wissenschaft, genau wie Journalismus und Entertainment, auf obszöne Art und Weise politisiert worden sind.»

Stattdessen will die Regierung nun einen Kulturkrieg entfachen und erzählt deshalb die Geschichte von marodierenden Linken, vom Vernichtungszug der politischen Korrektheit, von der Zerstörung amerikanischer Werte. Vor vier Jahren war der Fremde der Feind: der Mexikaner, der Eindringling, der Ausländer. Diesmal soll der Feind im Landesinnern sein: «linksextreme Faschisten», wie Trump allen Ernstes sagt.

Wahnhaft, auch dies? Es hat mit der Wirklichkeit nichts zu tun, es gab einige Ausschreitungen bei den Black-Lives-Matter-Demonstrationen, und ansonsten gibt es einen progressiven Flügel der Demokratischen Partei, der in Sachen Klima- und Sozialpolitik ungeduldig wird – aber linker Faschismus? Die Regierung arbeitet an ihrer Erzählung, Anekdote für Anekdote, Rede für Rede.

Der Autorennfahrer Darrell Wallace Jr., einziger Schwarzer im Feld der NASCAR-Piloten, hatte in seiner Box eine Henkersschlinge gefunden, ein Symbol der Lynchmorde; Trump beschuldigt Wallace, diese Geschichte erfunden zu haben, und setzt ihn den Pöbeleien der Trump-Anhänger aus. Dass die NASCAR-Veranstalter die Konföderierten-Flagge, Symbol der Sklaverei, von ihren Rennstrecken verbannen wollen, hält der Präsident für einen Fehler, ebenso wie die nun angekündigte Namensänderung des Football-Clubs Washington Redskins. Alles schwach, alles feige, alles Verrat am nationalen Erbe, so Trump, der ein Video retweetet hat, in welchem ein Anhänger die Worte «white power» ruft. Die Worte «Black Lives Matter» nennt Trump ein «Symbol des Hasses».

Jetzt steht er dort oben und sagt: «Der wütende Mob versucht Statuen unserer Gründer niederzureißen, unsere heiligsten Denkmäler zu entehren und eine Welle gewaltsamer Verbrechen in unseren Städten zu starten.» Amerikas Kinder, sagt er, lernten in der Schule, Amerika zu hassen. «Unsere Nation erlebt eine gnadenlose Kampagne, die unsere Geschichte auslöschen und unsere Helden beschmutzen, unsere Werte vernichten und unsere Kinder indoktrinieren» soll.

Es ist die Erfindung eines Feindbildes, es ist die fortschreitende Kriminalisierung und Dämonisierung des politischen Gegners. Dass es destruktiv ist und dem Land nicht hilft, Covid-19 nun «Kung Flu» zu nennen («flu» ist die Grippe), dürfte offensichtlich sein: In 33 Staaten steigen rund um den 4. Juli die Infektionsraten wieder. Offen bleibt vorerst, ob es, rein taktisch gesehen, dennoch funktionieren und den Republikanern den Wahlsieg bringen kann. Die Helfer jedenfalls sind zur Stelle.

Sebastian Gorka twittert: «Journalismus ist TOT. CNN lügt ständig über Amerikaner. Wir sind NICHT rassistisch, wir sterben NICHT alle wegen des China-Wuhan-Coronavirus. Donald Trump WILL uns vereinen & MAKE AMERICA GREAT AGAIN. Die MSM *(Mainstream-Medien)* wollen, dass IHR leidet und strampelt!»

Laura Ingraham zielt auf die Kongressabgeordnete Ilhan Omar, eine der vier «Squad»-Frauen: «Sie ist Marxistin. Marxisten hassen die Freiheit und den Westen. Sie wollen totale Kontrolle. Punkt.»

Tucker Carlson greift auf Fox News die Senatorin Tammy Duckworth an. Diese ist eine der möglichen Kandidatinnen für die Vizepräsidentschaft an der Seite Joe Bidens, eine dekorierte Heldin der USA: Im Irakkrieg war sie Pilotin und verlor 2004 im Kampf beide Beine. Die Senatorin hat gesagt, dass eine Debatte über Amerikas alte Denkmäler zu führen sei, auch über die Denkmäler des ersten Präsidenten George Washington, der ein Sklavenhalter war; die Senatorin hat nicht gesagt, dass sie die Denkmäler abreißen wolle, sondern nur, dass die Zeit für ebendiese Diskussion gekommen sei. Die Fox-Methode: Carlson unterstellt ihr, sie wollen George Washington vom Sockel holen, wolle Amerika abschaffen, denn sie liebe Amerika nicht, sie sei unpatriotisch, «diese Leute hassen Amerika», und «wir leben hier, wir haben jedes Recht der Welt, unser Land und unser Erbe und unsere Kultur zu erhalten». Tammy Duckworth antwortet via Tweet: «Tucker Carlson sollte eine Meile auf meinen Beinen gehen, ehe er meinen Patriotismus anzweifelt.»

Vielleicht hat das alles mit Verzweiflung zu tun, denn der Präsident hat unschöne Tage hinter sich. Am 20. Juni war er in Tulsa, Oklahoma, wo er seinen Wahlkampf wiederbeleben wollte: 19 000 Zuschauer in der

Halle, so war es geplant, «über eine Million Menschen haben Eintrittskarten angefordert», verkündete das Wahlkampfteam stolz. Aufkleber, die für Abstand zwischen den Besuchern sorgen sollten, wurden von Trumps Helfern entfernt. Es kamen gerade einmal 6200. Die vielen leeren Reihen wurden gefilmt und fotografiert, es sah trostlos aus. Acht Mitarbeiter Trumps und Kimberly Guilfoyle, die Freundin von Don Jr., wurden in der Folge positiv auf Covid-19 getestet. Zwei Wochen nach der Veranstaltung wird die Gesundheitsbehörde steigende Infektionsraten für Tulsa melden. Eines der Fotos, die bleiben werden, weil sie die Wahrheit abbilden, zeigt einen gebeugten Donald Trump, zerzaust auch, mit offener Krawatte um den Nacken, nach der Rückkehr Richtung Weißes Haus schlurfend. Sechs Wochen später stirbt der einstige Präsidentschaftsbewerber Herman Cain, der ohne Maske Trumps Gast in Tulsa war. Todesursache: Covid-19.

Und da war «Bountygate», «bounty» heißt Kopfgeld: Die Enthüllung, dass Russland die Taliban dafür honoriert, dass diese amerikanische Soldaten in Afghanistan töten, ist wuchtig. Noch wuchtiger ist die Nachricht, dass Trump darüber gebrieft wurde, von seinen Geheimdiensten, zweifelsfrei schriftlich, wahrscheinlich auch mündlich. «Ich wusste das nicht», sagt der Präsident – ein kläglicher Kommentar: Welche Sorte Chef kennt solche Informationen nicht? Wieso eigentlich reagiert er selbst jetzt noch nicht, denn jetzt weiß er es ja? Trump hat Wladimir Putin eingeladen, in die G7 zurückzukehren (die dann wieder die G8 wären); sollte es nicht stattdessen Sanktionen gegen Russland geben? Mindestens scharfe Worte? Sollte ein amerikanischer Präsident nicht amerikanische Soldaten schützen, die fern der Heimat für Amerika kämpfen?

Nun ist da auch noch Trumps Nichte Mary L. Trump, die das nächste Buch geschrieben hat: *Too Much and Never Enough: How My Family Created the World's Most Dangerous Man*, gemeint ist ihr Onkel Donald. Mary Trump, Psychologin, berichtet von einem Kind im Körper eines Mannes, einem verhaltensgestörten Menschenwesen, das andere Menschen ausschließlich «nach finanziellen Kriterien» beurteile und «Betrug zur Lebensweise» erklärt habe; einem unreifen Menschen, der wegen des Geldes und der Macht seines Vaters nie erwachsen werden, nie Probleme lösen, nie das Leben kennenlernen musste. Sie diagnostiziert: Narzissmus, Schlafstörungen (wegen der vielen Diet Cokes) und diverse Persönlichkeitsstörungen (Abhängigkeit von Lob, soziale Unfähigkeit, «ein unfüllbares schwarzes Loch der Bedürftigkeit») und erinnert sich an ihr Gefühl in der Wahlnacht von 2016: «Es war, als ob 62 979 636 Wähler sich entschieden hatten, das Land in eine Makroversion unserer krankhaft dysfunktionalen Familie zu verwandeln.»

Der Familienmythos will es so, dass die Trumps durch harte Arbeit und geniale Ideen reich geworden seien, Mary aber erzählt von Korruption und Unterwürfigkeit, dem Leben als ewigem Kampf und vom Geiz: Donald habe eine Handtasche verschenkt, in der dann ein gebrauchtes Kleenex-Tuch gefunden wurde; einen Picknickkorb, aus dem er zuvor aber den Kaviar herausnahm; ein Notizbuch, dessen Kalender vor zwei Jahren gepasst hätte.

Marys Geschichte passt so gar nicht zur Siegersaga, die Donald Trump so gern erzählt. Sie schreibt, dass Donald sich ins College gemogelt habe, indem er einen begabteren Freund seinen Aufnahmetest machen ließ. Das immerhin lässt Onkel Donald umgehend dementieren. Die Nichte schreibt von Geldgier und geistiger Armut, Gnadenlosigkeit auch. Donalds Vater Fred Trump Sr. war der Patriarch, der den eigenen Sohn, Donalds älteren Bruder Fred Jr., Freddy genannt, verstieß, weil dieser mit Immobilien nichts anfangen konnte oder wollte. Freddy wollte Pilot werden und schaffte es, flog für TWA, hatte aber mit dem Alkohol zu kämpfen. Der Patriarch sagte dem Erstgeborenen, Fliegen sei wertlos wie Busfahren, er sei eine gescheiterte Existenz. Donald, der des Vaters Gunst und Geld wollte, stellte sich an dessen Seite und gegen den Bruder: «Papa hat recht. Du bist nichts als ein glorifizierter Busfahrer.» «Donald ist zehn mal so viel wert wie du», das sagte der Vater zu Freddy. Als der mit nur 42 Jahren an einem Herzinfarkt starb, ließ ihn die Familie in der letzten Nacht allein.

Dann, so jedenfalls schreibt es Mary, sorgte Donald dafür, dass Fred Sr., nun dement, Mary und ihren Bruder Fred III. enterbte.

Die meisten Familien haben mehrere Wahrheiten. Stimmt diese?

Donald Trump hat es bislang nicht über sich gebracht, die einfachsten Schutzmaßnahmen zu propagieren oder so etwas wie einen nationalen Kurs zu finden. Kommunikative Klarheit gab es nie, Prioritäten auch nicht. Stattdessen hat er vier Strategien ausprobiert, in vier Phasen.

Im Januar/Februar versuchte er das Virus kleinzureden: «Bald sind wir bei null Fällen», so redete er am 26. Februar, als, wie sich später herausstellte, 10 000 Amerikaner infiziert waren.

Am 13. März rief er dann den «nationalen Notstand» aus, denn er wollte sich nun als «Kriegspräsident» inszenieren, ohne die Anstrengungen auszuhalten. Über das Tragen von Atemschutzmasken und über das Abstandhalten witzelte er. Unmännlicher Kram. Demokratenzeugs.

Die dritte Strategie war die Fokussierung auf die Wirtschaft, in Mai und Juni. Trump stellte seine Pressekonferenzen wieder ein, die Task-Force tagt seither auch kaum noch, und er untergrub die eigene offizielle Politik, indem er jene Bundesstaaten anfeuerte, die trotz steigender Infektionszahlen ihre Vorsichtsmaßnahmen fallen ließen. Absurd ist das nur, wenn man von Politikern Konsistenz und Ernsthaftigkeit erwartet – Donald Trump hingegen distanziert sich von Handlungen eines Präsidenten, der er selber ist, da er von jenen Menschen gewählt werden möchte, denen Washington und alle Politiker zuwider sind.

Am 6. Juli 2020 sind wir in Phase vier: ignorieren. Welches Virus? Welche 133 000 Toten? Trump spricht nicht mehr von Corona, er will sein Wahlkampfthema zum einzigen Thema machen: innere Sicherheit.

In den vergangenen Monaten waren wir mehrfach im Weißen Haus. Wenige Mitarbeiter dort sind zu Gesprächen bereit, nur anonym, denn die ständigen Entlassungen via Tweet und die anschließenden medialen Kreuzigungen via Fox News machen ihnen Angst. Einer berichtet von einem Präsidenten, der bis heute nicht verstehe, dass Loyalität nur dem entgegengebracht werde, der nicht alle anderen denunziere und verachte. Einer erzählt, dass der Chef manisch darauf bedacht sei, wie er wirke und bewertet werde: «Ihm ist das Image des Corona-Besiegers viel, viel wichtiger als die Krise selbst.»

Die Umfragewerte sind im Sommer für Trump fürchterlich, er liegt weit hinter Joe Biden, und aus Sicht des Weißen Hauses ist dies nun der einzig gangbare Weg: ein Kulturkampf und die maximale Mobilisierung der konservativen und weißen Wähler.

Hinzu kommt der Versuch, die Briefwahl einzuschränken und für Minderheiten die Wahlvorschriften zu verschärfen: «Es steht zu befürchten, dass die Republikaner die Unterdrückung von Wählerstimmen auf ein neues Niveau anheben werden, das ist ein riesiges Problem», sagt der Philosoph Michael Werz. Nahezu ausgeschlossen, dass auf diese Weise die Mehrheit des Popular Vote zu erringen ist; aber in jenen Bundesstaaten, in denen vermutlich wenige Stimmen entscheiden werden, kann die Wette aufgehen.

Der Präsident begnadigt Roger Stone, seinen Freund, der in der Russland-Affäre siebenfach schuldig gesprochen und zu 40 Monaten Gefängnis verurteilt worden war. «Das ist ein nie gesehenes Höchstmaß an Korruption», sagt Mitt Romney.

Der Präsident erzählt Sean Hannity, dass der Virologe Anthony Fauci ein «netter Mann» sei, aber «viele Fehler» gemacht habe, «so viele Fehler». Mitte Juli 2020 wird bekannt, dass Trump und Fauci seit nunmehr einem Monat nicht miteinander gesprochen haben.

Der Präsident trägt eine Atemschutzmaske, als er das Walter Reed National Military Medical Center besucht. «Ich war nie gegen Masken», sagt er.

Die Republikaner diskutieren, wer 2024 ihr Kandidat werden solle. Meistgenannt: Fox-Moderator Tucker Carlson.

## Eheprobleme

Es formt sich eine milde Gegenbewegung in der Republikanischen Partei; wird sie wichtig werden? Einige fürchten schlicht um ihre Posten, andere scheinen genug von ihrem Präsidenten zu haben. Das «Lincoln Project» ist eine der Gruppen von Republikanern, die Joe Biden zum Sieg verhelfen wollen, und George Conway ist einer der Gründer.

Wie das wohl ist, wenn die Eheleute Kellyanne und George Conway, die Beraterin und der Feind des amerikanischen Präsidenten, am späten amerikanischen Abend ins Familienheim kommen? Vielleicht so: «Hello my Love, wie war dein Tag? Und wie geht's deinem Boss?» «Tröste mich, my Love, Biden hat zwölf Prozent Vorsprung.» Nein, so nicht.

So etwa? Zwei reiche und erfolgreiche Eheleute betreten ihre Villa im Abstand von zwei Stunden, zuerst er, später sie, essen getrennt, sprechen getrennt mit den vier Kindern, machen getrennt noch ein bisschen weiter mit Mails und Anrufen, gehen in getrennte Schlafzimmer, sehen einander nicht, sagen einander nichts.

Ja, so wird es sein, und das überrascht uns selbst: wie uns auf einmal Washingtons Klatsch beschäftigt. Die Conways nämlich sind Amerikas Ehepaar: Sie erleben die Polarisierung, die Verbitterung, den Hass in den eigenen vier Wänden.

George Conway, im sonstigen Leben Rechtsanwalt in New York, twittert mit Axt und Florett über Trump: «RECHT UND ORDNUNG!», schreibt er und garniert seinen Spott mit Fotos vom golfenden Präsidenten. Kellyanne Conway ist langweiliger: Sie lobt und preist halt ihren Präsidenten, und wenn eine amerikanische Rakete abhebt, schreibt sie «Godspeed», «Gute Reise».

Lange achteten die beiden die Schutzzone, die eine Ehe ja sein sollte, griffen einander nicht an. Das ist vorbei. Als Kellyanne ein Video verspöttelte, in dem Joe Biden seltsamerweise über Beinbehaarung philosophierte («Sleepy Joe is Creepy Joe. Und wir sollen die Hilfe der Ukraine nötig haben, um diesen Typen zu schlagen?»), antwortete George: «Dein Chef scheint das zu glauben.» Und als George böser und aggressiver denn je gegen Trump anschrieb («Soziopath», «Rassist», «Krimineller», «zutiefst psychisch krank»), schaltete sich Trump ein: «SEHR eifersüchtig auf den Erfolg seiner Frau», und: «Ich kenne ihn kaum, aber seht ihn euch nur an, ein eiskalter Verlierer.» Da Trump es nie genug sein lassen kann, schoss er abends noch «whack job» (ungefähr: Knalltüte) und «er schadet seiner Frau enorm» hinterher.

George Conway übrigens ist mittlerweile ehemaliger Republikaner; er ist ausgetreten, weil er glaubt, die Partei sei Vergangenheit, sei unrettbar, weil sie sich durch den Personenkult um Trump selbst zugrunde gerichtet habe. Es gibt auch das schnell wachsende Online-Medium «The Bulwark», es gibt die «Republican Voters Against Trump», die «Republicans for the Rule of Law» und die «43 Alumni for Biden», die vor allem Geld für Joe Biden zusammentragen. Das Lincoln Project schaltet sarkastische Werbespots, die Trump immerhin so nahe gehen, dass er twittert: «Ich weiß nicht, was Kellyanne ihrem geistig zerrütteten Verlierer von Ehemann angetan hat, aber es muss sehr schlimm gewesen sein.»

Es gibt ja nun zweifellos unterschiedliche Liebespaare, mit wem lassen sich die Conways vergleichen? Cäsar und Kleopatra? Charles und Diana in der Endphase? Es gab Mary Matalin und James Carville – Matalin arbeitete für die republikanischen Präsidenten Ronald Reagan, George H. W. Bush und George W. Bush, während ihr Mann Stratege für die Demokraten war. Das allerdings war vor der Geburt der sozialen Medien; Matalin und Carville erklärten, dass sie zuhause nicht über Politik redeten, und schon war Ruhe. Schließlich: John und Martha Mitchell – er war Richard Nixons Justizminister, sie bekämpfte Nixon wegen Watergate und wegen Vietnam.

Aber zurück zum Klatsch: In Washington wurde zunächst spekuliert, dass die Conways das perfekte Spiel spielten, scheinbar zerstritten und eben dadurch gemeinsam noch reicher und noch berühmter; nun heißt es, sie würden nicht mehr gemeinsam gesehen.

George bremst sich nicht mehr. «Ihre Frau ist eine Ermöglicherin und eine Cheerleaderin», schreibt ihm ein Reporter, «welches Spiel aber spielen Sie?» Der Ehemann antwortet: «Sie ist beides, ja. Das heißt aber nicht, dass ich spiele.» Was aber vermutlich keiner der beiden, weder Mutter noch Vater, bedacht hat, ist, was das alles eigentlich mit den Kindern macht. Claudia Conway, 15, twittert nun selbst und hat schnell 450 000 Follower. Sie lobt auch ihren Papa nicht, aber über ihre Mama schreibt sie dies: «Der Job meiner Mutter hat mein Leben ruiniert.» Es sei «herzzerreißend, dass sie auf ihrem Weg immer weiter geht nach all den Jahren, in denen sie ihre Kinder leiden sah. Selbstsüchtig. Es geht um Geld und Ruhm, *Ladies and Gentlemen*».

Eine ganz normale amerikanische Familie?

Laura Ingraham redet in ihrer Fox-Show «The Ingraham Angle» über die beiden Kampagnen: «Die Demokraten wünschen sich offensichtlich, dass der Präsident seine Wahlkampagne auf unbefristete Zeit einstellt, am besten bis nach dem Wahlsieg von Joe Biden. So wie es aussieht wünschen sie sich auch, dass Joe Biden bis zur Amtseinführung in seinem Keller bleibt.» Einen Tag später folgt sie dem Schlachtplan des Weißen Hauses: «Ewige Trump-Gegner und Mainstream-Demokraten haben versucht, unabhängige Wähler davon zu überzeugen, dass ein Biden-Sieg im November uns eine Art Normalität zurückbringen wird. Ich bin heute Abend hier, um Ihnen zu sagen: Nichts könnte von der Wahrheit weiter entfernt sein. Alles, was Sie tun müssen, ist Joe Biden ein paar Minuten zuzuhören, wenn er live über nahezu jedes Thema spricht. Und Ihnen wird klar: Er ist extrem schwach. Bestenfalls wird er ein Aushängeschild-Präsident sein. Ohne die physische, mentale oder intellektuelle Kraft, um sich gegen die Linksradikalen behaupten zu können.»

Dann sagt Ingraham ihren Zuschauern: «Die extremsten linken Kräfte, die Amerika abschaffen wollen, haben Auftrieb. Sie können es sehen, Sie können es fühlen. Sie (*die Linksextremen*) haben eine kulturelle Kraft, sie haben ein Momentum, sie haben die Energie der Straße. Und jetzt haben sie Geld.»

Sarkasmus und Raunen sind wunderbare Stilmittel, wenn Wissenschaftlern schon keine Wahrheit entgegenzusetzen ist. Ingraham sagt: «Anthony Fauci, ein Mann, der offensichtlich unter Öffentlichkeits-Entzug leidet, ist am Wochenende wieder aufgetaucht. Man kann das nur als Versuch einer Ein-Mann-Anstrengung werten, uns alle zu deprimieren. Jetzt, da wir alle versuchen, allmählich unser Leben zurückzubekommen, erzählte er einer britischen Zeitung: ‹Ich hoffe, wir bekommen innerhalb eines Jahres ein wenig Normalität zurück. Aber ich glaube nicht, dass es im Winter oder Herbst sein wird.›» Laura Ingraham lacht gespielt: «Der medizinische ‹deep state› schlägt wieder zu.»

## Buddha, Gandhi, Obama, Trump

Die Scaramuccis sind umgezogen. Sie haben ein großes Haus in der Plymouth Road in Plandome auf Long Island bezogen, im Keller ein TV-Studio, im Garten ein Spielplatz für die zwei Kinder, der solche Ausmaße hat, dass es folgerichtig wirkt, dass oben auf dem Klettergerüst ein Fernrohr installiert ist. Nur zwei Meilen sind sie jetzt von Anthonys Elternhaus entfernt, der Vater ist knappe 90, die Mutter 83, und Anthony kauft für die beiden ein und bespricht sich mit den Pflegern: «Mein Vater hat sein ganzes Leben lang physisch gearbeitet, er spürt das heute.»

Scaramucci schloss seine Firma am 13. März aus der Ferne, er war in Hawaii, und noch immer arbeitet er von daheim und unterwegs. Aber er sieht strahlend aus, muskulös, braun, und er lacht: «Die Kraft von Haarfärbemittel, Botox und, das schon auch, täglichem Training.»

Dann beginnen wir, es ist der 22. Juni.

Der Präsident werde bewacht und gehütet, sagt Scaramucci, er sei offensichtlich krank. «Eine gelähmte Regierung», so Scaramucci, und das mit der Krankheit ist ihm nun wichtig: «Ich glaube ja, dass wir alle, die wir den Mann beobachten, ihn seit dreieinhalb Jahren normalisieren, sein ganzes Verhalten schönreden. Weil das Amt nach Würde verlangt, sagen wir, der Nachfolger Lincolns und Eisenhowers muss doch normal sein. Eine gewisse Gruppe in diesem Land sieht ihn aber noch immer als großen Kulturkrieger, der sie vor den Caffè Latte trinkenden Transvestiten beschützt, die über die Mauer klettern und unser Land zerstören wollen. So funktioniert Demagogie: Sie will zu etwas zurückkehren, das es nie gab, es wieder groß machen.»

Lügen oder jedenfalls das Beugen der Wahrheit funktionierten in der Politik mitunter, aber nicht immer. «Er hat nun 45 oder 50 Jahre lang Erfolg damit gehabt, die wirkliche Wirklichkeit seiner Wirklichkeit zu unterwerfen. Das waren nicht 10 000, sondern zehn Millionen Lügen. Es ist für die Aufgaben unserer Zeit aber nicht das richtige Talent, nicht das richtige Mittel: Du kannst nicht inmitten einer Pandemie wissenschaftliche Resultate verfälschen. Du kannst dich nicht hinstellen und sagen, zwei plus zwei sei sieben.»

Was Scaramucci zu einem besonders anregenden Gesprächspartner macht, ist das, was ihn von vielen Demokraten unterscheidet: Er war auf der anderen Seite. Er mag die andere Seite. Er ist noch immer Republikaner. Er will auch den Präsidenten nicht verdammen, er will ihn verstehen. Er sagt: «Denkt euch in ihn hinein, im Januar. Die Wirtschaft wächst, das Amtsenthebungsverfahren läuft, der Wahlkampf läuft an. In diesem Moment also hört er den Rat, die Wirtschaft auf null herunterzufahren. Ich verstehe sein Zögern. Es wäre Obama, Gandhi, Buddha nicht anders gegangen. In dem Moment sagst du doch: ‹Moment, lasst mich erst einmal Luft holen und nachdenken.› Ich verstehe eine Verspätung von ein, zwei, sogar drei Wochen. Aber wenn dann unwiderlegbare Daten kommen, wenn dir das exponentielle Wachstum der Krise erklärt wird – dann musst du handeln, oder du hast versagt.»

## Der atlantische Graben

Der deutsche Außenminister sitzt an diesem Julitag am Schreibtisch, in seinem Büro in Berlin. Ein ungewöhnlicher Anblick, sagen seine Leute, meistens ist der Chef ja unterwegs, in Paris, in Brüssel, in Tallinn, in Rom, irgendwo. In der amerikanischen Hauptstadt war Heiko Maas schon lange nicht mehr. Das mag an den hohen Corona-Infektionszahlen in den USA liegen. Das liegt wohl auch an den enormen Spannungen zwischen den Regierungen in Washington und Berlin.

Zu sagen gäbe es eine Menge, Präsident Trump schimpft häufig über ausbleibende Zahlungen des NATO-Partners Deutschland und über die Gasgeschäfte zwischen Deutschland und Russland. Auch bei Heiko Maas hat sich einiges angestaut, und das will er heute loswerden. Er hat zugesagt, sich ausführlich über die Regierung Trump und das gestörte deutsch-amerikanische Verhältnis befragen zu lassen. Maas kommt fünf Minuten zu früh zum Interview und verliert keine Zeit mit Floskeln: «Die Konsultationsmechanismen, die es früher mal gegeben hat, gibt es nicht mehr. Oder sie funktionieren nicht mehr. Insofern ist es für uns schwierig, ein geschlossenes Bild über das zu bekommen, was in den Vereinigten Staaten geschieht, jetzt auch in der Coronakrise. Das, was wir erlebt haben rund um den Tod von George Floyd: ein aufgewühltes Land, ein gespaltenes Land. Mit einem Präsidenten, vielleicht dem ersten in der amerikanischen Geschichte, der sich nicht bemüht, diese Spaltung zu beenden oder ihr entgegenzuwirken, sondern sie weiter zu vertiefen. Ich glaube, das tut diesem Land nicht gut.»

Heiko Maas weiß, dass das Interview mitten in der heißen Phase des Präsidentschaftswahlkampfes veröffentlicht werden wird, es scheint ihn nicht zu kümmern. Was unterscheidet Präsident Trump von anderen Präsidenten? Eine offene, eher harmlose Frage. Aber die Antwort fällt nicht harmlos aus: «Ich glaube, dass er mehr polarisiert als jeder andere, der dieses Amt zuvor bekleidet hat, und dass er die Polarisierung nutzt, um seine Mehrheiten zu mobilisieren, und ihm dabei nahezu jedes Mittel recht zu sein scheint. Normalerweise ist man gewöhnt, dass der Präsident eines so großen und wichtigen und mächtigen Landes versucht, Konflikte, die in seinem Land sind, zu begradigen, sie zu kontrollieren, sie einzuhegen. Dieser Präsident tut das Gegenteil: Er befeuert die Konflikte, weil er dies als ein Mobilisierungsinstrument begreift, um sich seine Mehrheiten zu verschaffen.»

So geht es eine Stunde lang. Wir streifen die wichtigsten Ereignisse und Themen der vergangenen Monate. Trumps Immigrationspolitik, den Flüchtlingstreck von 2018 und seine Reden gegen eine angebliche Invasion: «Das ist eine Art Politik zu machen, der ich nicht nur nichts abgewinnen kann, sondern die ich für echt gefährlich halte.» Das Impeachment-Verfahren gegen Donald Trump im vergangenen Winter? Maas hat es aufmerksam verfolgt, staunend. «Das hat dazu geführt, dass über Wochen die Vereinigten Staaten so sehr mit sich selber beschäftigt gewesen sind, dass sie im Grunde genommen ausgefallen sind für viele internationale außen- und sicherheitspolitische Fragen, für die sie dringend gebraucht werden.» Die Behauptung von Trumps Anwalt Alan Dershowitz, der Präsident könne nicht des Amtes enthoben werden, wenn er etwas tue, das ihm «zur Wiederwahl im öffentlichen Interesse» verhelfe? Heiko Maas verdreht die Augen. Was hat der Mann gesagt? Das Gleiche noch einmal im englischen Wortlaut. Schließlich antwortet Maas: «Die Gleichsetzung der Wiederwahl mit öffentlichem Interesse – das eine hat mit dem anderen nichts zu tun. Die Argumentation ist völlig absurd … Unter Demokratie stelle ich mir etwas anderes vor.»

Es ging bei dem Impeachment-Verfahren ja um ein Telefonat zwischen Trump und dem ukrainischen Präsidenten Zelensky, um angebliche Wahlkampfunterstützung für Trump und um zurückgehaltene Militärhilfe. Haben Sie über diesen Vorgang mal mit Ihrem ukrainischen Amtskollegen gesprochen? «Natürlich haben wir auch darüber gesprochen, denn Deutschland und Frankreich sitzen in dem sogenannten Normandie-Format zusammen mit der Ukraine und Russland, um den Konflikt in der Ostukraine zu beenden, um dort eine friedliche Lösung herbeizuführen. Und das hat uns das Leben dort auch nicht einfacher gemacht, weil es natürlich viel Erklärungsbedarf auch in der Ukraine gegeben hat.» Das heißt, Sie haben das direkt zu spüren bekommen?

«Na ja, es ist ja eine Zeit lang nicht einfach gewesen für den Präsidenten der Ukraine, Herrn Zelensky, der am anderen Ende der Leitung gewesen ist, das zu erklären. Und insofern hat uns das in unseren Bemühungen, die wir zusammen mit Frankreich nun schon seit einigen Jahren verfolgen, den Konflikt in der Ostukraine zu beenden, nicht geholfen.» Um es diplomatisch zu sagen? «Sehr diplomatisch, ja». Auf Deutsch heißt das?

«Das hat den Konflikt um eine weitere Facette erweitert, denn auf der anderen Seite steht Russland, die das natürlich auch gesehen haben und die das auch für ihre Zwecke instrumentalisiert haben und damit auch die Glaubwürdigkeit der ukrainischen Seite in Frage gestellt haben. Das hat neue Probleme geschaffen.»

Dann kam es Anfang Januar 2020, auf Befehl von Präsident Trump, zur Tötung des iranischen Generals Qasem Soleimani in Bagdad. War das richtig oder falsch? Maas: «Bei all dem, was sich danach im Irak abgespielt hat, glaube ich, kann man nicht sagen, dass das richtig gewesen ist. Es hat den Irak in einer Art und Weise destabilisiert, vieles, was dort an Aufbauarbeit in den Jahren zuvor gemacht worden ist, wieder in

Frage gestellt … Ich glaube nicht, dass sich dadurch im Verhältnis zwischen den USA und Iran irgendetwas zum Besseren gewendet hat. Wir wissen, dass die gesamte Region – es gibt dort nicht nur Iran, es gibt den Irak, Syrien ist nicht weit – ein einziges Pulverfass ist. Es ist für mich sehr bemerkenswert gewesen, dass alle immer gesagt haben, sie wollen keinen Krieg, aber das, was sie getan haben, sowohl auf der amerikanischen Seite, aber auch auf der iranischen Seite, dem nicht unbedingt entsprochen hat. Und deshalb befanden wir uns nach der Tötung Soleimanis in einer Phase, in der man nahezu befürchten musste, dass auch durch unbeabsichtigte Aktionen ein Krieg ausgelöst werden konnte. Das ist eine Situation gewesen, die wirklich sehr gefährlich gewesen ist. Bei der ich mir nicht sicher gewesen bin, dass wir es am Schluss nicht doch mit einer Eskalation der Gewalt zu tun haben werden, die in einen Krieg mündet, und zwar in einen Krieg, der den gesamten Mittleren und Nahen Osten betrifft.»

Später im Gespräch kommen wir noch einmal auf die Demonstrationen nach dem gewaltsamen Tod des Afroamerikaners George Floyd zurück. Und auf dieses Bild, das um die Welt ging, Trump mit der Bibel vor der St. Johns-Kirche. Maas schmunzelt: «Ich dachte mir, ehrlich gesagt: Mann, schlag sie auf und fang an drin zu lesen, anstatt sie in die Luft zu halten.» In diesen unruhigen Tagen kündigte Trump an, das Militär gegen die Demonstranten einzusetzen. Jetzt wird Maas wieder ernst: «Das hat schlicht mein Vorstellungsvermögen überschritten. Dass es in diesen Auseinandersetzungen Gewalt und Plünderungen gegeben hat und dass der Staat dagegen vorgehen muss, ist alles völlig unbestritten. Aber dass man ankündigt, Militär einzusetzen auf den Straßen Washingtons, so dass selbst der eigene Verteidigungsminister dem widersprechen musste, das war jetzt nochmal eine neue Erfahrung für mich, dass selbst da keine Grenze ist. Das trägt zu gar nichts bei, zumindest zu nichts Gutem.»

Ganz zum Schluss wird Heiko Maas versöhnlich. Nicht weil ihm plötzlich doch noch etwas Lobenswertes zu Donald Trump eingefallen wäre. Heiko Maas will von seinen harschen Worten das amerikanische Volk ausnehmen. Er glaubt unverändert an die Ideale und an die innere Kraft der Amerikaner: «Für mich waren die Vereinigten Staaten immer das Sinnbild von Freiheit, und das sind sie auch nach wie vor. Die Vereinigten Staaten sind nämlich größer als das Oval Office, und das, was in den Vereinigten Staaten geschieht, und die Konflikte, die es dort gibt, haben auch etwas damit zu tun, dass die Freiheit, die dieses Land in seinen Genen trägt und in seiner kurzen Verfassung, so elementar ist, dass ich nicht glaube, dass irgendein Präsident das zertreten kann.»

## Genuin katastrophal

Jill Lepore verbringt ihre Sommer nicht in Harvard, sondern im hügelig grünen Vermont; die Menschen hier sagen natürlich «bergig» und nicht «hügelig». Von dem kleinen Ort Brattleboro aus fährt man noch einmal 15 Minuten hügelaufwärts, und dann, am Ende des Weges, sind wir bei Lepore und ihren Hunden, Ziegen, Hühnern angekommen – Letztere bewundert sie, weil sie «so ganz und gar furchtlos sind und dir jeden Morgen, egal was geschehen ist, ein Ei schenken».

Es ist nun Hochsommer 2020, der 9. Juli. Lepore, Historikerin und Spezialistin für die Geschichte der Vereinigten Staaten, hat bereits ihren Platz in diesem Buch gefunden, aber mitunter ist eine Vertiefung ja doch sinnvoll. Ist das, was in den USA geschieht, beispiellos? Historisch? Ist es die amerikanische Katastrophe?

Jill Lepore sagt, dass zwei Entwicklungen zeitversetzt begonnen hätten, aber in den vergangenen Jahren parallel beschleunigt worden seien: «Die Rolle des Präsidenten wurde gedehnt, der Präsident also immer mächtiger», was durch einen sich selbst blockierenden Kongress, einen parteipolitisch ausgerichteten Obersten Gerichtshof und natürlich machtbewusste Präsidenten begünstigt und herbeigeführt worden sei. Und viele Medien, aber auch Historiker, die stets Präsidentenbiographien im Blick hätten, hätten zu einer Verherrlichung dieses Amtes, einer Glorifizierung und, zuerst mit Ronald Reagan, zu «celebrity presidents» beigetragen. Das Ergebnis beider Entwicklungen sei der autoritäre Präsidentendarsteller Trump.

Dass dieser die Medien attackiere, langweilt Lepore eher; sie fragt sich, das findet sie interessanter, welche Fehler die Medien gemacht haben. CNN zum Beispiel. CNN habe die Tweets des Kandidaten Trump im Wahlkampf von 2015 und 2016 abgefilmt und damit aus jedem «Aufstampfen mit dem Fuß (denn mehr ist ein Tweet ja nicht)» ein Ereignis gemacht; und Jim Acosta, «ha», der profitiere nun wahrlich von der ständigen Konfrontation. Damals, vor vier Jahren, hätten Amerikas Medien übrigens jede Menge Fehleranalysen und Veränderungen versprochen, und was sei diesmal anders?

Wir fragen: Ist das Land unrettbar in seinem Wahn gefangen?

Sie zitiert nun all die Klagen, die in den USA zu vernehmen seien: darüber, dass Amerikaner nicht mehr miteinander reden könnten, ohne zu schreien; über den Stillstand im Kongress; über die Politisierung des Supreme Courts; über das ungerechte Wahlrecht; über Geld in der Politik, also Korruption. Seit Jahren fragten Journalisten sie danach, ob all das einzigartig und noch nie dagewesen sei, und stets sage sie, dass es für all dies Beispiele in der Geschichte der USA gebe, und vieles sei auch schon schlimmer gewesen: «Wir hatten schon viel Demagogie in unserer Geschichte, viel Xenophobie». Aber die Gleichzeitigkeit der amerikanischen Krisen sei etwas Neues, die Figur Trump sei ohne Beispiel: und «der Begriff der Katastrophe war in dem Moment, als an der Grenze Kinder von ihren Eltern getrennt und inhaftiert wurden, tatsächlich angebracht». In jenem Augenblick habe sich Amerikas Zustand für sie verwandelt: von «bekannt, nämlich einer politischen Regression zurück zu früheren Zuständen», hin zu «etwas genuin Neuem, Unbekanntem, genuin Katastrophalem».

Danach habe es keine Rückkehr zu einer Normalität mehr geben können: Kinder in Käfigen, die Eltern irgendwo – das war für Jill Lepore der Tipping Point, der Moment, als es kippte: Amerikas Katastrophe war da.

## — Wahn und Wahrheit (11.) —

Demokratien schaffen sich selbst ab. Sie werden nicht mehr (oder nur noch selten, siehe Chile) durch Kriege oder einen Militärputsch besiegt, niemand stürmt und besetzt den Präsidentenpalast, nein, die heutigen Demokratien lassen den eigenen Untergang geschehen. Weil die Machthaber es genauso wollen und weil die Bürgerinnen und Bürger nicht oder zu spät verstehen, welches Spiel gespielt wird: wenn nach und nach Medien verboten werden, wenn Gerichte entmachtet und die Verfassung außer Kraft gesetzt werden, wenn der nationale Notstand ausgerufen wird und wenn der politische Gegner zum Feind und zur tödlichen Bedrohung für die Nation erklärt wird.

Masha Gessen, in Russland geboren und heute in den USA lebend, warnt seit 2016, dass Donald Trump trivialisiert werde, doch seine Verachtung für demokratische Regeln und Institutionen sei echt: «Er meint, was er sagt.» Wir stellten uns «die Bösewichte der Geschichte immer als Mastermind des Terrors vor», doch gerade die destruktivsten Diktatoren seien oft Männer «von eingeschränkter Fähigkeit, Bildung und Vorstellungskraft».

Der Historiker Timothy Snyder schreibt, Trump praktiziere eine «konfuse und zynische Art faschistischer Oligarchie». Und der Philosoph Jason Stanley meint, in einem Land, das die Ureinwohner ermordet und die Sklaverei eingeführt hat, sei Faschismus keine neue Bedrohung, sondern eine «permanente Versuchung».

Die Gründe für die besorgte Tonlage sind zahlreich: der Einsatz der Nationalgarde gegen Demonstranten; die ständige und nie belegte Klage des Präsidenten, dass bei kommenden Wahlen «massiv betrogen» werde; die Andeutungen, dass er nach einer Wahlniederlage womöglich nicht abtreten werde; die große Propagandamaschine Fox News; die Entlassung von Kritikern und Beamten, die dem Gesetz folgen; die Forderung, dass der Whistleblower in der Ukraine-Affäre wegen Verrats gehenkt werden solle; der Einsatz von Ermittlungsbehörden gegen politische Gegner; die Nähe zu Diktatoren; die rassistischen und ausländerfeindlichen Äußerungen und der Glaube an die eigene Außergewöhnlichkeit.

Steven Levitsky und Daniel Ziblatt schreiben: «Demokratien werden oft nicht durch Generäle umgebracht, sondern durch die gewählten Führer.» So sei es in

Russland, Ungarn, der Türkei, der Ukraine und Polen gewesen, aber auch in Nicaragua, Venezuela, Peru, Ecuador oder den Philippinen. Und in den USA?

Die beiden Historiker haben 2018 eines der größten Bücher unserer Zeit punktgenau platziert: How Democracies Die. Vier Warnsignale arbeiten sie heraus, vier Erkennungsmerkmale werdender Autokraten: Der Anführer verpflichtet sich demokratischen Regeln nicht; er leugnet die Legitimation seiner Gegner; er toleriert oder fördert Gewalt; er schränkt Bürgerrechte und Pressefreiheit ein. «Ein Politiker, der nur eines dieser Kriterien erfüllt, ist ein Grund zur Sorge», schreiben die beiden; und dann, über die USA: «Mit der Ausnahme Richard Nixons hat kein Präsidentschaftskandidat im letzten Jahrhundert auch nur eines der vier Kriterien erfüllt.» Trump erfülle «alle vier».

Einstmals, in Italien und Deutschland, hätten keine zwei Prozent der Bevölkerung die NSDAP oder die Faschistische Partei Italiens unterstützt, aber Hitler und Mussolini hätten bereitwillige und/oder blinde Helfer im politischen Establishment gehabt, Kollaborateure, die ihnen den Aufstieg ermöglicht hätten; und da sie schlaue Demagogen waren, konnten sie dann das Volk mitreißen.

Sprache war damals wichtig, sie ist es heute. Es hat Folgen, wenn eine politische Gegnerin als «Kriminelle» denunziert wird, jeder politische Gegner als «irre» oder «Abschaum» oder «radikal» oder «gefährlich». Levitsky und Ziblatt weisen nach, dass Demokratien sich nicht nur selbst zerstören könnten, sondern auch selbst schützen können.

Es brauche dafür Fairness und die Gelassenheit, auch mal eine Wahlniederlage hinzunehmen; es brauche Wächter in den Parteien, um Demagogen von der Macht fernzuhalten, und es brauche eine kollektive Verständigung über geschriebene und ungeschriebene Regeln, Normen also, ohne die keine Demokratie funktionieren könne.

# 12.

# ANSCHLAG AUF AMERIKA

## Entscheidung

Vielleicht werden, am Ende, dies die fünf Worte dieser Ära sein: «Person, woman, man, camera, TV.» In exakt dieser Reihenfolge und immer wieder neu spricht der Präsident die fünf Wörter, noch einmal also, auf Deutsch: Person, Frau, Mann, Kamera, Fernsehen.

Der Präsident ist stolz darauf, dass er einen Test bestanden hat, einen Intelligenztest angeblich, «I aced it», sagt er, mit Bestnote. Na ja, es war, das sagen dann Psychiater, in Wahrheit kein Intelligenztest, sondern einer, mit dem Menschen auf Demenz untersucht werden. Der Präsident kann aber nicht aufhören, von seinem Triumph zu reden, er sagt, er habe sich alle fünf Wörter merken und sie Minuten später erneut aufsagen können. Zum Beweis tut er's wieder und wieder.

Joe Biden, das sagt der noch amtierende Präsident, hätte den Test garantiert nicht bestanden.

Historiker schreiben, dass das konservative Amerika auf dem Weg zu Trump und anschließend in den Jahren mit Trump eine wegweisend fatale Entscheidung gleich mehrfach getroffen und dadurch verfestigt habe. Noch unter Reagan, so sagt es Anne Applebaum, habe die vorherrschende Ideologie der Republikaner im Glauben an die eigene Außergewöhnlichkeit bestanden, an amerikanische Führung, an Begriffe wie Freiheit und Leistung, an patriotische Symbole wie Flaggen oder das Lincoln Memorial in Washington.

Dann der Kurswechsel. Aus Idealismus sei Verbitterung geworden, aus Optimismus Angst und Zynismus.

Als Donald Trump von dem Moderator Bill O'Reilly hörte, dass der von ihm geschätzte Wladimir Putin ein «Killer» sei, sagte er: «Es gibt viele Killer. Glauben Sie, unser Land ist so unschuldig?» Wenn wir in Gesprächen mit Trumps Wählerinnen und Wählern darauf hinweisen, dass die Trump-Familie korrupt sei und dass diverse Trump-Helfer im Gefängnis landeten, hören wir die Antwort: «Sie sind aber nicht so korrupt wie die Demokraten.» Es wirkt so, als sei Zynismus zur wesentlichen Haltung und damit zum Zustand des Landes geworden: Lügen sind nicht mehr schlimm, weil die anderen noch öfter lügen; Militärgewalt gegen Demonstranten ist schon in Ordnung, weil die Demonstranten das Land verwüsten würden. «Wenn wir erst glauben, dass demokratische Institutionen sich nicht von ihrem Gegenteil unterscheiden, gibt es keine Notwendigkeit mehr, sie zu verteidigen», so Applebaum. Dann ist Demokratie nicht mehr besser als Diktatur.

Der Präsident aber schreitet weiter auf seinem Weg . Er greift nun nahezu täglich die Briefwahl an und sagt, sie führe zu «massivem Wahlbetrug», wofür es keine Belege gibt. Er sagt auch, dass er es offen lasse, ob er das Wahlergebnis akzeptieren und das Weiße Haus im Falle einer Niederlage räumen werde.

Für den Präsidenten bringen diese späten Augusttage keine guten Nachrichten.

Er ruft zum Boykott von Goodyear-Reifen auf, da Goodyear den eigenen Mitarbeitern das Tragen politischer Symbole am Arbeitsplatz untersagt hat. Da dies in den USA üblich ist, erzeugt Trump auch in der eigenen Partei Verwunderung: Worum geht es in diesem Sommer 2020? Warum bitte soll irgendwer inmitten einer Pandemie und inmitten einer Wirtschaftskrise ausgerechnet Goodyear boykottieren?

Ein New Yorker Gericht erklärt, dass Trump endlich und tatsächlich und ohne Aufschub seine Steuererklärungen freigeben müsse.

Freundliche Fox-Reporter fragen den Präsidenten nach seinen Plänen für die kommenden vier Jahre. Er sagt «äh». Wir scherzen nicht, er kann tatsächlich nicht erklären, mehrfach, was er mit seiner politischen Macht anfangen will, abgesehen vom Machterhalt. Die Republikaner verzichten darauf, für die Wahl ein Programm zu schreiben: Der Herrscher ist das Programm.

Trumps Schwester Maryanne Trump Barry, Bundesrichterin im Ruhestand, nennt den Präsidenten einen «Lügner», der «keine Prinzipien» habe, «wirklich keine». Sie schimpft: «Dieses gottverdammte Twittern und die Lügen, oh mein Gott.» Sie sagt dies in Telefongesprächen mit Trumps Nichte Mary, die alles heimlich aufnimmt.

Trumps ehemaliger Berater Steve Bannon wird auf der Yacht eines chinesischen Milliardärs verhaftet, da er Spenden-Gelder, die eigentlich für Trumps Mauer an der Grenze zu Mexiko gedacht waren, auf das eigene Konto gelenkt haben soll. Die Ermittler haben E-Mails gesichert; die Unterschlagung von mindestens einer Million Dollar glauben sie nachgewiesen zu haben. Bannon hat nun schulterlange Haare und ist braungebrannt, und er sagt, die Verhaftung sei Folge der Verschwörung der Linken gegen das bürgerliche Amerika. Unser Interview mit Bannon, zugesagt, doch noch nicht terminiert, kann nicht stattfinden.

Der Ringkampf um das Murdoch-Reich ist entschieden. James Murdoch, der liberalere und jüngere der beiden Söhne, steigt aus, der ältere, Lachlan Murdoch, hat gesiegt. «Mein Rücktritt ist auf Meinungsverschiedenheiten bezüglich des Inhalts» der diversen Publikationen und Sender der News Corp. zurückzuführen «und auf bestimmte strategische Entscheidungen», schreibt James. Er hat die Medien seines Vaters wegen ihrer Klima-Berichterstattung (bzw. wegen deren Fehlen) kritisiert und eine Million Dollar für Joe Biden gespendet.

Auch Fox News schreitet voran. Der Sender spielt im Jahr zwei Milliarden Dollar Gewinn ein. Er lebt von Werbung und von dem Geld, das die Kabelnetzbetreiber an Fox überweisen – hohe Quoten durch ein treues und wütendes Publikum sichern die Milliarden.

Sean Hannity, Fox-Moderator, widmet sein neues Buch Gott.

Tucker Carlson, Fox-Moderator, nennt den CNN-Kollegen Chris Cuomo «the weightlifting correspondent», was in der Übersetzung zum Korrespondenten für Gewichtheben oder auch zum gewichthebenden Korrespondenten wird.

Laura Ingraham spricht vom «Democratic Hoax», wenn sie von Covid-19 redet, immer noch. Sie macht aus einem wissenschaftlichen

Thema noch immer ein politisches, hat es im Januar hinein in die Arena und aufs Schlachtfeld geholt und sorgt nun dafür, dass es dort bleibt.

Wir erreichen Brian Stelter, den Medienkritiker von CNN, nicht im Studio, also nicht an seinem Arbeitsplatz. Stelter ist zuhause, aber er kann sein Zuhause in der Nähe New Yorks für unser Skype-Gespräch ruckzuck so aussehen lassen, als sei es sein Studio: Er schaltet einen Scheinwerfer ein, zieht einen schwarzen Vorhang zu und projiziert auf die Leinwand hinter sich Bilder aus dem CNN-Programm. Wir sprechen über das Gift, das Fox News seiner Meinung nach permanent in die amerikanische Gesellschaft spritzt, über die Verantwortung, die Trump und die Fox-Moderatoren für die unkontrollierte Verbreitung von Covid-19 haben, über rassistische Attentäter, die sich auf den Präsidenten berufen.

Stelter nennt die Trump-Ära die «hoax era», die Ära des Schwindels. Alles, was Trump nicht passt, wird zum «hoax»: die Vergewaltigungsvorwürfe gegen den Richter Brett Kavanaugh, der Klimawandel, sowieso alles, was mit Russland zu tun hat, nahezu jede These eines demokratischen Politikers und jede Enthüllung der New York Times: hoax. Seine jubilierenden Fans überzeugt Trump damit.

2016, im Wahlkampf, verwendete der Präsident das Wort noch nicht. 2017 dann: 18 Mal. 2018: 63 Mal. 2019: 245 Mal. «Hoax» ist ein gewichtiges, kraftvolles, wütendes Wort, da es Absicht unterstellt, Bösartigkeit auch, es ist also mehr als bloße «Fake News», da diese auch zufällig entstehen können, durch Missverständnisse oder Rechtschreibfehler.

Es hat eine Wirkung auf eine Demokratie, wenn wahre Nachrichten derart denunziert werden. Wenn wir uns fragen, warum so viele Menschen in den USA inmitten einer Pandemie Masken und Abstand als Freiheitsentzug verstehen, könnte es genügen, hinzuhören: Der Präsident und Fox News, die wichtigsten Informationsquellen für viele Millionen im Land, nannten das Virus und die Warnungen zuvor «hoax».

Viel Hoffnung auf Besserung hat Brian Stelter nicht. Er greift nach einer großen Metapher: «Trump ist wie ein Hurrikan, der auf einen Strand trifft. Überlegen Sie mal, wie so ein Sturm einen Strand zerstört. Mit jeder Welle verliert der Strand Sand, sein Fundament. Und genau das macht Trump jeden Tag mit dem Vertrauen in die Präsidentschaftswahl. Mit seinen Reden nimmt er Sand vom Strand weg. Sodass einige Menschen das Vertrauen in die Wahl verlieren. Und wir alle sehen, wie gefährlich das ist.»

Was tun gegen einen Hurrikan? Das Bild vom Sturm und dem Strand mag ein wenig einfach sein. Aber Demokratien verschwinden heute nicht über Nacht, nicht mehr mit dem Knall eines Militärputsches. Demokratien werden abgetragen und fortgespült.

Während der Arbeit an diesem Buch erlebten wir, wie Medien in Amerika in zwei feindliche Lager, pro Trump und contra Trump, einsortiert werden. Ausländische Journalisten, immerhin, werden normalerweise nicht als Player in diesem Spiel wahrgenommen. Es ist Sebastian Gorka, der uns schließlich doch in sein Lager zwingen will.

Wir hatten ihn mehrfach zum Interview getroffen, häufiger als die meisten unserer Gesprächspartner. Immer waren die Interviews spannungsgeladen, er warf sich schützend und wortreich vor seinen Präsidenten. Wir schätzten Gorka genau aus diesem Grund, als eine Art Fremdenführer, der uns durch die Gedankenwelt des Präsidenten lotste. Jetzt, über ein Jahr nach der ersten Begegnung, möchten wir ein letztes Mal mit ihm sprechen. Er willigt ein, doch die Lage hat sich verändert: Gorka arbeitet wieder im Beraterstab des Präsidenten, und wegen der Corona-Gefahren soll das Interview via Skype erfolgen.

Es beginnt mit Höflichkeiten: Schön, Sie wieder zu sprechen, Glückwunsch zum neuen Amt, was genau werden Sie da tun? Gorka lobt Trump in den Himmel und nennt Biden «einen der korruptesten Politiker der amerikanischen Geschichte». Wir sprechen über die Pandemie. Wieso hat Trump bewaffnete Demonstranten, die das Parlament von Michigan stürmten, unterstützt und «Befreit Michigan!» getwittert? Gorka verteidigt die Demonstranten, nennt die Gouverneurin Gretchen Whitmer «eine außer Kontrolle geratene Radikale». Wir kommen auf Trumps schlecht besuchte Wahlkampfrede in Tulsa: Warum erklärte der Präsident dort: «Ich habe meinen Leuten gesagt, dass sie weniger testen sollen»? Gorka wartet das Ende der Frage nicht ab, fuchtelt mit den Armen, brüllt: «Ich werde dieses Interview nicht führen, Sie greifen permanent den Präsidenten an!»

Wir können ihn nicht beruhigen, er sagt nun: «Wenn Sie wissen wollen, was die Demokraten alles schlecht machen, dann werden wir diskutieren können. Aber dieses Interview hier werde ich nicht führen.» Journalismus als Waffe? Und nicht mehr als Austausch und Aufklärung? Der Mann schimpft und schimpft: «Hören Sie auf, den Präsidenten anzugreifen! Sie sind kein Journalist.» Dann auf Deutsch: «Alles Gute, Tschüss, bis nächstes Mal.» Gorka greift in Richtung Bildschirm, die Verbindung bricht ab.

Es folgt eine Mail: «Kontaktiert mich nie wieder.»

Und dann: zwei Nominierungsparteitage, entmenschelte Politik, Zoom-Debatten und Facebook-Reden.

Joe Bidens Leute schaffen es, aus dem Verzicht auf eine Halle mit 20 000 Menschen und 200 000 Luftballons die Convention des Serien-Zeitalters zu entwickeln. Die Reden werden nicht mehr ständig unterbrochen durch uramerikanisches Dauerkreischen, sind intellektuell, intelligent und zugleich auf jene 90-Sekunden-Pointen getrimmt, die für die sozialen Medien taugen. Die Tochter eines Trump-Wählers berichtet, wie ihr Papa an Covid-19 starb; Split-Screens und Ortswechsel erzeugen ein Tempo, das bei einem SPD-Parteitag noch nicht erlebt wurde. Aktivisten und Zwischenrufer kommen nicht mehr vor, aber Parteitage werden in den USA ohnehin und seit Richard Nixon keimfrei durchchoreographiert, ohne Konflikte, dafür pathetisch. Jetzt geht es immerhin modern zu.

Michael Werz schreibt, die Erfahrungen seien ambivalent: «Es wird einerseits aufklärerischer, weil die Zwischentöne nicht im Geschrei und der Masse untergehen – Barack Obamas Rede ist das beste Beispiel. Aber zugleich fehlt die Dimension solidarischer Kollektivität, die für Politik so wichtig ist. Auf einem Parteitag entstehen Emotionen und die Energie zur Veränderung diskursiv, dieses Jahr mussten sie mit herzzerbrechenden Geschichten produziert werden».

«Gebt den Menschen Licht», so beginnt Biden, und Sekunden später nennt er sich selbst einen «Verbündeten des Lichts und nicht der Dunkelheit», denn «obwohl ich ein demokratischer Kandidat bin, so werde ich doch ein amerikanischer Präsident sein». Ein Brückenbauer in einer Ära der Spaltung. In den vielen Reden der Vortage ist Biden immer noch ein bisschen heiliger geworden, makellos, während Trump ihn als «senil» und «ferngesteuert» zu karikieren versucht. Biden spricht zu Beginn zu schnell, dann aber warm, mitunter scharf, meist entschlossen, weitgehend fehlerfrei. Es wird im größten Moment eine der besten Reden im langen politischen Leben Joe Bidens.

Er bietet sich als oberster Trauernder der Nation an, da er 1972, bei einem fürchterlichen Autounfall, Ehefrau und Tochter verlor und 2015, wegen eines Hirntumors, seinen Sohn Beau. Gegen Trump, so kalkuliert die Partei, braucht es einen anständigen Gegenkandidaten aus der Mitte der Gesellschaft – und da ein weißer Mann wie Biden auch in konservativen Bundesstaaten wie Michigan oder Ohio wählbar sein dürfte, könnte dieser Kandidat nicht nur das Weiße Haus gewinnen, sondern der Partei helfen, den Senat zurückzuerobern und das Repräsentantenhaus zu halten, also für Gestaltungsraum sorgen.

An Bidens Seite: Kamala Harris, Bidens Kandidatin für die Vize-Präsidentschaft. Biden sagt, «ihre Geschichte ist die amerikanische Geschichte», denn «sie hat jedes Hindernis überwunden, dem sie je gegenüber stand».

Harris wuchs in Oakland auf, ihr Vater Donald Harris, eingewanderter Jamaikaner, war Wirtschaftsprofessor in Stanford, und ihre Mutter Shyamala Gopalan, aus Indien in die USA gekommen, war Krebsforscherin. Nach nordamerikanischem Verständnis ist Harris deshalb schwarz, wenngleich nach Auffassung ihrer Gegner keine Afroamerikanerin – sie könnte eine historische Figur werden, die erste Frau und die erste Schwarze, welche die Vizepräsidentschaft der USA übernehmen kann und anschließend womöglich noch mehr.

Dass Biden mit dieser Entscheidung die Stimmen von Frauen und von Schwarzen einzusammeln hofft, darf als gesicherte Erkenntnis gelten; und er wählte jene Frau aus, die ihn im Vorwahlkampf schärfer als alle anderen angegriffen hatte, die besser reden kann als er, charismatischer ist. Souverän wirkt es. Und einen Energieschub bringt es.

Der Präsident nennt Harris «nasty», «fies».

Die Republikaner kontern wenige Tage später. Es werden dunkle Reden gehalten über Demokraten, die das Land verwüsten würden, über einen Präsidenten, der der letzte Schutzwall vor der Anarchie sei, über einen linksextremen Biden und eine linksextreme Harris.

Es wird, in vielerlei Hinsicht, eine historische Convention: Die Partei Trumps inszeniert einen Präsidenten, den es nicht gibt: den warmherzigen, alle Frauen fördernden, alle Migranten liebenden, religiösen, entschlossen und strategisch handelnden Trump. Sie inszeniert auch eine Wirklichkeit ohne Covid-19, tut so, als sei das Virus besiegt und vergangen. Und sie entwirft einen fanatischen, zugleich trotteligen Gegenkandidaten, der mit dem lebenden Joe Biden nichts mehr zu tun hat.

Kann die dreifache Erfindung funktionieren? Durch geballte Macht sowie permanente Wiederholung?

Zur Strategie der Republikaner gehört obendrein die Kopie der Strategie Nixons von 1968: Damals war, im April, Martin Luther King ermordet worden, und ganz Amerika schien Verständnis für die Bürgerrechtsbewegung zu haben – Nixon jedoch warnte vor Gewalt, schürte Angst und gewann im November die Wahl.

Zwei wesentliche Unterschiede: Die Vorstädte der USA sind heute nicht mehr so durchgängig weiß wie damals; und Trump ist der amtierende Präsident. Wer die Unruhe und Gewalt in Trumps Amerika zu «Joe Bidens Amerika» (Trump) erklären will, muss gleich diverse logische Salti schlagen.

Fast 177 000 Corona-Tote sind es in dem Moment, als der Parteitag beginnt.

Wenige Wochen später, am 7. Oktober, sind es 210 000. Das Weiße Haus ist zu einem Krisenzentrum der ganz besonderen Art geworden, besonders der West Wing, das Zentrum der Weltmacht. Der Präsident ist erkrankt. Die Ehefrau, Melania Trump, ist erkrankt. Die Beraterin des Präsidenten, Hope Hicks, ist erkrankt, ihr Fall wurde als erster bekannt, was aber natürlich nicht heißt, dass sie alle anderen angesteckt haben muss. Stephen Miller ist erkrankt, Redenschreiber und wichtigster Stratege des Präsidenten.

Auch Nicholas Luna, Assistent des Präsidenten. Auch Kayleigh McEnany, Pressechefin. Auch Karoline Leavitt, stellvertretende Sprecherin, und Chad Gilmartin, Jalen Drummond und Harrison W. Fields, allesamt stellvertretende Sprecher.

Im Weißen Haus läuft nicht mehr viel rund. Einer der Mitarbeiter, mit denen wir seit 15 Monaten sprechen können, sagt uns, dass seit Beginn der Pandemie alle, die eine Mund-Nasen-Bedeckung trügen, belächelt und verspottet würden. Die Maske ist zum ultimativen Symbol des Kulturkriegs geworden: Wer sie trägt, gilt den einen als klug, sorgsam und solidarisch, den anderen als feige, unterwürfig, schwach.

Gelogen wird auch, sofort. Wann erfuhr der Präsident was? Wie viele Tests gab es? Warum informierte die Trump-Kampagne die Biden-Kampagne nicht, obwohl sich beide Teams doch zur ersten (und übrigens niveaufreien, da von Trump durch Gebrüll und Unterbrechungen in nicht mehr hörbare Einzelteile zerhackten) Fernsehdebatte trafen? Bekam der Präsident Sauerstoff? Was bekam er außerdem? Die Öffentlichkeit muss nicht alles wissen, aber wenn Männer, die weit über 70 Jahre alt sind, für höchste Ämter kandidieren, ist ihr Gesundheitszustand relevant.

Viele Geschichten allerdings schwirren durcheinander, widerlegen einander, und Trump geht es um etwas anderes: Er will stärker als Corona sein, viril, unbeugsam. In der Limousine lässt er sich vor dem Krankenhaus auf und ab fahren, seine Anhänger jubilieren; und nur Demokraten und keine Republikaner stellen die Frage, warum eigentlich die Leibwächter, Agenten, Fahrer für solche PR-Auftritte in Gefahr gebracht werden. Dann fliegt Trump auch schon zurück zum Weißen Haus, im Hubschrauber, und auf dem Balkon reißt er sich in dramatischer Geste die Maske vom Gesicht – es ist die Pose eines bizarren Jahres.

Ebenfalls infiziert: Mike Lee, republikanischer Senator aus Utah, Thom Tillis, republikanischer Senator aus North Carolina, Bill Stepien, Donald Trumps Wahlkampfchef, Kellyanne Conway und Chris Christie, ehemaliger Gouverneur von New Jersey, der mit Trump für die Fernsehdebatte trainierte. Und drei Journalisten, darunter Michael D. Shear, Korrespondent der *New York Times*.

Die Lage im Wahljahr hatte Ende September, aus Sicht Donald Trumps, für einige Tage gar nicht so schlecht ausgesehen.

Die Debatte über die innere Sicherheit hatte das Land dominiert, und dann, am 18. September, starb die Richterin Ruth Bader Ginsburg, Ikone der Frauenbewegung und des linksliberalen Amerika, an Bauchspeicheldrüsenkrebs. Ihrer Nichte hatte RBG, wie sie genannt wurde, auf dem Sterbebett den letzten Wunsch anvertraut: dass ihr Platz im Supreme Court erst nach der Wahl, erst nach der Amtseinführung, also vom nächsten Präsidenten besetzt werden möge. Trump wartete nicht lange und nominierte Amy Coney Barrett, Kämpferin für alles Wertkonservative und tiefreligiöse Abtreibungsgegnerin. Die Demokraten waren empört, weil ihnen und ihrem Präsidenten Obama eine Besetzung des Gerichts im Wahljahr 2016 durch die republikanische Blockade im Senat verweigert worden war («Die Wähler müssen das Wort haben», hatte Lindsey Graham damals gesagt); aber die Demokraten sind auch diesmal chancenlos, da die Republikaner noch immer die Mehrheit im Senat haben.

Aus Sicht Trumps also: Es ist die dritte Personalie im obersten Gericht in nur vier Jahren, was dem Präsidenten ein Siegerthema bescherte und ihn zum Bewahrer der konservativen Ideale machte; zufällig und nicht aufgrund von Leistungen, aber wer sieht schon so genau hin?

Im Rose Garden wurde Amy Coney Barrett vorgestellt, und mit einiger Sicherheit war genau diese Zeremonie das Ereignis, welches die USA erneut auf den Kopf gestellt hat. Kaum jemand nämlich trug dort eine Maske. Und die allermeisten der Infizierten kamen ebendort zusammen.

Die Nation schafft es nicht, nun Einigkeit oder zumindest eine gedämpfte Tonlage zu finden. Ein Deutungskrieg entbrennt. Ist die Erkrankung Trumps nicht der finale Beweis für Inkompetenz und Rücksichtslosigkeit? Das sagt Biden. Ist sie nicht der Beweis für seinen Kampfgeist, für seinen Mut, hinaus ins Land zu treten? Das sagt Sean Hannity. Trump sagt: «Fürchtet euch nicht vor Covid.»

Anthony Scaramucci nennt den Covid-19-kranken Trump «Präsident Pandemie», zudem «American Mussolini» und wünscht ihm «nichts Böses und eine schnelle Genesung» – sowie den USA eine baldige Zukunft ohne Trump, damit das Land und der Rest der Welt genesen könnten.

Sebastian Gorka feiert den heldenhaften Trump, der Covid nun höchstpersönlich besiege.

Dann ist es so weit: Die USA wählen, und sie wählen leidenschaftlich. Joe Biden bekommt 81 268 924 Stimmen, was ein historischer Rekord ist; das ergibt 51,27 Prozent oder, und nur dies ist wichtig, 306 Wahlleute. Donald Trump hat eine wilde letzte Wahlkampfwoche hinter sich, mit fünf oder sechs Auftritten pro Tag, und es reicht für über 74 216 154 Stimmen oder 46,82 Prozent oder 232 Wahlleute. Trump wird von mehr Frauen und mehr Afroamerikanern gewählt als vor vier Jahren.

Dass es trotzdem knapp wird, liegt am Wahlrecht. Trump gewinnt Bundesstaaten wie Florida und Texas, sowieso jene im Landesinnern: Oklahoma, Kansas und viele andere. Biden siegt in New York und Kalifornien, erobert auch Michigan und Wisconsin zurück.

Tagelang wird ausgezählt, und düsterste Prophezeiungen erfüllen sich: Da wegen Covid-19 100 Millionen Menschen das sogenannte early voting vor dem eigentlichen Wahltag und besonders viele Anhänger der Demokraten die Briefwahl bevorzugten (und diese stets später ausgezählt wird), liegt Biden zunächst zurück und zieht erst in den Tagen nach dem 3. November an die Spitze.

«Betrug», sagt Trump. Glaubt er das selbst? Das können selbst Vertraute Trumps letztlich nicht einschätzen. Klar ist dreierlei: Zu verlieren und folglich ein Verlierer zu sein, ist der schlimmste Makel in Trumps Welt; jene Menschen, die Trump widersprochen haben, sind längst abgesetzt oder zurückgetreten; am Wahlabend lag er zunächst vorn und fiel dann zurück, was mutmaßlich schwer auszuhalten war.

Und dann: «Ich verlange Neuauszählungen, ich habe klar gesiegt», sagt Trump.

Sein Sohn Don Jr. empfiehlt seinem Vater, in den «totalen Krieg» zu ziehen, Steve Bannon empfiehlt die «Enthauptung» Anthony Faucis. Trump schickt eine Armee von Anwälten los, die in Pennsylvania, Arizona, Georgia und Nevada die Auszählung beenden und die Wahl

Bidens torpedieren sollen. «Diese Wahl wird uns gestohlen», sagt der Präsident, «ich habe sie klar gewonnen.»

Es ist mehr als Krach, viel mehr. Es ist der Versuch eines Herrschers, die Demokratie als solche zu beenden – um an der Macht zu bleiben.

Denn die Republikaner fürchten sich, und sie kämpfen. Im Detail sind viele Variationen möglich, im Wesentlichen aber diskutieren die konservativen Denkfabriken der Partei in den Wochen nach der Wahl drei Szenarien. Das erste wäre eine Sensation – ein Trump-Sieg, vor Gerichten erzwungen, damit eine Bestätigung der vergangenen vier Jahre und deren Fortsetzung: Deregulierung, permanente Attacke gegen den politischen Gegner, Kampf gegen Immigranten, Kündigung internationaler Abkommen und eine an den eigenen ökonomischen Interessen orientierte Außenpolitik, «America First». Trumpismus.

Wahrscheinlicher ist die zweite Variante: Überlegungen in der Partei zielen darauf, die Politik der vergangenen vier Jahre mit jüngeren Erben Trumps fortzuführen. Tucker Carlson, Fox-Moderator, wird genannt. In den Tagen nach der Wahl scheinen das Trump-Lager und Fox sich zu überwerfen: Fox hatte Bidens Sieg in Arizona früher als andere Sender verkündet, was Trump als Verrat bezeichnete. Doch die Verbindung hält. Don Jr., Trumps ältester Sohn, strebt mit Wucht in die Politik. «Junior 2024» steht auf Plakaten. Ron DeSantis, Gouverneur von Florida, bietet sich gleichfalls an, schwört Treue zur Lehre Trumps.

Möglich ist auch, dass Trump sich nun für einige Jahre nach Florida zurückzieht und 2024 erneut antritt. In den Wochen nach der Niederlage jedenfalls zeigt sich, dass er vorerst königlich oder auch mafiös weiterzumachen gedenkt: Republikaner, die irgendwo in den USA für irgendein regionales Amt kandidieren wollen, pilgern vorher nach Mar-a-Lago und verneigen sich, schwören Gehorsam, auf dass Trump den Daumen hebe und nicht stattdessen eine andere Getreue oder einen anderen Getreuen unterstütze. «Iron grip» nennt es die *New York Times*, eiserner Griff.

Er dringt nicht mehr so durch, wie er will. Twitter und Facebook verzeihen die permanent wiederholte Lüge vom Wahlbetrug nicht, erklären sie für demokratiegefährdend, verbannen Trump darum von ihren Plattformen.

Es wird schlagartig stiller in Amerika. Was Tweets an 84 Millionen Follower anrichten können ... Sanfter aber wird es nicht. Trump spricht von Zensur, von «Cancel Culture», und bald beginnt er Mails zu verschicken unter dem Logo «Save America».

Einige Wochen lang erscheint eine Selbstreinigung der Republikaner möglich, ein Kurswechsel: Könnte die Partei zu der Einschätzung gelangen, dass die immer noch tiefere Polarisierung und der Hass auf die eigene Regierung der Nation und letztlich den Republikanern nicht weiterhelfen? Es gibt ja eigentlich diverse Gruppierungen in dieser Partei, beispielsweise die *Front Porch Republicans*, die für Kleinstädte und die Bürgergesellschaft werben, oder das *Niskanen Center*, das gegen die Kälte des Neoliberalismus streitet, oder auch die Reformicons, denen an Familien und Nachbarschaften liegt – sie alle kamen im «America First»-Schlachtengetöse nicht zu Wort. Gemäßigte Republikaner, kompromissbereite Leute aus der Schule des verstorbenen John McCain, auch der «mitfühlende Konservatismus» George W. Bushs sind verschwunden und vergessen. Die Schwierigkeit, sich eine Zukunft ohne Trump vorzustellen, ergibt sich für die republikanische Partei daraus, dass sie sich längst inhaltlich an Trump gebunden hat.

Die heutige Grand Old Party speist sich ideologisch aus Ronald Reagans Lehre von der Freiheit der Einzelnen und der Schädlichkeit von Regeln und Staat und kombiniert diese Lehre mit Trumps Xenophobie und einem latenten, oft genug auch offenen Rassismus; sie integriert rechtsextreme Gruppierungen, weiße Nationalisten und die Verschwörungsfanatiker von QAnon. «Zombie-Reaganismus» nennt David Brooks diese Mischung.

Trump und seine Berater, Leute wie Bannon oder Gorka, haben verstanden, dass die Bürgerinnen und Bürger im schrumpfenden konservativen Amerika nicht mehr optimistisch sind, nicht mehr gelassen und gedanklich frei. Millionen Menschen glauben inzwischen, dass sie aus dem eigenen Land verdrängt werden sollen, von den Migranten, den Medien, den linken Eliten der Küstenregionen. Tucker Carlson spricht von «replacement», Umvolkung. Trump hat diese Wähler für sich mobilisiert, und weil die Republikaner sie nicht wieder verlieren wollen, bleiben sie an seiner Seite.

Wer nun wird die Partei künftig prägen? Auch Senatoren wie Josh Hawley, Marco Rubio, Tom Cotton und Ben Sasse, allesamt zwischen 40 und 50 Jahre alt, werden genannt. Alle vier sind nahe bei Trump, treue Verteidiger des Präsidenten, aber auch schnelle Denker und wendig genug, irgendwann – falls nötig – zu behaupten, sie hätten Trump kaum gekannt und immer schon vulgär gefunden.

Nahezu alle Republikaner, die Ende 2020 in regionale Ämter gewählt werden wollen, treten mit einem wesentlichen Programmpunkt an: «Ich unterstütze Präsident Trump und seine Make-America-Great-Again-Agenda.» Klimapläne, Infrastruktur-Vorhaben und deren Finanzierung werden beiläufig diskutiert. Die zentrale Frage ist: Bist du für oder gegen Trump?

Wir sprechen mit der ehemaligen Nationalen Sicherheitsberaterin und ehemaligen Außenministerin Condoleezza Rice, einer stolzen Republikanerin, heute ist sie Professorin an der Universität Stanford. Rice ist auf die rhetorisch feinstmögliche Weise kritisch. Sie sagt, dass Trump laut sei, «was nicht immer hilft», und dass er zwar behaupte, er habe sich gegen weiße Nationalisten ausgesprochen, «aber ich hätte doch gern gehört, dass er dies kraftvoller sagt».

Rice sagte dann, dass «die USA zu zwei Ländern werden, Küste und Nicht-Küste» und dass die Sprache des Präsidenten «und seine kämpferische Persönlichkeit» in Zeiten der Polarisierung «nicht geholfen haben». Wäre sie Trumps Ratgeberin, so Condoleezza Rice, dann hätte sie «die Sprache der Einheit und nicht die Sprache der Spaltung» empfohlen.

Hat eine der beiden Parteien das Land wirklich verstanden? Kennen Amerikas Medien, die internationalen Medien die USA? Die Demoskopen?

57 Prozent der weißen Männer haben Trump gewählt, was noch viele sind, aber 5 Prozent weniger als vor vier Jahren. Bei weißen Frauen, schwarzen Frauen, Latinofrauen, Latinomännern und sogar schwarzen

Männern konnte Trump Stimmen hinzugewinnen. Erwartet hatte solche Zahlen kein Stratege, in beiden Parteien nicht. Erwartet hatte auch niemand, dass Trump ausgerechnet in den traditionell demokratischen Bezirken Floridas einen geradezu lässig wirkenden Sieg erringen würde. Oder dass ausgerechnet eine hohe Wahlbeteiligung bedeuten würde, dass die Republikaner viel, viel stärker als vermutet sein würden. Das glatte Gegenteil war prophezeit worden, ein demokratischer Durchmarsch nämlich im Falle einer sehr hohen Wahlbeteiligung.

Trumps Wählerinnen und Wähler sagen, dass ihr wichtigstes Kriterium die Wirtschaft (81 Prozent) gewesen sei. Der Wunsch also, dass das Land nicht wegen Covid-19 in einen zweiten Lockdown geführt werden solle; und der Glaube, dass Trump vor Covid-19 die amerikanische Wirtschaft zu einem Aufschwung geführt habe und dies wiederholen könne. Auch die innere Sicherheit, der Schutz vor Ausschreitungen, war ein gewichtiges Thema: 71 Prozent.

Bidens Wähler und Wählerinnen wiederum begründen ihre Entscheidung mit zwei Themen: Erstens und für 91 Prozent dieser Menschen ging es um Gerechtigkeit und Integration (in den USA ist der Fachbegriff «racial equality»); und für 82 Prozent zählte Covid-19, also eine wissenschaftlich fundierte Strategie.

Und doch: Die Republikaner hadern. Sie hatten in den vergangenen Tagen nicht gedacht, dass sie so nahe dran sein würden. Und am Mittwochnachmittag deutscher Zeit überlegten sie auf einmal, was möglich gewesen wäre, wenn … «Wenn der Präsident eine Botschaft gehabt hätte, wenn er konsequent über die wirtschaftlichen Erfolge der Vergangenheit und über die wirtschaftlichen Pläne für die nächsten vier Jahre geredet hätte, statt immer nur reale und ausgedachte Feinde zu attackieren», dann hätte er die Wahl klar gewonnen, das schreibt uns ein republikanischer Stratege per Mail. Dies dürfte tatsächlich der wesentliche Fehler der Republikaner gewesen sein: Niemand in der Partei schaffte es, Trump zu disziplinieren, ihm stringente Kommunikation beizubringen. Und Trump schimpfte darum auch bei seinen letzten Auftritten weiter auf alle, die ihm einfielen, sogar immer noch auf Hillary Clinton, die Europäer, die Medien.

Die Demokraten waren euphorisch, durch die letzten Umfragen stimuliert, in die Wahl gegangen und in der Wahlnacht ins Suizidale getaumelt: die Apokalypse erahnend. War es richtig, nach Hillary Clinton erneut einen eher spießigen Senior zu nominieren und damit die Progressiven, die Jungen in der Partei mehr zu bremsen als zu locken? Dass Biden zwar integrierend empathisch wirken könne, aber nicht besonders charismatisch sei – plötzlich glaubten dies erstaunlich viele Menschen in der Partei. «Wie konnten wir nur?», sagt so mancher.

Dann aber, als der Sieg feststeht, ändert sich diese Sichtweise wieder. «Unser wesentlicher Fehler war, dass wir glaubten, diese Wahl abräumen zu können. Wir waren in zu vielen Staaten unterwegs, sogar in Texas», schreibt uns eine New Yorker Strategin der Partei, die ihre Demokraten bestens kennt. «Wenn wir uns voll und ganz auf Michigan, Pennsylvania, Wisconsin und die Sorgen der Menschen dort konzentriert hätten, wäre es eine klare Sache gewesen.»

## 6. Januar

Die Vorweihnachtszeit vergeht, und obwohl seit Jahren Tag für Tag offensichtlich ist, dass Trump und die Seinen wörtlich zu verstehen sind und gewiss nicht unterschätzt werden sollten, geschieht genau dies. Die Demokraten, auch die Medien, auch die Republikaner, auch der Rest des Landes glauben, es sei nicht mehr so wichtig, was Trump so daherredet, weil nun ja die Übergangsphase läuft, die «transition» zwischen Wahltag und Amtseinführung, ein Countdown.

Na gut, Trump gratuliert Biden nicht. Na okay, eine Übergabe findet auch nicht statt. Davon aber wird die Republik schon nicht untergehen, das ist die Stimmungslage.

Die Trump-Leute aber meinen das, was sie sagen. Sie reichen über 50 Klagen gegen die Wahlergebnisse ein und reden auf allen Kanälen davon: Tote hätten gewählt, republikanische Stimmen seien vernichtet, demokratische hingegen doppelt und dreifach gezählt worden.

«The Big Lie» wird zur republikanischen Chiffre für die Biden-Wahl.

Diese Erzählung frisst sich durchs Land. In Arizona, Georgia, Pennsylvania, überall wo es knapp war, werden Nachzählungen verlangt, angeordnet, und wenn dann keine Beweise für Wahlbetrug gefunden werden, verstärkt dies nur die Behauptung: alles immer mysteriöser!

Die Wirklichkeit ist strahlend weiß: kein Wahlbetrug, gewiss kein systematischer (dass es einzelne seltsame Stimmzettel gab, stimmt, das passiert bei jeder Wahl in jedem Land der Welt – wir reden im Wortsinne über «einzelne»). Die Klagen werden abgewiesen. Der Supreme Court weigert sich, den Fall «Wahlbetrug» anzunehmen.

Am 2. Januar 2021 telefoniert der noch amtierende Präsident mit Brad Raffensperger, dem Wahlleiter von Georgia, eine gute Stunde dauert das Gespräch. Trump sagt, dass er die Wahl mit «mehreren hunderttausend Stimmen Vorsprung gewonnen» habe; und er verlangt, dass Raffensperger die Wahl von Georgia «neu bewerte»; und Trump sagt, er wolle nur, «dass Sie 11 780 Stimmen finden» (so groß ist Bidens Vorsprung in Georgia); und er droht: «Wissen Sie, das ist ein kriminelles Vergehen. Sie dürfen das nicht geschehen lassen. Das ist ein großes Risiko für Sie.»

Raffensperger, treuer Republikaner und zugleich pflichtbewusster Wahlleiter, sagt, dass Trump sich irre, dass alles sauber gelaufen sei. Er schneidet das Gespräch mit und sorgt dafür, dass es öffentlich wird.

Der 6. Januar ist wochenlang vorbereitet worden. Verschlüsselte Mails gingen durchs Land, versteckte Foren wurden genutzt. Am 6. Januar sollen im Kongress von Washington die Ergebnisse der Wahlen vom November 2020 zertifiziert werden, das ist Routine in normalen Jahren, diesmal allerdings nicht: Das muss verhindert werden, schreiben die QAnon-Leute, auch die Proud Boys, das schreiben sie alle von Ost nach West und zurück. Die Metapher des «Sturms» ist besonders beliebt: Ein Sturm werde das demokratisch-sozialistisch-satanistisch verseuchte Washington hinwegfegen, und nach dem Sturm, wenn die Sonne aufgehe, werde Donald Trump über eine neue Welt regieren.

Der Rechtsextremist Ali Alexander ist einer der Organisatoren, über das Netzwerk Parler kündigt er die Belagerung Washingtons inklusive

Gewalttaten an: Wenn die Hauptstadt für eine Eskalation sorge, dann «tun wir das auch». Ermittler werden zu dem Ergebnis kommen, dass Alexander zusammen mit drei republikanischen Abgeordneten des Repräsentantenhauses, Andy Biggs, Mo Brooks und Paul Gosar, den Sturm auf die Institutionen der amerikanischen Demokratie inszeniert und choreographiert habe. Über 100 000 Mal lässt sich der Begriff «March on the Capitol» in den vier Wochen vor dem 6. Januar online finden. Der Verschwörungstheoretiker Alex Jones kündigt eine «zweite amerikanische Revolution» an: «Sorgen Sie sich nicht, Mister President, die Kavallerie ist bereits auf dem Weg.»

2000 Menschen kommen zur «Rallye to save America» am Abend zuvor. Die Redner, einer nach dem anderen, wüten wegen der «gestohlenen Wahl» und benennen die Schuldigen: all die Weicheier, die Romneys unter den Republikanern, all die sozialistischen Demokraten und dann noch die Satanisten. Wir fühlen uns erinnert an jene Interviews zu Beginn unserer Recherchen, als Demonstranten uns Lynchmorde und einen Bürgerkrieg ankündigten, falls Trump um den Sieg gebracht würde; «Es ist an der Zeit für einen Krieg», sagt ein Redner. Am Abend dieses 5. Januar treffen sich knapp 20 Menschen in Trumps Hotel in Washington und beraten den Schlachtplan. Don Jr. und Eric sind natürlich da, auch der ehemalige Sicherheitsberater Michael Flynn (verurteilt, aber von Trump begnadigt), natürlich auch Rudy Giuliani. Der 6. Januar werde ein «großer Tag» werden, «viele große Dinge» würden passieren, und die Zertifizierung des Wahlergebnisses würde verhindert werden – so wird es verabredet, das notieren die Ermittler.

Mehrere Zehntausend sind es dann am Mittag des 6. Januar vor dem Weißen Haus.

Der noch immer amtierende Präsident tritt auf, im dunklen Mantel und mit Lederhandschuhen und selbstverständlich ohne Maske, und sagt: «Unser Land hat genug. Wir werden das nicht mehr ertragen, und darum geht es hier. Um einen Lieblingsbegriff zu verwenden, der eigentlich von euch allen kommt: Wir werden den Diebstahl stoppen … Wir haben 75 Millionen erreicht und es heißt, wir hätten verloren. Wir haben nicht verloren. Nebenbei: Glaubt irgendjemand, dass Joe 80 Millionen Stimmen hatte? Glaubt das jemand? Er hatte 80 Millionen Computer-Stimmen. Es ist eine Schande. So etwas hat es noch nie gegeben. Es ist eine Schande. Man könnte Dritte-Welt-Länder nehmen. Schaut es euch einfach an, seht euch Dritte-Welt-Länder an. Deren Wahlen sind ehrlicher als das, was wir erlebt haben. Es ist eine Schande. Es ist eine Schande … Wir werden nicht zulassen, dass sie Eure Stimmen zum Schweigen bringen. Wir werden es nicht zulassen. Ich werde es nicht zulassen.» Und am Ende sagt er ein wenig wirr: «Also, wir werden die Pennsylvania Avenue hinuntergehen – ich liebe die Pennsylvania Avenue – und wir werden zum Kapitol gehen und wir werden versuchen, unseren Republikanern, den schwachen, denn die brauchen keine Hilfe von uns, wir werden versuchen, ihnen den Stolz und die Stärke zu geben, die sie brauchen, um unser Land zurückzuerobern.»

Er marschiert dann doch nicht mit, lässt sich die paar Meter zum Weißen Haus zurückfahren, doch wie soll man diese Rede verstehen, wenn nicht als Aufruf und Auftrag? Die Hälfte der Nation sieht einen gekränkten Mann, der sich nur durch eine lächerliche Lüge aufrecht halten kann; die andere Hälfte aber glaubt ihm. Und sie hört, dass sie betrogen worden sei, dass sie sich wehren müsse, in die Schlacht ziehen müsse, diese Hälfte hört nicht, dass sie das faire Ergebnis einer fairen Wahl nicht akzeptiere, sondern das Gegenteil: dass nur die Schlacht die Demokratie retten könne.

Nachher werden dann viele Fragen gestellt. Warum wird das Kapitol so spärlich bewacht? Wieso kommt keine Hilfe, wo bleiben Spezialkräfte, wo die Nationalgarde? Hat das Weiße Haus tatsächlich ihren Einsatz verhindert? Verzögert? Wie konnte ein derart offen angekündigter Anschlag auf Amerika derart unterschätzt, wenn nicht herbeigewünscht und befördert werden?

Kevin Haag, pensionierter Landschaftsplaner aus North Carolina, ist dabei und wird hinterher sagen, es habe sich wundervoll angefühlt, dort oben zu stehen und zu denken: «Wir sind hier. Seht uns. Nehmt uns zur Kenntnis. Seid wachsam.»

800 Menschen schaffen es, in den Kongress einzudringen, da ist es 14 Uhr. Sie schlagen Türen und Fenster ein, klettern Balkone hinauf,

rennen Polizisten nieder, zerstören auf dem Weg die Kameras von Reportern. Und so entehren sie das Zentrum und Symbol der amerikanischen Demokratie. Fünf Menschen sterben.

«U.S.A., U.S.A.», brüllen die Angreifer. Und natürlich «Stop the Steal», «Stoppt den Diebstahl», denn dies ist das Motto dieser Bewegung, dies ist ihr Verschwörungsmythos, dies ist ihr Wahn. «Hängt sie auf», brüllt eine Frau, «Kämpft für Trump», schreit ein Mann neben ihr.

Schüsse. Sirenen. Scherben. Tränengas. Die gemeinsame Sitzung von Senat und Repräsentantenhaus wird für einige Stunden unterbrochen; die Randalierer, bewaffnet, erreichen den Sitzungssaal; die Abgeordneten sowie Vizepräsident Mike Pence verkriechen sich unter Tischen, werden in Bunker gebracht. Rauch steigt auf, Statuen werden umgeworfen, Computer geraubt, die Flagge der Konföderierten, Symbol der Sklaverei, wird durch die ehrwürdigen Säle getragen, und Richard Barnett aus Arkansas schafft es, das Büro Nancy Pelosis zu erobern, die Akten der Demokratin zu durchwühlen, die Füße auf ihren Schreibtisch zu legen. Das Ganze dauert erbärmlich lange: Erst um 17.40 Uhr gilt das Gebäude wieder als sicher, der Angriff als niedergeschlagen, denn ja, Trump hatte den Einsatz der Nationalgarde verweigert, und erst Pence hatte diesen, verspätet, angeordnet.

Am 13. Januar, sieben Tage vor Bidens Amtsantritt, wird ein zweites Amtsenthebungsverfahren gegen Trump eröffnet: Er gilt als Aufrührer und Anstifter, die Attacke gilt als Putschversuch. Am 13. Februar, der amtierende Präsident heißt seit 24 Tagen Joe Biden, sprechen 57 von 100 Senatoren Trump der Anstiftung zum Aufruhr schuldig, immerhin sieben Republikaner also.

Weil allerdings, wir kennen die Regeln bereits von der Premiere, eine Zweidrittelmehrheit für eine Verurteilung nötig ist, wird Trump freigesprochen.

# 13.
## EPILOG

Unsere amerikanische Reise endet, und wir diskutieren, denn nach moderner journalistischer Lehre hat spätestens in einem Epilog das Positive zu folgen.

Was jetzt zu tun ist.

Ein Zehnpunkteplan für die Rettung der Vereinigten Staaten.

Doch glauben wir selbst daran? Immerhin, es wäre, mit ein wenig Einsicht und Menschenverstand, gar nicht so schwierig.

Ein Rettungsplan also, zehn Punkte:

- Die USA brauchen eine **Rückkehr zu demokratischen Prinzipien**, und das heißt: Politiker und Politikerinnen, Medien und der Rest der Gesellschaft müssen alles tun, was sie nur tun können, um faire Wahlen mit maximaler Wahlbeteiligung zu bewirken. Sie sollten aus dem Wahltag einen arbeitsfreien Feiertag machen, die Briefwahl landesweit erleichtern, das Wahlrecht für Minderheiten, ehemalige Häftlinge inklusive, ausbauen und nach der Wahl jedes Ergebnis akzeptieren, da sie mit all diesen Schritten ohnehin anerkennen, dass politische Gegner lediglich andere Ziele und Haltungen haben, aber keine Todfeinde sind und auch die Vorstädte nicht niederbrennen.

- Die USA benötigen eine **Reform des Wahlrechts**: Wer die meisten Stimmen hat, wird Präsidentin oder Präsident. Gerrymandering wird per Verfassungszusatz, also mit überwältigender Mehrheit im gesamten Kongress (sowie durch Ratifizierung durch mindestens drei Viertel der Bundesstaaten), verboten; eine unabhängige Kommission zieht die Grenzen der Wahlbezirke neu, fair und verbindlich. Wahlgesetze dämmen den Einfluss von Geldgebern ein. Zugleich verpflichten sich beide Parteien, Experten zu vertrauen, Daten und Beweise ernst zu nehmen und auf dieser Grundlage politische Entscheidungen zu treffen.

- Europäer sollten nicht versuchen, den USA schwedische oder deutsche Sozialsysteme aufzupfropfen; das nach europäischem Verständnis radikale Freiheitsdenken werden Teile der USA niemals aufgeben, und wieso auch? Die USA sind anders als Europa und stolz darauf. Ohne jede Solidarität allerdings, ohne ein bisschen mehr Gerechtigkeit werden nur der nächste Trump und die nächsten wütenden Anhänger kommen, gewiss auch die nächste Welle der Attentate und Ausschreitungen. Es braucht: **mehr Steuergerechtigkeit**, eine staatliche Krankenversicherung (ohne Abschaffung der privaten) und Schutz vor dem freien Fall im Moment der Arbeitslosigkeit.

- Amerika braucht ein **Medienrecht**, das den Namen verdient. Natürlich sind Facebook, YouTube, Twitter oder TikTok die größten Medienunternehmen unserer Zeit, was denn sonst? Natürlich müssen sie Factchecking betreiben, Hetzwerbung verbieten, Inhalte presserechtlich verantworten, wieso denn nicht? Eine Selbstverpflichtung wird ebenso gebraucht. Unter uns, also off the record, sagten uns Dutzende amerikanische Kolleginnen und Kollegen, dass die amerikanische Art der Kommerzialisierung des Journalismus zu einem degenerierten Journalismus geführt habe: der wahnhaften Fixierung, entweder durch Heroisierung oder aber durch Dämonisierung, auf wenige Figuren. Trump bringt Quote, das wissen alle, doch Quote allein ist kein journalistischer Maßstab. Die Medien der USA müssen zurückfinden zu ergebnisoffener Recherche, zu Vielfalt, zu internationaler Berichterstattung sowie dem Versuch, Probleme strukturell zu durchdringen und nicht durch Personalisierung zu boulevardisieren.

- **Kostenlose Bildung**, flächendeckend von Küste zu Küste, würde den Staat zwar viel Geld kosten, sich aber lohnen. Private Schulen, auch Institutionen wie Harvard, müssen deshalb nicht gleich geschlossen werden, denn das Gegenteil einer durch Apathie herbeigeführten Volksverdummung ist nicht Gleichschaltung.

- **Investitionen in Umwelttechnologie und intelligente Infrastruktur** müssen sein. Will Amerika zum Mars, braucht es wirklich einen Rüstungsetat von 732 Milliarden Dollar pro Jahr? Oder will es eine moderne Gesellschaft werden, die dem 21. Jahrhundert gewachsen ist? An dieser Debatte und einer Verständigung über die wesentlichen strategischen Ziele wird das Land nicht vorbeikommen.

- Um **Rassismus** zu überwinden, braucht es gleiche Chancen; und zugleich die Verständigung darüber, Einwanderungsland zu sein, denn dies ist die Idee der USA.
- Die **Polizei** benötigt nicht weniger, sondern mehr Geld (und eine bessere Ausbildung), um in Brennpunkten auch sozialpolitische Aufträge erfüllen zu können.

- **Eine neues amerikanisches Narrativ** muss her, damit das Land sich nicht länger gegen sich selbst wendet. Vorschlag: America, land of the bright and creative – leading humanity through its most serious crisis. Die ebenso entschlossenen wie kreativen und fortschrittlichen USA also als Weltmacht Nummer eins im Kampf gegen die Klimakrise.

- Diese USA brauchen Verbündete, um im Wettstreit der Systeme mit China zu bestehen, also **eine Rückkehr in den Kreis westlicher Demokratien**. Um welche drei, vier geopolitischen Themen geht es neben Klimakrise und Migration noch? Washington erklärt es seinen Partnern und versteht sich wieder als Teil einer Gemeinschaft.

Zehn Punkte, kein Hexenwerk. Und ja, wir glauben daran, da das Land sich oft gewandelt und damit immer wieder auch selbst überrascht hat.

Ist aber der Leidensdruck heute schon groß genug? Kommt die Einsicht noch, ehe es zu spät ist?

Es sind politische Zeiten, und politische Zeiten werden kommen, weshalb wir auf keinen Fall den Rückzug ins Private empfehlen möchten. Die Conways allerdings gehen diesen Weg: Kellyanne Conway, Trumps Beraterin, ist zurückgetreten und sagte, sie müsse sich um ihre vier Kinder kümmern. «Weniger Drama, mehr Mama», sagte sie, und das ist nicht weniger als eine spektakuläre Entscheidung. George Conway, ihr Ehemann, sagte, er ziehe sich aus dem Lincoln-Projekt der Trump-Gegner zurück und werde auch nicht mehr twittern. Beide halten sich weitgehend an ihr Versprechen; Kellyanne aber weist darauf hin, dass zu einer Demokratie das Auszählen der Stimmen gehöre.

Claudia, die Tochter, folgt ihren Eltern und verabschiedet sich via TikTok aus der Öffentlichkeit.

Falls nun diese eine Familie die amerikanische Spaltung überwinden könnte, wäre dies nicht ein Anfang?

Die Conways allerdings sind eine Ausnahme, wenngleich nicht die einzige. Auch die Twitter-Welt findet ein wenig zur Ruhe: Trump ist verbannt und bleibt verbannt, und das ist spürbar, denn Twitter ist stiller geworden, weniger aggressiv; Joe Biden hält sich zurück, greift niemanden an und bietet darum wenig Angriffsfläche. Auch die Quoten von CNN und FOX sinken wieder. Die USA nach Trump scheinen nicht mehr dauergebannt auf jedes Zitat des politischen Gegners zu starren.

Das ändert nichts daran, dass Grundsätzliches zerstört worden ist; und dass die Zerstörer sich entschieden haben, mit der Zerstörung weiterzumachen.

In den Wochen nach der Amtseinführung, den ersten 100 Tagen der Ära Biden geschieht deshalb zweierlei zugleich, Konstruktives und Destruktives, und schon diese Gleichzeitigkeit hat einen Effekt: Sie vergrößert den Abstand, vertieft die Spaltung.

Präsident Biden erweist sich als mutig, als entschlossen, zudem als gut vorbereitet. Seiner Rhetorik merkt man den Zögerer der Wahlkampfmonate, der Jahrzehnte im Senat von D.C. zwar noch an, nicht aber seinen Taten. Biden bringt ein Covid-Hilfspaket auf den Weg und durch den Kongress, 1,9 Billionen Dollar teuer. Dann entwirft er seinen «American Jobs Plan» mit einem Volumen von 2 Billionen Dollar und sagt dazu: «Es ist groß, es ist kühn und wir können es schaffen. Es werkelt nicht an Kleinigkeiten herum, es ist eine Investition, die eine Generation nur einmal erlebt … Es schließt alle mit ein, unabhängig von der Hautfarbe, unabhängig davon, in welchem Postleitzahlengebiet man wohnt.»

Wir sprachen bereits davon: Die Infrastruktur der USA stammt aus den Fünfzigerjahren und ist marode. Darum sind nun 115 Milliarden Dollar für die Erneuerung von Straßen und Brücken vorgesehen; und es geht um 500 000 Ladestationen für E-Autos, um sauberes Trinkwasser, um Breitband-Internet, die Sanierung öffentlicher Gebäude; aber auch die Ausbildung von Millionen von Arbeitnehmern zählt dazu, die Einführung eines Kindergeldes. Die Klimakrise scheint ihm nicht nur in wohlformulierten Fernsehansprachen, sondern tatsächlich dringlich zu sein: Neue und kurzfristige Emissionsziele verkündet seine Regierung, und die meisten seiner Infrastrukturpläne haben mit Klimafragen zu tun. Allein 2020 gab es in den USA 22 separate Wetter- und Klimakatastrophen, die Schäden an Häusern, Unternehmen und öffentlicher Infrastruktur wurden auf 95 Milliarden US-Dollar hochgerechnet.

Biden jedenfalls greift damit tief in die amerikanische Wirklichkeit ein, versteht Politik nicht länger als Heraushalten, sondern als gestaltend, sogar als umverteilend. Er will Stadtteile, die durch eine rassistische Kommunalpolitik, beispielsweise durch rigoros geplante Stadtautobahnen, abgeschnitten und abgewertet wurden, nun aufwerten und rehabilitieren.

Die Linken unter den Demokraten staunen: So weit ging Bill Clinton nie, Barack Obama ohnehin nicht. Biden sagt, der Wettstreit der Systeme motiviere ihn: China gelte als schlagkräftig, die Demokratie als langsam und paralysiert. «Können wir handeln? Wir müssen es beweisen», sagt er.

Historische Urteile brauchen Zeit, also Abstand. In den ersten Wochen werfen Amerikas Medien dennoch mit Vergleichen zwischen Biden und Franklin Delano Roosevelt um sich, der vom März 1933 bis zu seinem Todestag, dem 12. April 1945, der 32. amerikanische Präsident war. Jener FDR ist eine demokratische Ikone, seit er den «New Deal» verwirklichte, jede Menge neue Gesetze, vor allem eine durchdachte Sozialpolitik, die auf den Lehren aus der Weltwirtschaftskrise fußte. Biden selbst sagt: «Vor fast einem Jahrhundert versprach Franklin Roosevelt einen New Deal in einer Zeit von massiver Arbeitslosigkeit, Unsicherheit und Angst. Von einer Krankheit geplagt, von einem Virus befallen, bestand FDR darauf, dass er sich erholen und siegen würde, und er glaubte, dass Amerika dies auch könnte. Und er schaffte das. Und wir können das auch.»

Zugleich aber, in denselben ersten Monaten 2021, treffen die Republikaner ihre wesentliche Entscheidung der Gegenwart, eine folgenreiche.

Sie hatten sich vorsichtig von Donald Trump abgesetzt, hatten ihm den Sturm aufs Kapitol und die Niederlagen verübelt (Weißes Haus und Repräsentantenhaus und, nach zwei Stichwahlen in Georgia, sogar der Senat sind nun demokratisch). Mitch McConnell und andere hatten den alten Mann kritisiert, der zum Politrentner in Florida wurde, für ein paar Wochen.

Sie halten diese Distanzierung und Befreiung in jenem Klima, das sie selbst erzeugt haben, aber nicht durch. Die Geschichte von der gestohlenen Wahl hat zu viel Kraft entwickelt, sie lebt, wird weitererzählt. Sie hat deshalb so viel Wucht, weil sie mit zwei wesentlichen Elementen des Trumpismus arbeitet: dem Mythos von der Umvolkung und dem vom Betrug am weißen Amerika.

Michael Werz schreibt uns dies: «Der 6. Januar ist das Datum eines politischen Epochenbruches in den USA – er bezeichnet das vorläufige Ende der Republikaner als Mitte-Rechts Partei zu Zeiten von George Herbert Walker Bush» und die «Umformung in eine von ethnonationalistischen Randgruppen geführte Koalition, in der die Voraussetzung zum Aufstieg in die Parteiführung die bedingungslose Hingabe an Donald Trump sowie die aktive Verbreitung der Lüge von der gestohlenen Wahl 2020 ist». Am 6. Januar habe sich gezeigt, «dass viele Republikanerinnen und Republikaner sich nicht nur aus dem Verfassungskonsens der Vereinigten Staaten verabschiedet haben, sondern auch von dem moralischen Inventar Amerikas, das gespeist ist aus dem Kampf um Bürgerrechte und der Beteiligung an zwei europäischen Weltkriegen».

Es zieht sich durchs Land, mit Folgen auf allen Ebenen. Trump sagt, welche Kandidaten und Kandidatinnen er unterstützt, und diese werden in Ämter getragen. Mitch McConnell stellt die Opposition zu Trump wieder ein. Liz Cheney, Nummer drei im Führungsteam der Republikaner im Repräsentantenhaus, wird abgewählt: Sie war zwar jahrzehntelang durch und durch konservativ, hat «Donald Trump und die Rechtswende ihrer Partei ein Leben lang unterstützt» (Werz), aber nun hat sie es gewagt, Joe Biden für gewählt und die Wahl für fair zu erklären.

«Die Lüge vom Walbetrug ist zum Lackmustest für die politische Elite der republikanischen Partei geworden – es ist der Kniefall vor Donald Trump, dem König ohne Kleider, der sich die Zerstörung der amerikanischen Demokratie auf die Fahnen seines Kleinbürgerpalastes in Key Largo geschrieben hat», so sagt es Michael Werz.

Und dies nun hatten, für den Fall einer Trump-Niederlage, die wenigsten Beobachter erwartet: die ganz und gar bewusste Entscheidung einer stolzen Partei für die Lüge, die Ausgrenzung, den Hass, den Wahn.

# DANK

Während einer Pandemie ein Buch zu schreiben, es zu verlegen und zu vertreiben, ist ein ungewöhnliches Unterfangen, ein Abenteuer; auch und vor allem wenn zwischen denen, die über viele Monate zusammenarbeiten, ein Ozean liegt. Wir danken unserem Lektor Matthias Hansl vom Verlag C.H.Beck, der uns mit seinen klugen Hinweisen und einem genauen Blick, der immer zugleich auf das Detail und das große Ganze zielte, geprüft und angespornt und das Projekt zudem logistisch zusammengehalten hat. Es war uns ein Vergnügen.

Bei allen Mitarbeiterinnen und Mitarbeitern des Hauses C.H.Beck bedanken wir uns herzlich, stellvertretend nennen wir Katrin Maria Dähn, Ulrike Wegner und Christa Schauer. In den ersten Wochen der Pandemie schauten alle – wir Autoren ebenso wie der Verlag – in eine verschwommene Zukunft; die Energie und die gelassene Zuversicht des gesamten Verlags haben uns beeindruckt.

Das trifft nicht weniger auf Franziska Günther und die Agentur Graf & Graf zu. Franziska hat uns nicht nur mit C.H.Beck zusammengeführt, sondern war während der gesamten Zeit die klügste und leidenschaftlichste Ratgeberin, die wir uns nur hätten wünschen können.

Wir danken auch den Mitarbeiterinnen und Mitarbeitern des dtv Verlags, insbesondere Stefan Ulrich Meyer, Charlotte Dölker und Laura Weber, für ihr Engagement bei der Taschenbuchausgabe.

Ein besonderer Dank gilt dem Dokumentationsjournalisten Thorsten Oltmer, der das Buch auf Fehler durchforstet hat. Sein Wissen über die Geschichte und die aktuelle Entwicklung der USA waren von enormem Nutzen. Daniel Bussenius danken wir für sein genaues Korrektorat.

Wir danken Britta Reuther, die uns als freie Journalistin in New York geholfen hat, Kontakte zu knüpfen und Interviews zu verabreden; auf wertvolle Ideen kommt Britta sowieso immer.

Seit Frühjahr 2019 haben wir nicht nur an diesem Buch, sondern auch an einer ARD-Dokumentation gearbeitet. Ohne den Film würde es dieses Buch nicht geben, und ohne die Redakteurinnen und Redakteure, ohne die Mitarbeiterinnen und Mitarbeiter der Sender und des Produktionsteams würde es den Film nicht geben. Daher danken wir zunächst Dirk Neuhoff vom NDR für sein Vertrauen und die hilfreichen Fragen und Anregungen, genauso Ute Beutler vom RBB und Thomas Michel vom SWR. Ebenso herzlich danken wir ARD-Chefredakteur Rainald Becker. Ein großer Dank gilt dem gesamten Team von ECO Media, stellvertretend nennen wir gern Julia Umlandt und Nico Viets, Jan Holtz und Thomas Schuhbauer, auch die Editorin Silke Olthoff. Sie bilden, zusammen mit den Kameraleuten und Tonassistenten, ein wunderbares, hochprofessionelles Team, auf das immer Verlass ist.

Ebenso gilt unser Dank den Chefredakteuren Giovanni di Lorenzo, Christoph Amend und Jochen Wegner von *ZEIT*, *ZEIT Magazin* und *ZEIT ONLINE* sowie Mathias Müller von Blumencron und Lorenz Maroldt vom *Tagesspiegel* und deren vier Redaktionen – für nicht weniger als ein beglückend perfektes Zusammenspiel. Die verehrte, kenntnisreiche Co-Moderatorin des *ZEIT-ONLINE*-Podcasts «OK, America?», Rieke Havertz, hat uns inspiriert. Wir wollen uns bei Patricia Schlesinger, Intendantin des RBB, für fruchtbare Gespräche bedanken und bei Stephan Detjen, dem Chefkorrespondenten des Deutschlandfunk, der uns einen wichtigen Hinweis zur Radiolandschaft in den USA gegeben hat.

Auf der amerikanischen Seite des Atlantik haben uns Stefan Niemann, Leiter des ARD-Studios Washington, und Christiane Meier, Leiterin des ARD-Studios New York, sehr geholfen. Sie kennen sich herausragend in ihren Berichtsgebieten aus und konnten uns häufig den Weg weisen und uns mit Ideen und Logistik unterstützen. Juliane Schäuble, *Tagesspiegel*-Korrespondentin in Washington, D.C., ist eine wundervolle Kollegin, und ein besonderer Dank geht an den immer mutig denkenden Michael Werz. Bedanken wollen wir uns bei unseren zahllosen Gesprächspartnern in den USA, denn viele von ihnen standen uns viele Male für Interviews und Hintergrundinformationen zur Verfügung, auch dann, als die Kommunikation wegen der Ansteckungsgefahr anders verlief als geplant. Zu den wichtigen Gesprächspartnern zählen amerikanische Familienmitglieder, die uns Einblick gewährt haben in die politische Kultur ihres Landes. So fiel es uns leichter zu verstehen, warum so viele Amerikaner Anhänger Donald Trumps sind.

Der letzte und größte Dank gilt unseren Eltern sowie unseren eigenen, multikulturellen Familien aus Deutschland, der Schweiz und Argentinien. Er gilt Samiha Shafy für den Mut, nach einem harten Hamburger Schnitt im fragilsten Moment etwas zu wagen; Cora Czermak für jedes transatlantische Gespräch und jeden Moment der Nähe in wackligen Zeiten; und Alexej für ein beglückendes Jahr in New Hampshire und ein aufreibendes (und schließlich ebenfalls beglückendes) in New York. Und der Dank gilt Maria Laura Aràoz de Lamby für ihre Unterstützung und Liebe, wenn ihr Mann mal wieder «im Tunnel» war, sowie Lucas und Nicolás für die vielen wunderbaren Gespräche, ihren Humor und ihre Anregungen.

# REGISTER

# BIBLIOGRAPHIE (AUSWAHL)


Acosta, Jim: «The Enemy of the People – A Dangerous Time to tell the Truth in America»; Harper Collins Publishers, New York City 2019

Aquin, Thomas von: «Von der Wahrheit» (*De veritate*), Lateinisch – Deutsch, ausgewählt, übersetzt und herausgegeben von Albert Zimmermann; Hamburg 1986. Online: http://www.corpusthomisticum.org/qdv01.html

Applebaum, Anne: «Twilight of Democracy – The Seductive Lure of Authoritarianism»; Penguin Random House, New York City 2020

Baer, Ulrich: «What Snowflakes Get Right – Free Speech, Truth, and Equality on Campus»; Oxford University Press, Oxford 2020

Bolton, John: «The Room Where It Happened – A White House Memoir»; Simon & Schuster, New York 2020. Auf Deutsch bei Das Neue Berlin: «Der Raum, in dem alles geschah – Aufzeichnungen des ehemaligen Sicherheitsberaters im Weißen Haus»

Clinton, Joshua und Cohen, Jon und Lapinski, John S. und Trussler, Marc: «Partisan Pandemic: How Partisanship and Public Health Concerns Affect Individuals' Social Distancing During COVID-19»; Vanderbilt University, Juli 2020, online: https://ssrn.com/abstract=3 633 934

Dallek, Robert: «Nixon and Kissinger – Partners in Power»; HarperCollins, New York City 2007

Gorka, Sebastian: «Defeating Jihad – The Winnable War»; Regnery Publishing, Washington, D.C. 2016.

Gessen, Masha: «Surviving Autocracy»; Riverhead Books, New York City 2020

Hannity, Sean: «Live Free or Die – America (and the World) on the Brink»; Threshold Editions, New York City 2020

Hersh, Seymour: «The Price of Power – Kissinger in the Nixon White House»; Summit Books, New York City 1984

Ingraham, Laura: «Busting the Barricades – What I Saw at the Populist Revolt»; All Points Books, New York City 2018
«Billionaire at the Barricades – The Populist Revolution from Reagan to Trump»; St. Martin's Press, New York City 2017

Kahneman, Daniel: «Thinking, Fast and Slow»; Farrar, Straus and Giroux, New York City 2011. Auf Deutsch bei Siedler: «Schnelles Denken, langsames Denken»

Kessler, Glenn u. a.: «Donald Trump and his Assault on Truth – The President's Falsehoods, Misleading Claims and Flat-out Lies»; Scribner, New York City 2020

Kissinger, Henry: «The White House Years»; Little, Brown, Boston 1979
«Years of Upheaval»; Little, Brown, Boston 1999

Klein, Ezra: «Why We're Polarized»; Simon & Schuster, New York City 2020

Lepore, Jill: «These Truths – A History of the United States»; W. W. Norton & Company, New York City 2018. Auf Deutsch bei C.H.Beck: «Diese Wahrheiten – Geschichte der Vereinigten Staaten von Amerika»

Levitsky, Steven und Ziblatt, Daniel: «How Democracies Die»; Crown, New York City 2018. Auf Deutsch bei DVA: «Wie Demokratien sterben. Und was wir dagegen tun können»
Manow, Philip: »(Ent-)Demokratisierung der Demokratie«; Edition Suhrkamp, Berlin 2020
Marantz, Andrew: «Antisocial – Online Extremists, Techno-Utopians, and the Hijacking of the American Conversation»; Viking, New York City 2019
Mason, Lilliana: «Uncivil Agreement: How Politics Became Our Identity»; University of Chicago Press, Chicago 2018
Morgenthau, Hans: «Politics Among Nations – The Struggle for Power and Peace»; Knopf, New York City 1948
Mueller, Robert: «Report On The Investigation Into Russian Interference In The 2016 Presidential Election»; Skyhorse Publishing, New York City 2019
Nietzsche, Friedrich: «Über Wahrheit und Lüge im außermoralischen Sinn»; Reclam Taschenbuch, Ditzingen 2018
O'Connor, Cailin und Weatherall, James Owen: «The Misinformation Age – How False Beliefs Spread»; Yale University Press, New Haven und London 2019
Paxton, Robert O.: «The Anatomy of Fascism»; Vintage Books, New York City 2005
Pörksen, Bernhard und Schulz von Thun, Friedemann: «Die Kunst des Miteinander-Redens»; Carl Hanser Verlag, München 2020
Posner, Eric A.: «The Demagogue's Playbook – The Battle for American Democracy From the Founders to Trump»; All Points Books, New York City 2020
Rosenwald, Brian: «Talk Radio´s America: How an Industry Took Over a Political Party That Took Over the United States»; Harvard University Press, Cambridge 2019
Rucker, Philip und Leonnig, Carol: «A Very Stable Genius – Donald J. Trump's Testing of America»; Penguin Press, New York City 2020
Sen, Amartya: «Identity and Violence – The Illusion of Destiny»; W. W. Norton & Company, New York City 2006. Auf Deutsch bei C.H.Beck: «Die Identitätsfalle – Warum es keinen Krieg der Kulturen gibt»
«The Idea of Justice»; Harvard University Press, Cambridge 2009. Auf Deutsch bei C.H.Beck: «Die Idee der Gerechtigkeit»
Snyder, Timothy: «The Road to Unfreedom – Russia, Europe, America»; Tim Duggan Books, New York City 2018. Auf Deutsch bei C.H.Beck: «Der Weg in die Unfreiheit. Russland, Europa, Amerika»
Stanley, Jason: «How Fascism Works – The Politics of Us and Them»; Random House, New York City 2018
Stelter, Brian: «Hoax – Donald Trump, Fox News and the Dangerous Distortion of the Truth»; Simon & Schuster, New York City 2020
Stengel, Richard: «Information Wars – How We Lost the Global Battle Against Disinformation»; Grove Atlantic, New York City 2020
Tarski, Alfred: «Der Wahrheitsbegriff in den formalisierten Sprachen», in: Berka, K., Kreiser, L.: «Logik-Texte. Kommentierte Auswahl zur Geschichte der modernen Logik»; Akademie-Verlag, Berlin 1986
Trump, Donald und Schwartz, Tony: «The Art of the Deal»; Random House, New York City 1987
Trump, Mary: «Too Much and Never Enough: How My Family Created the World's Most Dangerous Man»; Simon & Schuster, New York City 2020
Winslow, Don: «Tage der Toten»; Droemer Knaur, München 2005
«Das Kartell»; ebd. 2015
«Jahre des Jägers»; ebd. 2019

Wolff, Michael: «Fire and Fury»; Henry Holt, New York City, 2018
Woodward, Bob und Bernstein, Carl: «The Final Days»; Simon & Schuster, New York City 1976
Woodward, Bob: «Fear»; Simon & Schuster, New York City 2018
Zelizer, Julian: «Burning Down the House – Newt Gingrich, the Fall of a Speaker, and the Rise of the New Republican Party»; Penguin Press, New York City 2020

**Filme (Auswahl)**

Brinkbäumer, Klaus & Lamby, Stephan: «Im Wahn – Trump und die Amerikanische Katastrophe», NDR, RBB, SWR, in Zusammenarbeit mit dem ARD-Studio Washington, 2020
Jarecki, Eugene: «The Trials of Henry Kissinger», BBC, Arte, 2003
Lamby, Stephan: «Henry Kissinger – Geheimnisse einer Supermacht», NDR, Arte, 2008
Lamby, Stephan: «Ich gebe Ihnen mein Ehrenwort – Lüge und Wahrheit in der Politik», NDR, 2013
Modigliani, David: «Running with Beto», HBO, 2019
Rossi, Andrew: «After Truth – Disinformation and the Cost of Fake News», HBO, 2020

# EDITORISCHE NOTIZ

Stephan Lambys Begegnungen mit Henry Kissinger und anderen Zeitzeugen der Nixon-Ära sind Gegenstand seines NDR/Arte-Films *Henry Kissinger – Geheimnisse einer Supermacht* von 2008. In den Jahren 2019 und 2020 berichtete Klaus Brinkbäumer als Kolumnist für den *Tagesspiegel* und als Autor für die *ZEIT* und *ZEIT ONLINE* aus den USA. Einige Zitate, Recherchen und Gedanken, die Eingang in dieses Buch gefunden haben, fanden sich bereits in jenen Texten; alle betreffenden Passagen wurden überarbeitet und aktualisiert. Das Telefongespräch mit Donald Trump wurde zuerst in dem Buch *Nachruf auf Amerika* (2018) beschrieben.